U0534843

本书为国家社会科学基金一般项目"新型城镇化进程中西南贫困地区民族文化景观保护与发展研究"(批准号:14BSH135)结项成果

徐青 著

XU QING

西南贫困地区乡村文化景观保护与发展

中国社会科学出版社

图书在版编目(CIP)数据

西南贫困地区乡村文化景观保护与发展／徐青著．—北京：中国社会科学出版社，2021.9
ISBN 978–7–5203–8699–9

Ⅰ.①西… Ⅱ.①徐… Ⅲ.①乡村—人文景观—保护—研究—西南地区 Ⅳ.①K928.707

中国版本图书馆 CIP 数据核字(2021)第 137987 号

出 版 人	赵剑英
责任编辑	刘亚楠
责任校对	张爱华
责任印制	张雪娇

出　　版	中国社会科学出版社
社　　址	北京鼓楼西大街甲 158 号
邮　　编	100720
网　　址	http://www.csspw.cn
发 行 部	010–84083685
门 市 部	010–84029450
经　　销	新华书店及其他书店
印　　刷	北京明恒达印务有限公司
装　　订	廊坊市广阳区广增装订厂
版　　次	2021 年 9 月第 1 版
印　　次	2021 年 9 月第 1 次印刷
开　　本	710×1000　1/16
印　　张	23
插　　页	2
字　　数	375 千字
定　　价	138.00 元

凡购买中国社会科学出版社图书，如有质量问题请与本社营销中心联系调换
电话：010–84083683
版权所有　侵权必究

前　言

这本书的写成与我攻读博士学位期间的经历有很大关联，也是获得国家社科基金立项资助因素促成的。2010年9月我进入同济大学建筑与城市规划学院景观学系在职攻读博士学位。翌年11月，我通过博士论文选题"庐山风景名胜区文化景观价值体系研究"答辩后，导师韩锋教授向澳大利亚国立大学人文艺术研究中心世界遗产专家肯·泰勒教授（Ken Taylor）推荐我前去访问交流。我取得了工作单位中国地质大学（武汉）公费留学资格，于2012年4月赴澳开启为期一年的访学历程。行前，导师给我布置了两项任务，一是厘清西方文化景观理论的来龙去脉，为本土化的学术建构奠定基础；二是学习研究方法论，解决研究设计问题。2013年回国前，我基本完成研究设计和开始撰写文献综述《西方文化景观理论谱系研究》初稿，并从与肯·泰勒教授以及研究中心人类学、艺术学教授们的交流中，得到"你在正确的路上"的鼓励。同年年末，我随几位朋友去四川省马边彝族自治县采风，一路上的所见所闻以及与马边县文化馆馆长曲比兴义的交流，不断令我联想到文化景观，这次旅行成了激发我关注西南贫困地区的源头。在朋友们的建议下，我在2014年寒假里尝试撰写国家社科基金项目申请书，以《新型城镇化进程中西南贫困地区民族文化景观保护与发展研究》为选题，从自己比较了解的文化景观视角，审视西南贫困地区的自然与文化关系问题。写作过程中，我越发确定，西南地区社会经济、文化发展现实中的突出问题，如贫困、城镇化发展、少数民族文化族群身份认同、生态环境保护等，与国际文化景观视野的议题范畴十分一致；文化景观视角有可能为探索西南贫困地区社会经济发展与自然生态环境以及文化保护相协调的路径提供一种新思路。

2014年6月立项消息传来时，我正苦战博士论文；新立项的研究视角虽与博士论文相同，但构成研究对象的自然环境与文化群体却有很大差异，属于不同文化景观子类，对于那时的我意味着更大挑战和压力。同年，我加入同济大学暑期实践团到贵州省毕节市调研，借助团队的人脉和力量初步了解贵州省贫困山乡的大体情况，为后续调研做准备。其后，我进入博士论文倒计时冲刺阶段，正是在这一时期里初步建构的本土化文化景观研究范式和运用于中国风景名胜区文化景观价值解读的分析框架以及对个案进行深入分析的过程，为本书开辟出道路。因此，读者会发现，本书中的文化景观研究方法论和价值认知框架，与我博士论文及其经修改后出版的《风景名胜区文化景观价值体系研究——以庐山为例》一书中的叙述有相同逻辑路径和架构，请读者理解，到目前为止，我无力将其修改得更好，或另起炉灶再创一套新方法论。不过，本书的研究对象从风景名胜区转到整体西南贫困地区，对文化的关注从汉族传统文化延伸到少数民族文化，分析从个案扩充到多个案例，试图通过点与面的结合，使成果以及国际理念与特定研究范围社会现实的结合更有普遍意义，并提练了如何运用成果及结合实践的策略机理，以使成果更具操作性和现实指导性。同一时期内，我按计划推进案头工作，联系可能提供帮助的各方面人士，筛选田野调查地点和案例。

2016年年初，我完成博士论文写作，得以投入更多精力推进项目研究。同年，重启田野调查，和当地政府取得联系，走访地方志管理部门、文化部门、统计部门、规划建设部门等收集资料，并和当地老乡交谈核证史实，取得偏僻小乡村的第一手资料，写了20余万字田野报告，基于这些资料对诺邓古村、凤翔村、阿者科村和流芳村这4个乡村进行了深入分析。2018年8月完成和提交40余万字的研究报告申请结项。2019年5月初收到盲审修改意见，五位匿名评审专家中有两位给予成果相当肯定，建议尽快出版；另两位专家提出希望增加关于新的理论及方法与"地方性知识"等传统研究成果的对接和结合、文化景观保护发展指导性等方面的论述和判断。根据评审专家们的宝贵意见，我补充和完善了相关内容；修改4个月后成果提交复审，2019年12月31日以良好等级结项。2020年，我身处新冠疫情的风暴中心——武汉，包括出版本书的许多计划延后；直至年末，有幸得到中国社会科学出版社的肯定和认同，得以付梓出版。

本书中的田野调研数据截止于2018年，调研对象的现状可能有所变

● 前　言 ●

化，访谈对象的单位、职务等相关信息会有变动，书中所署调研者的身份和调研主体状况均系调研时。限于篇幅，出版字数从原报告40余万字缩减到现25万余字，"忍痛割舍"了流芳村案例分析章节；加之成稿时间不长，对问题的思考也尚未经历时间的沉淀和打磨，出版在即，总觉得有许多自己不能惬意之处。但本书作为我个人学术道路上的一个脚印，自当珍惜；对三个案例乡村的民族志调查和分析，作为国家社会发展背景中的一个局部记录，也有它一定的存在价值，仅此表达我对西南贫困地区淳朴、善良的乡民们的一份心意。

以上是本书诞生的经过，谨以此作为前言。

目　　录

第一章　绪言 ……………………………………………………………（1）
　　第一节　研究背景 ……………………………………………………（1）
　　第二节　概念界定 ……………………………………………………（2）
　　第三节　研究现状 ……………………………………………………（5）
　　第四节　研究区域及案例选择 ………………………………………（12）
　　第五节　研究设计 ……………………………………………………（15）

第二章　西南贫困地区乡村文化景观价值认知框架 ………………（22）
　　第一节　西方"自然的价值"相关理论 ……………………………（22）
　　第二节　西方"文化景观"理论的景观价值诠释 …………………（23）
　　第三节　西南地区的传统自然观与实践 ……………………………（35）
　　第四节　文化景观对认知西南贫困地区乡村文化
　　　　　　景观的助益 …………………………………………………（46）
　　第五节　乡村文化景观价值认知框架构建 …………………………（52）
　　第六节　小结 …………………………………………………………（60）

第三章　个案一：山地千年白族村——诺邓古村 …………………（62）
　　第一节　背景与村落概况 ……………………………………………（62）
　　第二节　因"盐"而聚——乡村景观的形成与命名 ………………（65）
　　第三节　"盐"主兴衰——国家控制自然资源改变景观 …………（69）
　　第四节　微"盐"大义——乡村景观的精神与意义 ………………（83）
　　第五节　携"盐"逐流——当下乡村价值认知与诉求 ……………（93）
　　第六节　小结 …………………………………………………………（111）

第四章 个案二：高原平坝桃花源——凤翔村 (113)
  第一节 背景与村落概况 (113)
  第二节 高原平坝聚居生存 (118)
  第三节 融合自然、社会与神灵的乡村结构单元"充" (123)
  第四节 西南边疆经济流通历史变迁的见证 (129)
  第五节 "文墨之乡"——政治介入的文化交流与重构 (134)
  第六节 众神庇佑的乡村景观 (142)
  第七节 "桃花源"的当下价值认知 (151)
  第八节 小结 (166)

第五章 个案三：红河谷世界遗产地哈尼寨——阿者科村 (168)
  第一节 背景与村落概况 (168)
  第二节 "四素同构"亚热带山地族群聚居智慧的典范 (172)
  第三节 人与自然极致和谐演进的梯田景观 (181)
  第四节 梯田上构筑的族群文化体系 (187)
  第五节 "世界遗产"新身份 (194)
  第六节 小结 (219)

第六章 社会建构的乡村文化景观价值主题 (221)
  第一节 与自然相依存的乡村营造 (221)
  第二节 多元动因持续建构的乡村景观 (225)
  第三节 乡村场所精神 (229)
  第四节 地方知识体系、制度及习俗维护景观 (237)
  第五节 社会进程中的乡村文化景观价值主题变迁 (242)
  第六节 小结 (257)

第七章 基于价值认知的乡村文化景观保护发展 (259)
  第一节 价值观和目标共识奠定保护发展的根基 (259)
  第二节 培育以当地村民为主体的"保护发展共同体" (270)
  第三节 微观层面的保护发展重点 (279)

第四节　宏观层面的差异化保护发展模式及策略 …………（290）
　　第五节　整合保护发展的规划工具方法 …………………（296）
　　第六节　乡村文化景观保护发展的保障 …………………（310）

第八章　结语 ……………………………………………………（315）
　　第一节　西南贫困地区乡村作为文化景观的考量 ………（315）
　　第二节　"文化景观"对西南贫困地区乡村保护
　　　　　　发展的启示 …………………………………………（317）
　　第三节　西南贫困地区乡村文化景观后续研究展望 ……（318）

参考文献 ………………………………………………………（322）

附录：田野调查概况 …………………………………………（350）

后　记 …………………………………………………………（356）

第一章 绪言

第一节 研究背景

我国西南地区是一个多元民族文化与多样自然地理环境相互交织、具有丰富独特的文化生态与景观的区域。但由于自然条件和社会历史等原因,这里也是贫困面积分布最广、凸显现阶段我国地域社会经济发展差异的主要区域,其对于国家未来整体平衡发展的大局至为关键。党的十八大提出的"新型城镇化"、党的十九大提出的"乡村振兴"以及"脱贫攻坚"等国家重大战略决策,无疑将为西南地区调整经济结构、转变发展方式、脱贫、建设小康社会和生态文明制度带来重大机遇;同时,它们将对这一地区的自然与文化生态产生什么样的影响也尚未可知。因此,"如何在国家发展进程中,协调西南地区的自然生态保护、社会经济发展与文化传承"成为时代赋予的命题,问题的提出与研究非常必要和迫切。

"文化景观"(Cultural Landscape)是一个舶来概念,由1920年代美国文化地理学伯克利学派(Berkeley School)提出,主旨思想"以动态的、具体的文化角度来剖析和解读景观的生成、形态及意义,强调人与自然的互动性"(韩锋,2007)。1980年代至1990年代,联合国教科文组织世界遗产委员会(UNESCO World Heritage Committee,简称WHC)汲取西方文化地理学文化景观理论发展成果,于1992年设立"世界遗产文化景观遗产"(World Heritage Cultural Landscape,简称WHCL),结束了长久以来自然遗产保护与文化遗产保护之间的对立与分离。自此,文化景观成为世界遗产领域发展最快的旗舰类别,对全球各地区的遗产实践产生巨大影响。它"通过把农业景观、土地持续生产力、传统生产技能及原住民传统智慧、自然生态管理相关联,使可持续发展、自然和文化保护、人地依存关系和谐统一起来"（韩锋，2010）；并且将"景观就是文化的景观"这一理念拓展到遗产之外的人地关系，促使全球各地区不同文化背景的人们更加关注景观，对景观的看法有了很大转变："景观是一个复杂的生命体，既有物质性的结构部分，也有非物质的、无形的意义和价值部分，文化景观体现了文化时空始终与生态环境共生"（[西班牙]莫尼卡·卢思戈等，2012）。包括地理学、历史学、哲学、人类学、社会学、生态学等众多学科持续不断地为"文化景观"贡献新的内涵，使其不仅致力于保护历史，更期望能从各文化族群的和谐人地关系历史中，汲取未来人类生存与发展的智慧和力量（韩锋，2007）。现在，国际上已对"文化景观"是一个综合体系和最前沿的遗产保护方法论及工具达成共识。

国际遗产界认为中国拥有许多文化景观遗产，如，澳大利亚文化学者肯·泰勒（Ken Taylor）指出，亚洲具有杰出的文化景观，中国是亚洲的代表（肯·泰勒等，2007）。然而，虽然我国世界遗产总数已位居世界第一（截至2020年），但现有55处世界遗产中仅有5处文化景观遗产，文化景观遗产在中国远未受到足够重视。笔者注意到，西南地区为我国贡献了两处该类别遗产[①]，而目前该地区还有大量的文化景观未得到识别和重视。视角往往决定了人们看什么、不看什么以及怎么看，国际文化景观视野提示我们重新认识和重视西南地区的自然与文化价值。因此，本书尝试将文化景观[②]作为理解中国西南地区文化与自然之间长期相互作用的借镜，以具体地域内的乡村为文化景观载体，在当下中国社会发展语境中，探索协调西南地区的贫困、民族文化传承、城镇化发展及生态环境保护的乡村遗产保护发展策略；既指向理论建树，也以期指导实践应用。

第二节　概念界定

一　文化景观

伴随西方文化景观理论形成与发展，文化景观概念已有近百年历史和

[①] 云南省红河州哈尼梯田和广西左江花山岩画分别于2012年和2016年登录世界遗产文化景观名录。

[②] 本书中的"文化景观"既指研究的视野和方法论，又指"文化与自然长期相互作用的结果"，详见"概念界定"章节相关阐述。

多种定义。1992年，世界遗产委员会定义"世界遗产文化景观"为：

> "人与自然的共同作品"，展示了人类社会与聚落在自然环境的物质性制约或机会下，以及在社会、经济、文化等因素的内在和外在持续作用下的演进，突出强调人和自然之间长期而深刻的相互作用关系。景观所具有的地域多样性反映了人类社会丰富且特殊的、确保生物多样性的土地使用技能，景观与社会信仰、艺术和文化的关联性体现了人类与自然之间独特的精神联系（WHC，1992）。

委员会解释："'Landscape'是高度文化性的，尽管可能再说'Cultural Landscape'显得多余，但加上'Cultural'这一描述性定语则加强表达了人与自然之间的关系，以及景观中所包含的有形、无形的文化价值（Nora Mitchell etc.，2009）。"该定义及其诠释具有普适性，本书以之作为基本定义，但是，不限于特指具有人类突出普遍价值的世界遗产文化景观（WHCL）。

需要说明，本书凡涉及"文化"，指1952年阿尔弗莱德·克罗伯（Alfred L. Kroeber）和克莱德·克拉克洪（Clyde Kluckhohn）的综合阐释："把文化看作成套的行为系统，文化的核心由一套传统观念，尤其是价值系统所构成；文化是一个群体或社会共同具有的符号、价值观及其规范，并意味着把人们共有的信念、价值观和行为样式传授给其他人，在逐代相传中保存下来。"（[美]欧·奥尔特曼、马·切默斯，1991：4-6）

二 乡村文化景观

1992年，乡村景观被联合国教科文组织世界遗产中心认定为"有机演进的文化景观"。2018年，国际古迹遗址理事会（ICOMOS）与国际景观设计师联盟（IFLA）颁布《关于乡村景观的遗产准则》，明确指出："一切乡村地区都是景观，乡村景观代表了地球上人类和环境发展史、生活方式及遗产的重要部分，反映出广阔区域内人类与其他物种间的复杂关系，以及农业、林业、畜牧业、渔业和水产业、野生动植物资源以及其他资源活动的多样性对全球人类生活未来的适应力和复原力至关重要"（ICOMOS，2017）。本书用与上述国际理念接轨的"乡村文化景观"概念，指代位于城市以外的广大乡野地区，不论规模大小，主要依附土地及其自然资源、从事农林牧渔业的社会组织基本单元及其聚居环境；包含通常使用的"传统村落""古村落""历史文化名村""乡村聚落""民族村寨"等概念的丰富内涵，与"乡村""村落文化景观"同义。

三　文化景观价值

W. K. 富兰克纳（William K. Frankena）总结了"价值"及"评价"的多种哲学用法，归纳为三类：（1）"价值"（单数形式）作抽象名词，广义上包括各种正当、义务、美德、美、真和神圣等；（2）"价值"作为更具体的名词（谈及一种价值或多种价值时），包含两种基于相反假设前提的用法，即"价值"是被评价、判断为有价值的东西，以及"价值"指有价值或有价值的、好的东西；（3）在"评价"（To Value）、"做出评价"（Valuating）和"被评价"（Valued）等词组中作为动词。（［美］R. B. 培里等，1989：3）

许多社会学者和心理学者受哲学的启发，思考价值观念如何影响我们的日常生活，而不把其当作哲学传统标准。综合西方价值理论"内在价值"的范畴和马克思主义哲学的价值范畴，本书强调"价值"内涵的三点：（1）价值是人类在社会实践中建立的主、客体价值关系及其效应；（2）价值的本质是动态的，需从动态的、发展的角度以及在具体的、现实的社会实践活动中去探讨价值生成和存在的意义；（3）价值内容实质是"建构性的"，社会的各个领域都存在价值现象，如经济价值、政治价值、历史价值、科学价值、文化价值、伦理价值等。

本书所指的"文化景观价值"仍属于价值哲学的规范理论范畴，对其描述性的或解释性的概括属于社会学而非哲学；使用"价值"的名词性；从价值关系、实践本质、建构性的实质内容等方面将其定义为：基于人与自然相互作用关系形成的、对人以及人类社会的意义体系，是对人与自然之间建立的价值关系在实践和日常生活各个具体领域（如经济、政治、科技、文化、道德、艺术、宗教等）中的概括性判断。基于这种界定，文化景观价值认知指在文化背景和社会现实中，从某个具体角度考察人与自然之间的关系模式及其价值；聚焦大自然如何进入人们的生活，辨识对于谁而言的价值、文化景观及其价值如何产生以及是什么价值。

四　保护发展

《现代汉语规范词典》的"保护"词条解释是："护卫使不受损害"（李行健，2004：43）。《辞海》从哲学、心理学和特指这三个角度诠释"发展"的含义，包括：事物由小到大、由简到繁、由低级到高级、由形成到成熟直至衰老、由旧物质到新物质的变化过程，这种变化过程既包含量变和质变，又表现出连续性、阶段性和顺序性，同时受到环境和经验等因素的影响；亦特指生产力、经济、政治、文化和社会的变化（夏征农、陈至立，2009：0550）。

对于"保护"与"发展"这两个经常并举的概念，从文化景观视角来看，各自的内涵、外延之间具有高度的内在关联性，保护与发展不可分割。"保护"是对过去的保存及对当下发生的变化的管控和引导；而"发展"是保护的延续，即对挖掘、留存的传统的利用、完善和提升，发扬其在当代的价值和创造新的价值。本书去掉"保护与发展"表达中的"与"字，整体探讨原本就为一体的事情。

第三节　研究现状

一　作为视角的"文化景观"研究

卡尔·索尔（Carl O. Sauer）提出的"文化景观"概念（Carl O. Sauer，1925：19-53），是西方文化地理学近百年来的研究主题之一。1980年代，"新文化地理学"崛起，文化景观研究迅速拓展为地理学科主导的，历史学、哲学、人类学、社会学、文化和文学研究等多学科参与的综合性研究领域，相关研究急剧增长，其中，以下几位学者为理解相关研究脉络提供了重要线索。

澳大利亚学者海伦·阿姆斯特朗（Helen Armstrong），梳理了从19世纪的起源至20世纪末文化景观理论发展的相关学科、景观释义焦点、所属领域及代表人物。她的研究指向当代文化景观阐释，旨在从遗产和文化景观理论中，构建一个诠释文化景观意义的新的理论框架。美国学者克里斯·威尔森（Chris Wilson）和鲍尔·格鲁斯（Paul Groth），综述了受约翰·杰克森（John B. Jackson）影响的三代美国学者的文化景观研究，将文化景观解读作为文化和历史研究的重要途径以及设计与管理建成环境的基本工具。（Chris Wilson & Paul Groth，2003：1-22）英国学者芭芭拉·本德（Barbara Bender）从人类物质文化和遗产视角探讨"场所"和"景观"，认为景观研究具有谱系学特征，寻求统一的景观概念既不可能，也没有必要，"景观是关于意义、关系和价值的概念"。（Barbara Bender，2006：303-311）英国学者约翰·威利（John Wylie）梳理1980年代后近三十年的景观研究脉络，揭示了文化地理学（为主）的景观研究面对的几种根本性的张力关系，强调理解景观背后的哲学立场和政治性议题至关重要。（John Wylie，2007：1-11）虽然在研究目的、历史时段和议题上有所不同，但这些学者都从多元视角呈现景观研究的发展，并指向当代。

围绕景观意义和价值这个核心议题。文化地理学贡献了大量文化或人文创造的景观释义，围绕"景观是什么？"的研究不仅涉及广泛的学科，而且渗透了不同国家和地区的社会与文化因素影响，如，美国文化景观研究强调景观的物质性及与日常生活的紧密联系、场所记忆、认同感、冲突和公平等，英国则持续发展基于现象学的文化景观研究。同时，《世界遗产实践操作指南》（WHC，2019）制定的世界遗产文化景观突出普遍价值标准（Outstanding Universal Value，简称OUV）和对真实性（Authenticity）、完整性（Integrity）的基本解释，既是全球各地区国家鉴别本土文化景观及其价值的基准，又是文化景观内涵及景观文化性的交流平台。国际文化景观及价值研究逐渐形成三个研究趋向：一是聚焦文化景观感知，解读景观意义和价值，如对不同社会群体文化景观整体感知研究、景观感知与身份认同感研究、文化景观感知偏好研究等；二是基于世界遗产文化景观概念，从人与自然作用关系和模式诠释文化景观，相关议题涉及文化背景、真实性与完整性的识别及维护、传统景观实践与生物多样性的关系、当地社区及原住民价值的人权问题、文化遗产地旅游等，大量的实践为世界遗产文化景观不断贡献新的价值诠释；三是强调后现代主义多元视角，聚焦文化和社会背景，认知多重景观意义和价值，考察文化景观价值的多元性和竞争性，或从价值管理角度，关注谁的价值得以实现及转化为政策。相关研究大都由明确的研究方法论架构、导引研究过程，并运用新的技术手段和研究方法。如昆士兰科技大学（The Queensland Unibersity of Technology，简称QUT）运用解释学（Hermeneutic）方法论，基于理论框架建构收集和分析材料；有的采用民族志方法论，采集与意识形态、感知或认知相关的材料，进行文本分析、话语分析等；或借助全球定位系统（GPS）、地理信息系统（GIS）等，采集生态的、考古的等实证数据资料，进行地图、影像分析等；还有一些研究运用如利益相关者分析、文化地图（Karl Benediktsson，2007）等理论及方法解读文化景观价值。

莫妮卡·卢思戈总结了当前文化景观研究汇聚的三个全球热点议题：（1）城市历史景观（Historic Urban Landscape，简称HUL）议题，把城市视为自然、文化和社会经济过程在空间、时间和经验上的建构产物，既关注城市空间，也重视人们为城市带来的价值，其中最关键的是城市应对发展与变化的能力；（2）乡村景观议题，强调需从文化的视角研究乡村景观，将其作为识别国家或地区身份的关键要素，以强化人对土地的依恋感；（3）遭受威胁的景观议题，关注农田废弃、传统农业衰落、传统知识技能失传、古老材料与方法的替代、人口增长、工作与交流模式的变化、人口向大都市迁移、战争冲突，以及旅游和商业化等带来的压力。（莫妮卡·卢思戈等，2012）这些议题反映出国外文化景观研究与当代环境哲学、生态学、人类学、政治经济学等学科的理论和实践紧密结合，对全球化、城镇化、资源衰竭、文化趋同、身份认同，以及未来人地关系的反思和忧虑。（韩锋，2010）

国内的文化景观研究在较长一段时期内由人文地理学界主导，2000年之后，历史学、风景园林学、文学等更多学科参与进来，文化景观成为热门研究议题，总体上主要在四个领域展开：

（1）人文地理学者对欧美文化地理学发展历程的研究。（李蕾蕾，2004、2005；汤茂林，2005；胡海胜，2006；向岚麟，2010）

（2）整体层面上对我国文化景观类型及系统构成要素的研究（汤茂林、金其铭，1998；李和平、肖竞，2009），或某种类别的如海洋文化景观（李加林、杨晓平，2011）、梯田文化景观（王林，2009）、历史村镇文化景观系统构成（肖竞，2008）等研究。

（3）秉承西方文化地理学的聚落研究传统，对我国传统聚落或村落文化景观的探究，包括：a）乡村文化景观起源与变迁研究（陆林等，2004；林箐、任蓉，2011；何金廖等，2007；蒋雨婷、郑曦，2015；赵冬梅，2016），大都着重于描述聚落自然环境、农业生产、聚落营造等文化景观构成要素，但对物质与非物质要素之间的内在联系讨论有限，该方向近期研究更多寻求研究方法论的突破，将聚落形成机制、特征与价值判断相结合（杨宇亮等，2013；周政旭等，2016），更关注聚落文化景观解读方法（周春山、张浩龙，2015；冀晶娟、肖大威，2016）；b）区域、地域层面的聚落文化景观特征识别研究（申秀英等，2006；刘沛林等，2010；刘沛林，2011；童亿勤等，2015；郑文武等，2016），多运用 GIS 技术调查传统聚落文化景观要素构成现状（邓运员，2006），将自然环境、地方性物质空间体系和地方性知识体系作为识别传统地域文化景观及解释其物质空间格局的基本框架（王云才，2009），但整体上仍偏重描述和记录土地利用、聚落空间格局、建筑等物质性文化景观要素；c）传统聚落、历史村落文化景观感知及文化空间结构认知研究（刘奔腾等，2010；谢超峰、王心源，2014；杨宇亮等，2015），主要突出运用如视觉图像采集（孙葛，2006）、虚拟现实技术（戴代新、戴开宇，2009）、数理统计方法和 GIS 等技术手段及分析方法；d）聚落、村落文化景观保护、规划及管理研究，针对当下社会发展中聚落文化景观孤岛化、破碎化、历史职能衰退与发展诉求冲突等问题，提出运用生态博物馆（单霁翔，2011）、图示语言分析（王云才，2011）、城市历史性景观（HUL）方法工具等整体、动态地保护聚落文化景观及规划建议，对文化景观因素进行监测与动态评估（张永勋、闵庆文，2016）等。

《关于"乡村文化景观保护与发展"的建议》（简称《贵阳建议》）（董城，2008）出台后，更多研究聚焦到乡村文化景观，整体保护意识更强，开始关注乡村文化景观中的人，如，积极推进社区参与乡村文化景观保护模式（彭思涛、但文红，2009），剖析利益相关者的诉求及相互之间的权力关系、建构社区参与保护的保障与激励机制（刘小蓓、高伟，2016），社区参与工作框架、内容和操作方法（王玉等，2012），以及从新文化地理学政治视野对文化景观理念的乡村保护规划与建设的深度思考（范长风，2015）。

（4）风景园林学界对世界遗产文化景观及其价值的研究，代表性研究主要有世界遗产文化景观概念内涵变化的梳理（俞孔坚，2004）；单霁翔倡导从中国文化景观遗产资源特点出发，进行创造性实践及探索适合中国国情的文化景观遗产保护理论，并指出乡村文化景观遗产保护承载了保护民族文化和消除地区贫困的双重重任（单霁翔，2010）；韩锋主持的"联合国教科文世界遗产保护与管理项目——庐山文化景观研究"和国家遗产清单中的"扬州瘦西湖文化景观价值研究"课题等，系统整合文化景观研究方法的普遍性与世界遗产文化景观评估方法的特殊性，与国际接轨的同时，着重探究中国文化景观特色。（韩锋，2007；2010；2012；2013）

二 西南地区文化景观及其价值研究

上述国内的文化景观研究常常以一些西南地区的乡村（如云南省的诺邓古村、沙溪白族聚落、楚雄彝族聚落、红河哈尼族梯田景观，又如贵州省的梭嘎、控拜村等）作为研究对象，以"西南地区文化景观"为关键词，在超星、中国知网、万方三大数据库中的检索结果显示，文化景观视野的西南民族地区研究目前主要在区域整体研究和典型个案研究两个层面展开。

整体及部分区域文化景观研究。北京大学文化遗产保护研究中心孙华教授于2006年发起的"中国西南少数民族村落文化景观研究"，集合多学科专家和国内外多所大学团队，对云、贵、川、湘、桂五省十县的苗、侗、藏、羌、彝和白族典型村落进行了多层面的全面细致调查，根据村寨经济形态与地理环境的关系，建立了一些民族考古学系统模式；与此同时，考虑如何能够更好地协调村寨遗产保护与经济发展之间的关系；（孙华，2007）迄今已调查四十多个乡村，最终将形成一个约50卷、由专项研究和综合研究构成的"中国西南少数民族村落文化景观研究"丛书（张林，2013）。重庆大学李和平教授主持的国家自然科学基金项目"西南山地城镇文化景观演进过程及其动力机制研究"的子课题，分别对西南山地传统商贸城镇、盐业城镇、军事城镇、历史城镇簇群空间、街巷空间、码头地段等文化景观的演进展开研究并形成系列成果。杨宇亮从文化景观视角，基于田野调查和采用城乡规划、建筑学、人类学等多学科交叉研究方法，系统探讨了滇西北村落文化景观的空间分布和演进规律（杨宇亮，2014）；但文红等（2012）总结贵州乡村文化景观特征和保护性破坏等现实难题，提出需探索既符合村民诉求，又符合乡村文化景观保护要求的新途径。

典型案例研究集中在云南省的红河哈尼族彝族自治州哈尼梯田、云龙县诺邓白族村和贵州省的雷江县控拜村等少数民族村落。角媛梅等

(2002)从景观生态学、史军超(2002;2009)从文化人类学、罗德胤等(2011)从建筑学、冯铁宏(2010)从世界遗产价值评估标准等不同学科领域对哈尼梯田世界遗产展开多学科研究，2013年哈尼梯田列入世界遗产文化景观名录后，更多研究（宗路平等，2014；霍晓卫等，2011；高凯、符禾，2014）围绕遗产保护与可持续发展展开，显现出将乡村视为文化与自然环境共同建构的文化景观意识。2011年，贵州黔东南自治州雷山县控拜村、榕江县大利村、锦屏县文斗村和印江县合水村四个项目地点开展了"乡村文化景观"系统性保护工程（沈明伟，2011）。受该保护工程的影响，对中国第一座生态博物馆——贵州梭嘎生态博物馆的研究，从早期的理念层面阐述（刘沛林等，2005）转向对实践方法、路径的思考（张成渝，2011）。2007—2013年，在贵州省政府部门支持下，但文红等在贵州雷山县进行"控拜村发展试验"（控拜村银饰文化保护项目），基于实践提出通过集体文化记忆传承和保护，找回乡村文化自信及凝聚乡村文化精神的乡村文化景观保护理念（但文红，2013）和乡村文化景观遗产评价方法（李亮、但文红，2014）。

研究视野及方法的探索。西南地区文化景观研究也融入更多社会学视野，揭示"景观不仅是特定社会文化对生存空间进行改造的结果，而且是一个有着重要实践意义的文化过程"（葛荣玲，2011）；从制度层面分析经济作物引起的农业景观变化（梁川等，2012）及其在全球化影响下引起的社会问题（许斌、周智生，2015）；主张发展解读乡村文化景观的方法论以及利用数字化技术手段，组织线索和推导文化景观更深层次和本质性的演变机理（杜骞、肖东，2016）。近年来，更多学科关注西南地区乡村聚落，虽然没有用文化景观作为关键词或核心议题，但一些研究与文化景观的整体地、历史地以及动态地看待人与自然关系的理念高度一致，对理论与现实问题的思考愈加清晰和深入。如，王冬有意识地将乡村营造与西南地区自然环境、农村的社会关系、社会行为、社会组织、社会功能等方面综合起来，明晰了乡村族群的文化与乡村空间、景观体系，建造及建造模式之间建立的社会与精神关联。（王冬，2013）

三　总体评述

整体而言，国外的文化景观研究已经由重视物质空间和形态转向了更为复杂的社会文化和价值体系议题；以文化景观理论和世界遗产文化景观实践为基础，形成文化景观及其价值解读的主要研究方向；同时，众多领域及学科的交叉融合，也为诠释文化景观丰富的价值层次提供了多种方法和手段，并提高了研究的量化程度。但是，其中的价值线索并不十分清晰，世界遗产文化景观价值评估标准也只是一个指南性的框架，其在具体文化背景中如何落实尚待考察，距离本土化的文化景观解读及评价体系尚远。

国内虽然越来越重视文化景观研究，但对这一外来视野的本土贡献或其局限的认识仍十分有限，对西方文化景观理论及其景观价值诠释的了解不够全面，鲜见深入研究。在与世界遗产文化景观的对接中，国内相关研究的出发点大多就世界遗产价值评价标准而论，缺少对该标准的文化、哲学背景的批判性思考。21世纪以来，西南地区文化景观研究日益增多，相关研究成果也是本书的重要基础。从文化景观视野本身来看，以往研究仍存在以下不足：

（1）现有研究多为具体区域的典型案例分析，关注个案呈现的新现象或新问题及其解决办法，虽然实用性较强，但研究的理论基础较弱。

（2）综合运用不同学科方法解读文化景观以及重视价值认知已是国内外研究者的共识，但国内西南地区乡村文化景观的质性研究很少，真正有效关联了文化、自然、社会、经济等不同学科视野及方法的不多，说明文化景观作为方法论体系及其运用远未普及。

（3）现状研究偏重于描述物质性景观要素，而对景观中的社会、经济和文化的阐释，尤其是关注"人"的研究少；大多数研究停留在学理层面，对当下乡村文化景观的现实不够重视，对当地社会利益相关者关注少。

（4）个案研究大都着眼于文化景观的形成与变迁、格局或特征，涉及价值解读的很少。许多研究提出了西南地区文化景观保护的建议，但因未建立在对文化景观及价值全面、深入解读的基础之上，较多停留在宏观保护思路层面。

概言之，国际文化景观的理论基石是欧美人文地理学，我们需对其进行全面深入的考察，亟须立足本土文化诠释乡村文化景观及其价值的基础研究。

第四节 研究区域及案例选择

一 西南贫困地区

中国地理区域的划分经历了"不划区、分省讲述——将位置邻近的省区合并在一起讲述——分区讲述"（申大魁，2012）的过程，分区方式的演变非常复杂及漫长，且并没有一个得到广泛承认的区域划分方案。"西南贫困地区"的空间范围涉及地理和行政区划两种范畴，是"西南地区"和"贫困地区"所指范围的交集。

"西南地区"是一个烙有鲜明历史印记和不断变化的概念。其字面的地理方位意思背后是以汉文化为中心的历史记忆与族群认同，即指华夏边缘地域。最早全面涉及今中国西南地区的史料《华阳国志》的记载，与《汉书·地理志》对当时西南地理的描绘互为补充，确定了今西南地区以四川、云南、贵州三省为基本范围。经历漫长历史时期形成的各种区划方案提供了更多样的界定，如，行政区划的（国家统计局，2014）、自然地理区划的（王成如、段玉山，2006）、经济地理区划的（李润田等，1991）、旅游地理区划的（董玉明，1997）等各种方案。这些方案对"西南地区"包括云、贵、川三省没有争议，区别主要在于是否划入西藏自治区和广西壮族自治区。本书依据《辞海第六版》（2010），将包括川、滇、黔、藏的三省一区和重庆市作为"西南地区"的基本范围认定。（夏征农、陈志立，2010）

国务院 2011 年发布的《中国农村扶贫开发纲要（2011—2020）》中，除已明确实施特殊扶持政策的西藏、四省藏区、新疆南疆三地州外，11 个连片特困地区中近一半的贫困县分布在四川、贵州、云南和广西，主要集中在乌蒙山区、滇桂黔石漠化区、滇西边境山区三个片区及秦巴片区和武陵片区的部分地区，贫困规模最大片区集中在云南省。国家重点扶持的 592 个贫困县中有 192 个位于西南少数民族地区。[①] 西南地区集民族聚居和连片贫困为一体的区域特征十分突出。

[①] 国务院扶贫开发领导小组办公室：《关于公布全国连片特困地区分县名单的说明》，2012 年 6 月 14 日，http://www.cpad.gov.cn/art/2012/6/14/art_ 50_ 23717.html，2021 年 1 月 30 日。

第一章 绪言

由于西藏自治区和四省藏区的民族单一、文化特质鲜明,与西南地区整体上的多民族和多元民族文化汇集特征不同,且城镇化水平一直较低,所以不纳入本书研究范围。重庆市社会经济发展程度比其他地区高,贫困问题较轻,也不纳入。以地理分界为基础,综合考虑历史文化、政治、社会经济、社会心理,以及城镇化发展水平、文化多样性和贫困覆盖面等因素,将覆盖乌蒙山区、滇桂黔石漠化区、滇西边境山区这三个全国集中连片特殊困难地区的云南省、贵州省和四川省,作为本书研究区域。这样的界定既尊重历史,也符合社会发展现状,有利于研究的有效开展。

二 案例选择

结合研究区域界定、研究背景、理论视野和研究目标筛选案例。首先,基于七个方面和相关参考数据选择案例点所属的县:(1)从乌蒙山区、滇桂黔石漠化区、滇西边境山区三个集中连片特殊困难地区(简称"三片区")里属于云、贵、川三省的贫困县中选择,保证案例点在西南贫困地区范围内。(2)考察这些贫困县的城镇化率[①]和少数民族人口比例,较低城镇化率通常意味着其自然环境或文化受外部干扰程度尚低,面临的城镇化挑战更严峻;同时,一般情况下少数民族人口比例越高的地区,民族文化保存和传承得越好,所以优先选择城镇化率较低、少数民族人口比例较高的县。(3)国家新型城镇化试点及各省新型城镇化等相关规划中涉及的。(4)优先考虑有村镇列入"世界遗产""中国历史文化名镇名村""省级历史文化名镇名村"等名录的县,兼顾默默无名的。被列入各级保护体系已经说明这些村镇的自然与文化具有或世界或国家或省级等层面的典型性或代表性,也意味着其在全球化及城镇化社会背景中会面临更多挑战和受到更多关注。并且,为使选择的案例在整个区域范围的代表性更广,加大案例样本之间的差异性,一方面,从自然地域环境、文化、经济模式等方面的差异角度,进一步筛选名录中的城镇和乡村;另一方面,也选择默默无名的、普通的案例样本。(5)从文化景观理论视野考量,相关要素较完整的。(6)学者或地方专家推荐、建议的。(7)现有研究基础较好,田野调查可行性高的。

---

① "城镇化率"指一个国家(地区)常住于城镇的人口占该国家(地区)总人口的比例。

三片区覆盖云、贵、川三省共 175 个贫困县，其中云南省的最多（82个），2010 年三片区城镇化率分别为 24%（乌蒙山片区）、30.4%（滇桂黔石漠化区）和 27%（滇西边境山区）（共济，2013：25）。2014 年云、贵、川三省的城镇化率都远低于全国平均水平①。

三片区中云南省特困县彝良县、元阳县、红河县、绿春县的城镇化率低于 10%，尚未进入城镇化发展阶段；而绥江县、江城哈尼族彝族自治县、罗平县的城镇化率高于 35%，孟连傣族拉祜族佤族自治县高达 61%。1/3 的云南省特困县的汉族人口比例高于 75%，2/3 低于 50%，平均约为 54%。② 因此，案例选点在云南省内排除城镇化率大于 30% 且汉族人口比例高于 50% 的贫困县。贵州省特困县的城镇化率介于 15%—28%，③ 汉族人口比例平均为 45%。其中，黔西、平坝、施秉、镇远、贵定等县的城镇化率高于 30%。因此，贵州省内案例选点，排除城镇化率大于 30% 且汉族人口比例高于 45% 的贫困县。四川省贫困县城镇化率介于 20%—28%，平均约为 21%（四川省统计局、国家统计局四川调查总队，2013）。美姑县城镇化率低于 10%，叙永县、沐川县城镇化水平高于 28%。汉族人口比例平均约为 45%。因此，排除城镇化率大于 28% 且汉族人口比例高于 45% 的县。

从文化景观视野考量，贵州省以喀斯特地貌为主，云南省和四川省拥有更多样的自然地质地貌类型（尹弘，2006：27 - 28；赵友年，2009）。云南省又是我国地质构造最复杂、少数民族最多的省，意味着可能有大量由多元民族文化与多样自然生态环境相互作用形成的文化景观。

综上分析，全部符合七个方面的有云南省大理白族自治州的洱源县和云龙县、红河哈尼族彝族自治州的元阳县和石屏县、贵州省黔东南苗族侗族自治州的雷山县和黄平县；符合其他方面要求，但非世界遗产或历史文化名镇名村的有云南省大理白族自治州的漾濞县和鹤庆县、文山壮族苗族自治州的丘北县和广南县、贵州省毕节市大方县、四川省马边彝族自治县、凉山彝族自治州普格县。云南省符合条件的县最多。云南省和贵州省研究基础条件较

---

① 国家统计局网站，http://www.stats.gov.cn。
② 云南省统计局：《云南省 2010 年第六次人口普查主要数据公报》，2012 年 2 月 28 日 http://www.stats.gov.cn/tjsj/tjgb/rkpcgb/dfrkpcgb/201202/t20120228_30408.html，2021 年 1 月 31 日。
③ 贵州省统计局：《贵州省 2010 年第六次人口普查主要数据公报》，2011 年 5 月 10 日，http://www.stats.gov.cn/tjsj/tjgb/rkpcgb/dfrkpcgb/201202/t20120228_30386.html，2021 年 1 月 31 日。

好，且文化部2003年确定云南省为中国民族传统文化保护工程首批综合性试点。考虑研究及调研的可行性，最终选取集中了贫困规模最大片区（82个国家级贫困县）、且自然地貌景观类型最丰富的云南省为主要案例点的选择省；贵州省黔东南自治州和符合多项案例选择要求，并且是本书依托课题缘起的四川省马边彝族自治县也作为案例选点所属区域。

按照西南地区三个等级行政区划（地级、县级和乡级），上述选点均属县级层面。但从文化景观的研究对象考虑，在当代中国，乡村仍是农村地区的基本社会组织单元，最直接体现人与土地及所依附资源的关系。并且，"乡村是全球范围内解决贫困与发展问题的第一线，是抵御全球化和同质化浪潮、维系人类文化多样性的后方，（以及重构）人与自然和谐共生关系的基地"。（张利，2015）乡村是文化景观研究最有效的切入点，更适宜作为基本的和直接研究对象。因此，在确定选点的县级范围后，参考截至2016年国家住房与城乡建设部和国家文物局等部门公布的《中国历史文化名镇名村》名单（1—6批）、《中国传统乡村》名单（1—4批），初步筛选出乡村调研点，并展开文献检索和分析。在田野调查之前，笔者通过电话、电子邮件等方式向云、贵、川三省当地学者和专家咨询，征求他们对案头初选调研点的建议①，补充了石屏县宝秀镇郑营村、哨冲镇慕善村、莫测甸村等乡村调研点。笔者团队重点对云南省大理白族自治州云龙县诺邓古村、洱源县凤羽镇凤翔村、红河自治州元阳县新街镇阿者科村、贵州省黔东南自治州黎平县茅贡乡流芳村和雷山县控拜村、四川省马边彝族自治县烟峰社区等六个乡村进行了调研。基于田野调查数据质量分析以及本书的篇幅考虑，最终确定对诺邓古村、凤翔村、阿者科村这三个乡村进行个案案例深入分析；而其他调研和分析过的乡村则作为论述西南贫困地区乡村文化景观整体状况以及保护发展策略的援引和补充。

第五节 研究设计

一 研究目标与研究问题

笔者认为，文化景观可以被当作在历史过程中文化族群与其所在自然

---

① 昆明理工大学建筑与城市规划学院翟辉教授、朱良文教授、王冬教授，昆明市规划设计研究院王晟副院长、杨家本、易娜等专家对选点提出了许多宝贵建议。

环境相互作用的活的记录来阅读,但西方文化景观理论的适用性还有待从本土文化背景、地区自然环境、资源禀赋、发展特点等进行考察;不应在"中外研究"之间划出一个界线,论及或解读文化景观,应以学理而非国家疆界为准。因此,研究目标即围绕文化景观理念的核心——"人与自然之间长期的相互作用关系",在明晰西方文化景观理论、西南地区自然文化观念及相关实践的价值线索基础上,以乡村为载体,建构认知西南贫困地区乡村文化景观价值的理论框架;运用该理论框架解读乡村价值;探索基于价值认知的、本土化的、地方性的以及面向未来的西南贫困地区乡村文化景观保护发展策略。据此目标,本书设定了三个研究问题:

(1) 解读西南贫困地区乡村文化景观价值的本土化途径是什么?

(2) 西南贫困地区乡村文化景观的价值及变迁是怎样的?

(3) 基于价值认知的西南贫困地区乡村文化景观保护发展策略是什么?

二 研究方法论与研究方法

研究方法论[①]

本书适宜采用雷纳塔·特什(Renata Tesch)为理解文本和行为意义的案例研究方法论[②](图1.1)。同时,因为研究问题包含了"是什么"和"怎样做"类的问题,也符合罗伯特·殷(Robert K. Yin)将案例研究作为探索这类研究问题的方法论考量(Robert K. Yin,2009:4-10)。约翰·克里斯威尔(John W. Creswell)指出,案例研究是探索当下现实世界里一个或多个限定体系的方法论,当研究对象是一个可以用某些参数(如特定的时空等)来确定边界的封闭系统时可采用(John W. Creswell,2013:97-98)。罗伯特·殷则认为,案例可以是实体,也可以是更抽象的对象,

---

[①] 研究方法论指质性研究的解释性框架里的研究途径或视野(perspectives)。参见 John W. Creswell, *Qualitative Inquiry and Research Design: Choosing Among Five Approaches*, California: SAGE Publications, Inc., Thousand Oaks, 2013, p.42。

[②] 雷纳塔·特什(R. Tesch)根据研究兴趣将质性研究方法论列入四组类别:研究语言特点的(the characteristics of language),探索规律的(the discovery of regularities),理解文本或行为意义的(the comprehension of the meaning of text/action)和反思的(reflection),参见 Renata Tesch, *Qualitative Research: Analysis Types and Software Tools*, New York: The Falmer Press, 1990, pp.55-73。

如，社区、某种关系、决策过程或具体项目（Robert K. Yin，2009：29 - 32）。本书的研究对象是西南贫困地区族群与自然相互作用的深刻价值关系及结果，理解和解释这一价值关系与西南贫困地区的历史、文化及社会背景密不可分，适宜采用案例研究方法论。

对"文本/行动"意义的理解
The comprehension of the meaning of text/action

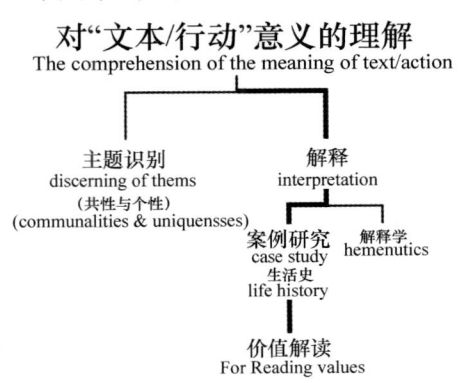

- 主题识别 discerning of thems（共性与个性）(communalities & uniquensses)
- 解释 interpretation
  - 案例研究 case study
  - 生活史 life history
  - 解释学 hemenutics
- 价值解读 For Reading values

图 1.1　研究类型图（来源：Renata Tesch，1990：67，加粗处为笔者强调和补充）

约翰·克里斯威尔等按研究目的将案例研究分为本质性的（intrinsic）、工具性的（instrumental）和集合性的（collective）三种类型：本质性案例研究的个案本身具有重要的内在意义；工具性案例研究的个案本身意义次要，其主要帮助认识某个问题或重新得出一个推论；集合性案例研究的个案本质性意义更小，通过观察多个个案探究一个现象、一群人或总的状况。（John W. Creswell，2013：99 - 100）罗伯特·斯特克（R. Stake）指出，工具性案例研究的目的是深入理解一个特定议题或问题，所选择的案例可以是典型的也可以不是，关键是能很好地帮助理解议题；经过提炼和概括，案例作为帮助我们理解其他例子的支撑；虽然工具性案例研究仍然需深入到细节，但关注细节的目的是获得外部推广的效用（Robert E. Stake，2003：134 - 164）。从建构主义的观点，工具性案例研究可以帮助读者建构知识和理解。本书拟通过案例探索西南贫困地区乡村文化景观，案例本身是工具性的而非本质性的；同时，聚焦于一个核心问题（工具性的），选择多个案例单元进行分析。

本书也运用了民族志方法论以整体理解西南地区文化族群的自然信仰

及与之密切相关的世界观和生活方式等。"民族志作为一种看的方式"（Harry F. Wolcott，2013：91）是对民族志本质的独一无二的理解，与文化景观作为"一种看的方式"（Denis E. Cosgrove，1984：1-2，13）有共通的视野。与本书最相关的是寻求社会组织模式和观念系统（如世界观、思想）的宏观民族志（Macro-ethnography 或 Holistic Ethnography）。大卫·菲特曼（David M. Fetterman）指出，宏观民族志寻求族群的精神行为模式（Patterns）（也被描述为仪式、习惯性的社会行为或规律），如人们怎样通过语言或重大活动及族群行为表达思想和信仰；某个文化族群作为研究对象时，可以被看作一个案例，但运用宏观民族志是为了探索文化在族群中如何运作的整体图景，而不是同时发展对该案例的深入理解或用案例说明某个议题（David M. Fetterman，2009：14）。案例研究的对象范围没有宏观民族志大，但论题较广，文化行为等只是其关注点之一；并且可以不完全依靠长时间的田野调查，因为案例研究方法论的重点是基于已有的或发展的理论框架收集数据。本书结合案例研究与宏观民族志方法论，从以下四个方面引导研究过程：

（1）采取"明确问题—预设理论框架—运用框架描述背景—分析主题—回溯理论框架"（Yvonna S. Lincoln and Egon G. Guba，2013：100-101）的案例研究步骤。即建立涵盖西南贫困地区族群传统自然观与国际文化景观理论的预设框架，作为解读乡村文化景观价值的工具以及收集和分析数据的标准；运用预设框架描述西南贫困地区的社会与文化背景；识别该区域乡村文化族群与自然长期相互作用的过程、方式和结果，提炼和分析乡村文化景观价值主题，对每个案例进行内部分析后再进行跨案例的主题分析；最后经过分析性概括（非统计性的），形成对西南贫困地区乡村文化景观价值主题评述，以及基于价值认知的保护发展策略结论。

（2）从宏观民族志视野，整体描述族群的历史、政治、社会背景、群体社会关系等，提供对现实数据的多重解释。描述和解释案例点乡村族群共同的自然价值观、自然信仰及与之相关的世界观、生活方式和社会行为模式等。

（3）收集多渠道来源数据，包括史料、统计年鉴、地方志等文献，影像、访谈等实地调查资料；校验调查过程和多样化数据，以保证研究设计的有效性。

第一章 绪言

(4) 研究者作为参与式观察者需了解村民作为"内部者对现实的观点"(David M. Fetterman, 1989: 30); 同时,需保持自身的外部者视角描述和解释本土文化背景; 并且需反思潜在的偏见, 或可能影响研究过程或结论的预设。

研究方法①

数据类型及收集方法包括:

(1) 历史回顾与文献分析。收集案例点乡村的自然、历史、政治、社会经济、文化等方面的包括地方志、历史档案、视听资料、自然资源报告等资料。

(2) 田野调查收集三类信息数据: 第一类是在最直接和基础的层面, 收集利益相关群体对乡村景观价值的感知、自身与乡村文化景观保护发展的关系等信息, 如"村子最突出的景观是什么?""需要重点保护和管理的是什么?"描绘各利益相关群体的文化景观价值感知整体图景; 第二类是在更深的意义层面, 采集如"对你而言, 村子最重要的价值是什么?""为什么?"等个体表述和传达的信息, 识别族群与所在自然环境之间深层次的、微妙的或象征性的关联; 第三类是从自上而下的角度, 收集历史上以及现在的乡村管理相关政策、规划等信息, 解读其中隐含的价值取向及其如何影响和改变了乡村文化景观。根据数据要求和收集不同层面及类别信息所需的方法假设, 田野调查从两个方面展开: 一是在半自然环境下, 从案例点乡村各群体中选择访谈对象, 进行半结构式深度访谈, 获得个体对乡村价值的感知和态度, 因为"案例研究中的案例是理论样本, 而不是统计样本"(J. Clyde Mitchell, 1983), 所以聚焦"对特定群体而言的文化景观价值"这类问题, 从覆盖的各群体中选择少量访谈对象作为样本即可满足要求; 二是收集当前案例点的保护管理资料, 了解管理层的价值立场, 并结合对管理者群体的深度访谈了解政策出台背后的深层原因及其影响。

数据分析和解释方法包括:

(1) 本书主要运用内容分析法(Content Analysis)进行主题分析, 即

---

① 指"收集和分析数据的技术及过程"。参见 Norman Blaikie, *Designing Social Research*, Cambridge: Polity Press, 2000, p. 8。

基于文献和预设框架，描述西南民族贫困地区乡村文化景观的价值、载体和相关群体，提炼乡村文化景观价值主题，并建构价值主题之间的联系。

（2）借鉴安瑟姆·斯特劳斯（Anselm L. Strauss）的扎根理论范式的分析法（Anselm L. Strauss，1987：5）和运用 Nvivo 软件，通过逐级编码分析深度访谈资料，包括三个步骤：第一步开放编码，在 Nvivo 软件中，从每个有意义的原始词句析出初步概念（自由节点），借助树节点对初步概念进行删除、添加、合并等操作，获得范畴化的节点；第二步主轴编码，对范畴节点进行聚类，形成代表主题的主范畴（胡蓉等，2017）；第三步选择编码，在 Nvivo 软件中进一步反复整合主轴编码提取的主范畴，以当下各利益相关群体的乡村价值认知作为统领所有类属核心范畴的解释的整体。本书并不旨在探究构成当下各利益相关群体的乡村价值认知背后的机理，因此不对核心类属与其他类属做进一步的理论模型建构。

（3）最后通过研究者外部视角合成这些数据，把它们与预设框架联系起来，提供分析"层次"，形成详细而具有深度的画面和一种全面的解释。

（4）请关键知情者、专家等审阅研究报告草稿，加强分析的外部有效性。

三 章节结构安排

第一章——绪言。介绍研究背景、主要概念、研究范围以及研究设计。

第二章——西南贫困地区乡村文化景观价值认知框架建构。以宏观历史视野，梳理西方文化景观理论对景观价值的诠释和中国西南地区传统自然观及自然实践的价值建构，明晰文化景观视角对认知西南贫困地区乡村文化景观价值的潜在助益；在此基础上发展西南贫困地区乡村文化景观价值认知框架。

第三、四、五章——个案研究，西南贫困地区乡村文化景观价值解读。运用自建的价值认知框架，解读三个案例乡村。综合运用历史回顾、文献分析及田野调查等方法，梳理各乡村文化景观的发展脉络，识别、提炼其价值主题；并基于现场调研，归纳当下各利益相关群体对乡村保护发展的价值共识与矛盾。

第六章——总结和提炼西南贫困地区乡村文化景观价值主题及变迁，

解释乡村文化景观的社会建构性本质。

第七章——关于西南贫困地区文化景观保护发展路径的探索。明确西南贫困地区乡村文化景观保护发展的价值观和方法论,围绕"如何保护?""谁来保护?"探讨在中国当下现实背景中乡村文化景观保护发展的目标共识和重点、保护发展规划,以及相关群体在保护发展中的角色及作用等保护发展策略。

第八章——结语。有两方面的总结:一是"文化景观"与西南贫困地区乡村保护发展的关系,二是提出西南贫困地区文化景观研究相关范式及问题。

第二章 西南贫困地区乡村文化景观价值认知框架

第一节 西方"自然的价值"相关理论

现代西方价值理论（Value Theory）探究的五个核心议题是："事物的哪种性质或特点是'具有价值'或'价值'？"（Ted Honderich，2005：941）、"具有价值究竟是主观的还是客观的事情？"（Nicholas Rescher，1982：10）、"什么是'好'或价值？""什么是内在价值及与之对应的工具性价值？"和"哪些事物是具有价值的？"（Joel J. Kupperman，1999：13）。今天，大多数价值理论关注人们赋予什么事物以价值，人们在心理、社会和经济背景中为什么赋予其价值。快乐主义（Hedonism）认为人类杰出的知识、卓越的成就和美德等令人愉悦的事物具有价值（David, Copp，2006：357）；需求理论（Desire Theories）简化价值的抽象性，视之为人们需求的产物；兴趣价值说（Interests and Values）提出依据兴趣定义价值；完美主义（Perfectionism）试图将不同价值整合在同一抽象的如"人性""有机统一"等名目下；聚合理论（Comparison and Aggregation）认为价值通过叠加而积累成完整价值的比较和；有机统一原则（The Principle of Organic Unities）认为整体价值不需要等同于各部分价值总量，以及与道义相关的理论（Relation to the Deontic）（Mark Schroeder，2016），这些代表了西方的七种聚焦于对人而言的事物具有"内在价值"的价值理论学说。环境价值论（Environmental Values）就是拓展了"内在价值"研究的重要理论，它探索非人类生物的"内在价值"，尤其是"自然的价值"这个议题，韩锋总结了相关的核心学说及观点（Han Feng，2006：30-31）（表2.1）。

第二章　西南贫困地区乡村文化景观价值认知框架

表 2.1　　　　　西方环境伦理核心学说及观点概览表

学说	观点
强人类中心主义（Strong Anthropocentrism）	人的需求和兴趣凌驾于自然之上。
弱人类中心主义（Weak Anthropocentrism）	自然是一个社会和文化建构的过程。
个体结果主义（Individualist Consequentialism）	自然不具有内在价值，某些自然物因其可以满足众生的需要而只具有工具性价值。
个体道义理论（Individualist Deontological Theories）	自然具有内在价值，所有生物在伦理上是平等的。
整体论（Holism）	强调土地伦理的整体性，聚焦整体生态系统（与"有机统一原则"的观点类似）。
调和理论（Reconciling Positions）	为了协调个体主义和整体主义，应理解和保护整体生态系统的内在价值；人类是危害自然环境价值的毒瘤。
美德理论（Virtues Theory）	以人类为中心（类似结果论和道义论）。
一元论和多元论（Monism and Pluralism）	多元论关注在解决具体的政治争议过程中，被当作实践和工具的环境伦理。
深生态学（Deep Ecology）	尊崇自然的内在价值，拥护"生物圈平等主义"以及整体论，价值考量多元且与实践紧密结合。
生态女性主义（Ecofeminism）	关注人与自然之间的敏感性、相互关联及其背景等，与弱人类中心主义相似，希冀建立人与自然之间紧密和谐的关系。
实用主义（Pragmatism）	价值是相互关联的，价值与价值、信仰、选择之间动态地相互依存，所以试图在实践中将各种观点融合在一起。对寻找独立于人类之外的、抽象的"自然的内在价值"不感兴趣，而是通过经验、文化和背景考察自然的价值，是一种开放的、容纳多元文化的学说。

第二节　西方"文化景观"理论的景观价值诠释[①]

在西方，与"自然"关系最密切的连接人与自然的概念是"Land-

---

① 此节内容参考徐青、韩锋《西方文化景观理论谱系研究》，《中国园林》2016年第12期；徐青、韩锋《文化景观研究的现象学途径及启示》，《中国园林》2015年第11期。

scape"（景观），而"Cultural Landscape"（文化景观）是西方文化地理学在景观研究分支上积累和发展的结果。文化景观理论及其在实践领域的发展脉络，可以归纳为七种景观价值诠释途径。

一　景观是凝视

16世纪末，具有强烈的视觉与艺术含义的荷兰词"Landschap"随着荷兰风景和风景绘画传入英国，被引入英语中。（Chris Wilson and Paul Groth，2003：3）约翰·威利认为，这个词意指描绘乡村、农业或自然风景绘画。（John Wylie，2007：4-11）丹尼斯·科斯格罗夫将它视为一种起源于意大利的伴随当时新兴透视技巧的艺术流派和绘画风格。（Denis E. Cosgrove，1984：19-22）克里斯·威尔森和鲍尔·格鲁斯指出，与那些早期为宗教或贵族服务的传统绘画不同，"Landschap"服务于比利时安特卫普、荷兰阿姆斯特丹或英国伦敦等新兴商业中心及其消费者，与崛起的商业阶层相关，该阶层的权力和休闲方式投射到他们控制和组织"凝视"（Gaze）景色的方式上，"Schap"精心限定或组织真实生活场景，从城市延伸到乡村。（Chris Wilson and Paul Groth，2003：1-22）17—18世纪，"Landskip"或"Scape"在低地国家重现，不再使用"Landschap"，但其建立的景观绘画流派以及基于"凝视"的人与自然、自然与文化相分离的意识已深深扎根于景观概念中。18世纪早期，富裕的英国地主雇佣风景画家记录他们游历过的自然风景，并重建乡间地产，使之与风景绘画里的景色相媲美。当这一潮流与旅游、美学和浪漫主义运动汇合，19世纪初流行于欧洲和美国的景观概念就不仅指自然或乡村的绘画，还包括花园、乡村建筑或如画的历史建筑等。经过几个世纪，景观概念的内涵从一种艺术流派拓展到欣赏自然景色和设计浪漫的花园，人与自然的视觉关系转向更广泛的实践及相关的精神关联，最终包含了积极创造象征意义的价值取向。

基于透视、比例的景观绘画，建立和强调人与自然之间的视觉关系，其普遍的文化意义是"我们"（自我建构的视觉主体）"凝视"的视线（John Wylie，2007：57），注重视觉的景观概念暗含分隔和观察，这是一种存在既有外部现实的认识论。（John Wylie，2007：1-11）自然被当作与人分离的等待被理性去感知和表达的客观对象。这个视角首先是以科学的、理性的方法（如透视等）考察、记录自然现实，指向自然的科学价值；其次，它在特定时空，描绘自然形态，追寻自然美，体现对审美价值和艺术价值（包括设计的景观）的追求；最后，人与自然相互作用的结果是写实的、重在形式塑造的风景画，总体上是基于物质形态的景观诠释。此外，自然风景、乡村聚落、城市商业中心或权力阶层休闲生活方式等也是风景画的描绘主题，设计的花园等成为价值载体，反映了特定社会经济阶层、精英群体的价值追求。

二　景观的文化

克里斯·威尔森、鲍尔·格鲁斯和肯·泰勒等都赞同约翰·杰克逊（John B. Jackson）的观点，即景观是一个复合词，其古英语[①]形式——"Lanskipe"和"Landscaef"就与人类有着密不可分的关系；尽管这是一个具有多功能的词语，但都意指由人确定的、可用法律术语描述的空间。（John B. Jackson，1984：6）"-skipe""-scipe""-scape"的原意都与"Scrape"和"Shape"有关，即"裁剪"或"创造"，隐含着"组织或体系"之意。（Chris Wilson and Paul Groth，2003：2，5-7）盎格鲁-撒克逊（Anglo-Saxon）及丹麦等德语系移民将"Lanskipe"和"Landscaef"带到大不列颠，指"森林中有动物、木屋、田地和围栏的一块空地"，基本上是农民在原始森林或旷野中，通过占用、习俗和劳作等方式改造荒野地而形成。因此，约翰·杰克逊认为，"Landskipe"本质上是指由人类确定的空间集合或系统，尤指乡村或小城镇环境，在拉丁语及更古老的语言中，对应"Landscape"的拉丁文"Pagus"（汉译"村"）指确定的乡村区域，由此产生表示景观的法语词"Pays"和"Paysage"一度对应对英语"Champion"的另一个法语词"Champagne"，也指"乡村田地"（John B. Jackson，1984：5-8）；意大利人曾用"Paesi"（区域）"Paesetto"（村庄）和"paesaggio"（田园）表示景观。（[法]朱利安，2015：16）通常被当作景观概念起源的德语词"Landschäft"，在德语中仅指一小块被限定的耕地，或封建庄园的部分，几乎就是农民眼中的世界。（John B. Jackson，1984：5）词源研究显示，景观概念的起源就与人类文化过程相关，体现

---

① 古英语（Anglo-Saxon English），指从公元450年到1150年间的英语。日耳曼部落的盎格鲁-撒克逊人的语言。http://baike.baidu.com/link? url=BwXIPTOzArQS4tZxpXr7_YtIgDWWOPP09lMCIGLNAWWUjAKcLh46afC05ocKMu8jtzUvfYrAujBY3i25pY0Gt。

了人类因生存聚居、生产实践与自然（重点是土地）建立的结构性关系；景观的形态源于文化价值、习俗和土地利用实践的共同作用；景观既是空间的，同时也是社会性和实践性的。景观具有因农业生产、生活聚居等形成的土地利用、经济以及政治价值，以及人与自然之间的情感关联，如文化认同感等精神价值。

16世纪末荷兰词"Landschap"的出现使景观变成了与人分离的视觉对象，直至19世纪末，"文化景观"的出现才将人重新带回景观的本质内涵中。19世纪末至20世纪初，德国地理学家奥托·施吕特尔（Otto Schlüter）强烈呼吁应认识到文化在景观形成过程中的重要作用，建议明确区分"文化的景观"和"自然的景观"。（J. W. R. Whitehand, 1985：206）他激发人们重新关注德语词"Landschäft"，并将"Kultur"（英译：Culture, Civilization）与之结合。（John B. Jackson, 1984：9 - 11）人类学及地理学者弗朗茨·博厄斯（Franz Boas）拓展了奥托·施吕特尔的观点，提出文化要素及其意义会随着人类的迁移和文化背景历史变迁而改变，因此，应重视在本土背景中去理解人的行为、信仰和符号象征等文化特征，地方历史研究对于文化分析很重要，景观是文化的线索。（Ken Taylor, 2012：21 - 44）20世纪初，德国地理学思想主导芝加哥大学时期，卡尔·索尔及伯克利学派用"Landscape"替代"Landschäft"，首次明确提出"Cultural Landscape"（文化景观）：

> 文化景观是由文化群体塑造的自然景观。文化是动因，自然区域是媒介，文化景观是结果。（Carl O. Sauer, 1929：46）

卡尔·索尔的文化景观概念与17—19世纪的主要从空间视野看待景观的观点不同，是从寻找文化凝聚力和连续性的途径探究景观，将景观看作由人类特定活动方式塑造的时空表达和动态变化的相关实体（Chris Wilson and Paul Groth, 2003：98 - 178），也包含将景观作为外部客观事实的理解，但将文化作为促成文化景观结果生成的动因。肯·泰勒指出，英语的"Culture"和德语的"Kultur"都有"关于人类智慧发展的一切成就"的含义，索尔将"Cultural"一词与"Landscape"结合构成的"Cultural Landscape"，"隐含的信息是，现在仍然是，用人的眼睛和头脑去阅读景观，把景观当作具有时间感和多层次的充满人文价值的历史档案，将'Cultural Landscape'仅仅作为农业的背景的观点是错误的，文化景观与所有人类场所和创造场所的过程相关"（Ken Taylor，2009）。人类学最核心的理论和方法，如尊重不同群体的选择、关注文化与其他要素的相互关系、强调地方性知识的价值及文化表述等被引入地理学的景观研究与实践，促使文化及文化群体与自然区域更紧密地结合，自然的人类意义和文化价值受到前所未有的重视。

文化景观成为独立概念之后，其前缀词"文化（的）"逐渐成为景观研究的重点，有时甚至超过了"景观"本身，成为地理学"文化转向"的引线和其他学科景观研究的重要方向。在术语使用上，"文化景观"也没有完全取代"景观"，20世纪西方景观研究以"景观""文化景观""场所"和"社会空间"等为关键词展开，形成多个竞争的、交叉叠合演进的理论视角，由此指向更为丰富的景观价值诠释。

三 景观是看的方式

在景观成为艺术对象之后，出现了颠覆"凝视"视角的思潮。约翰·巴瑞尔（John Barrell）指出，精英阶层欣赏的风景与劳动者眼中艰难谋生的场所始终并存，并相互竞争。（Barbara Bender，2006：307）反对声集中在"凝视"确立的以自我为中心的视觉态度，以及"文化是积极主动的，自然是消极的""文化是男性的，自然是女性的"等一系列二元关系。（Kenneth R. Olwig，2002：214）颠覆"凝视"的思考虽然认同人与自然之间建立的视觉关系是景观概念内涵的基本部分，但更强调"凝视"不仅基于人眼的生物机能，还与人们如何去看有关。因为"看"是有文化意义的行为，人们带着特定的、被社会化和教化的文化视角看世界，景观就层级了文化价值、态度、意识形态和期望。将景观作为"看的方式"（A Way of Seeing）成为文化地理学不言自明的事，即思考人们如何"凝视"。

1980年代末至1990年代初，西方新文化地理学崛起，主导了地理学界的"文化转向"。新文化地理学者批判索尔及早期文化地理研究中包含着"超有机"的文化意识，忽视了文化的内在运作方面，如信仰、仪式、意识形态、价值、态度等，缺少对文化的非物质性或象征性特质及社会维度的关注，也将城市和现代性排除在外。（John Wylie，2007：103）新文化地理学提出三个将景观作为"看的方式"的重要比喻——"面纱"（Veil）、"摹写本"（Palimpsest）和"文本"（Text）。

英国历史学家约翰·伯格（John Berger）和文化批评家雷蒙德·威廉姆斯（Raymond H. Williams）揭示了文本、艺术品和景观等文化产品掩盖西方资本主义社会经济关系的实质（向岚麟、吕斌，2010）。雷蒙德·威廉姆斯通过探讨感知结构解释为什么对于同一个场所，人们"看"到完全不同的事物（Edward W. Said，1989：150-164）。在他的影响下，新文化地理学的代表人物之一丹尼斯·科斯格罗夫，将艺术史与视景观为图像的荷兰传统结合起来，提出景观是"一种看的方式"，认为景观所依赖的线性透视理论和技术隐含着社会、历史意义，景观概念充满权力、统治和所有权等含义，与资本主义的崛起、土地市场化及商品化有关。（Denis Cosgrove，1985）他和斯蒂芬·丹尼尔斯（Stephen Daniels）进一步提出景观是"视觉意识形态"，即特定主—客体认识论模式的表达。（Denis Cosgrove and Stephen Daniels，1988：1、8、39-68）斯蒂芬·丹尼尔斯用"两面三刀"形容景观的两面性，即一方面提供了与自然统一的、超然的审美表象；另一方面景观视觉审美又表达了或遮掩了特定的社会经济关系。（Stephen Daniels，1989：196-220）约翰·威利指出，在这些研究中，景观被喻为"面纱"，尽管核心仍指视觉关系，但包含了对景观绘画及其意向的批判和唯物主义立场，使景观内涵从美学转向政治。（John Wylie，2007：41、69）

20世纪中期，威廉·霍斯金斯（William G. Hoskins）的"景观是摹写本"的观点，比喻景观可以摹写伴随社会和文化观念变化的人类土地利用及聚居模式，可涵盖不同历史时期甚至当代的意义。（Barbara Bender，2006：305；Richard H. Schein，1997）但丹尼斯·科斯格罗夫和斯蒂芬·丹尼尔斯却认为，"景观更适合比喻为可以被创造、阐述、拓展、改变意义或只需一个按键就可抹去的文本"（Denis Cosgrove and Stephen Daniels，1988：39-68）。邓肯夫妇（James Duncan and Nancy Duncan）也主张把景观当作"文本"，认为景观在社会进程中最重要的角色是支撑观念和价值等意识形态。（James Duncan and Nancy Duncan，1988）"文本"的比喻打开了一系列景观解读的途径，新文化地理学者开始热衷于文学或文化理论的解释性技术。景观文本包括物质性景观本身及其艺术、地图、文字等的表达，是一种独特的"结构主义"哲学。"后结构主义"和"互文性"又拓展了"文本"的含义，使其包含了标识、图像等，文本的意义在参考的、话语的和互文性的领域中被建构。（John Wylie，2007：74）

景观作为"面纱""摹写本"和"文本"的比喻，都将其看作一种表达，但在"看的方式"和表达认识论方面不同。丹尼斯·科斯格罗夫、斯蒂芬·丹尼尔斯和邓肯夫妇强调景观与欧洲社会精英阶层的凝视同源；吉莉安·罗斯（Gillian Rose）从女性主义角度批判新、旧文化地理学都持有特定的、男性凝视态度；（Barbara Bender，2006：306）斯蒂芬·丹尼尔斯更着重揭示景观支撑国家认同感的象征性功能。作为"看的方式"的景观，成为解释社会和文化形成的关键视觉媒介，方法论上从描述转向解释。这种转向反映了1990年代地理学主流的"批判建构主义"立场。从"建构主义理解"，所有景观意义都具有互文性，始终处于准备好被表达的状态，认识论和本体论合二为一。（John Wylie，2007：91-92）"看的方式"及其对景观价值的解释方法，使景观表达社会意识形态（价值）的象征功能得以凸显。这些意识形态包括视觉的、社会组织的、文化和自然关系等，艺术品、图像、绘画等作为景观文本也成为价值载体。

四 景观的现象学解释

埃德蒙德·胡塞尔（Edmund G. A. Husserl）、马丁·海德格尔（Martin Heidegger）和莫里斯·梅洛-庞蒂（Maurice Merleau-Ponty）的现象学思想促进了发现、描述景观生活体验以及其对于体验者的价值和意义等研究。

1930—1960年代，受现象学哲学影响，一系列"场所感"研究开始关注习俗、传统和生活方式等如何植入景观（Helen Armstrong，2001：2）。如，爱德华·雷夫（Edward Relph）探究人们为何认为某个场所具有价值，指出"存在性空间"的重要性及其由人类行为持续建构和再建构的本质。（Edward Relph，1976：12-16）他的思想成为1980年代建筑历史学家克里斯蒂安·诺伯格-舒尔茨（Christian Norberg-Schulz）的"场所精神"研究以及丹尼斯·科斯格罗夫和斯蒂芬·丹尼尔斯的景观意向与象征研究的源头。（Helen Armstrong，2001：4）大卫·洛文塔尔（David Lowenthal）从1960年代开始研究"场所依恋（Place Attachment）"，探讨人们如何以及为何赋予场所价值或归属于场所（David Lowenthal，1975：1-36）。更近时期，环境心理学家欧文·奥特曼（Irwin Altman）和塞莎·洛（Setha M. Low）提出人与土地之间存在的六种象征性关系的"场所依恋"类型学，指出人地关系包含的家族联系（通过家庭、历史建立）、经济联系（通过权属、政治等建立）、宇宙观（通过信仰、宗教或神话）、通过朝圣或文化事件建立的联系以及叙述（讲故事或命名场所）赋予场所价值。(Irwin Altman and Setha M. Low，1992：3-12)

20世纪70年代之后，各种现象学思潮批判景观作为"看的方式"的认识论。莫里斯·梅洛-庞蒂的现象学重视知觉、身体、体验和感知，在"肉体"概念里重新定义"视觉"，用"交织"这个词语捕捉"自我"与"景观"相互关联的方式；景观成为存在于世界本身的、潜在的表达，作为"生活世界"，指与我们所见事物的物质性和感受力；这样，景观就从一种特定的理解方式（"看的方式"）变为特定的"存在方式"（与视觉结合）。(John Wylie，2007：153-157) 受马丁·海德格尔的"栖息"和"存在性"研究启示，蒂姆·英戈尔德（Tim Ingold）转向用人类参与物质环境的实践行为来叙述栖息的视野，认为栖息与景观具有一致的内涵；景观是栖息，是锚固在人类身上的、具体的感知；既是环境也是栖息行为，作为一个整体就是世界本身。(Tim Ingold，2000：189-208) 他还指出，景观和时间性密不可分，时间性存在于聚居行为模式中，人类生活过程就是景观形成过程，并用"Taskscape"称谓每日实践发生的景观。蒂姆·英戈尔德之后出现了"非再现理论"（Non-representational Theory）或被称作"绩效"（Performances）的转向。"非再现理论"将注意力从假定意义转向支撑表现形式的物质组成和行为，使景观成为"不断实践和栖息于世界的过程"，从景观图像转向与存在性相连的景观实践，持续塑造自我、身体和景观等。(John Wylie，2007：163)

现象学使景观研究从笛卡尔式的、"观众的"认识论转向主客不分的本体论；在方法论层面从大量解释性和话语的立场转向民族志社会思潮。在研究议题和方法上更着重直接、细致分析个体参与的或具体的景观行为，重点关注人们在场所中的活动、场所命名以及与之相关的记忆。在这个理论视角下，主客不分的本体论立场使人与自然不再分离，最直接地进入了文化景观价值领域。

五 地方性的、普通的景观

新文化地理学强调文化是研究视角,不是单纯的对象。(唐晓峰,2013:50)第一代新文化地理学者参照更接近观念和象征层面的文化意义解释景观。然而,这一视角在整个1990年代都面临一个悖论,即过于关注表达和象征性意义以及文本性的解读可能忽视或削弱了景观本身的物质性。地理学界出现重新强调景观的物质性和反对文化转向的声音(John Wylie,2007:177)。如,詹姆斯·邓肯(James S. Duncan)认为景观意义的不确定和多样性是有限的,"任何景观都可置于其所处的社会关系中进行分析,景观意识形态能够被揭示"(James S. Duncan,1990:17)。戴维·马特莱斯(David Matless)受后结构主义的影响开创了"景观的文化"研究,将景观与主体性、公民权相联系,揭示在公民权、认同感、健康和真实性等话语中,景观实践产生的物质的、象征性的新的主体性和变化;强调景观是文化的产物,由行为、信仰和实践构成,而不是发生实践的舞台;他将景观从"图像"变成关乎礼教与道德的"实践",成为相关研究的核心线索(John Wylie,2007:117)。

肯尼斯·奥维格(Kenneth R. Olwig)也试图找回景观概念的物质性本质。他提出景观是法律上的真实概念,而不是某种精英式的"看的方式",呼吁重视景观与地方性、社区及习俗法规等的联系(Kenneth R. Olwig,1996)。唐·米切尔(Don Mitchell)把景观从名词变为动词(to landscape),根据行为、行动及其表现来定义景观;认为景观是去做,不是无生命的、等待被看见的对象或中立的背景,景观不仅标志或象征权力关系,它还是文化权力工具,甚至是权力本身;景观永远处于正在产生的过程中。(John Wylie,2007:102-107)约翰·威利概括这一视野超越了以往艺术史景观研究范式,贯穿了唯物主义和马克思主义思想,独特之处在于某种程度上重视在过程和变动中理解景观,景观价值、信仰和态度可以在时空中流动;倾向于关注地方性的、具体明确的和普通的景观。(John Wylie,2007:109-111、121-122)

英国后结构主义的代表人物米歇尔·福柯(Michel Foucault)关于话语、权力和主体性的思想对景观的文化研究产生极大影响。受他的启发,约翰·威利提出,"景观的文化"视野直指日常生活中的如散步、观光等景观实践活动，甚至通过这些景观实践阐述行为的概念和文化话语；景观话语创造了景观，政治和伦理注入话语概念中；这样就形成了"景观作为意识形态"和"景观基于实践、感知和活的体验"的两种理解（Helen Armstrong，2001：7）。"景观的文化"视角提出了地方性的、日常生活实践的和普通的景观具有价值，以及景观作为文化权力的工具性价值。

另外，爱德华·雷夫的场所感研究、莫里斯·梅洛-庞蒂的现象学以及亨利·列斐伏尔（HenriLefebvre）的"日常生活的重要性"研究也启发约翰·杰克逊和唐纳德·麦尼格（Donald W. Meinig）等人关注与普通场所、景观相关的价值。（Donald W. Meinig，1979：195-244）约翰·杰克逊用"Vernacular Landscape"（乡土景观）作为景观的内涵，主张用这个概念代指人们居住和工作的普通的日常生活世界；人类不是观众，景观不是艺术作品，而是人们通过汗水、劳作和认真思考创造的临时产物。（John B. Jackson，1997：343）他坚持景观研究的首要对象应是普通的居住场所和日常生活实践，重视城市景观，并高度综合了地理的、生态的、美学的、社会的和政治的等景观定义。（Mădălina Paftală-Ciubotărița，2011）约翰·史迪格（J. R. Stilgoe）认为，"普通的"含义不是粗鲁或粗俗，而是指属于每个人的以及能被所有人理解赞同的和代代相传的景观。（J. R. Stilgoe，1982：12-24）丹尼斯·科斯格罗夫指出，约翰·杰克逊洞察到第二次世界大战后美国景观最关键的流动性和日常生活景观实践的动态性特点，开启了景观概念的民主化时代。（Denis E. Cosgrove，1984：34）约翰·杰克逊最突出的贡献是将普通景观的物质性与象征性统一起来，将景观象征、信仰等与赋予当前生活世界的价值融合起来，挖掘了普通景观的象征价值。（John Wylie，2007：143-153）由此，形成人文地理学的新导向，即开始关注普通人的生活社会历史形态，将所有景观当作文化价值、社会行为的象征和表达，景观研究对象转向了充满意义、集体信仰和习俗的普通景观。

六 景观是政治与社会空间

1980—1990年代，后马克思主义将新文化地理学拓展到社会空间、竞争性景观（Contested Landscape）、移动的（Movement）、放逐的（Exile）和恐怖的（Terror）景观等（Barbara Bender，2006：308-310）。在西方，

出现了一系列聚焦社会冲突、不平等权利关系和社会建构认同感的研究，探索民族的、种族的、年龄或性别的社会空间，不仅剖析这些空间如何塑造（或再造）了社会等级，而且阐明个体和社会活动怎样定义、巩固或反抗社会阶层。为区别于传统的景观概念，更近期的一些研究者使用"空间"或"社会空间"代替"文化景观"。

蒂姆·克雷斯韦尔（Tim Cresswell）指出，"公共空间往往同时又是国家、地方政府或合作组织确定各自权力及意识形态的场所"（Tim Cresswell，1993）。聚焦本土（地方的）景观的竞争性研究认为，无论是在世界地图还是真实的土地上，全球各地都存在由于人们对场所及景观的成见、不同理解或参与方式而产生的冲突。早在1970年代中期（早于后结构主义）玛温·塞缪尔（M. Samuels）就前瞻性地提出"景观由作者创造，作者赋予景观意义"（Marwyn Samuels，1979：51-89）。在他的观点基础上，简·雅各布斯（Jane Jacobs）和多洛雷斯·海登（Dolores Hayden）提出城市景观由许多作者创造，存在与场所相关的多重意义和竞争的价值。（Helen Armstrong，2007：8）米切尔（W. J. T. Mitchell）直指景观的政治性，批判统治、霸权以及后结构主义强调的话语和身份，认为景观在竞争或妥协等社会动因关系中建构。（John Wylie，2007：122-123）芭芭拉·本德指出，在殖民和后殖民背景下，殖民者和原住民之间的严重冲突延伸到双方对场所和景观完全不同的理解、不能认同或容忍。（Barbara Bender，2006：309）近年来，后殖民主义视角转向关注迁徙的、逃亡的和边缘群体的景观等，引发了对景观、记忆和认同感的深入探究，一系列与文化景观的关键议题伴随记忆研究和遗产政治出现。（John Wylie，2007：143-154）

七 景观作为遗产

将景观视为遗产可以追溯到1950年代威廉·霍斯金斯的研究。在英国，景观、历史、乡村性、田园风光和怀旧等概念之间的联系十分紧密，威廉·霍斯金斯强调景观包含着人类自然利用和聚居历史沉淀的层次，景观的历史性扎根于地方性。（J. W. R. Whitehead，1981：13）唐纳德·麦尼格从威廉·霍斯金斯的地方主义中提出一个更尖锐的观点："景观分析必然是地方性的历史形态研究。"（Donald W. Meinig，1979：195-244）大卫·洛文塔尔早期从场所感探讨景观意义和价值，认识到人类有与自身的

"过去"（历史）相关联的需求，文化的景观具有遗产价值，这个观点后来成为遗产理论的核心。他通过分析美国人的乡愁，揭示了景观不仅作为有形的"过去"与"遗产"有关联，而且是与遗产价值相关的重要的历史信息库，因为"景观作为一个整体，包含了所有其他遗迹的场所感"（David Lowenthal，1975）。泰勒指出，景观包含了我们社会和历史的丰富证据，很容易使我们联想到遗产价值；遗产景观不仅包括有形的物质，而且饱含更广泛的价值、习俗等精神传承，启示我们与过去、社会历史建立联系，加强场所感。（Ken Taylor，1999）多洛雷斯·海登在《场所的力量》中阐释公共空间如何因文化认同感而成为人们的"社会记忆仓库"，场所力量意味着"普通景观滋养了市民的公共记忆"（Dolores Hayden，1995：9）。南希·邓肯（Nancy Duncan）从解释学途径阐明景观有助于形成社区价值和场所社会认同感，因此，景观处处洋溢着遗产的重要性。（Nancy Duncan，2003：25）景观作为场所的物质性与其历史性、地方性和认同感等非物质性共同构成人们创造和建构遗产价值的基础。

  这一视角反映出世界遗产价值观的转变。诞生于1970年代初的《世界遗产公约》建立在人与自然分离的哲学基础上，划分出文化遗产和自然遗产，两大类别之间彼此泾渭分明，即使在混合遗产类别中，也不要求自然与文化发生实质性的内在联系。在这种模式下，生物多样性等科学的理性价值观主导了遗产自然价值的评估，自然遗产的价值必须是客观的、有形的及可量化的，甚至自然的美学价值也不例外；自然的非物质的、精神的和文化的价值被抑制或被刻意抹去，如，山岳崇拜。1970—1980年代，拯救濒危动植物品种、建立国家公园和保护地、评估物种、生态系统保护及恢复等世界遗产保护实践，都要求自然遗产要营造"纯净的"、没有人类痕迹的"处女地"。这种保护模式导致了世界遗产与人及土地的分离，原住民在保护自然的名义下被赶出遗产地。世界遗产开始与民众和地方传统对抗，遗产地自然的生态价值与人的生存价值发生严重的冲突。世界遗产事业面临的严峻挑战，凸显出世界遗产价值观念的时代局限性和文化局限性。1990年代，世界遗产委员会汲取了西方文化景观理论思想，推出具有划时代和跨文化意义的旗舰项目——世界遗产文化景观，填补了自然遗产与文化遗产之间的空白，拓展和改变了世界遗产视角和实践领域；开启了世界遗产对景观价值的复杂性和多样性，尤其是非物质性价值的认知；

对原住民的土地利用传统及其演进的关注，使人类社会成为遗产地的有机生态组成部分，促使世界遗产保护与社会传统及其发展相结合，为世界遗产提供了整体保护的方法论。

第三节 西南地区的传统自然观与实践

对于中国人，"自然"也是外来概念。法国哲学家弗朗索瓦·朱利安（François Jullien）指出，直至19世纪末，中国和日本才以"自然"对应欧洲语言的"Sponte Sua"概念和称谓欧洲观念中的"Nature"。（[法]朱利安，2015：22）现代汉语中的自然界或大自然的义项，在中国古代由天、地、万物等概念共同承担。（赵志军，2005：6）汉族发展出包括"'道法自然'意义上的、佛教化后色空不异的、禅宗化后超越之外的以及山水画虚化后表现为艺术作品的图像等"多种含义。（夏可君，2013：130-131）西南地区各族群的"自然"意识更接近古代汉民族的观念，以天地万物为主要内容。

认知自然、处理人与自然的关系是西南地区各族群普遍的永恒主题，人们在适应和改造自然过程中形成的文化观念即是自然观。西南地区（尤其云贵高原）是唯一由北方和西北游牧兼事渔猎的文化区、黄河中下游旱地农业文化区和长江中下游水田农业文化区延伸、接触和交融的地区，具有民族和文化多样性以及传统文化多源混融的面貌（宋蜀华，2002），如，云南汇聚了以山居为特征的百濮文化、以火葬为特征的氐羌文化、以稻作为特征的百越文化、以苯教和藏传佛教为特征的藏文化、以游牧等为特征的北方文化、信奉伊斯兰教的西亚文化、以南传佛教为特征的南亚文化和汉文化等众多文化。（杨志明等，2009：34-37）纵观西南地区各族群传统文化变迁的总体趋势和结果，在西南地区复杂多样的自然地理和生态环境背景中以及汉族文化的规范和制约下，各族群文化的交汇使同一族群内多种自然观并存、不同族群之间自然观相互交融。自然观作为各族群特定的心理积习，同族群生活世界密切相连，外化为人们在日常生活中的行为模式和价值取向，深刻影响了西南地区的文化景观。

一 天人观是族群文化的哲学基础

早在原始社会时期，西南地区各族群就形成了丰富的天人观念和自然价值意识。各族群文化中的"天"和"人"都有多重含义,总体上既把天地万物的产生和存在归结于天神主宰,又把神的一切作用建立在具体的物质形态基础上。(张晓松,2007:220)例如,哈尼族的创世神话《开天辟地》,讲述神分别用牛的皮、肉、眼、牙、骨、毛、泪、舌、血等造出了天地、日月星辰、石头、草、雨、虹、江河等。各族群对人类起源的描述反映出他们在原始宗教观念下的神话思维,以及在天人关系上与汉族的高度相似,也有天人比附、天人感应的和天人合一的观念。绝大多数族群都将自己视为自然之子,对大自然怀有亲人和伙伴的感情,很早就形成了人类与自然之间整体的、相互协调的宇宙认知图式。但由于各族群社会长期处于生产力低下,经济文化不发达的历史阶段等,其"天人合一"观念还表现出人与神(天神)合一的思想。(斯洪桥,2014)

西南地区各族群的传统天人观都极为朴素和直观,"对自然的哲学表现出文史哲合璧的人类早期哲学的共性"(杨志明等,2009:113)。各族群的神话、创世史诗、谚语、格言等史料或文学作品中,都有对天地形成、人类起源和社会发展等重大宇宙观问题的朴素的、直观的猜测,并且还包含了世界万物在永恒运动中发展的辩证思想(秦家华,2004),以及劝导人们应有节制地向自然索取的生态伦理思想。另外,这些神话、史诗中都蕴藏着轻天命、重人事和劳动创造一切的思想,有明显的人有能力征服、改造和"安排"自然界的观念。这种主张与西方强人类中心主义环境哲学观类似。

自古以来,西南地区各族群通过生产、生活践行"天人合一"等价值观,积极适应或改造自然环境,与自然建立起相对持久、稳定及和谐的人地关系;并在日常生活中以向大自然表达敬畏与服从自然秩序等方式,在精神上获得与自然的和谐。(林庆,2010)各族群基于天人观赋予自然的文化性形成了相对稳定的传统自然观,深刻影响着各族群与自然相关的信仰、思维方式和社会规范等。需要说明,在当下社会背景中,这些积淀着各族群文化和历史的传统自然观已出现从历史及相关传统中剥离出来的变化。因此,本书中的相关讨论仅限于西方基督教传入西南地区并对其产生影响之前的传统自然观。

二 自然是宇宙、人类和族群的起源

神话、史诗及古歌是西南地区族群将自然作为宇宙、万物和族群起源的最主要表达形式,其内容、形式及资料之丰富为汉族所不及(杨志明等,2009:113-114),都与自然现象或自然物相关。

西南地区各族群用想象解释宇宙万物、人类及族群的起源。关于宇宙起源,彝族和傣族有云雾说、德昂族有茶叶本原说、布依族和彝族有清浊二气说等;在各族群的创世史诗、神话和古歌里,人类或由某种物质演化而来,或由天神及人神利用某种物质创造出来(赵世林,2011:117-120),演化为人类的"物"包括动物、植物和非生物,神用来造人的"物"虽然种类与形态各异,也都全部来自自然界(表2.2)。

表2.2 西南地区族群对人类及族群起源的解释示例表

族群	作为人类起源的自然物	相关神话、史诗、古歌、传说
彝族	云彩;雪;白泥和黄泥	《梅葛》《阿细的先基》《创世纪》《查姆》
纳西族	葫芦	《崇搬图》《人祖利恩》
哈尼族	鱼;水	《遮帕麻与遮米麻》《奥色秘色》《祖先鱼上山》
傣族	水、雾、风;黄泥	《巴塔麻嘎捧尚罗》《英叭》《论傣族诗歌》
傈僳族	泥土;猕猴	《创世纪》《木挂布》
拉祜族	葫芦	《牡帕密帕》《创世歌》
独龙族	树桠巴;泥土	《嘎美嘎莎造人》
德昂族	茶叶;水	《达古达愣格莱标》
布依族	树木	《人和动物是怎样产生的》《古歌》
白族	太阳撞山产生的肉核(非生物)	《开天辟地》
壮族	气;葫芦	《布洛陀与妹六甲》《从宗爷爷造人烟》
阿昌族	葫芦	《遮帕麻与遮米麻》
佤族	水、谷	《司岗里》《葫芦的传说》
景颇族	雾、气、水	《目脑斋瓦》
基诺族	鼓、水	《阿么尧白》《玛黑玛妞》
布朗族	云、雾	《阿哺林嘎与依娣林嘎》
侗族	水	《嘎茫莽道时嘉》

(来源:根据李子贤,2010;杨志明,2009:113-114内容整理)

西南地区绝大多数族群的人类起源的解释最后都会讲到民族起源和分

化，并都表现出不同族群同根同源的亲和意识。（赵世林，2011：117 -
118；孙浩然，2016：219）上表中的人类起源说是在西南地区普遍流传和
具有典型意义的族群起源神话，并且还把"民族起源或分化与其居住环境
联系起来"（杨志明等，2009：118）。大自然是融合西南地区各族群宇宙
起源、人类起源和族群起源解释的共同的物质基础。

三 自然是神灵的世界、崇拜对象和宗教场所

西南地区各族群与大自然的关系也是从为自然所支配的阶段开始。远
古时期，在相对封闭且大都比较恶劣的生存环境中，各族群社会的生产力
极其低下，人们普遍对自然物或自然环境怀有敬畏心理，形成了原始自然
崇拜。在他们的原始自然崇拜体系中，山是神灵的住所和人通往天界与神
相连的地方；水和水神延续生命，也能泛滥成灾，与生产、生活有着极为
密切的关系；林木、禽兽对采集、狩猎和畜牧都很重要，还有土地神等，
各种自然物都是神的化身。赋予自然万物以神性，将其视为生命的不同存
在形式，把自然物质抬升到神和人的地位，神性、物性与自我合而为一。
（李晓斌，2007：145 - 146）一些自然物成为族群的护身符或图腾标志，
并获得命名和崇拜（表 2.3）。由此，人与自然便建立了原始的精神联系，
大自然被赋予了象征意义和原始宗教性。

表 2.3　　　　　云南少数民族原始宗教崇拜对象一览表

族群	自然崇拜对象	图腾崇拜对象
彝族	天、地、山、石、水、火、日、月、星辰、树等	竹、松、葫芦、虎、牛、羊、鹰、雕、狼、獐、熊、雉、鼠等
纳西族	天地水火、日月星辰、风雨雷电、山、马、石、虎豹、狮子、象等	青蛙、虎、蛇、龟等
哈尼族	"龙树"、水、土地等	尼帕、婆斜、默么、车么、莫把、莫玉、咯么、牛么、坡淘、普么、咋啦、咋德
傣族	水、树、山、寨、鬼神	菠萝、鹿、荷花、龙、牛、蛇、狮子、老虎等
傈僳族	天、山、龙等	虎、熊、羊、鱼、蛇、龙、狗、兔、马、蜂、鼠、鸟、猴、猪、狼、鹰、獐、荞、竹、柚、稻、黍、麦、麻、菌、火、霜等

续表

族群	自然崇拜对象	图腾崇拜对象
拉祜族	日月星辰、山、水、沙、石头	葫芦
独龙族	日月星辰、山川河流、花草树木等	蜘蛛
德昂族	山、蛇、地、龙王（水）、神树等	茶
布依族	龙、水、山、树、石、雷等	铜鼓（太阳、雷、水、牛、鱼、蟾蜍、青蛙、鸟等）
白族	土地、杉树、巨石、生殖器等	龙、海螺、神鱼、虎、熊、蛇、鼠、鸡、木、猴子等
壮族	日月星辰、风雨雷电、山石水火、花草树木等	青蛙、黄牛、森林、禾稻、桃、柚、谷、鸟等
苗族	龙、巨石、岩洞、大树、土地等	土地菩萨、雷公、门神等
瑶族	山、风、龙、巨石、老树、古井等	牛、盘王、狗、蜘蛛、鼓等
阿昌族	日、月、火、水、盐、土地等	
佤族	水、火	牛
景颇族	风雨雷电、日月星辰、山石水火、虎豹熊狼、花草树木	目瑙示栋
基诺族	山、寨、天、地、雷、谷等	太阳
布朗族	龙树、天地、日月星辰、风雨雷电、山石、水火等	蛤蟆、竹鼠、犀牛、葫芦等
侗族	水	龙、蛇、鱼等
藏族	天、地、山、水、龙、火、风等	猴、牛、羊、狗、狮子、鹏等
普米族	栗树、松树、山、龙、火、羊、牛等	虎、蟾蜍等
怒族	日月星辰、山川河流、巨树怪石	蜂、虎、蛇、熊、蝴蝶等
蒙古族	火	狼、鹿、熊、芒牛、鹰、天鹅、树木等
满族	火、日月星辰、风雨雷电、山、河、树、动物等	虎、狼、水獭、蛇、鹰、喜鹊、乌鸦等；柳树、柞树、榆树、桦树等
水族	岩石、枯井、古树、池塘	鱼

（来源：根据孙浩然，2016 相关内容整理）

总体上，西南地区族群的传统宗教以自然崇拜为主，原始宗教所占比重大，图腾崇拜和祖先崇拜也或多或少都与自然界有关联。原始宗教的神灵观念、祭祀仪式及规则等对各族群的自然观念、道德观念和审美观念都产生决定性的影响。感性的神话、史诗、古歌等语言象征形式塑造了超自然的形象和幻想，这里的大自然是人们日常生活之外的众神灵世界，带有超验的主体性。同时，强化和夸张那些人所不能理解认知的自然现象，使自然环境具有了审美基础，尽管这种审美意义被宗教性的恐惧与神秘压抑了。作为原始宗教崇拜对象的自然物，既是神灵角色的标志，又是沟通人与超自然联系的桥梁。起初，人们只是崇拜自然物及自然现象，伴随农业发展，人们又赋予了农作物灵魂，典型稻作族群保留了为获得更多生活资料祭献神灵的象征性交换活动传统，如，哈尼族围绕稻谷种植进行一系列祭祀活动、农业祭祀贯穿傣族水稻种植的全过程等。（赵世林，2011：113）祭祀活动从早期的感谢、祈求、屈服等简单方式发展出有祭品和牺牲的供奉以及媚神、娱神等仪式活动。全族成员都参与的祭祀活动使族员在反复感知中，将某些有利于族群生存和发展的行为整合为带有一定强制性的风俗礼仪及规约系统（杨志明等，2009：34-37），对自然的神性意识变为体现族群共同信仰和情感的象征，不仅有效维护了族群对自然的神圣情感，同时增强了族群的内聚力，具有社会功能及价值。虽然不像汉族的"五岳"祭祀有着强烈的政治、伦理社会意义，西南地区族群的自然祭祀也有等级现象，如，景颇族有谚语"官家有官家的鬼，百姓有百姓的鬼"，彝族的神灵崇拜有明显垂直方向的等级划分倾向（孙浩然，2016：63），现实生活中的等级制度投射到神灵世界，大自然在被具体神化的同时，也被人化和社会化了。

西南地区与其外部地区的宗教交流历史悠久，道教自创立之初就向西南地区传播了。（孙浩然，2016：130）除本族群原始宗教，西南地区各族群还"在形成和发展的重要历史时期，吸纳、改造或置换本族群原始宗教，使外来宗教成为族群文化传统的重要组成部分，产生了次生型宗教"（孙浩然，2016：4-5）。次生宗教拓展了西南地区各族群对自然的文化意义诠释。佛、道等外来宗教对自然山川的青睐以及与之建立的关系模式，深刻影响了西南各族群地区次生宗教的自然建构。如，瑶族受道教影响较深，有道经，梅山就因道经里有"九郎不闭梅山路，下凡个个出贤人"的说法而成为瑶族的道教神山；（孙浩然，2016：19-20）又如，在大理、云龙等市县的白族村寨，因白族的本主崇拜融入了佛教神和道教神，本主庙的选址大都建于村口、山麓或湖滨等环境优美之处。

以原始自然崇拜为宗教启蒙，经过祭祀制度化的规制、外来宗教文化的植入和本土宗教的发展，以及通过祭祀等活动，西南地区各族群将天人哲学观、宗教信仰等带进了大自然的山水间，使自然蕴含了族群信仰的象征意义。

四 自然是族群聚居生存的社会空间

在西南地区各族群的发展历史中，认知地域自然环境并选择适宜生存、繁衍的聚居地始终都是重大主题，大自然作为各族群聚居生存空间的价值十分突出。

以云南省为例，其境内群山逶迤，海拔高度相差很大，天然形成山间盆地、坝子、高原和山地等地貌类型，重要的河流连接着众多大小湖泊，气候类型多样且垂直变化异常明显，植被极为丰富。据考古发现及古文献资料，在新石器时代末期，云南已是氐羌、百越、百濮三大部落群体多族群杂居的地域。多族群构成融入云南自然地理环境中，产生了多种社会形态并存的聚居文化。在生产力极为低下的远古时期，面对地域自然环境给予的如湿热平坝有渔田之利但易洪涝频繁、低热山区有大片森林可刀耕火种但野兽较多等生存机会和限制，各族群一边在不断迁徙中寻找适于族群定居之地，一边提高自身利用自然和改造自然的能力，逐步从采集、游猎走向定居。最终，云南境内处于不同文明时期与社会形态的各族群散布在高山深谷中，形成白族、纳西族等族群聚居平坝区，哈尼族、景颇族等族群居住在半山区，苗族、独龙族等族群居住在高山区和滇西北高原的立体聚居分布以及乡村格局和住屋样式。

自然地理、族群的生产力水平和原始信仰对聚落选址和规划起着决定性作用，如，彝族等"逐森林而居"的族群普遍在有树林、近水和向阳的环境建村寨，并通过供奉神林、水源林等信仰维护族群赖以生存的自然生态环境；而不喜水的布朗族一般选择在大山上建寨，寨址既要靠近耕地，又要远离水鬼出没的水源，并禁忌引水入村；刀耕火种为生的独龙族视土地为生命，为保障土地的轮歇修复，将土地分片划出轮耕地与聚落用地，称得上是一种土地规划；（蒋高宸，1997：204-207）哈尼人创立了极致利用高山与河谷自然资源的"惹罗"建寨选址模式；黔东南侗寨将粮仓等重要建筑集中建在水塘上以与住屋保持距离防范火灾等。西南地区各族群把人类永远离不开自然的观念融入村落选址和营造中,既顺应自然又最大限度地利用自然,以有利于生产生活为基本原则,并尊重族群的信仰,保持着人与自然的亲和关系。各族群的村落住屋建造也体现了这样的自然观及实践智慧。如,在气候干冷的滇中和滇东南,彝族、哈尼族多建造防干冷、干热性能较好的土掌房;但在具体元阳一带的自然条件下,哈尼族则灵活地进一步发展出就地取材的新样式,增加了个蘑菇顶以适应当地更多降雨的气候。(蒋高宸,1997:65-68)各族群凭着对自然地形的理解和长期的经验积累,合理组织水文和建筑形态布局以适应不同地理环境;(杨大禹、朱良文,2009:205)根据当地气候的自然逻辑,选择方便的、功能与信仰上都可避免灾害的乡土建筑材料和充分利用西南地区丰茂的植被,如,木、竹、土、石、草等建造住屋,由此积累形成地方建造知识技艺与传统。(李永祥,2015)

西南地区各族群把对大自然的敬畏、对蓬勃生命力的渴求等情感物化到乡村聚落中,聚落本身是族群长期与自然相互作用的创造成果,体现了族群与自然之间的最朴素关系,凝聚了族群文化的历史价值和自然利用的智慧。村落选址和营造基于朴素的生态思想,顺应和利用当地自然资源条件,使村落发展成为自身结构稳定、物质能量循环完善的社会—经济—自然复合生态系统,始终与自然环境保持着动态平衡(杨大禹、朱良文,2009:210-213),并融入了族群的宗教信仰、习俗、审美、礼制、情感等。随着社会发展,西南地区族群的乡村聚落营造更多受社会和观念的影响,大自然作为族群的聚居空间积淀了更多社会意义,如,在中原文化向西南地区强势推进的历史时期,汉族传统社会的礼教观念、社会制度等渗透到族群聚落的发育过程中。(王冬,2012:44-49)族群乡村聚落成为不同族群与自然建立价值关系、社会介入与修正以及人为选择与调适的持续作用结果,是各族群自然观、社会经济、文化等交流的物质表征。

五 自然是民族艺术的源泉

西南地区族群创造了神话、史诗、诗歌、舞蹈、音乐、服饰、绘画、雕刻以及建筑等形式多样的传统民族艺术,在族群的物质生产方式、家庭和社会生活中发挥着重要社会功能,大自然正是这些艺术形成与发展的源泉和摇篮。

神话。大自然是族群神话原初艺术崇拜和描述的主要对象。在许多族群神话中,大自然是死亡、再生等神话原始母题的象征和载体。神话解释自然物或自然现象,通过这种艺术形式,在人与自然之间建立起除如采集、狩猎或耕种等物质性客观联系之外的精神关联,大自然成为人们在生活实践中感受神话艺术的媒介。人们描绘、模仿、加工或祭祀神话里的自然物,创造了原始绘画、图腾、雕刻、舞蹈等艺术形式,对人类精神领域的活动和文化发展产生深远影响。大自然通过神话成为西南地区各族群传统艺术发展的物质基础和精神来源。

古歌和史诗。古歌和民族史诗是在民族神话基础上发展得更成熟的民族艺术。(张胜冰、肖青,2004:42、67)西南地区各族群的古歌谣表达的内容和涉及的领域很广,饱含人们对大自然的直观认识和朴素情感,与各族群的生产生活联系更紧密,如,傣族古歌谣《摘果歌》《采菌子歌》等,吟唱先民们对大自然或神灵馈赠的情感。史诗将人与自然的精神联系从口头叙事形态演进到"文本"艺术形式。各族群创世史诗均充满奇特想象,但表达最多的还是族群赖以生存的自然环境,为自然披上神秘色彩,与神话相交织,并且还显露出人类与自然界相抗争的意识。此外,那些孕育了族群英雄的或见证了族群重大历史的自然环境,就是族群英雄史诗或叙事史诗的重要背景。

歌舞。歌舞是西南地区族群传统文化的主要艺术表现形式,其产生与发展与大自然密不可分。

西南地区各族群保留有大量与自然崇拜和原始宗教活动有关的原生形态宗教乐舞,反映出各族群与宗教尤其是原始宗教信仰相关的独特审美观念、审美心理和审美趣味,自然现象或动植物是主要审美对象。对自然现象、律动、衰荣规律、动植物等的原初感知,激发了人们的想象力和创造力,通过模仿自然界里的形状、声音等,创作原始乐舞的韵律感和音乐节奏感;模拟动物的动作、植物的形态、色彩和纹饰的肢体动作以及服饰、乐器、道具等构成原始乐舞的整体艺术性,表达人的生命冲动、祈神等心灵体验,是人与自然界神灵沟通的一种行为艺术,如,哈尼族的木雀舞等。随着生产力水平的提高,乐舞也模仿犁田、播种、收割、打谷等农耕过程和动作,人们跳着模拟劳作的舞蹈,将祖祖辈辈积累的生产、生育等经验和知识传授给下一代。许多族群的乐舞至今还保留着与原始生殖有关的意识表达，如，种子发芽、谷物丰收或生育繁殖等，发展出乐舞的艺术象征性。各种乐舞都有与自然"相似"或"接触"的关联。伴随社会变迁，西南地区各族群的原生态乐舞几乎都经历了从娱神到娱人的历史嬗变过程，逐渐从宗教性舞蹈转变为生活气息更浓的舞蹈，更趋向满足人们的审美需求，但始终都未脱离对自然的崇敬和模仿。

西南地区原生态歌曲也与人们生产生活的自然环境分不开，如，石林彝族民歌曲调中的"喊调"是撒尼人在山上放牧或做农活时，在一座山上与另一座山上的人对唱喊出的调子。此外，制作乐器的材料和外形也都取自或摹自大自然，如象脚鼓、羊皮鼓等。（王玲，2015：204－209）

雕刻、图腾、服饰、建筑等艺术。生殖是西南地区各族群原始雕刻艺术的母题，以石雕最有代表性。许多族群认为石头具有支配整个自然界的神秘力量，常常不作任何艺术处理和加工，仅凭石头本身的自然形状，发挥想象力赋予其寓意。语言发展比较成熟的族群一般都有自己相对成熟的文字，这些文字最初都摹自客观自然物或自然现象，后再向抽象的符号文字演变。（张胜冰、肖青，2004：135）如，彝族先民就地取用树枝做记事符号，满足生产、生活和祭祀所需，后模拟树枝形状作为基本笔画创造了彝文。大多数族群的图腾是人们狩猎、采集的动植物形象。彝族漆器纹饰源于自然和生活，剪纸艺术多表现龙、凤、鱼、鸟、花等被奉为神物的自然物。傣族、哈尼族、景颇族独有的住屋形式也是模仿狗、蘑菇、鸟窝等自然形象的创造。

西南地区的自然地理、气候环境等都是影响民族服饰的因素。每个族群有独特的传统服饰，在不同地区的同一民族的服饰也不同。族群传统服饰大多就地取材制作，服饰面料和款式与聚居地的生态环境相适应。（王声跃、严舒红，2003）如哈尼族、侗族等许多族群利用或种植本地植物织土布、配制染料染布，服饰上有大量模仿山川河流、花草树木、鸟兽鱼虫、梯田等日常生产、生活环境中的图样；源于生活而又高于生活，通过图案、色彩、命名等赋予自然物寓意，多表达人与自然和谐相处的意象。（王玲，2015：58－59）

集歌、舞、乐、服装、体育娱乐等活动于一体的节日庆典也是综合性艺术活动。如，彝族火把节，白族"绕山灵"等节日与族群对火、树、水和太阳等的原始宗教自然崇拜有关。

尽管从远古时代起，西南地区族群的传统艺术就受到汇聚于此地的汉文化、东南亚文化和藏文化三大文化圈的哲学观念、审美情趣和艺术风格影响，但传统艺术仍具有地方独特性。如，阿昌族史诗《遮帕嘛和遮米嘛》描绘美丽的自然环境和先民们在其中男耕女织的田园生活场景，是非"精英的"和属于"大众的"，以普通民众都参与为前提的艺术创作活动，与汉族士人的山水诗、"园记"描绘的乡村景观不同。西南民族艺术具有突出的自然属性，如注重功能、原生态形式，与神话等自然崇拜密切相关等；表达和承载的社会实用功能价值诉求远远超过审美诉求；其集体性和大众性与西南地区族群的传统文化和生活实际相呼应，是人类学视野中的"原始艺术"，通过直观的象征符号揭示对于族群生活层面的意义，与汉民族突出的自然审美价值建构有很大差异。

六　自然是族群传统文化的传承场

大自然是西南地区族群传统文化的最原初的、天然的和广阔的传承场。各族群的自然信仰、生产方式、聚落营造、伦理道德等观念和行为模式都能在这所"天然课堂"中传承。

由于历史原因，西南地区各族群在社会发展阶段、经济水平、文化等方面极不平衡。那些社会生产力和生产效率较低、农耕经济不发达的族群始终未完全脱离人类早期从自然界直接获取生活资料的生存方式。这些族群在外出采集、狩猎的时候，总会带上孩子，通过长者亲身示范，身体力行地将族群的生存经验传授给后代。传统农业族群则要在田地劳作中向后代传授农耕的时节、步骤、方法、禁忌等生产知识和经验，如，哈尼族教后代开辟、种植和管理梯田的整套稻作技能，以及开挖灌溉梯田的沟渠、建造分水设施和修葺梯田的经验。这些知识技能和经验的传授只有在与土地等自然资源直接接触的实践中才能实现。各族群如何规划土地、选址建寨、选择材料建造住屋等乡村营造传统，同样也只有在走进大自然、理解族群生活的自然环境后方能有效习得。

大自然还是西南地区族群精神文化再生产的场所。许多族群至今保留着向自然献祭的习俗和仪式，如，哈尼族的祭"龙树"和在水井边祭祀水神的习俗。承载各种祭祀活动的自然环境就是传承族群传统文化的课堂。（高凯，2013）哈尼族等族群的祭祀礼仪还规定，除祭祀外严禁村民进入神林、龙潭等祭祀场地，既是对子孙后代进行生态伦理教育的一种形式，客观上也保护了族群生存的自然环境。一代代族群新成员在大自然中接受宗教仪式的洗礼，继承本族群包括自然崇拜信仰、自然价值观等深层文化心理与精神信息。这些在大自然中进行的祭献活动，也就成为族群文化再生产的过程。（杨志明等，2009：90）

西南地区族群的传统道德具有较少的理论性，有更多世俗性和生活性，与爱护大自然相关的行为与道德戒律往往成为法则或习俗。通过自然崇拜宗教祭祀活动，树立不可冒犯的最高道德行为准则，如，哈尼族"矻扎扎"节教育后代敬畏、保护和珍惜水资源。在日常生活道德规范方面，每年哈尼族全寨人都要聚集到一颗象征母亲的大树下过祭母节；农历冬月十五过老人节，人们在清晨上山选一棵松树苗，栽在过节场地上，祝愿老人"寿比南山不老松"，传承哈尼族祖先崇拜和孝道文化。（孙浩然，2016：29-30）如凤翔村白族的许多族群都保留着将死者送到山上、树林里，回归祖先发源地的土葬习俗。此外，大自然还是一些民族举行成人礼，接受关于民族、为人处世以及责任和义务、举止仪态等方面的系统教育的场所。（赵世林，2011：84-86）

第四节 文化景观对认知西南贫困地区乡村文化景观的助益

一 对传统研究视角的吸纳和拓展

讨论文化景观与同样关注人与环境关系、地域性差异及特殊文化特征的传统研究视角的关系，可以更加明确将它作为新的视角和方法论对认知西南贫困地区乡村文化景观的重要性。

文化景观与文化生态

文化景观与文化生态都关注文化、自然的或人工的环境。文化生态研究的创始人朱利安·斯图尔德（Julian H. Steward）拓展出文化研究的生态学视野及引入生态学方法，探究人类文化与其环境之间的相互关系。但他的思想及理论未完全突破环境决定论和环境可能论，更强调生态环境对人类文化的影响以及特定族群的生产技术行为模式、生理或遗传等对环境的文化适应，且对文化变迁的解释不足。其他研究者深化和扩大了文化生态的内涵与外延，20世纪中期后，现代生态学宏观系统认识论将人类及其创造的文化纳入生态系统，尤为关注人类对环境的不良影响；从环境伦理角度强调自然具有独立价值，主张"人—自然—社会"系统整体统一与协调，为文化生态注入了生态系统角度的文化反思。（森文，2017：13-16）总体上，文化生态研究的主要内容是文化的存在和发展系统、资源、环境、状态和发展规律等。（戢斗勇，2004）我国本土文化生态学派，更关注文化与环境（包括自然的、社会的、经济的等环境）的相互关系，强调文化生态的实践性。

文化景观与文化生态的不同主要体现在它们作为视角和方法论的层面。国内外文化生态的主要研究对象都是文化，或者说立足于文化，而自然、社会、经济等作为文化存在和发展的环境。文化景观视角对人（文化）的价值和自然的价值的关注是平等的，主要研究对象是以景观为载体的人与自然之间长期相互作用的所有物质与非物质结果，重点从历史的、动态的和认知实践的角度把握二者之间的相互作用。社会、经济等包含于"人"的范畴内，人与自然互为彼此的环境和动因，自然环境、社会、经济都是建构景观的动因。文化景观视角的考量不局限于人类文化，还包括被人类文化改变的自然，真正突破了"人类中心主义"和"环境决定论"，体现出尊重人和自然各自价值的环境伦理和价值观，拓展了文化生态力图关联文化与环境的方法路径。

文化景观与地方性知识

地方性知识（Local Knowledge）是阐释人类学的核心概念之一，它有多种表述，如，本土知识（Native Knowledge）、原住民知识（Indigenous Knowledge）、传统知识（Traditional Knowledge）、民间知识（Folk Knowledge）等，常与之互用，多视为同一概念。有多种地方性知识的定义，反映出多维视角下的内涵，如：从文化权力维度，指在非西方文化中产生的、在规范的教育系统及现代科学体系以外发展起来的（The World Bank，1998；李琦，2012：19-23）、与整体性知识或者说是普遍性知识相对应的一整套民间知识体系（赵乐静，2011：108-109；张永宏，2009）、具有少数民族地域性和地方性特点的知识体系（任勇，2015：217-222）；从实践价值与知识的功能性维度，指在特定区域内及特定的自然与社会条件下（IIRR，1996；张永宏，2009；安富海，2010），世居族群或群体在长期处理人与自然关系的实践中创造并不断积淀、发展起来的独特的、传统的、地方性的知识，是贫困人群和非主流文化社区的主要财产（黄承伟等，2013：116-121；张永宏，2009）；从知识体系构成维度，指包括形而上的文化（地方神话、宗教和自然观等）和形而下的技术（传统技术、艺术、规则）的一整套知识体系（李琦，2012：42-48），包括物质和精神的全部成果和成就（崔海洋、杨洋，2014：113-114）；从发展论维度，是当地人观察习得、不断试错、代际传递的动态的经验积累（IIRR，1996；张永宏，2009）。这些定义揭示了地方性知识在支持世界范围内许多社区的生存与发展、维护生物多样性、保护自然环境、提供传统医疗手段、知识创新、维系少数民族文化传承和文化认同等方面具有重要实践价值。（张永宏，2009；任勇，2015：217-222）

文化景观与地方性知识有诸多一致的方面，如，都兼有物质和观念意涵；对人与自然关系的核心思想一致，都具有整体论的自然观、历史层积观、动态观、重视地方性历史与文化的价值以及实践性和综合性等；都被视为自然、历史、政治、经济、宗教、文化传统等综合因素相互作用和积淀的结果，既有自然也有人文；都携带地方特色文化整体性，可作为了解一个社区、民族文化独特性的钥匙，并且必须在各民族自身文化框架内才能得到理解。（周海亮，2013：100-105）"文化景观"与"地方性知识"的差异及其对后者的吸纳和拓展体现在四个方面：

（1）哲学基础。地方性知识概念基于非普遍主义和非本质主义，与全球化相对应（张晓松，2011：6-7）；文化景观基于社会建构主义和辩证唯物主义，在其本体论立场上，地方性、非普遍性与普遍的全球性等都是社会建构的产物。因此，文化景观可容纳地方性知识生成、得到确认、理解和保护的所有情境（历史的、地域的、族群的等）和知识的动态层积过程，将地方性知识看作与全球化相互关联和作用的现实。由此可避免一味地强调地方性知识的权力维度，而有助于发掘其与现代科技知识及全球化互借互补的关联及价值，引导地方性知识在发展实践中拓展价值边界。

（2）综合性的整体视角。地方性知识强调地方性的、本土的自下而上的视角，文化景观吸纳和重视这一人类学的和文化研究的视角，反映在其对场所感、地方性景观、普通景观及遗产景观等的重视上。文化景观还融合了诸多学科理念而成为一种综合性的整体视角。《关于乡村景观的遗产

第二章 西南贫困地区乡村文化景观价值认知框架

准则》明确指出："乡村景观是变化着的活态体系,包括使用传统方法、技术、累积的知识、文化习俗等生产并管理的地区,以及那些传统生产方式业已改变的地区,乡村景观系统包括乡村元素、其内部及与广泛背景的功能、生产、空间、视觉、象征和环境的关系。"(ICOMOS, 2017)由此可见,对于乡村,地方性知识所包含的物质与非物质全部成果都能纳入文化景观概念中。并且文化景观能够为认知乡村提供一种超越"地方性"的更广阔视野和更多价值维度,对乡村的系统考量拓展到更广泛地域文化背景及其地理环境。

(3) 两个概念都包含物质性和非物质性维度,但无论是人类学的(侧重文化层面与生活知识)还是科学哲学的(侧重地方性地理解自然界的方式、生存技能、经验技术)地方性知识(李琦,2012:42-48),都更关注作为知识体系的非物质意涵。文化景观则更兼有物质实体和实践方法的双重意涵,既是具体体现社会文化建构的物质性景观,也作为应用于特定地域的综合性方法或方法论。本书中,物质性景观被视作偏重非物质性的地方性知识体系的载体。文化景观作为方法论的重点在于关联物质性景观(如地形、建成环境等)与其非物质维度(如经济进程、文化实践等),揭示两种维度之间相互融糅、阐发的关系和动态层积的变化过程,以及人与自然相互作用形成的历史层次在时间序列和空间分布上的内在关联。因此,文化景观方法论有助于凸显和强化地方性知识包含的形而上的文化与形而下的技术体系之间的联系,改善目前后者与生成其的文化之间的割裂现状。

(4) 对保护发展实践的指导性。视角转换带来实践方法的进步。文化景观将发展演进与变化作为固有部分,明确将保护与发展置于同一体系,强化保护与发展、历史与当下之间的联系。于是,保护与发展的对象不再是零散的、单独的各历史层次,而更要保护各层次之间的关系;保护手段也因此由静态转向动态、由单体保护转向系统保护;既包容大尺度的地理和规划,也关注到日常生活中相对细微的物质与非物质要素。目前对地方性知识及其动态变化的认知和保护总体上仍停留在方向性的引导,而文化景观在理论和实践领域的发展已转向可操作、可落实的具体实践框架,逐步形成了更具体的保护发展策略方法,具有更多的现实指导意义。

二 重视乡村的生态智慧与科学价值

传统上,西南地区族群关心大自然可以提供什么物质或精神意义,重视自然于人的工具性价值甚于自然的内在价值。文化景观启示我们重视乡村的生态智慧与科学价值,有助于理解西南贫困地区各族群乡村文化延续的自然生存智慧,发展对各族群自然环境朴素感性的生态经验及智慧的科学解释,运用自然科学、地理学、生态学等知识诠释族群与自然之间的生态关系及生态保护价值。

文化景观视角还有助于西南贫困地区族群乡村的自然价值传播。西南贫困地区乡村的自然价值与人类的自然认知、自然发现、自然知识体系形成有密切关联,具有启智和科学文化教育的功能。文化景观视野有望促进人们对这一地区自然价值的探索、认知、教育及传播。

三 揭示乡村的人类学价值

文化景观的人类学视角有助于我们诠释西南贫困地区乡村族群的价值。以往我们对这一地区的族群社会本身的价值认知不足。文化景观视野中的文化与景观表征的人或族群的人类学、社会学意义联系紧密,更重视作为文化景观形成动因的族群文化价值。在这一视角下,乡村不仅是族群适应自然、改造自然的过程和产物,更重要的是它承载了族群对自然作为家园的认同感和归属感。家园认同感类似文化景观现象学视角关注的场所感,通常表现为大地情结,或如段义孚阐述的"恋地情结":这里是家乡,是记忆中的场所,是谋生方式的所在。(Yi-Fu Tuan,1974:93)除了在社会变革时期,西南贫困地区乡村的格局、建筑样式及文化的沿袭性、传承性较强,族群生于斯老于斯的土地、房屋相互毗邻,同族的血缘关系,基于农耕生产的地缘群落、祖先崇拜及祭祀等,时时唤起人们的场所记忆。村民对土地和族群社会的高度依赖性伴随相关社会制度、家族制度、对内巩固,对外防御等(徐杰舜、刘冰清,2012:99),融入以自然为背景的西南贫困地区,构成这些地区乡村的家族特征、宗族特征、族群特征和地方性。对于聚落族群,自然不单是一个物质的住居空间,更是一处精神场所,是族群生活的必要部分。

四 诠释乡村日常生活景观价值

文化景观视角启示我们应重视和认知西南贫困地区乡村的日常生活景观价值。汉文化视聚落景观为审美对象的历史久远,如,东晋诗人陶渊明在《桃花源记》中描绘的风光纯净、宜人亲和,人与自然和谐相处的理想聚落日常生活,可以说是中国人心目中环境优美、生活幸福的"理想社会"象征。但从文化景观视角考察,西南贫困地区的乡村景观绝不仅是一种理想化的意象或审美对象,而是特定自然地域环境与文化环境中的社会结构单元,蕴含着西南地区各族群丰富的生活场所意义和价值。族群积累的自然资源利用及管理的知识技术塑造的景观,如哈尼梯田,与族群的日常生活息息相关,不仅体现生态智慧,而且是社会秩序、民族习俗的空间表达。生活在其中的普通人(即所谓场所的"内部者")的日常生活空间、社区等是人们与自然的精神性关联——场所感的基础部分,也是乡村群体或个体在特定地点长时间的日常社会行为的结果,其价值也很重要。相较更容易受到关注的具有典型图像特征的或文化及国家重要性的场所,西南地区族群的日常生活景观的文化意义和价值常常被忽略。同时,由于汉文化主体对浪漫主义理想生活意象的追求始终占据主导地位,整体上侧重乡村文化象征性的诠释,而对西南贫困地区乡村作为文化工具的社会价值认知不足。理解西南贫困地区乡村的普通景观价值,需从传统精英视角转向普通人视角,解释"为什么某个景观对族群是重要的?""它如何变成人们的场所记忆?""当它发生改变时,人们感觉如何?"等问题,以及诠释普通景观的象征性。此外,擅长解释的现象学、符号学、图像学、话语分析等文化景观分析方法,也为深入理解西南贫困地区乡村景观具有的体验性精神价值、人的存在性价值以及与人地关系相关的社会价值等提供了方法工具。

五 识别乡村景观的价值冲突

文化景观包含的如"看的方式""政治社会空间"等视角,对认知西南贫困地区乡村景观的价值冲突具有启示。

西南贫困地区乡村的自然环境开发和文化发展历史充分显示,在宗教、家族、外来文化等力量的交织作用下,这一地区的乡村既是各族群生产生活的社会空间，也是以自然为背景、族群为主体的多群体共同塑造的社会空间。各群体的聚集使乡村成为群体内部以及群体之间观念或实践冲突的社会场所。各族群通过生产、生活改造自然，创造了乡村景观；传统社会汉族统治者通过政治力量控制、统一规划及开发一些西南地区，改变了初始的乡村景观；传入西南地区的佛、道、儒等宗教，总体和谐共处，但彼此之间也存在竞争，形成了该区域独特的宗教景观；全球化、城镇化等不断冲击、改变着这一地区的当下景观。西南贫困地区的乡村景观充满了多种竞争性的价值冲突，从历史直至当下。这里所说的竞争性有两个层面的含义：一是指西南贫困地区的乡村经过历史动态变化，沉积了多重社会价值之间层叠交错的内在矛盾；二是指与西南贫困地区乡村景观利用和管理相关的价值冲突，即由于对乡村多重景观价值的不同理解和利用方式，在实践和管理中产生的冲突。文化景观理论擅长的解释方法及工具，也有助于引导对西南贫困地区乡村景观及价值冲突的认知从描述进入解释层面。

第五节 乡村文化景观价值认知框架构建

基于上述讨论，笔者认为构建西南贫困地区乡村文化景观价值认知框架应有五点基本考虑：考虑西南地区各族群自然价值建构的整体性特点，全面覆盖传统价值包含的多层次关系及内容；需辨析西南贫困地区乡村自然环境与人文历史之间的对应关系、依存关系和互动关系等构成的价值主题；应突出对当地族群日常生活景观价值的诠释；除传统的价值描述外，应加强解释性专题研究；应具有并体现时间与历史意识。

一 价值关联作为核心结构

本书在理论和方法工具层面，通过以下三个链接搭建价值认知框架，其中，前两个链接是该框架的核心结构。

价值层次与自然价值类别的关联。日本学者牧野广义基于马克思主义哲学价值论和从把握现实主体性的角度，认为价值具有"从更客观的价值向更具主体性的价值过渡的层次性：自然对人的存在具有原始价值，作为资源、能源，以及劳动产物的物质价值是最基础层次的价值；人类社会发

第二章 西南贫困地区乡村文化景观价值认知框架

展的社会生产方式、社会生活、政治生活过程等都具有作为人的'社会存在'价值;而在社会生活各种场所中进行、发生的人的精神活动就形成道德、宗教、科学、艺术、意识形态等精神价值;作为人自身的'人的价值'克服了阶级社会中的阶级对立,可以实现自由发展的价值;按此顺序形成从基础性价值到发展性价值的层次"。([日]牧野广义、兰久富,2009)这种思想以自然为起点,建立了理解人与自然之间相互作用的价值生成和发展方向的总体层次。文化景观价值作为普遍意义的价值之一,也应符合此价值层次的发展规律。另外,罗尔斯顿的自然价值分类统摄了自然的内在价值和工具价值([美]霍尔姆斯·罗尔斯顿,2000:99-103),其涵容的价值范围覆盖广泛而全面。因此,结合二者以及人类社会发展阶段的现实,可初步将自然价值类别与价值层次相对应(图2.1),为进一步建构价值认知框架奠定一个整体的价值层次结构观。

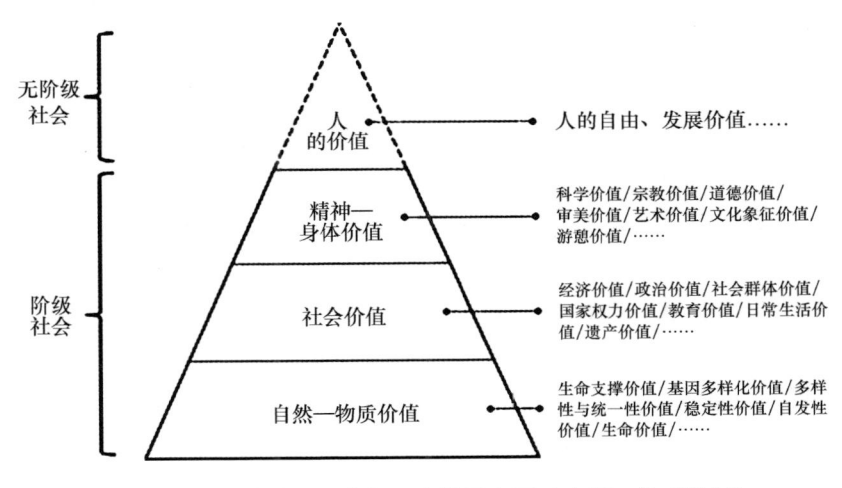

图2.1 自然的价值层次与历史性示意图（来源：笔者绘制）

金字塔结构（从下至上）：
- 自然—物质价值：生命支撑价值/基因多样化价值/多样性与统一性价值/稳定性价值/自发性价值/生命价值/……
- 社会价值：经济价值/政治价值/社会群体价值/国家权力价值/教育价值/日常生活价值/遗产价值/……
- 精神—身体价值：科学价值/宗教价值/道德价值/审美价值/艺术价值/文化象征价值/游憩价值/……
- 人的价值：人的自由、发展价值……

左侧标注：阶级社会（下三层）、无阶级社会（顶层）

社会认知普遍框架与西南贫困地区乡村文化景观相关联。"物质生活—社会生活—精神生活"是社会科学常用的三维理解框架,只要涉及根本议题,各种有效的三维理解框架很可能是相通的,或者,存在某种转换,使它们可以适用于不同的语境。(汪丁丁,2005:137)因此,可以采用这个基本社会认知框架作为西南贫困地区乡村文化景观价值认知框架的核心结构。西南地区各族群与其所在自然环境在长期的相互作用过程中建立了

（价值）关系，结合不同社会阶段的自然价值层次，乡村文化景观价值由物质性关联、社会性关联和精神性关联经过历史演变形成，包括三个层次。第一层次是基础的物质性关联，是人们将自然纳入人的认知范畴，在其物质性可被人类生存利用方面发展出来的价值关系；第二层次是社会性关联，在自然物质利用基础上发展出的经济模式、社会分工合作等关系，在社会系统中转化或形成社会性价值关系，反之人们又改变自然、烙下痕印，乡村即是人作为社会性存在与自然相互作用的关系及结果；第三层次是精神性关联，也是现阶段的最高层次，是人的意识活动在自然与社会生活场所中形成精神生活的过程，如自然崇拜、自然利用知识与技术，以及相关习俗与传统、自然科学、道德、宗教、艺术、意识形态等。

在人与自然相互作用的范畴中，三种价值关联相互依存、相互作用和相互转化。物质性关联是发展和制约社会性关联的基础。社会性关联改变自然和赋予物质性关联以意义或物化自身，社会性关联发展或制约精神性关联；反之，精神性关联规定、定向社会性关联。物质性关联经过升华过程可转化为精神性关联而具有精神层面的意义。三种关联并不因分类和分层而分离，因为分类是为了使不同关联之间转化、发展或反作用制约的紧密联系得以清晰呈现，以及体现出在时间和历史维度上，人与自然相互作用建立的关系具有动态演变、建构与再建构的本质特征。

二 解读内容、对象及方法

物质性、社会性和精神性关联架构的价值认知框架核心结构，可容纳、归置前述所有西南地区各族群的传统自然观与实践的价值重点和西方文化景观理论的景观价值诠释。不同层面的关联指向西南贫困地区乡村包含的人地关系表现方式，对应的文化景观价值解读内容、对象及方法如下。

第一，物质性关联指向解释西南贫困地区乡村的自然环境如何为族群定居及生存提供了资源、能源等支撑；人们如何选择和利用"有用"的自然物质要素创造了物质景观；乡村自然环境的变化与族群的关系，以及在什么基础上发展出社会性关联和精神性关联。理解西南贫困地区乡村自然环境包括描述乡村文化景观的时间与空间范围、环境历史（自然地理、气候、生物多样性等）和环境特征、村民利用的自然物质要素等；识别乡村

第二章 西南贫困地区乡村文化景观价值认知框架

景观的创造者、改变者和描述者,即相关的族群或个人。如,描述乡村形成所依赖的自然环境、自然环境变化对乡村的影响、乡村发展对自然环境造成的改变等;主要基于文献、科学考察成果等资料,关键是在西南贫困地区乡村的自然地质、地理、动植物、气候等资料与族群的聚居生活或其他群体活动的史料之间建立联系。

第二,社会性关联指向分析西南贫困地区乡村族群的社会生存活动及其对于特定群体的价值。社会生存活动包括基于物质生产的家庭和经济生活、政治组织和国家政治活动、法律制度、文教宣传活动等。通过考察"社会生存利用的文化景观类别"(表2.4),认知西南贫困地区乡村文化景观背后的社会动因。如,分析自然利用经济模式或制度产生的生产、消费景观,国家、政治等权力作用产生的景观,教育景观,乡村日常生活景观等。分类辅助分析乡村文化景观与族群社会体系的关系,与作为内部者和外部者的景观社会群体分析相结合,重点在于解读乡村文化景观类别体现的目的与价值诉求;主要利用历史文献和解释学方法,将景观类别作为"文本"词语,分析其关联的社会关系、意义和价值。

表2.4   **社会生存利用的文化景观类别表**

景观类别	意图、目的	景观载体	群体或个人
聚居景观	·定居(生存、逃难、隐居等) ·族群发展、共同利益、归属感、认同感等	·乡村营造	·当地族群 ·殖民者 ·迁徙、流动群体
自然资源管理景观	·防止自然灾害 ·为自然利用管理自然要素	·控制开发的设施 ·防护、防灾景观	·当地族群 ·社会团体 ·政府管理机构
经济景观	·生存与发展	·相关的农、林、牧、渔、矿等景观 ·旅游开发景观	·当地族群 ·社会团体 ·政府管理机构
政治景观	·维护权力、秩序 ·确定主权 ·防卫 ·军事占领、殖民	·统一规划的景观 ·军事、殖民景观等	·统治阶层 ·政治团体 ·入侵者、殖民者

续表

景观类别	意图、目的	景观载体	群体或个人
教育景观	·确认国家意志、伦理思想 ·宣传 ·科学知识普及	·书院、学校、教会等 ·科研、教育场所	·国家组织 ·社会团体
交通景观	·连接、沟通 ·服务和提供信息 ·逃离	·河流、铁路、公路、驿站等设施景观 ·贸易线路景观 ·迁徙线路景观	·当地族群 ·迁徙、流动群体
宗教景观	·确认精神价值 ·巩固认同感	·自然圣地 ·佛寺、道观、教堂及其环境	·统治阶层 ·宗教人士与信众
游憩景观	·享受自然 ·健康 ·精神追求	·宗教开发的公共游览地 ·大众游憩地	·精英统治阶层 ·宗教人士 ·信众 ·旅游者
普通景观	·日常生活	·乡村	·当地族群

（来源：笔者绘制）

社会性价值关联不能回避竞争性价值分析。经过历史与时间积淀，西南贫困地区乡村群体（本地居民和外来者）对土地的态度不同，乡村文化景观对于不同群体的价值和意义也往往不一致。编年史可以描述族群整体的社会、经济发展作用于自然形成乡村景观的历史，但还应关注不同群体或家族对景观历史的影响，尤其是那些在景观中留下深刻印记的。因此，还应梳理乡村景观改变的动因、被压制的或消失的价值诉求等，理解景观包含的竞争性关系和乡村社会管理历史。并且应与当下日常管理的景观价值及冲突、各级政府的管理政策、土地分配与管理以及社区愿望等结合分析，如，了解不同社会群体的景观价值认知差异。解释现象学提供了进入景观价值领域，特别是社区中不同群体价值的一种有效途径，可以揭示层级的、复杂的，且常常是竞争性的景观价值。

第三，精神性关联指向解释西南贫困地区乡村的精神产品及其价值。主要包括：

（1）反映大自然对原始宗教的启迪、人们对自然物质的精神升华创作的神话、古歌、史诗等。

第二章 西南贫困地区乡村文化景观价值认知框架

（2）考察乡村族群的传统自然观、世界观或意识形态如何影响了乡村文化景观精神价值的发生与演变，作为进入价值解读领域的一种量度。同时，考察这些观念、视野如何定向或制约了乡村文化景观的改变，为多重景观价值共存提供一种可能的解释。用于解读西南贫困地区乡村文化景观价值的自然观、世界观及其基本描述如下表（表2.5）。在这一量度下，自然崇拜物、自然圣地、宗教活动场所等成为解读对象。

表2.5　　解读乡村文化景观价值的自然观、世界观一览表

自然观、世界观	基本描述	价值指向	解读对象
原始宗教的	·万物有灵，与自然物质的精神性关联 ·演变为敬畏自然的可持续自然利用信仰	·原始宗教价值 ·可持续发展价值	·自然圣地 ·祭祀场所 ·节日庆典及场所
宗教的	·开展宗教活动的 ·生命意义的	·宗教价值；	·宗教文化及场所
栖息地、家园的	·人的归宿 ·人工产物，生存、生活的物质支撑 ·适宜族群发展	·存在性价值 ·自然物质价值 ·族群认同感 ·日常生活价值	·聚落
审美与艺术的	·探索自然美的价值 ·自然美的艺术再创造	·审美价值、艺术价值	·聚落 ·传统民族艺术 ·节日庆典及场所
经济与资本的	·自然资源开发、发展 ·产品、消费品 ·自由市场经济的、经济理性的、现代功利主义的、商业途径	·土地利用价值 ·旅游发展价值	·聚落 ·与经济模式相关的景观
政治与社会的	·受政治力量操纵 ·政治认同 ·与财富、特权、身份地位象征有关	·政治象征 ·社会身份认同感	·统一规划景观 ·殖民开发
科学的	·探索自然及其过程	·科学研究价值	·自然科学景观
生态的	·整体生态系统观	·生态价值	·自然资源管理

续表

自然观、世界观	基本描述	价值指向	解读对象
历史的、国家遗产的	·作为代表国家历史记录的 ·国家、民族历史文化的认同感、自豪感	·历史价值 ·遗产价值 ·国家认同感	·遗产地

（来源：笔者绘制）

（3）家庭或族群在与自然建立物质性关联基础上发展和积累的自然利用知识、技术体系以及相关习俗、传统等精神产品价值，包括群体或个人用来塑造或改变景观的工具、技术和使用方式等。利用历史文献资料、记录等可诠释与西南贫困地区族群自然利用相关的持续演进的文化景观。

（4）乡村景观感知与体验。包括人们对乡村景观形态、结构的认知，以及与景观象征性相关的场所感、认同感、记忆等。文化景观感知不是以严格的一维或单方向的方式，而是多层次、多方向和连续的方式。场所感是由上至下和由下至上的过程同时被想象、实践和塑造的，场所记忆是人们共享信仰和意识形态体系的结果，场所因记忆而成为"变厚的时间"。场所分析探索"感知是什么？""如何形成的？""如何及为什么改变？""不同群体感知空间的组织模式反映什么价值？"等问题。西南贫困地区乡村的宗教活动场所是专门性的场所，分析这类场所的价值，结合文献档案和田野调查，考察人们如何概念化或从认知上组织空间。

（5）西南贫困地区拥有突出的原生态民族艺术等精神成果，价值解读探寻如"与自然相关的艺术作品表达的意义是什么？""其他景观想象是什么？"等问题。"有意设计的景观表现了哪些景观元素？""价值载体是什么？"等也与社会性价值关联内容有关。音乐、舞蹈、节日庆典、地图、照片、绘画、影视作品等为解读西南贫困地区乡村的审美与艺术价值提供了基础视觉物证。可运用视觉文献和文化族群的物质文化分析以及符号学、图像景观研究等方法。

三 归向价值主题的策略

三种价值关联内在相互联系的本质决定了基于不同关联发展的文化景观价值内容、对象可能存在交叠。为清晰和完整地认知西南贫困地区乡村

● 第二章 西南贫困地区乡村文化景观价值认知框架 ●

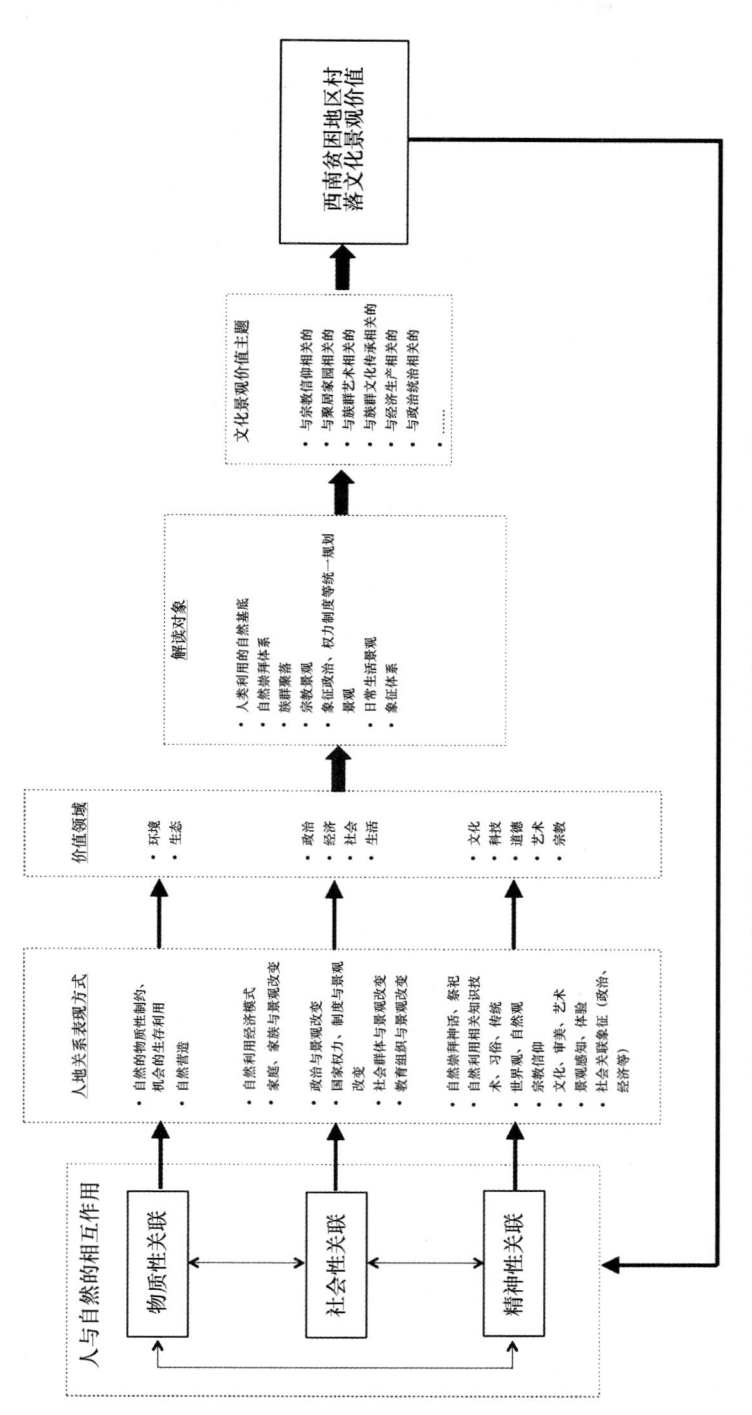

图 2.2 西南贫困地区乡村文化景观价值解读框架（来源：笔者绘制）

文化景观价值，预设的认知框架采取归向价值主题的策略。从人与自然相互作用产生的价值关联出发，发展各种关联对应的主要人地关系表现方式；明确这些人地关系表现方式所属的价值领域及其汇聚的价值解读对象集；最后提炼价值主题统领价值领域和价值解读对象，构成对西南贫困地区乡村文化景观价值的整体认知（图2.2）。价值主题是一个开放集合，如，与宗教相关的、与聚居家园相关的、与艺术相关的、与外来文化相关的等传统主题可作为导引西南贫困地区乡村文化景观价值认知的基本主题；同时，不同族群的乡村可根据自身特点，完善现有的或补充其他的价值主题；价值主题还可发展成为世界遗产解说主题。

这个价值认知框架未采用严格的分类和分级方法组织架构，也不指向一个文化景观价值清单。这是因为考虑到严格的，甚至教条的分类与分级往往会割裂不同解读途径与景观维度之间，或者景观组成要素之间融糅一体的内在联系，最终消解了景观价值分析，且与文化景观价值有机整体的本质不符。所以，借鉴世界遗产文化景观分类体系的模式，采取由价值主题统领价值观、价值领域和解读对象的导向性结构；综合层次、分类和景观构成要素，避免条块分割式解读的弊端，也为容纳丰富的地方性和多元化解读提供可能。

第六节　小结

本章将西方文化景观理论及实践与西南地区传统自然观及实践进行关联和对照思考，认为围绕"人与自然的共同建构"这一核心，可将文化景观作为整合及解读西南贫困地区乡村的自然与文化、物质与非物质价值的视野。借鉴价值层次、自然价值类别、认知社会现象的普遍框架等，提出了西南贫困地区乡村文化景观价值认知的预设框架。该框架试图整合自然科学和人文科学多学科领域的方法，将实证的和解释性的景观研究结合起来。将自然置于社会和历史背景中，理解与社会关系、社会群体及其行为有关的价值，关注族群与自然的双向建构，并延伸到表达。描述、识别和解释乡村文化景观价值，体现对西南贫困地区乡村景观改变和景观历史的关注，并且这些关注点在实践中融为一体。

第二章至第五章，将运用本章建立的价值认知框架解读三个西南贫困

第二章 西南贫困地区乡村文化景观价值认知框架

地区的乡村，诠释案例乡村族群与其自然环境在文化、宗教、政治、经济等方面长期的相互作用以及在动态发展过程中形成的文化景观及价值。每个案例分析包括三个基本部分：一是乡村所在的自然地域背景（物质环境）、文化背景及乡村概况；二是提炼乡村文化景观价值主题；三是分析当下各利益相关群体对乡村价值的认知与诉求。乡村文化景观变迁的时间线隐含于价值主题中，串接起每个主题的历史层次。对无论是偏物质维度的（乡村自然地理环境和包括乡村格局、建筑、道路、公共空间等的建成环境），还是偏非物质维度的（如文化、知识体系、场所意义等）价值主题的分析，都力图解释和呈现该主题的显性维度如何与对应的非显性维度相关联，揭示文化景观物质表象与非物质因素相互支撑的本质。

第三章 个案一：山地千年白族村——诺邓古村

第一节 背景与村落概况

一 县域背景

诺邓古村位于云南省大理白族自治州与保山市、怒江傈僳族自治州接合部的云龙县。

云龙县地处横断山澜沧江纵谷区，地势北高南低，境内山地面积高达90％，澜沧江、沘江由北向南纵贯县域，山峦和江水共同形成了云龙县高山峡谷相间、破碎复杂的地貌形态①。澜沧江将全县分为东、西两个区域，江东海拔2000—2500米，是主要的牧区和玉米、豆类等杂粮产区以及历史上的盐井区，即"云龙八井"所在区域（图3.1）；澜沧江以西海拔1300—1500米，为较平坦的坝区，从古至今都是云龙县的粮仓；复杂多样的地貌造成云龙县境内典型的复合型山地立体气候，不同区域的气候、植被、土壤呈现明显差异，以垂直差异最为突出。②

据近年的考古研究，早在新石器时代，云龙就有人类繁衍生息。《史记·西南夷列传》中有描述该区域内先民"随畜迁徙，勿长处"的生活状态［（汉）司马迁，2008：2236］。游牧迁徙的先民发现了盐，渐渐定居在有盐之地。有记载的云龙建置始于西汉元封二年（公元前109年）的比苏县（云龙县志编纂委员会，1992：35）。云龙的地名尚有争议，但"比苏"即"出盐地"的说法（杨儒林，2013：178）和《云龙记往》中记载

---

① 云南省云龙县志编纂委员会：《云龙县志》，农业出版社1992年版，第74、76页。
② 云南省云龙县志编纂委员会：《云龙县志》，第79—88页。

● 第三章　个案一：山地千年白族村——诺邓古村 ●

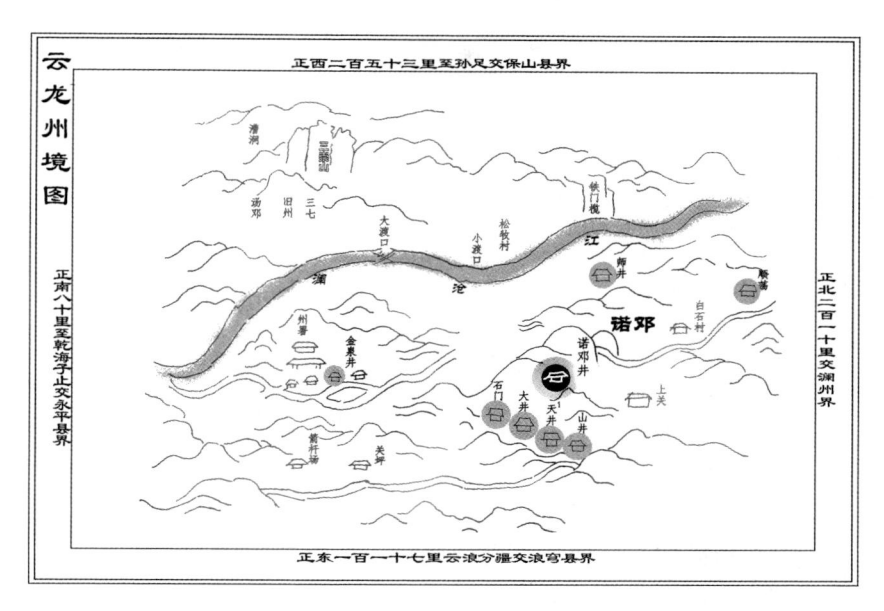

图 3.1　"云龙八井"分布图（来源：《云龙州志》，
1987 年，第 19 页，笔者改绘）

因澜沧江上云雾升腾如龙的自然景象而得名，① 都与人赋予自然资源或自然现象意义有关。云龙的历史是云龙各族群的发展史，族群融合较为明显。较早的峨昌（又称"阿昌"）、苞满、比苏（白族）等部族在云龙境内频繁迁徙、分化、融合，② 以及不断迁入定居的汉族和其他族群，使云龙成为一个白、汉、彝、苗、回、傣、傈僳、阿昌等十多个族群的聚居区，其中白族人口最多；云龙人口集中分布在河床宽谷及河流堆积阶地上。③ "云龙八井"所在地"形成了一个共同的文化圈、经济圈以及历史上的通婚圈，塑造了特色鲜明的井地文化"。（舒瑜，2010：32）

因云龙县多山，当地白族又被称为"山地白族"，一般自称"白子"

---

① 中国人民政治协商会议云南省云龙县委员会文史资料研究委员会：《云龙文史资料》（第一辑），内部印刷，1986 年，第 2 页。
② 中国人民政治协商会议云南省云龙县委员会文史资料研究委员会：《云龙文史资料》（第一辑），第 1 页。
③ 云南省云龙县志编纂委员会：《云龙县志》，第 103 页。

"白伙";当地汉族称白族为"民家",傈僳族称其为"勒墨"。云龙白族人讲白语,属汉藏语系藏缅语族。中华人民共和国成立后云龙县推广使用汉语,除了极少数山区群众,现在的白族人都懂汉语。当地白族没有文字,通用汉文,还有一种仅在小范围内使用的"焚文",是宗教巫师或民间艺人用来记写祭祀的祭文和山歌唱本。①

二 诺邓古村文化景观范围与概况

诺邓古村地处沘江中游及满崇山(东北面)与香山(南面)交汇的高山河谷地带,距诺邓镇政府所在地世界自然遗产"三江并流风景名胜区"南端7公里,距云龙县城6公里。诺邓古村国土面积1.6公顷,最低海拔1750米,最高海拔2930米,村中海拔1910米;属于云龙县中暖河谷气候区,气候温和,四季分明但无严寒酷暑,雨季旱季分明。村内谷底有盐矿,据云南省地矿部门估计,储量过亿吨。村内有紫色土,土壤熟化,农作物两熟无冲突。自唐代樊绰《蛮书》记载,诺邓古村见诸史籍已有一千多年历史,行政辖属历经更迭,今天是下辖于云龙县诺邓镇的自然村之一。据诺邓镇统计站数据,诺邓古村2016年共有230户,全部是农户,村民主要收入来源于种植和养殖,仍属贫困村。

发源于满崇山腹的诺水河,从西南方向流经诺邓古村,在绵延3公里后的峡谷处汇入沘江时绕过庄坪山和鹅脖子岭岗形成一个"S"形图案,当地人赋予其"太极锁水"的道家意象和"狮象把门"的喻义。古村周边有云龙县高山湖泊"天池",森林茂密,植被完好,还有虎头山道教建筑群、沘江古桥梁等众多人文与自然景观。2000年建成一条古村通往县城的水泥公路。

诺邓盐井是云龙地区最早见于记载的盐井,诺邓古村就是因发现盐矿和发展盐业而形成,曾是通往滇西各地盐马古道的必经之路和地区盐业中心之一。诺邓古村保留着相当完整的乡村风貌(图3.2),是云南省最古老的乡村之一、第三批中国历史文化名村(2007年)和第一批中国传统村落(2012年)。

---

① 中共云龙县委、云龙县人民政府编:《云龙风物志》,德宏民族出版社2008年版,第14页。

● 第三章 个案一：山地千年白族村——诺邓古村 ●

图 3.2 诺邓古村全景图（来源：第七批全国重点文物保护单位推荐材料：《诺邓白族乡土建筑群》，2009 年，第 48 页）

第二节 因"盐"而聚——乡村景观的形成与命名

充分考虑自然环境条件及特性、赋予周围环境吉凶含义以及将人的吉凶与居住环境好坏紧密联系是白族村落选址和布局最突出的经验（张金鹏、寸云激，2002：54），与汉族在物质和精神层面都追求聚居环境与自然山水和谐的观念相似。诺邓古村选址符合"负阴抱阳，靠山面水"的中国传统风水理念：村南面是香山，东北方向的满崇山挡住了冬季寒冷空气，被视为众山之主；诺水河是村落生产、生活的水源，将两座大山围合的中间地块分为地势平缓的河东片区和陡峻的河西片区。除符合普遍的选址模式外，"盐"的发现和利用是诺邓古村坐落于此的更关键的因素。

考古发现，新石器时代一些部落就在这一区域内采集、狩猎，东周初期出现原始旱作农业，[①] 直至唐代发现了盐井。在原始农业阶段，诺邓古村的初民顺应山地自然环境建村，在众山环抱、曲水环流的山谷里的近河流处或相对平坦处开垦田地，田边建造住屋，形成小型聚居点，三五成群

[①] 中国人民政治协商会议云南省云龙县委员会文史资料研究委员会：《云龙文史资料》（第二辑），内部印刷，2013 年，第 74—79 页。

地散布于四周山体中。在盐业产生前,"屋在山中""屋在田中"的村落形态更多体现出人对自然环境的适应。

沘江流域属于海洋地区,沘江在地质演化历程中形成盐分含量很高的海相沉积岩,这是该流域密布盐井的地质成因。(杨宇亮,2014:159)据诺邓古村开辟史传说,唐代南诏建国初期,"一支游牧的蒲蛮氏族——细诺邓氏族,发现他们的羊群总爱在山谷中的沼泽地上舔食那些带有类似白霜的泥土"(杨浚,2013:8)。"诺邓井盐井一区,出自东山下,介在两溪夹口,养活附井居民。"[①] 随着盐井的发现和人们对"盐"的重要性及其衍生价值的认识日益清晰,一部分先民逐渐脱离原始旱作农业,转向从事盐的制造和运销。盐业生产需要区域性合作,拥有盐井的诺邓古村本身并不能自给自足,村民在相当程度上依赖与农耕地区交换衣食生存;因此,在古村周边也分布着以农耕为本的乡村和农田。(舒瑜,2010:72,119)古村村民分成了从事盐业生产的灶户、从事农耕并为灶户提供背卤水、背柴或手工业等服务的荒户,以及运输和买卖盐的商贩三个群体。

当生活、生产方式转变为"以(盐)井代耕"为主后,为了更便于获取盐,村民开始从周边地区向盐井周围聚集。盐井位于村中海拔最低处诺水河与一小箐汇合处的岔口里侧,四周是坡度多变的陡峭山坡。据舒瑜的历史人类学考察推测,最初的原住民主要住在离盐井较近的河西一带,越靠近盐井就是越早在此定居的;位于盐井方圆100—200米之内的河东片的土地庙、龙王庙和万寿宫也是村中最古老的建筑。(舒瑜,2010:35)随着盐业的发展以及古村和外来人口的不断增加,村落以盐井为中心向外拓展。在山地环境的制约下,谷地近水且较平坦的用地被先来的村民占用,村落沿着满崇山从山脚蔓延至山腰,向山坡高处发展。杨宇亮等运用GIS对村落建筑的分析证明了总体上居民点紧凑分布在河谷地带;解释了因为河西片距离盐井、坡向及日照条件好,所以虽然整体坡度比河东陡峭,但村民通过灵活调整民居形式,如,在地势陡峭处创造出"四滴水""五滴水""六滴水"及"台阶式四合院"等适应地形的独特建筑形式,营造出河西片层层叠叠的"北山重楼"景观;相对平缓、整体坡向西北的

[①] 中国人民政治协商会议云南省云龙县委员会文史资料研究委员会:《云龙文史资料》(第四辑),内部印刷,2013年,第93页。

● 第三章　个案一：山地千年白族村——诺邓古村 ●

河东片最早集中建造了对日照要求不高的龙王庙等公共建筑，所以用地变得局促，河东居民点就最大限度地集中在坡度小于15度的缓坡处，数量有限。（杨宇亮等，2013）

　　民居与公共建筑的分布格局、建筑形式及道路等与盐井、盐业生产紧密相关。煮盐的灶户大部分住在盐井附近的河滩和山脚地带，便于节省从盐井背取卤水和运送到家的人力、运费和时间，降低生产成本。灶户的住屋大多采取传统白族民居"一颗印"的方正形式，节地、避风、抗震、紧凑，还具有可分、可联等优点；村民又根据煮盐工序调整了住屋内部功能，如将厢房改作灶房，设有堆放盐卤、燃料和盐的仓储空间。① 盐井上建有井房，井两侧沿河砌筑堤岸，与几条通往村内的通道衔接。村内建筑大多平行于等高线布置，主要干道也以平行等高线走向为主；次要道路因山就势，不规则灵活布局，三步一阶、五步一台，延伸到每一个院落；河东、河西通过数座桥连通（图3.3）。

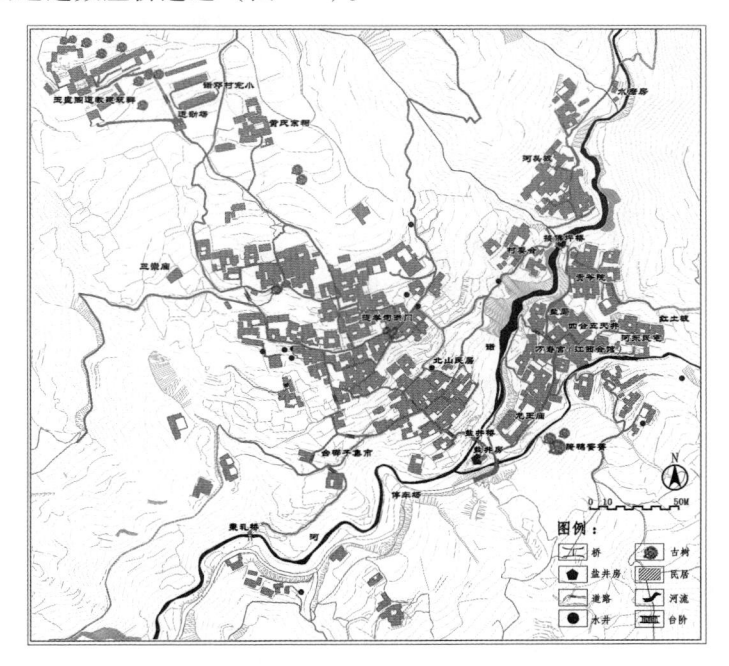

图3.3　诺邓古村平面图（来源：笔者团队成员绘制）

---

① 中共云龙县委、云龙县人民政府：《云龙风物志》，第3页。

山地村落的用水依赖利用泉眼打造的水井，诺邓古村各片区内的住屋多围绕水井聚集（图3.3）。一般选好水源的泉眼后，先依地势挖出洞口，用石条、石块镶砌洞周边，石板做盖，下方横立一块石板作为挡板，井前地面有排水沟，边上石台可放背水工具，井盖上常砌个简单的龙神龛座。（李文笔、黄金鼎，2004：15）水井是旧时村中的基本设施和村民日常生产、生活用水的主要来源，被奉为龙神居住地，也是村民交往、休憩以及举行祭水仪式等多功能的场所（图3.4）。

图3.4　诺邓古村的水井（来源：笔者拍摄）

诺邓古村从普通山地聚居点发展成一个传统盐业村落，盐业带动古村及周边各行各业的发展，直接或间接养活了整个村落，奠定了诺邓千余年发展的经济基础。逐盐而居、因盐而聚于此地的人们利用山地自然环境，以盐井、盐业为核心，将环境的种种限制转化成聚居生存的机会，创造了诺邓古村景观。

村落的命名将此地的人类活动从生存层面推进到人文范畴。"诺邓"系白语音译，意为"有老虎的山坡"；据传与最早发现盐卤的人——姓氏为"诺"和"邓"的牧民有关。（李文笔、黄金鼎，2004：50）诺邓古村过去被称作"诺邓井"，"井"即指盐井。以"诺邓"或"诺邓井"命名村落，喻示了村落族群有较强的狩猎能力、从事盐业生产等特点，是族群将自然物纳入社会经济领域的象征。古村水源丰富，古木参天，是多种野生动物如五彩斑鸠、画眉、山鹰、鸳鸯、白鹤等鸟类和麂子、狐狸的栖息地。村内至今仍保留有以当地动植物命名的场所，如，"马金桥""鹦哥地""雀城""香树岭""枫树坪""材杉坪"等。村名和这些地名十分形象地反映出该区域的山地自然环境、聚居的族群及其依赖"盐"的生存方式，并将大自然与人的物质生活和精神生活连接起来。

第三节 "盐"主兴衰——国家控制自然资源改变景观

诺邓井的前身细诺邓井在唐代已见诸记载，且因富含钾元素、盐质优良而享有盛誉。南诏时期，诺邓古村盐业兴旺，是西部边陲重要的经济文化山乡；但在当时，诺邓盐井仍处于"土诸蛮自食，无榷税"①的民间自制、自用和自主发展状态。元代以后，云南盐业被重新收归中央，到明代时，已被中原王朝牢牢掌握，云龙盐井地区受到空前重视，被派驻流官、收取课税，以及施以文明教化。（舒瑜，2010：113－114）明洪武十六年（1383年），中原王朝将西南盐政行政管理机构——"五井提举司"官署直接设在诺邓，使其一跃为云龙五井之首，诺邓盐业向专业化、官营化和规模化发展，诺邓古村成为地区的政治、经济及文化中心之一，直至民国。中华人民共和国成立后，云龙盐井相继被封，诺邓井于1956年被封，从此走上乡镇企业之路；先后经历县办、生产队办、村办等阶段（舒瑜，2010：73，195），盐业衰落，诺邓古村成为以垦荒种地为主业的贫穷山村，人口从中华人民共和国成立初期的382户1864人减至2016年末的230户，不足千人。诺邓古村成为记录国家政治、社会经济力量与自然资源——"盐"相互作用的历史过程的景观文本。

一 日益成熟的盐业生产、生活景观

明代时诺邓古村已形成一套与本地盐业发展相适应的生产技术方法、

---

① （唐）樊绰、赵吕甫（校释）：《云南志校释》，中国社会科学出版社1985年版，第262—263页。

盐业交易模式和生活方式。盐的开采从早期地表取卤发展为凿井汲卤。"建造了复杂的、主要包括盐水汲引系统和淡水引排系统的井硐体系，井硐上还建有宽敞的井房（图3.5）。巧妙的井硐构造和汲卤方法是人们长期实践积累的经验总结和智慧结晶。"（李文笔、黄金鼎，2004）盐的制作，从把卤水浇在柴火上—将柴火烧成炭—从炭上取盐，发展到单锅小灶熬盐，又到多锅大灶制盐；用特制的背板、背桶、背架组成卤水运输工具；煮盐的燃料以扭曲的松树和红杜鹃树枝干为主（俗称"柴筒子"），附近其他族群从四周山上取运来的"山柴"或利用沘江从上游漂运来的"河柴"为辅；形成了一套基于诺邓盐质特性的，包括熬盐、散水、归锅、捞盐、滤水、舂盐、捏盐、烧盐等步骤的煎煮流程。盐的交易，从以颗计、以物易物到以斤计算和货币交换。

图3.5 诺邓古村的盐井房（现"盐井博物馆"，来源：笔者拍摄）

日益成熟的盐业使古村村民形成作坊即家的居住模式，生产就是生活的一部分。村民在家庭生活中发明了如制作火腿、酱菜、拌糁、粗粮细食等盐制食品加工方法和工艺，以及草药单方和疗法。现今仍有少数盐井附近的居民生产食盐，如图3.6中盐井房旁的杨姓老人在自家院大门旁垒灶制盐。

诺邓古村每户人家院落的屋檐下几乎都悬挂着火腿，据说诺邓火腿远近闻名的秘密就在于诺邓的盐好，富含钾元素，至今村民们腌制火腿仍要专门到盐井取盐水来自己熬盐。现诺邓镇发展旅游业，古村中有一家火腿厂，诺邓火腿和食盐成了旅游产品和旅游纪念品。

● 第三章　个案一：山地千年白族村——诺邓古村 ●

图 3.6　诺邓古村村民制盐场景（来源：笔者拍摄）

二　政治主导的群体变化及景观改变

诺邓古村的群体在历史上经历了几次重大变化（表 3.1），受政治因素的影响显著，并且印刻在古村景观的变迁中。

表 3.1　　　　　　　　　　诺邓古村群体变化历史简表

朝代	主体民族	来源	变化	结果
汉—唐南诏早期	白族	姓氏"诺"和"邓"的牧民	迁入	定居、形成乡村
元、明、清	汉族、白族	四川，云南大理、洱源、邓川、云龙，江苏，福建，河南，江西等地	迁入	汉族与当地白族融合，人口增多
中华人民共和国成立后	白族		迁出	人口减少

（来源：参考李文笔、黄金鼎《千年白族村》，2004 年，第 48—59 页内容整理）

伴随明代中原王朝对诺邓盐业的掌控，来自江苏、福建、江西、河南、四川及云南省大理、洱源、邓川、云龙县内宝丰等地的二十多个姓氏家族陆续迁来诺邓古村，仕宦、经商、行医或木作等，这是诺邓"九杨十八姓"之说的由来。[①]《云龙州志》记载，诺邓古村开井始祖邓氏在明朝

---

① 中国人民政治协商会议云南省云龙县委员会文史资料研究委员会：《云龙文史资料》（第二辑），内部印刷，1987 年，第 69—75 页。

初年卖给杨姓卤水之后就消失了,其他先民也不见了踪影,可能已无后裔或者外迁了。(李文笔、黄金鼎,2004:58)现存诺邓古村家谱都追溯汉族移民是祖源,很有可能是由于诺邓古村先民的后裔接受了中央王朝的统治,并形成了一种先祖来自外地的历史心性及表述。(舒瑜,2010:37-38)外来移民既保持着原有的传统习俗,自视为文明和礼仪之邦的后裔,自诩为"井上人";同时,也与当地白族先民的传统语言和风俗特征相融合。清代至今,诺邓古村村民已全部是经过汉族异化或同化的白族。与元明以来诺邓古村群体变化对应的乡村景观改变主要体现在村落住屋及与之相关的宗族景观两个方面。

(1)盐业发展和移民的迁入导致诺邓古村人口增长,在一定时期内形成住屋发展的高峰,住屋建筑景观特征逐渐形成。住屋建筑依山就势,又受汉族移民文化影响,出现"四滴水""五滴水""六滴水"及"台阶式四合院"等院落形式,"三坊一照壁"或"四合一天井"等传统白族民居,都结合地形灵活处理高差和进行了改造。建筑垒砌在高大的石台墙基上,分台叠楼、错落有致,前后建筑之间楼院重接、台梯相连(图3.7);

图 3.7 诺邓古村的阶梯式四合院(来源:第七批全国重点文物保护单位推荐材料:《诺邓白族乡土建筑群》,2009 年,第 56 页)

第三章 个案一：山地千年白族村——诺邓古村

街巷随地形、坡度变化而转折起伏（图3.8），断面形式复杂多样，在人的视线中具有多重视点、视角和视域，村落整体空间层次极为丰富。

住屋建筑工艺的实用性与装饰性高度和谐统一。诺邓古村村民主要集中装饰住屋的门头、窗户、梁柱等部位；梁头、挂落多有雕刻，正房两侧山墙头和耳房檐下多绘有图案装饰；木雕不上漆、不上色，保持木质本色；瓦当是主要陶土雕装饰，圆形陶片保护着檐头，上雕刻花纹，美化建筑院落内立面（图3.9），而对着院落外的山墙则基本没有任何装饰。

传统住屋的建材来自本村，建造者也多为本村村民。但现今新建或修复住屋的建材大多从村外购置，同时请外来手艺人帮忙建造。建造新屋的材料以木材、土砖为主，和老房子基本相同。据村民描述：

图 3.8 诺邓古村的巷道（来源：笔者拍摄）

图 3.9 诺邓古村住屋的窗、屋檐及瓦当（来源：笔者拍摄）

> 请外面的人盖就好啦……就用土烧的砖，自己去外面买，砖雕也是买来的，就在云龙市场。①

---

① 笔者根据2016年8月14日访谈笔记整理。

村民合院民居的正房二楼都有各家祖先的牌位，按辈分从正间往两侧依次排列，还供奉着佛像、灶王爷像，以及朝拜天地的香案。家中老人每天早晚都会上楼焚香、献茶和祈祷，保持着祖先崇拜的习俗。村民介绍：

> 这些就是祖先，这些是观音，这个是财神，都供在这里。天天要来烧香。①

（2）白族多同姓同宗聚居，外来移民姓氏陆续入籍诺邓后建立的宗族关系，使村落格局愈加呈现聚族而居的变化。如，徐姓在离盐井较近的河西坡上集中聚居，形成"徐家冲"，徐家祠堂位于村北山麓的"水脚坪"，原"水月庵"附近；（舒瑜，2010：90）黄氏一族大都在村中河西坡地大青树以北，围绕其祖上的黄氏"题名坊"聚集，黄氏宗祠位于聚居区北部、玉皇阁左下方牌坊东侧，是村中规模最大的祠堂；杨姓九族中的两族分别在位于南山之麓的"花园处"和河东"红土坡"上建造了祠堂。诺邓古村过去有"黄家的文（官）、徐家的财、杨家的人"的说法，反映了这些家族在诺邓古村公共生活中的地位。这些家族祠堂往往作为宗族聚居空间和精神核心，也是影响、塑造村落格局的重要因素。诺邓村民按社会等级分层聚居不太明显，大户人家和一般居民混居。大概因当地白族多为外地移民同化而来，异乡客喜欢同居一处，相互有个照应。（李文笔、黄金鼎，2004：175）

清代以前，诺邓古村村民主要通过经商或考功名离开村落。但因为有盐业经济的支撑和良好的自然、人文环境，出外就职或谋生的村民大多会叶落归根，一般无外迁。村内各姓互相结亲的居多，虽然宗亲世系不同，但彼此之间有无形的强大凝聚力。（李文笔、黄金鼎，2004：63 - 64）中华人民共和国成立后，诺邓盐业经济衰落，村民生活贫困，有能力外出就职、谋生的村民多侨居他乡，不再回来。诺邓古村各家族在时间长河中历经沧桑，家族宗法关系逐步淡化，②支撑诺邓古村宗族景观的内在动因消失，形存神散。村民反映：

---

① 笔者根据2016年8月14日访谈笔记整理。
② 中共云龙县委、云龙县人民政府：《云龙风物志》，第14页。

1950 年代末的时候"破四旧"破坏掉了嘛,黄家祠堂已经变成一个私人住宅了,所以黄家人就不去那里祭祀了。①

三 盐业经济时代的公共景观及其变迁

自上而下介入的政治力量重塑了"盐"这一自然资源与诺邓古村各群体的社会关系,对应的乡村景观空间变化主要体现在盐业管理机构和盐业经济活动的场所营造。

盐政管理景观

盐课提举司是明清时期为处理盐务专门设置的乡村政治中心,盐课收缴和记录,马帮装卸货物都在此处完成。(陈倩,2012)明代诺邓古村的"五井盐课提举司"是当时全国七大盐课提举司之一,也是通往滇西各地"盐马古道"的轴心地。盐课提举司衙门旧址——今"大青树"广场位于村内河西山腰和聚落中心地带,是河西陡峭山坡上唯一的开阔平地。该地最初是盐课提举司衙门前的下马场,后提举司衙门外迁,这里就成了享有"滇中儒杰"②之誉的黄氏家族聚集地,黄氏族人将原提举司大门改造成本家科举功名的"题名坊"。在古村民居密集绵延、山高坡陡的河西环境中,提举司前的开敞地彰显出其举足轻重的核心地位。现在,这里仍是古村最大的开敞空间,广场东南角台阶处有一株三百多年的高山榕,为黄氏家族所植,村民称之为"大青树"。大榕树是白族的一种风水树,这棵榕树寄托了人们愿村落如"大青树"般永久昌盛的美好愿望,是村落最易感知的以及主要集散空间的标志。大榕树树荫遮蔽下的广场东南角,是一个良好的驻足休憩地(图 3.10)。

交易景观

街场、集市等交易景观是诺邓古村群体与盐建立的生产关系发展到新阶段的物化体现。明代时,各灶户煎煮的食盐交盐场统一行销,灶户按卤份③分配所得过生活;荒户以为灶户提供劳务、手工等服务谋生,商户从买卖盐及其他商品中获得收入。无论哪个群体都要在市场上通过交易获得

---

① 笔者根据 2016 年 8 月 14 日访谈笔记整理。
② 诺邓古村的黄氏家族共出过两进士、五举人及上百名秀才。
③ 根据开凿诺邓井投入的人力和物力分得相应的卤份,参见舒瑜《微"盐"大义——云南诺邓盐业的历史人类学考察》,世界图书出版公司 2010 年版,第 118 页。

图 3.10 "提举司"旧址门前的大青树（来源：笔者拍摄）

各种生产、生活资料。在诺邓古村的盐业时代，村落与远近不同的地区和族群交易物品、互通人情或联姻，大致形成了三个"盐的经济、社会交换圈"，紧密关联着乡村内部和外部的社会，由外及内"最外圈是诺邓盐自明清逐渐固定的销岸——永昌、腾越一带，以及怒江的泸水地区；第二圈在诺邓盐的短途交换范围内，大致在今大理州和保山市境内的旧州、关坪、团结、长新、永平、洱源、剑川、鹤庆一带，是诺邓粮米和马匹的主要供应地；最内圈是诺邓古村内的交换，以劳务、食物为主"。（舒瑜，2010：169-170）盐的流通产生了各种集市，围绕盐的各种经济活动需求，诺邓古村出现了街场、台梯子集市和盐地街集市等交易场所景观。

街场因地取势，位于小河西北坡上通往东西南北各方向的道口，住屋环绕且位置适中的区域，包括与之相连的巷道和场地。不同场地对应街期和空天。空天的买卖只在街场下部长约60米的一段横街上进行。（李文笔、黄金鼎，2004：103-105）从横街中部向西北斜上，即河西山脚至村中段有座又长又宽（约2米）的大石梯子，宽度远远大于通行所需，就是诺邓古村交换生产、生活物资及对外交流的窗口——台梯子集市，与盐马古道相连，地理位置十分重要；集市依托于陡峭的石台阶，仅在台阶底部及与其他巷道交叉口处稍微平坦；摊位沿这一台阶式街巷两边铺排，临台阶的住屋在面集市一侧的墙壁上开窗，作为店面。台梯子曾是诺邓古村中最热闹的集市，但随着诺邓古村经济衰落，如今已难寻昔日繁华（图 3.11）。村民反映：

> 那里现在没有（集市）了，过时了，闲着了，现在赶集就去县里面了。以前我小时候每个礼拜五才热闹。①

图 3.11　诺邓古村"台梯子"今景（来源：笔者拍摄）

村民杨老先生回忆，从台梯子集市梯道上方尽头的建筑前的岔道口往北进入居民区，巷道被划分成按定规买卖某种特定货物的小区域，长约 30 米的一段巷道有卖鸡卖蛋处，路东较大方形场地为"卖米坪"，转向西面的一段巷道为卖猪巷等（图 3.12）。

古村河东片的"盐地街"是同时期的另一大集市。以盐局为中心和起点，从北至南，形成"盐局—万寿宫—龙王庙—戏台—盐井"的一条集经贸、管理为一体的"带状放射型"空间集市（图 3.13），北至道长家月台院落，与温坡古道相连接；东面连接香山古道和古岭寺古道。集市西面是诺水河，东面是香山上的一条箐溪，不少院落聚集在带状集市的两边。"盐地街"通过宅间小路连接周边聚居区，是与周围建筑相和谐的贸易节点。万寿宫至盐局地段主要为外来商品交易处，戏台至龙王庙区域主要是

---

① 笔者根据 2016 年 8 月 14 日访谈笔记整理。

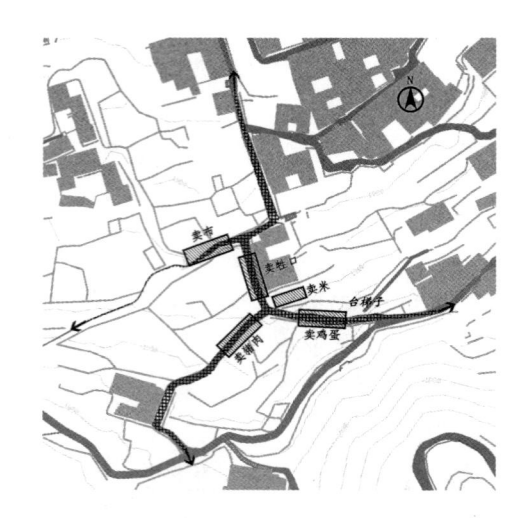

图 3.12　诺邓古村旧时集市分布示意图

带有娱乐活动性质的集市。"盐地街"集市在诺邓古村盐业经济衰退后还保留了原来的集市功能，但不如从前热闹（图 3.14），每个周五此处还有赶集活动，交易日常生活所需。

图 3.13　诺邓古村旧时"盐地街集市"示意图
（来源：笔者团队成员绘制）

图 3.14　盐局广场现状（来源：笔者拍摄）

当年，这个小小乡村的集市十分繁荣，影响力逾百里。赶街是村民生活的重要组成部分，这些街巷场也是村民重要的生活场所，凝聚着许多老人的集体记忆。(李文笔、黄金鼎，2004：103-105)

自 1951 年，云龙县按照行政区划在全县所有街场设立供销合作社，盐由各级供销社负责销售，诺邓古村于 1953 年在河东片区龙王庙旁设立了供销社，村民所食的盐均需从供销社购买，村落经济中心从原来的盐井变成供销社。街场、集市也从台梯子沿线迁到供销社附近的巷道，又转移到老年协会门前的空地，不仅空间缩小，也不如以前繁盛。供销社逐渐成为新的公共空间，直到改革开放后退出历史舞台。今天，诺邓古村居民的生活、生产物资主要依赖于县城石门市场和云龙县一年一度的民贸节会——八三街。（舒瑜：2010：208-210）

交通景观

诺邓古村内部及其与外部经济、社会交换圈的联系，塑造了古村道路交通网络及景观。古代云龙各产盐区的开发和繁荣使诺邓古村曾为两条"盐马古道"的重要起点：一条进入西藏；另一条跨过澜沧江、怒江，向西经直达缅甸，还可东到大理、昆明。诺邓盐井正处在这样一个古道交错、四通八达的地理位置及经济活跃的交通干线上，诺邓盐业经济推动了古道的形成，古道又促进了诺邓古村繁荣和发展，诺邓古村道路系统必定受古道的影响。

舒瑜考证诺邓古村过去有四条向外的古（干）道，即东北向的"通京路"，是当时赴府、省、京的道路，东南向通往大理的古驿道，西至腾冲缅甸的古道，以及后来南面通向石门的古道。（舒瑜，2010：96）王莉莉的推测略有不同，她认为以盐井为起点，向东南方经关坪、漾濞通往大理和昆明的古驿道可能是诺邓古村最早的盐业运销通道；明代时，则以提举司衙门为起点，村内巷道向初具规模的玉皇阁建筑全方向扩展，形成蛇岭古驿道和北连丽江、西藏和西至腾冲缅甸的"盐马古驿道"，且古驿道之间互相连接；清代，是诺邓古村发展的鼎盛时期，沿着古道建造大量民居和公共建筑，道路随庙宇和住屋建设继续增长及逐渐网络化，河东、河西片区由接佛坪桥连接贯通起来。（王莉莉，2010：45-48）两种说法都认同古道突破了自然地理环境的封闭和限制，将诺邓古村与云龙、云南和中原各地紧紧联系在一起，打通了连接南亚的重要国际通道（图3.15、图3.16）。在村落内部，聚族而居加强了古村街巷的内聚性，村内道路宽窄不一，道路交叉口之间的距离也没有规律可循，但村民往来沟通十分便

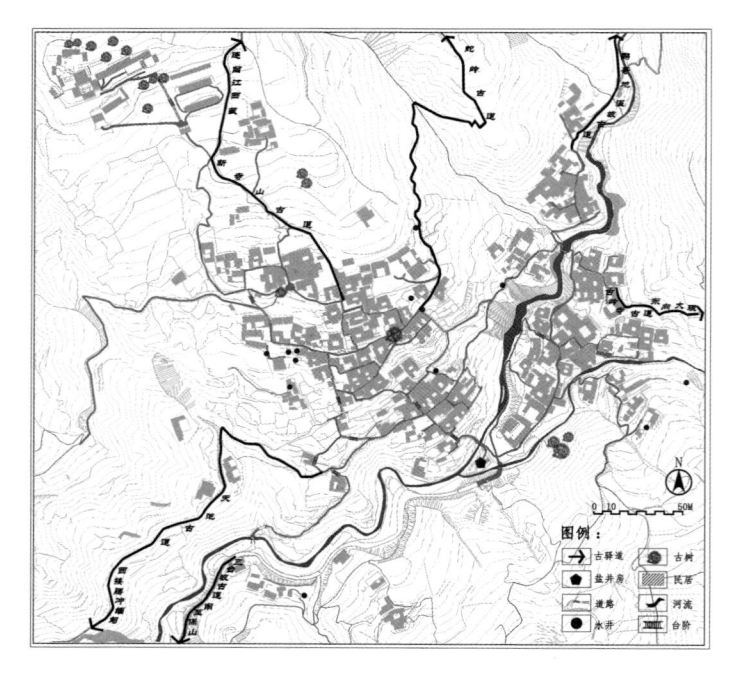

图3.15 诺邓古村古驿道平面位置图（来源：笔者团队成员绘制）

捷。承载政治、经济功能的盐井、盐局，以及精神信仰的庙宇和家族祠堂等公共建筑对古村道路及街巷空间形态的形成和稳定发挥了重要作用。清代时顺应溪水连通了至县城石门的车行道，进一步为古村注入活力。鸦片战争以后，随着滇西地区与英占缅甸之间的密切经济交流，西向盐道更是货畅其流，诺邓盐名震中外。①

图3.16　诺邓古村古驿道今景（来源：笔者拍摄）

　　诺邓古村北今天仍有一处叫"古宗坪"的地方，村东北山麓还有一处"回族坪"，是当年藏族、回族马帮的宿营地。古村的门户区就在盐井附近两水交汇处，地势平缓开敞，是人流、货流进出古村的必经之地。四条盐路和一个门户，使诺邓以盐为核心的物资交换活动在漫长岁月中一直充满活力，现今这些商路已无原先的功能，仅作为普通道路。

公共交往及交流景观

　　受限于山形地势，诺邓古村难得有可供村民交往的平坦空地，屈指可数的几块空地，几乎都是盐业时代盐务管理建筑或集市交易场所的附属集散空间，或是大小寺庙、祠堂的活动场所。这些场地虽然大多狭小、局促，但功能性较强，人流往来频繁。清代，人们在盐井上方搭建方形戏台，正对村口，背向盐井，面朝龙王庙；中间形成一个可以聚会的小广场，周围种植风水树，是古村村民举行重大活动的场所，也是往来盐道的

---

① 《云南大理·诺邓村》，《北京规划建设》2008年第1期。

人们进入诺邓古村的门户。每年正月，灶户集资请戏班，在戏台对面的龙王庙为龙王唱戏，祈求卤旺盐丰。

历史车轮前行，诺邓古村内如盐局等公共建筑性质发生改变，建筑附属场地的功能和社会属性也随之改变，逐渐成为村民的日常生活空间。如，大青树广场，是村民日常户外活动、交流信息及沟通情感的重要场所。村民们说：

> 去得比较多的地方是大青树那儿。①
> 盐局那里的老年协会在正月十五还有九月九重阳节那两天很热闹。办红白喜事你就可以去租。②

儒学教育景观

"五井"地区是云龙最早设立学校的地方，诺邓文昌宫即为九所义学之一，诺邓儒学建立也较早。在诺邓盐业经济促进下，诺邓儒学教育成为稳固支撑诺邓文化的一大支柱。诺邓设立"五井提举司"翌年，浪穹（念"kong"，当时诺邓隶属浪穹）儒学建立，诺邓就设立了儒学，开始祀孔。随后科第渐开；明末黄文魁首贡，诺邓科名渐盛；至清末，村里有"二进士、五举人、贡爷五十八、秀才四百零"之说，对于一个边境小山村，可谓人才辈出。过去，各家厅堂上常贴激励人们竞走科贡的楹联，"读书"及"士"地位最高的汉族封建传统观念在诺邓古村传播深入。诺邓古村最早的教育源于家学，各家各户多设有书房，据说古村背盐负卤的劳苦大众也不是文盲，读书几近普及。家学之外，私塾在诺邓的起始时间早，教师多在家设馆授徒，也有在环境幽静的寺庙，如香山寺、文昌宫、玉皇阁静室等地设馆。雍正三年（1725年），云龙在州治设书院后，在诺邓设了分院，在玉皇阁文昌宫增设义学，于民国年间改成小学校。

今天的诺邓古村村民仍以曾是"五井盐课提举司"驻地为傲，并熟知其旧址所在，该旧址如今已是吸引游客的标志性建筑。黄氏"题名坊"等俨然代表了诺邓历史上最高的文明成就。（舒瑜，2010：33）

---

① 笔者根据 2016 年 8 月 14 日访谈整理。
② 笔者根据 2016 年 8 月 14 日访谈整理。

明初的特定政治因素使诺邓古村人口增长、外来移民迁入，盐业经济发展成熟，对外贸易活跃，并在明清时期达到鼎盛。政治力量对"盐"这一自然资源的控制给诺邓古村政治、经济、社会及文化等带来的改变，反映到村落景观格局变迁中。村落格局超越了顺应自然条件的生存等基本物质层面，上升到政治、经济等社会层面。在强化以盐井为核心的基础上，发展了盐井、盐局、盐课提举司衙门等生产及管理建筑，以及以"题名坊"等宗祠建筑为空间和社会功能核心的村落格局。同时，功能结构与交通组织的关系进一步清晰和紧密结合，道路系统基本网络化。由道路两侧实体建筑围合的街巷空间的界面逐渐成形，其形式、尺度根据在生产、生活中的不同功能及与自然地形的结合方式，产生丰富多变的独特性。公共建筑附属场地也成为乡村重要的公共活动与交流空间。最终，形成以盐井——龙王庙为整个城镇核心，河东以村口牌坊——财神庙、万寿宫、盐局为次级中心，河西以台梯子集市、提举司衙门——黄氏题名坊、黄氏宗祠、玉皇阁为次级中心的"多心镶嵌"总体格局。

第四节　微"盐"大义——乡村景观的精神与意义

诺邓古村景观的变迁始终伴随非物质的、精神性的建构和变化。体积微小的盐粒，积聚、沉积了深厚的文化大义，在以物化为表征的景观体系中，建构了一个"盐"的意义体系。

一　"盐"化的风水观

诺邓古村的环境被人们赋予诸多与风水相关的观念和意义，村民的自然观建立在先民对"盐"的原始崇拜基础上，并融合、改造外来汉族移民的风水观所形成。

盐对于诺邓先民意味着衣食父母，是族群聚居生存的本源，先民们将取之于自然界但又无法解释其来源的卤水，神化、升华为抽象的神灵，认为盐井即是神灵卤龙王的恩赐。对自然物（卤水）与神灵（卤龙王）的崇拜合二为一，使先民们非常信奉卤龙王（李文笔、黄金鼎，2004：247－248），创造了"青龙吐卤"的神话传说，讲述从发现盐泉、凿井，到修建龙王庙的诺邓盐井来历。对应于诺邓盐井崇拜的景观空间包括：盐井下作为龙宫并供奉着龙王牌位的坑道神坛、紧邻盐井的河东地带的龙王庙、为龙王唱戏的庙前戏台，以及庙堂之外举办"接水魂魄"仪式的村外山麓。龙王庙里供奉着掌管盐水的"卤龙王"，同时，也收纳了先民最早供奉的诺水河神"淡水龙王"作为"卤龙王"的配神，使卤水龙王地位高于"淡水龙王"。这样安排的原因主要是诺邓古村依赖盐井周边乡村供给粮米，农业生产离不开雨水，因此仍需供奉"淡水龙王"；但过多淡水会冲淡卤水，因此还需抬高"卤龙王"的地位使其压制住"淡水龙王"，以保证卤脉兴旺。村民们认为卤水出于南方，但其魂魄在北方，因此，在"接水魂魄"仪式中，需到北山头去接卤龙王的魂，延续本地盐井的生命力。盐井崇拜的内容和空间安排，表述了诺邓古村先民们的原始自然崇拜、对乡村依赖盐井但又离不开农耕供给生存、卤水浓度与淡水的矛盾关系等的认识；通过神话传说、仪式等象征性手法从观念上包容、调和了本地与周边、卤水与淡水、自我与他者之间的关系。同时，通过建造庙宇、养成习俗、设立节庆等手段，将精神崇拜物化和仪式化，使其一代代顺利传承。

  风水观由汉族移民带入诺邓古村，晚于当地"卤龙王"信仰。诺邓民间的古村风水格局观念经过了漫长的历史发展和演变，形成本地的盐井风水观。诺邓民众认为：盐井与古村同处于一个风水场域中，两者的风水格局相互重叠、加强，是大自然鬼斧神工所天成；盐井卤水是否旺盛与诺邓古村的自然环境风水有高度联系，诺邓风水好，才出旺卤和养活了世世代代的诺邓人。"在这套风水观念中，盐井和村落的风水都源于最高峰——神圣的满崇山，满崇山就是卤脉的源头。还有道教人士或民众将满崇山与更远的昆仑山相联系，而昆仑山是汉族的自然文化意象和神话体系里的众山之祖和天下众水的源头。'诺水出邓井'的老话说的就是发端于满崇山的诺水河，流经诺邓古村的诺水河在与沘江交汇绕出'S'形图案，其地质成因是第四纪新构造运动中经过几百万年江水冲蚀河流深切形成的特殊地貌。诺邓古村村民基于汉族负阴抱阳、背山面水的风水思想，赋予其'太极锁水'的意义和名称（图3.17）。庄坪山和满崇山支脉连成一体，对面的鹅脖子岭岗山势蜿蜒，也被附会了'狮象把门'的意象。如此，诺邓古村东北'枕众山之祖'，西南有'太极锁水''狮象把门'，中间地涌'黄金'（卤水），即为一处得天独厚的风水宝地。"（朱霞，2009）诺邓古

第三章 个案一：山地千年白族村——诺邓古村

村人口不多，但历史上曾出过祖孙进士，父子举人，三百多秀才，都被认为与此地风水有关，反映了汉族精英文化对诺邓古村风水观念的影响。本地化的盐井风水观超越了盐井崇拜和盐井空间范围，与更大范围的自然环境和更广、更深的社会环境和文化连接起来，具有更大的包容性。

图 3.17 诺邓古村的"太极锁水"环境（来源：云南省诺邓村全国历史文化名村申报材料，第 21 页）

盐井和村落的好风水为自然天成，这是最根本的。但是，诺邓民众认为，还应通过人自身的努力来改造自然环境中与好风水不一致的地方，从而守住一切财富和好运。因此，诺邓古村村民通过建造人工构筑物和种树等方式，对山向、山势、河口等进行改造，既"堵风水"，也"迎风水"，完善、修正诺邓盐井和村落风水格局，并且充分满足日常活动需求。

一种方式是修庙"堵风水"。盐村最大的财富就是卤权，守住盐井的卤水资源十分重要；因为相信神灵能够堵住盐井水口，村民就在诺邓入村古道上建起三道牌坊。

另一种方式是修桥、铺路"锁风水""接风水"或"顺风水"。桥和路不仅是古村内部跨诺水河的重要交通设施，而且承载了修正风水的意义；"诺邓古村修建的风雨桥，弥补盐井'水口低洼，行不相称'的风水格局和堵住水口；桥旁一般还会修庙，以进一步有效锁住水口，整个云龙五井地都常见这种观念和做法"（朱霞，2009：180-181）；村民都懂得，盐井以上的区域要"接风水"或"顺风水"，不架风雨桥，要架平桥；盐井以下区域要"堵风水"需建风雨桥，现村中保留有四座桥。桥和路相结合也具有"接风水""顺风水"的精神功能。诺邓村民现今仍认为整个村子及个人都各有其财路；过去最重要的财路是卤水，卤水是流动的，可进可出，因此与桥、路等交通设施相关；桥和路可寓意承接和理顺财路，让财路和好运畅通，且易进难出。村民在讲述诺邓风水格局时，以过去的老路为依据，而不是现在的新路，风水与道路的关系深入人心。

再有一种方式是植风水树，通过种树和禁山来"堵风水"。诺邓古村内尚有四十余棵树龄两百年以上的古树，清末，除"提举司衙门"前广场上的大青树，全村古木环绕，树种均为根深形美的风景树。现在古村四周还有上百棵平均四五百年以上树龄的高山榕，都是过去人们为了堵风水种下的，也称"风水树"。诺邓古村的风水树分别沿玉皇阁、黄家祠堂和财神庙共三路栽种，把盐井和村子围起来（图 3.18），村中老人们都说这些树既堵风水，又美化村子。1949 年以前，诺邓村民为了盐井生产延续着保护树木的传统，不在山上砍树、开荒或挖地。1949 年后，诺邓古村转向发展农业，村民为了生存大量开荒种地，保护山林的风水观和村规民约被抛弃，造成了严重的水土流失。

二 叠累于"盐"的多元宗教信仰

诺邓古村民众的信仰，从早期原始自然崇拜发展到今天的本主崇拜和儒释道三教同揆。一个三四百户的小乡村，先后建起过四十多座祠堂或庙宇，家家主房楼上设有佛堂、灶君和祖先堂，呈现出多元宗教信仰相互交融的特征（李文笔、黄金鼎，2004：134-135），或多或少都与"盐"有关。

原始自然崇拜。诺邓古村先民们曾对天、地、山、川、树、石等自然物和祖先、灵魂、鬼神以及巫师或类似汉族风水师等人物产生过崇拜。（李文笔、黄金鼎，2004：134-135）树崇拜的相关传说很多，诺邓盐井的传说最为有名，为世代依靠盐井生活的诺邓村民树立了一位盐卤保护神。

本主崇拜是白族土生土长的信仰，世世代代传承和发展。白族人常常将与生产、生活息息相关的自然物或者历史传奇人物当作本主供奉。如，大理下关将军洞供奉着天宝年间征战南诏，兵败后投河的将军李宓，诺邓

● 第三章　个案一：山地千年白族村——诺邓古村 ●

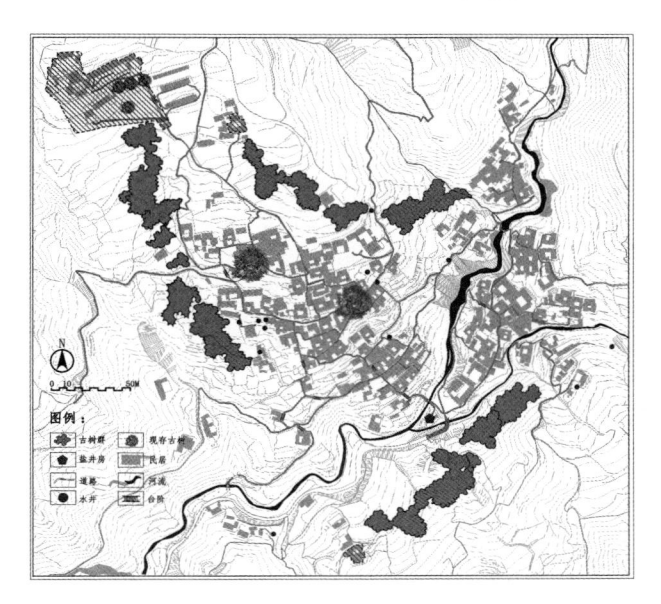

图 3.18　诺邓古村的"风水树"布局示意图
（来源：笔者团队成员绘制）

村民敬重他的忠义节操，奉他为本主。① 唐南诏大理国时期，受汉族宗教文化影响，诺邓古村内先后建起多座庙宇，本主信仰逐渐祛除巫觋降神的原始性，理性色彩渐浓，步入宗教阶段。明初，外籍姓氏迁入古村更促进了汉族宗教文化与本主文化的融合。不仅本主信仰融和了外来宗教文化，逐渐成为具开放、包容特征的本主宗教，村民信奉的儒释道三教也包含了当地本主信仰（李文笔、黄金鼎，2004：137），构成本主教与儒释道三教和谐共存的面貌。诺邓村民信奉的本主是"敕封本井土主护国安民圣帝"，护佑此地民众赖以生存的盐井和人的生死祸福；卤水龙王也被纳入本主信仰体系（表3.2）；还有很多不直接称本主，但都属本主信仰的神祇，对应着各种祭祀礼仪，大多数祭祀礼仪都需贡献"形盐"②。

---

① 根据马建强的实地调查，云龙全境白族乡村共有 21 个本主，在这些本主中，三崇本主是云龙全境内白族共同尊奉的本主，为云龙白族本主之首。有些村寨的本主虽不是三崇老爷，但在做本主会的时候，也要同时祭祀三崇本主。参见马建强《云龙白族的本主崇拜》，载中国人民政治协商会议云南省云龙县委员会《云龙文史资料》（第 7 辑），内部出版，2013 年，第 217—244 页。

② 形盐，即用模具加工具有一定形状的盐块，诺邓古村的形盐常做成狮子或象的形状。

表 3.2　　　　　　　　　诺邓古村本主信仰体系概况表

神祇	供奉地	佑护诉求	祭祀礼仪、时间（农历）
敕封本井土主护国安民圣帝	三崇庙	盐井生产生活，生死祸福	主、陪祭生；司仪、乐队；果品、形盐、牲醴等；仪式。八月初十
三崇建国鸡足皇帝	三崇庙	外出平安、防盗匪	主、陪祭生；司仪、乐队；献果品、形盐、牲醴等；仪式。七月初十
子孙娘娘	三崇庙	繁衍生息	献血食三牲。除历书上注有"诸事不宜"的日子外
城隍老爷	衙式庙	剪恶除暴、护国安邦	主、陪祭生；司仪、乐队；献果品、形盐、牲醴等；仪式。五月二十八
卤水龙王	龙王庙	盐业	主、陪祭生；司仪、乐队；献果品、形盐、牲醴等；仪式。六月十三
黑虎玄坛赵公元帅	财神庙	财运	主、陪祭生；司仪、乐队；献果品、形盐、牲醴等；仪式。三月十五
文昌、魁星	文昌宫	功名	献血食三牲。除历书上注有"诸事不宜"的日子外

（来源：根据李文笔、黄金鼎，2004：137-138 内容整理）

位于诺水河西北山坡地势较高处玉皇阁附近的三崇庙，供奉着诺邓古村众多本主信仰体系中的神祇。据记载，原来的三崇庙有殿、厢、耳、门楼、戏台和可容下千余人的内院，是诺邓村民祭祀和节日集会的场所，但"文化大革命"时被毁，现在的三崇庙为1995年重新修葺的，形制比原来简单，仅为一座三开间的供奉屋，面朝一个长方形院落（图3.19）；院落一隅有一棵四百多年的大青树，留有原始自然崇拜痕迹，也是村落的风水树和守护古老乡村安宁的象征。不同信仰共存于同一个空间中，并仍保留一个开放空间（院落），体现了诺邓本土信仰体系的包容性，对诺邓村民而言，看似混杂，其实再自然不过。

儒释道三教。在诺邓古村流传最久、范围最广、宗教活动及庙宇建筑等最突出的外来宗教是道教。明代汉族移民入籍诺邓，诺邓古村道教兴起，至清光绪年间已有成熟的道教组织、教理教义等宗教机制。道教传至诺邓井地

第三章 个案一：山地千年白族村——诺邓古村

图 3.19　诺邓古村本主庙院内（来源：笔者拍摄）

后，通过尊崇"盐"和盐井与当地信仰相融合，如诺邓古村道教 1930 年代中期举办"井斋"。（李文笔、黄金鼎，2004：148、162）古村北面山坡上的玉皇阁道教建筑群修建于明嘉靖年间，是村中最早的道教庙宇、最大的建筑群和容纳儒释道三教于一体的宗教建筑。玉皇阁在明清两朝经历了维修、扩建、毁于兵火和陆续修复，现为三重檐楼阁式建筑，建在两米多高的方台上，近六层楼高，歇山顶，檐下用雕花斗拱，殿内现存六块保存完好的明清碑刻，为州级重点文物保护单位。穿过玉皇阁建筑群入口的棂星门，可通往孔庙（当地多称其"文庙"）。诺邓古村文庙是目前云南省仅存的几座孔庙之一，也是滇西地区唯一保存完好的明清时期的孔庙建筑。明初诺邓古村内出现孔子塑像，与佛、道神共同供奉，没有独立的庙宇空间，儒学也尚未深入古村。乾隆时，当地儒生力量壮大，孔子地位被迅速抬高，在玉皇阁东侧修建孔庙和崇圣宫，成为诺邓古村民众接受儒教教化的专门场所。诺邓古村有资格修建孔庙实赖这里曾设立盐课提举司衙门。祭孔和祭龙王并列为诺邓盐业时代最重要的两项宗教盛事，祭孔严格遵照儒家礼仪。（舒瑜，2010：42）清末后改春秋两祭为一年祭，每年农历 8 月 27 日全村人举办隆重的祭孔活动，延续至今。2016 年，古村祭孔组织邀请了 112 户本地人家参加了仪式（图 3.20）。祭孔供品过去十分讲究，必须用 64 只筵盛放狮、象形状的盐，现已大为简化，但仍保留着供盐米碗的传统。除隆重的祭孔活动外，儒家思想广植于古村，如旧时拥有卤权、盐业生产股份的灶户被冠以"乾、元、亨……礼、智、信"等儒家周易学说内容和修身伦常的字号。（李文笔、黄金鼎，2004：140-141）这些命名是诺邓古村的盐业与中原王朝封建社会等级秩序发生关联的象征，儒教在诺邓古村发生在地变换，获得诺邓盐业生产人家的认同和传承。

图 3.20　诺邓古村祭孔仪式组图（来源：杨希元，2016 年 9 月 27 日）

明初至清中叶，佛教在诺邓古村盛行一时，地位曾一度远超道教，村内外曾建有多所佛寺庵堂，如静室、万寿宫、云崇寺、观音寺、太平寺等，有"十三庵"之说。玉皇阁内也塑有佛像，阁外还有僧塔林，其下有墓室。1980 年代重修的观音寺（香山寺）、古岭寺是诺邓古村现存的佛教建筑。今天，观音崇拜在诺邓古村仍然很兴盛，观音会是诺邓会期最多的庙会。

叠累的宗教信仰与相关习俗

南诏—大理国时期的佛教、明代以来帝国儒家传统、道教等不同信仰汇入诺邓古村，为本土信仰所吸纳、改造和重塑。诺邓人通过构建本地象征符号、仿效祭祀礼仪及文明向化等方式，持续地包容和本地化不断进入的文化和信仰，整合出一种新的本土宗教文化和对自然及自身的解释图示，与中原王朝社会等级符号象征系统和道德宇宙观联系起来，交融、叠累在混杂的庙宇空间体系中，在外来者看来混杂难明，但当地人十分明了其背后的秩序。（舒瑜，2010：19-21）旧时诺邓古村的诸多宗教活动、仪式和节庆等都带有浓厚的多元宗教色彩。如，"接佛观灯"习俗要迎接的"佛"共有八尊，包括龙王和龙王娘娘，三崇和三崇娘娘，本主和本主娘娘，城隍老爷和观音长者；活动时间长达半月，内容丰富，从正月初六至正月十九，由盐井工人最先接佛，然后依次是村西、村东和村北的人家接佛。（李文笔、黄金鼎，2004：181-189）（图 3.21）

田野调查发现，诺邓古村村民信奉本主和儒释道三教，但除了本主，

第三章 个案一：山地千年白族村——诺邓古村

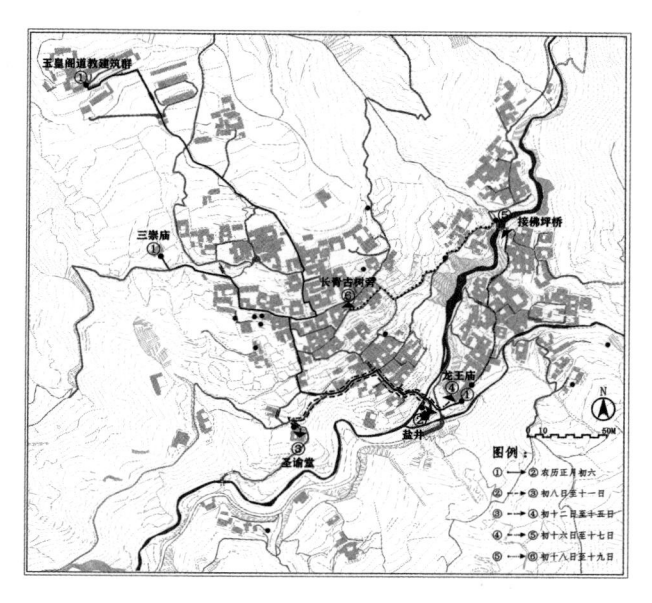

图 3.21 诺邓古村"接佛观灯"活动路径示意图
（来源：笔者团队成员绘制）

大多数村民并不确定自己信奉的教派：①

> 道教还是佛教，我自己也不清楚。
> 道教、佛教都信的吧。
> 道教指的是什么？是指基督教那些吗？
> 烧香，像小孩子念书的话要在这里烧香。
> 基本上就信本主，其他也不清楚。
> 没有教会，信教，就是烧香这种。
> 庙会主要是龙王会，玉皇会，还有王母会。

管理者比较清楚诺邓古村宗教信仰多元混融的面貌及其实用功利性：

> 除了儒释道，诺邓人信奉本主。（本主）可能是一棵树、一块石头。

---

① 笔者 2016 年 8 月 15 日访谈的录音整理。

因为自然崇拜，他觉得这个石头对他好，就把它供起来，石头就变成一个本主。所以就是说村民认为什么对他们好，能保佑他们、带来好处的就是本主；有一些本主是人，像我们三重庙里供的那些王就是人。①

诺邓古村的宗教建筑比该地区的其他乡村多，在明及清康乾时期达到鼎盛，至今犹存二十余处遗址，满足了村民的多元信仰宗教活动需求。"文化大革命"时期，村中的宗教建筑遭到严重破坏，现存庙宇多为1980年代后恢复重建。

三 "盐"的社会象征意义

诺邓古村的社会发展大体可分为村落形成、盐业时代（明初兴，明、清鼎盛）和中华人民共和国成立后三个时期。自人们在诺邓发现"盐"定居下来，盐就进入当地族群的社会化过程和社会关系中，从自然物变成社会的、文化的事物，其自然属性衍生出商品属性和国家政治、经济、文化等社会属性。

诺邓古村形成时期，当地"盐"泉是促成诺邓乡村社会体系形成的决定因素，象征着族群社会的生存之本。诺邓古村盐业经济时代，盐是各种物品交换的关键中介，并形成与农区的米粮、山区的山货、牧区的骡马以及来自中心市场的手工业品、百货、奢侈品的交换圈。盐被赋予超出其自然属性和商品属性的社会与文化意义。（李文笔、黄金鼎，2004：183）彼时，它是中原王朝治理边疆的象征物和符号，是国家经济重要通道上物资交换的实物，更曾作为货币等价物成为地方经济地位的象征，凝聚着人们对一个富庶、发达的边疆小乡村的想象。在诺邓传统社会内部，它是身份、地位、人情的载体，拥有卤水（卤权）的灶户出公卤，公卤用于村内公共事务，体现盐井社会内部道德观念；它是各种祭祀礼仪的祭品，如狮、象形状的盐献给祖先和神灵，写上"福""寿"等字样的形盐则摆在家中祭祀祖先或神灵，也是人情礼物或成亲时的重要聘礼；献祭神灵、婚礼、葬礼、上梁、谢土等仪式上也都要用"马料盐米碗"与"三牲"同献；盐业经济时代结束后，盐仍是诺邓村民日常生活及各种仪式中的重要

---

① 笔者2016年8月15日访谈的录音整理。

用品，如，当地人仍认为盐米碗相当重要，盐的神性与灵力可以缓解对鬼魂的恐惧；此外，诺邓人还用饮食上的盐与糖区分日常生活和节日仪式，平时以咸味为主，而在如周岁、婚礼、寿宴等日子，或节庆期间则会吃甜食。（舒瑜，2010：44-47）

如今，大部分诺邓村民购买乔后生产的食盐日用，有一些村民和少数家庭专门到盐井取卤水，自己熬盐，诺邓食盐更多是代言古村历史和文化的旅游纪念品。诺邓人在长期生活实践中摸索出食盐腌制工艺，创造了诺邓特有的传统盐产品。诺邓火腿原来只在滇西北小有名气，经纪录片《舌尖上的中国》宣传之后，变成中国原生态乡村美食的一个符号象征。本村人制作火腿基本上都是自家食用，但也是新郎送给新娘舅舅家的礼物，或是过年过节时村民送给外地亲戚的本地特产，算是人们生活中较为贵重的礼品。

第五节　携"盐"逐流——当下乡村价值认知与诉求

20世纪后半叶，近代社会巨变，西南地区区域交通体系与经济地理格局也发生颠覆性变化。以陆上交通为贸易通道的诺邓古村迅速失去区位优势，盐资源枯竭、新兴制盐方式及运销模式的转变也使诺邓古村的资源与经济地位迅速衰落。1954年灶户盐权收归国有，成立国营盐厂。盐业经济转入低潮后，煮盐的灶户消失，村民被迫从盐业（工商业）转为从事农业，但古村可耕地极少，发展农业很艰难。1958年"大跃进"运动迫使全村人迁移到周边耕地较多的地方。许多住屋因无人居住维护，年久失修或地质变形而坍塌，有的被拆除。直到1962年政策发生改变，大部分迁移到外村的诺邓村民才陆续搬回。1996年，盐井被关闭。政治因素使诺邓人口锐减，终结了其以盐井为核心的发展时期，村民生活陷入贫困。2000年诺邓古村开始发展旅游，在沉寂了半个多世纪后，又逐渐受到外界的关注；传统"盐"井是古村获得各种文化品牌或称号的基础，而这些称号反过来成为迅速改变古村景观的动因。

一　外来标签对诺邓古村价值的认定

自2002年开始，诺邓古村获得的国家级到地方级的各种称号见表3.3，这些荣誉称号反映出古村哪些价值及其在何种程度上得到了外界认可。

表 3.3　　　　　诺邓古村获得的称号及其价值重点一览表

级别	称号	命名时间	颁布或主管的单位	价值重点
国家级	中国历史文化名镇（村）（第三批）①	2007-05-31	建设部，国家文物局	文物价值，历史、文化价值，革命纪念意义，地方民族特色②
	中国传统村落（第一批）③	2012-12-17	住房与城乡建设部，文化部，财政部	历史的、农耕文化的、科学的、艺术的及社会、经济价值；民族精神、认同、民族文化多样性
	第七批全国重点文物保护单位④	2013-05-03	国家文物局	历史的、艺术的、科学的价值⑤
	中国少数民族特色村寨（第一批）⑥	2014-09-23	国家民族事务委员会	历史、农业、产业支撑、少数民族文化、审美、聚居、生态、民族社会关系和谐价值
	中国美丽休闲乡村	2015-09-24	农业部	农耕文明、民俗文化、传统民居价值⑦
	国家 AAA 级景区⑧	2017-05-18	诺邓镇人民政府	观赏游憩、历史、文化、科学、旅游价值

---

①　建设部、国家文物局：《关于公布第三批中国历史文化名镇（村）的通知》，建规〔2007〕137 号，2007 年 5 月 31 日，http://www.mohurd.gov.cn/wjfb/200706/t20070613_156907.html，2021 年 1 月 31 日。

②　建设部、国家文物局：《关于公布中国历史文化名镇（村）（第一批）的通知》，建村〔2003〕199 号，2003 年 10 月 8 日，http://www.mohurd.gov.cn/wjfb/200611/t20061101_157345.html，2021 年 1 月 31 日。

③　住房城乡建设部、文化部、财政部：《关于公布第一批列入中国传统村落名录村落名单的通知》，建村〔2012〕189 号，2012 年 12 月 17 日，http://www.mohurd.gov.cn/wjfb/201212/t20121219_212340.html，2021 年 1 月 31 日。

④　国务院：《国务院核定公布第七批全国重点文物保护单位名单》，2013 年 5 月 3 日，国家文物局官网，http://www.ncha.gov.cn/art/2013/5/3/art_722_107827.html，2021 年 1 月 31 日。

⑤　国家文物局：《中华人民共和国文物保护法（2017 年修正本）》，2017 年 11 月 28 日，http://www.ncha.gov.cn/art/2017/11/28/art_2301_42898.html，2021 年 1 月 31 日。

⑥　国家民族事务委员会：《首批中国少数民族特色村寨命名挂牌名单》，民委发〔2014〕190 号，2014 年 9 月 23 日，https://www.neac.gov.cn/seac/xxgk/201410/1079695.shtml，2021 年 1 月 31 日。

⑦　农业部：《农业部办公厅关于开展中国美丽休闲乡村推介工作的通知》，农办加〔2016〕8 号，2016 年 4 月 19 日，http://www.moa.gov.cn/govpublic/XZQYJ/201604/t20160420_5101603.htm，2021 年 1 月 31 日。

⑧　云龙县管理员：《诺邓景区成功创建为国家 AAA 级旅游景区》，2017 年 6 月 2 日，中国·云龙网，http://www.yunlong.yn.cn/c/2017-06-02/511137.shtml，2021 年 1 月 31 日。

第三章 个案一：山地千年白族村——诺邓古村

续表

级别	称号	命名时间	颁布或主管的单位	价值重点
省级	云南省历史文化名村（刘学、黄明，2012：56）	2002	建设部，国家文物局，云南省人民政府	文物价值、历史、科学、艺术价值、民族文化传统价值、地方民族特色价值①
	云南省首批60个旅游小镇（开发建设型）	2005	云南省人民政府，旅游发展委	历史文化、风景名胜、自然环境、民族民俗旅游开发价值
	云南省少数民族特色村寨②	2013	云南省民族宗教委、旅游发展委	地方特色、旅游发展潜力
	云南省非物质文化遗产——保护区③	2015	云南省文化厅、云龙县文化馆	民居建筑格局、乡村传统风貌、白族传统文化、古盐井及历史建筑遗址。
其他组织、机构	中国最具旅游价值古村落	2005-09-19	中外旅游品牌推广旅游推广峰会	—
	中国景观村落④	2007-11-04	中国国土经济学会、中国古村落保护与发展专业委员会	历史文化、地方民族特色、自然生态价值

（来源：笔者绘制）

"全国重点文物保护单位"称号关注诺邓白族乡土建筑群的价值。在"中国历史文化名镇（村）"的保护条例和评价标准下，诺邓古村一千多年的历史、保留较为完整的白族古村风貌和明清建筑群等物质载体价值，以及曾是西南地区盐业中心等历史、文化价值和民族特色得到识别。"云南省历史文化名村"与中国历史文化名村体系关注的价值一致，仅级别上

---

① 云南省第十届人民代表大会常务委员会：《云南省历史文化名城名镇名村名街保护条例》，第三十二次会议公告，2007年11月29日，百度文库，https://wenku.baidu.com/view/088c407001f69e3143329488.html，2021年1月31日。
② 云南省民族宗教事务委员会：《民族特色村寨》，http://mzzj.yn.gov.cn/ztgz/mztscz/，2021年1月31日。
③ 云南省非物质文化遗产保护中心：《诺邓村白族传统文化保护区》，2015年4月29日，云南省文化和旅游厅—云南省非物质文化遗产保护中心网站，http://www.ynich.cn/view-11114-1692.html，2021年1月31日。
④ 陈云华：《云龙诺邓村评为首批"中国景观村落"》，《大理日报（汉）》，2007年12月29日第A01版。原文：专家考察，从建筑、规划、文物、园林、生态、地质、哲学、文学、历史、国土经济与社会科学等多个角度、多个层面进行比较、分析、审视、评定出的。

低一等。"中国传统村落"①的价值关注比"中国历史文化名村"广,在这个评价体系中,诺邓古村具有的悠久历史、白族聚居文化、盐业开发制作技艺、传统习俗等历史、聚居文化、艺术、社会、经济等价值得以识别。"中国少数民族特色村寨"②关注村落民居建筑对产业支撑的经济价值、民族文化、审美和人居环境、民族关系社会和谐等,因而诺邓古村的民居式样、村寨风貌以及风俗习惯被视为集中体现白族经济社会发展和文化特色的传承白族文化的有效载体,以及加快诺邓古村发展的重要资源,古村的建筑、文化、艺术等价值被打包成"民族""特色",指向经济和社会发展价值。"云南省少数民族特色村寨"的评价标准除与中国少数民族特色村寨一致之外,还看重乡村的交通或对外交流是否便利,以及与城市的关系,因此诺邓古村距离镇政府和县城近,且邻近世界自然遗产"三江并流风景名胜区"的保护和发展潜力得到识别。"中国美丽休闲乡村"以传承农耕文明、展示民俗文化、保护传统民居、建设美丽田园、发展休闲农业为重点;历史古村被视为促进新型城镇化和城乡一体化发展的一个类型;关注聚居(宜居)、生态环境及其审美或经济发展价值,以及审美价值。诺邓古村现以农业为基础,有悠久独特的乡村民居建筑和乡村风貌、白族民俗文化丰富,在被评为美丽休闲乡村之前已拥有知名度高的品牌,其被公认的村容景致的审美价值也符合这一评价体系的价值关注。

根据《云南省非物质文化遗产保护条例》③,诺邓古村悠久的历史、底蕴深厚的文化,特色鲜明且具有一定规模的民居建筑,在"社会公德、生活起居、心理素质、节庆活动、文艺体育、宗教信仰等领域,白族的传统文化仍然通过各种方式得到传承并发扬光大"④等非物质文化价值得到识

---

① 住房城乡建设部、文化部、国家文物局、财政部:《关于切实加强中国传统村落保护的指导意见》,建村〔2014〕61号,2014年4月25日,http://www.mohurd.gov.cn/wjfb/201404/t20140429_217798.html,2021年1月31日。
② 经济发展司:《国家民委关于命名首批中国少数民族特色村寨的通知》,民委发〔2014〕190号,2014年9月23日,https://www.neac.gov.cn/seac/xxgk/201410/1079695.shtml,2021年1月31日。
③ 云南省第十二届人民代表大会常务委员会:《云南省非物质文化遗产保护条例》,第二次会议公告,2013年3月28日,云南省非物质文化遗产保护中心网,http://www.ynich.cn/view.php?id=965&cat_id=11312,2021年1月31日。
④ 云南省非物质文化遗产保护中心:《诺邓村白族传统文化保护区》,2015年4月29日,云南省文化和旅游厅—云南省非物质文化遗产保护中心网站,http://www.ynich.cn/view-11114-1692.html,2021年1月31日。

别，作为"民族传统文化生态保护区"进入该评价体系。近年来，在各种专业学会、组织、媒体追捧乡村的风潮中，诺邓获得"中国最具旅游价值古乡村""中国景观乡村"等民间称号。这些称号的评价体系主要关注旅游价值和审美价值。总体上，无论官方还是民间机构，都对诺邓古村见证了历代王朝变迁的历史价值，历史建筑及乡村风貌的历史、文化、审美价值，因盐井开发形成的古代云南政治、经济、文化和社会生活习俗的变迁演化等现存的物质和非物质遗产价值具有共识；同时，有一半数量的机构识别或支持开发诺邓的旅游价值和经济价值，发展文化经济。

二 当下各利益相关群体的价值认知与诉求

将诺邓古村文化景观利益相关人群分为五类：管理者（当地各政府部门工作人员）、村民、游客、旅游经营者和当地专家。受访者以村民、在当地居住或工作的管理者为主，并结合居留时间的长短、日常生活与古村的实际关联程度，以及对诺邓古村的关注或兴趣程度等选择访谈对象。最终，访谈了20位利益相关者，包括12位村民、1位管理者、4位游客、2位旅游经营者和1位当地专家。

各利益相关群体对村落价值的总体认知

将访谈数据文件导入 Nvivo 软件，使用词频工具，将词语分组方式设定为"一般化"，合并相似词，字词最小长度设为"2"，选择显示前25个高频词汇运行查询；删除与研究无关的语气词、连接词等，并添加至停用词，再次运行查询；这样反复筛选，提炼出高频短语，预览节点，查看词语在原文中的位置，人工对语句进行再次整理。对有效语句按照行特征初步分组，并将表达意思一致但没有相同词语的句子整合为一组，弥补软件因被访者表达方式不同而漏失的信息。在 BlueMC 软件中编辑重新整理的词频分析，生成访谈数据词云图（图3.22）。

运用 Nvivo 软件开放编码，从原始语句中析出了59个初始概念，归纳合并后获得24个范畴（表3.4）；继而在主轴编码中聚类、归纳出"多元宗教信仰""民族艺术、习俗与变迁""盐与聚落生产生活""盐与公共活动空间""自然资源与人文环境优越""保护发展工作与景观改变"6个主范畴（表3.5）；最后，在选择编码过程中，从主范畴进一步挖掘核心类属，组织、提炼出"信仰习俗与乡村景观构建""盐文化与乡村景观构建""各群

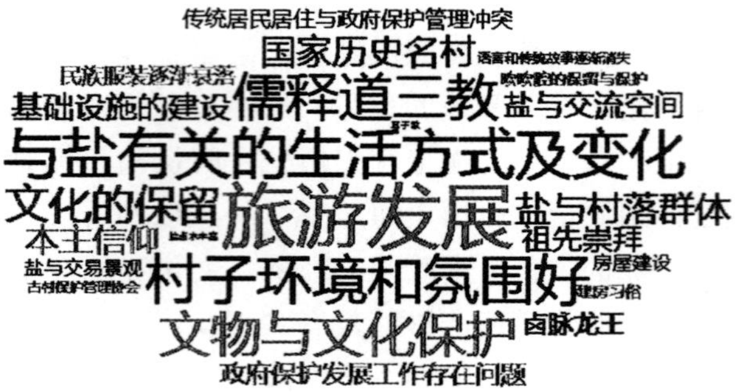

图 3.22　诺邓古村访谈数据词云分析图（来源：笔者绘制）

体对乡村环境的认同""政策影响乡村景观保护发展"4 个文化景观价值主题，获得各利益相关群体对诺邓古村价值的总体认知图景（图 3.23）。

表 3.4　　　　　　　诺邓古村访谈数据开放编码结果表

范畴	初始概念
A1. 儒释道三教	a1 儒教（孔子、文庙）；a2 佛教；a3 道教
A2. 本主信仰	a4 本主
A3. 祖先崇拜	a5 祠堂；a6 供奉祖先
A4. 卤脉龙王	a7 卤脉龙王
A5. 建房习俗	a8 建房
A6. 民族服装没落	a9 干活不方便；a10 心理不平衡；a11 很少穿了
A7. 吹吹腔艺术的延续	a12 剧种保留；a13 非物质文化遗产
A8. 耳子歌	a14 耳子歌
A9. 语言和传统故事逐渐消失	a15 说普通话；a16 很少有人再讲故事
A10. 盐与生活方式及变化	a17 与盐有关产业生活；a18 务农、打工；a19 生活不易；a20 交通工具
A11. 盐与乡村群体	a21 白族；a22 姓氏
A12. 盐与交易景观	a23 台梯子；a24 盐局和盐地街
A13. 盐与交流空间	a25 大青树；a26 老年协会
A14. 盐卤水丰富	a27 盐卤水用不完
A15. 村落环境受到喜爱	a28 本地人还是觉得家乡好；a29 游客喜欢来游玩体验

第三章 个案一：山地千年白族村——诺邓古村

续表

范畴	初始概念
A16. 文化的保留	a30 作为影视拍摄基地；a31 原生态；a32 古乡村、建筑；a33 古桥梁；a34 梵文碑
A17. 传统居民居住与政府保护管理冲突	a35 村民修缮住房需求与政策冲突；a36 修房资金分配不公平
A18. 政府保护发展工作欠佳	a37 不重视；a38 偷工减料；a39 未切实解决村民问题
A19. 旅游发展	a40 旅游开发利弊；a41 发展受到局限；a42 补贴村民；a43 旅游新村
A20. 国家历史名村	a44 应该保护的对象；a45 保护的主体；a46 完整保留了一段历史
A21. 文物、文化保护	a47 建筑保护；a48 家庭博物馆；a49 盐业博物馆；a50 神像修复；a51 古树保护
A22. 基础设施的建设	a52 水电路；a53 垃圾处理；a54 排污；a55 消防；a56 卫生设施；a57 公共设施
A23. 房屋建设	a58 土木结构
A24. 古村保护管理协会	a59 古村保护管理协会

表 3.5　　**诺邓古村访谈数据主轴编码主范畴结果表**

范畴	主范畴	主轴编码
A1. 儒释道三教	多元的宗教信仰	信仰习俗与村落景观构建
A2. 本主信仰		
A3. 祖先崇拜		
A4. 卤脉龙王		
A5. 建房习俗	民族艺术、习俗及变迁	
A6. 民族服装没落		
A7. 吹吹腔艺术的延续		
A8. 耳子歌		
A9. 语言和传统故事逐渐消失		
A10. 盐与生活方式及变化	盐与聚落生产生活	盐文化与村落景观构建
A11. 盐与乡村群体		
A12. 盐与交易景观	盐与公共活动空间	
A13. 盐与交流空间		

续表

范畴	主范畴	主轴编码
A14. 盐卤水丰富	自然资源与人文环境优越	各群体对村落环境的认同
A15. 村落环境受到喜爱		
A16. 文化的保留		
A17. 传统居民居住与政府保护管理冲突	保护发展工作与景观改变	政策影响村落景观保护发展
A18. 政府保护发展工作欠佳		
A19. 旅游发展		
A20. 国家历史名村		
A21. 文物、文化保护		
A22. 基础设施的建设		
A23. 房屋建设		
A24. 古村保护管理协会		

（来源：笔者绘制）

对外来文化标签的价值认知

调研显示，除了游客，其他受访群体均知道诺邓古村是国家历史文化名村。其中，受访管理者主动谈到诺邓古村 2005 年就是省级历史文化名村，2013 年被列为国家级文保单位，是国家 1000 个特色小镇之一，诺邓白剧艺术列入了非物质文化遗产名录等；受访当地专家了解诺邓获得的所有品牌。

管理者认为，首先，利用各种文化标签开发诺邓古村旅游可以增加村民收入，云龙县委、县人民政府多年来高度重视整理、挖掘诺邓古村文化遗产，组织社会历史和民族文化传统等方面研究。2002 年以来，政府采取一系列的重要措施加大保护力度，编制《云龙县诺邓省级历史文化名村保护规划》和《云南省云龙县诺邓国家级历史文化名村保护详细规划》。管理者认为：

> （云南）好多其他地方已经消逝的文化元素、历史，要到诺邓来找，如果不保护好，它就消失了。列入保护（名录）就是可以依法、

第三章 个案一：山地千年白族村——诺邓古村

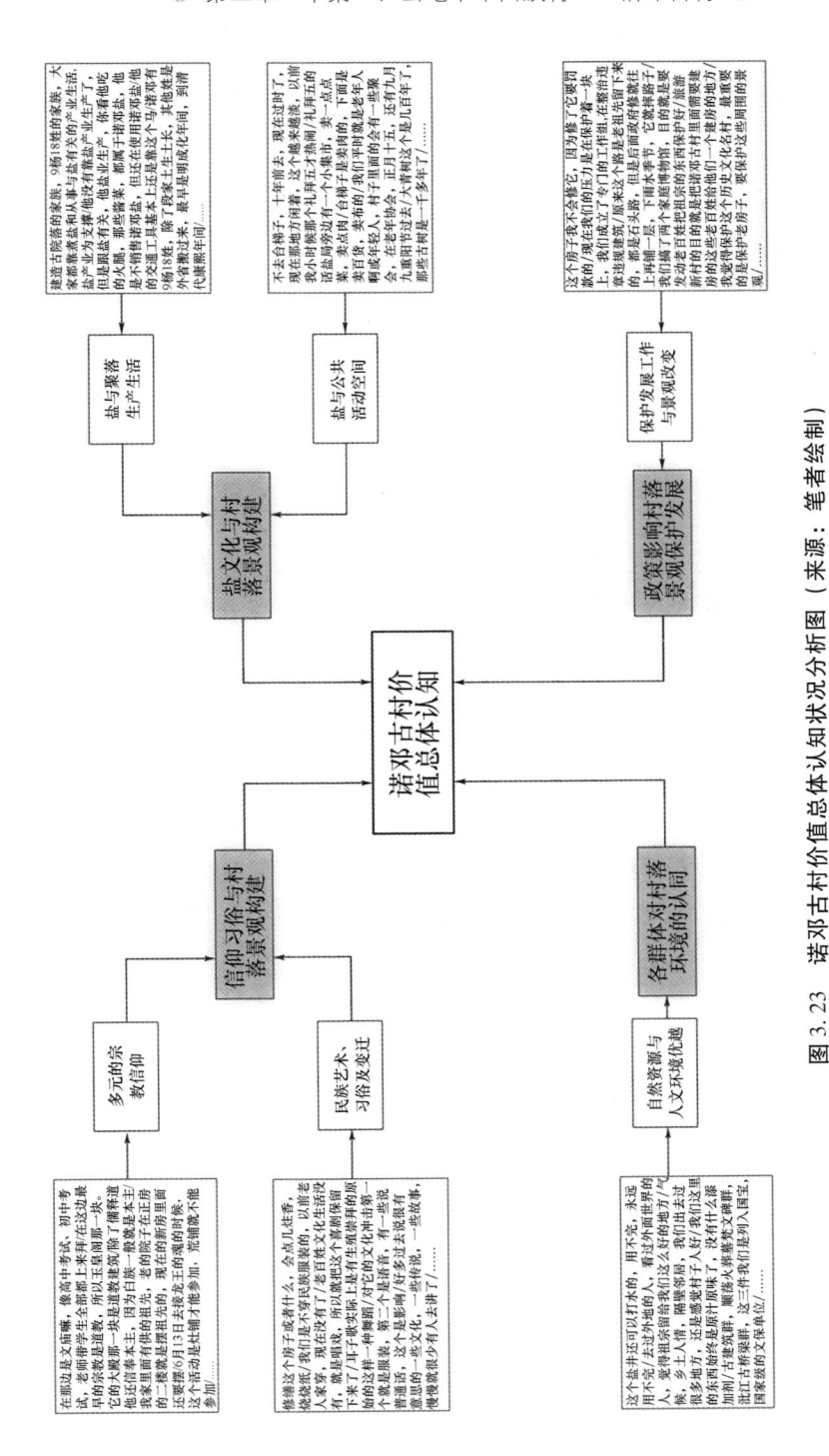

图 3.23 诺邓古村价值总体认知状况分析图（来源：笔者绘制）

强制保护。从2007年开始到现在，大概违章、违规建筑有一百多个，所以我们现在依照历史文化名村保护条例重点在进行整治。①

其次，诺邓古村获得的各种称号给政府部门带来更多国家层面的资金投入，基础设施建设惠及村民：

> 近几年，（拿到）六千万元，算上公路投资达一亿多，十多年来保护投入不低于一亿五。资金主要投入到基础设施（水、电、路），文物修缮，住建部的古建筑保护、抗震安居，16个部门（都拿到资金）。老百姓也受益了，至少公路修好了，村民个人生活方便。②

管理者珍视诺邓古村的价值，十分认可国家颁布的保护条例及其实施，目前主要采取家庭博物馆保护模式，对诺邓古村的价值及其载体的认知集中在建筑和文物两种载体：

> 我们初步调查诺邓整个村有一万多件可移动文物。后来又在村里搞了两个家庭博物馆和盐业博物馆。目的就是要发动老百姓保存好祖宗的东西，不能随便去卖，不能把祖宗的历史丢了。③

大多数受访村民对诺邓成为国家级保护名村后近年的变化有切身体会：

> 目前来说对我们是很好的。像我们家没有客栈，要是有客栈可以租给别人吃饭、住店。以前路不好走，用水也挺困难的，现在都帮我们修好了，用电有危险的地方也修了。
> 这两年好了，国家搞旅游，水电全部覆盖，现在开始用电做能源。④

---

① 笔者根据2016年8月15日访谈笔记整理。
② 笔者根据2017年1月15日访谈笔记整理。
③ 笔者根据2016年8月15日访谈笔记整理。
④ 笔者根据2017年1月15日访谈笔记整理。

第三章　个案一：山地千年白族村——诺邓古村

村民们认为，无论有多少外来名头（称号），他们最迫切需要的是保护能带来实际好处。

对村落最突出价值及保护发展重点的认识

受访各群体提及最多的诺邓古村价值是历史、文化，旅游和文物价值。

管理者的价值认知相较其他群体更全面，认为诺邓古村的历史、村名、盐业生产历史、文庙建筑和祭孔习俗代表的地方文化、民居、古树、自然生态环境等具有独特价值，是保护发展的重点：

> 叫诺邓的地方在世界上是独一无二的，过去文庙是只允许在衙门所在地有，诺邓因为盐业经济发达以后文化兴盛，出了非常多的进士、举人、贡生、秀才，所以特批（建）了一个孔庙。但是这个孔庙不按照官制，就是给老百姓一个祭孔的地方，我们这边老百姓祭孔是民祭，供的孔子就是一个亲和的睿智的长者，一位老师，他不着官帽，和其他地方不同。主祭官是村子里德高望重的长者，诺邓村就是有跟其他盐业生产地方不一样的这些文化。
>
> 最起码它是千年白族村，有非常典型的代表性的院落，村里的古树名木都挂了牌，因为这些树也是属于村庄的一部分，现在说生态乡村，应该是房在树中，人在房中，古村的生态就很好。
>
> 整个村的建筑群都列入国家级文保单位，体量和完整性在周边都是非常棒的，建筑依山就势，有错落，有地方特色，整个乡村是一个活态的博物馆。
>
> 很完整地保留了一段历史，一千年以来它的名称不变，主体民族不变，村民的基本生活方式不变。①

我们在古村看到一个介绍古村院落价值指数的指示牌（图3.24）。这是云龙县旅游部门请本地专家根据古村院落的历史价值、文化价值和保存完整度综合考虑给出的一个评估。院落的容量、可利用发展旅游的程度等

---

① 笔者根据2016年8月15日访谈笔记整理。

价值也包含其中，与旅游吸引力相关，也是制定院落改造要求的参考。管理部门希望通过这样的评估提示村民"传统院落是很有价值的"，也给外来游客选择体验古村提供了参考。

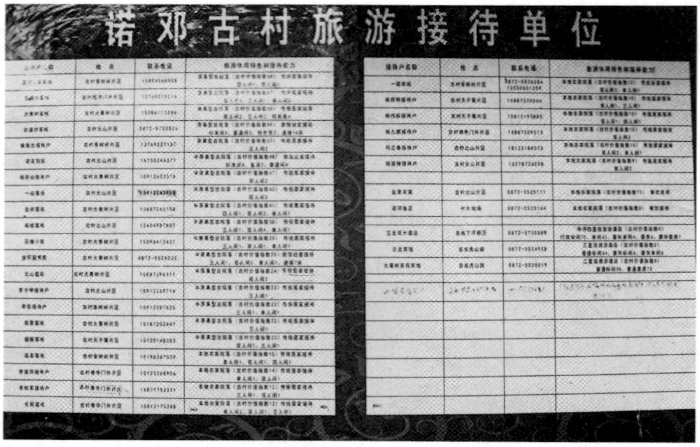

图3.24　诺邓古村旅游接待单位价值指数介绍牌
（来源：笔者拍摄）

受访村民向游客推荐的古村游玩地点反映出村民对村落价值载体的认知，村民主要提及古院落或自然环境，包括气候、空气：

> 太极图、天池和老房子住宿，也和游客聊老房子相关的文化。①
> 如果没有现在的一百多个古院落，就和其他任何村子一样。②
> 自己养的土鸡、猪，肉比外面的好得多，是原汁原味，没有什么添加剂。在这里住着比较清静、安静。③

一个8岁的小村民说自己喜爱古村的风景、环境：

---

① 笔者根据2016年8月14日访谈笔记整理。
② 笔者根据2017年1月15日访谈笔记整理。
③ 笔者根据2016年8月14日访谈笔记整理。

第三章　个案一：山地千年白族村——诺邓古村

风景最好，有树呀，花呀，小鸟。①

在村外工作、生活过的村民觉得古村好的东西很多，除了古院落、环境外，还有乡土人情：

我们去过外地的人，就觉得祖宗留给我们这么好的地方，好的东西很多。气候、乡土人情、隔壁邻居都好。这个地方晚上可以看星星，看月亮，你在那些大城市看不到，这个房子有人住着就有灵气。②

村民重点提及要保护老房子（5位）、道路（2位）和古树（3位），还有一位村民认为要保护玉米地：

要保护老房子、保护古树。除了老房子，还要保护这些周围的景观，包括那些树，特别是古树，保护这些环境肯定有意义嘛。河下面那个大青树是老祖先移民过来栽下去的，像玉皇阁下面那些古树是原始的古树。

房子，路，还有树啊，点点滴滴都要保护好，我们这里都是上千年的历史，玉皇阁都有几千年的历史，大青树也重要，它是风景嘛，夏天在那里特别凉快。

游客认可古村的风景、历史、传统民居客栈、生活方式、淳朴的民风，以及饮食：

火腿、茶马古道，可以看见骡子、马，还有那个盐井都有特色，这里的民风和人也很淳朴。③

客栈设计和植物搭配得好，本地居民、外地来的客栈都弄得差不多（其实是一种生活气息），可以体验他们的生活方式。

---

① 笔者根据2017年1月15日访谈笔记整理。
② 笔者根据2017年1月15日访谈笔记整理。
③ 笔者根据2016年8月14日访谈笔记整理。

诺邓有好吃的火腿、豆粉。建筑好看，人很淳朴，喜欢来。①

管理者对古村游客的分析也证实了游客对古村美食、建筑、风景和历史的重视：

> 珠三角来的（游客）对文化方面感兴趣多一点；长三角的游客对饮食比较感兴趣。最早是搞建筑、美术的人来，后来一些单位把这里作为影视拍摄基地，在村里面拍了两个（影片），一个是"遥远的诺邓"，另一个是"福缘"，还有一些研究工业历史的人来。②

当地旅游经营者展示的"往来游客建议簿"里，港台地区及国外游客对古村环境、建筑、饮食、村民最为认可（图3.25）。

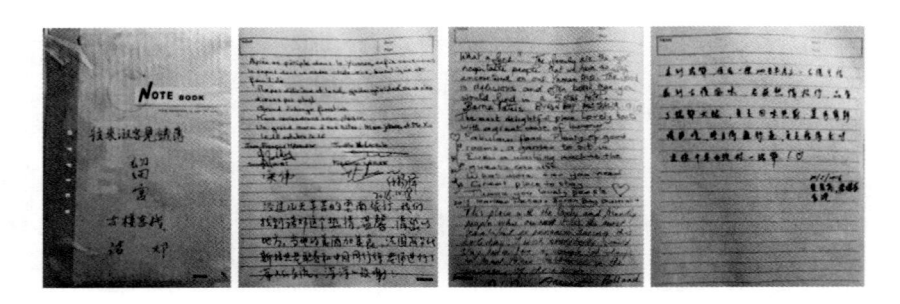

图 3.25 游客留言簿（来源：笔者拍摄）

受访当地专家最重视古村落，认识到诺邓古村的历史、文化价值和革命纪念意义等的内在联系很重要，建议文化遗产保护资金投入基础设施（水电路）、文物修缮、古建筑保护和抗震安居等方面：

> （诺邓）历史建筑具有原真性、完整性、历史性，年轻人认为是安静休闲的地方，看星星、晒太阳的地方。林志颖等明星来了，原来

---

① 笔者根据2017年1月15日访谈笔记整理。
② 笔者根据2016年8月15日访谈笔记整理。

第三章 个案一：山地千年白族村——诺邓古村

是冲着火腿来的，来了发现还有古建筑的。①

当地专家与管理者认为"要保留如耳子歌、吹吹腔等原生态文化"的观点不一致，认为：

> 诺邓传统文化与县内其他地区有不同之处，这里的文化活动重儒、道礼仪规范，形式以洞经、花灯、滇戏和道教科仪音乐为主。而云龙山地民族文化如"耳子歌"以及各类山歌小调是不能进入诺邓村的。②

围绕古村保护发展的价值诉求和矛盾
（1）村民的价值诉求与其他群体的矛盾

诺邓古村现在仍是贫困村，村民以农耕为主的年收入仅两三千元，如何利用古村发展旅游谋生是村民的首要价值诉求。诺邓古村从2000年开始发展旅游，现在最高日2000游客，有48户旅游接待客栈，其中42户为村民经营，提供近400个住宿床位。村民反映道：

> 像我们做盐，政府不干涉，但也仅够过日子，做盐挺费成本的，这两年旅游开发还是好的。③
>
> 搞旅游收入肯定要比以前好一些，对我的生活暂时没有什么不好的影响。

但部分村民认为旅游开发带来一系列问题，其中最突出的是游客素质问题：

> 有些游客素质不好，他跑进来参观，有点乱。④
>
> （这几年）这个村子老房子里面被旅客偷掉的（东西）挺多的。

---

① 笔者根据2017年1月15日访谈笔记整理。
② 笔者根据2017年9月27日与当地专家的微信对话整理。
③ 笔者根据2016年8月14日访谈笔记整理。
④ 笔者根据2016年8月14日访谈笔记整理。

大部分村民认为只有自己才能保护整个古村，不信任外地来的生意人；在出租院落赚钱和保护之间，把保护祖先留下来的古院落放在首位：

> 就靠群众保护了嘛，外面的人来租了院子，目的是赚点钱就走了，没有维护的意识，还是要自己保护。①
>
> 如果外面的人来租下祖屋没有好好保护，我也不租。他们为了找钱破坏了（房子），那就挽不回啦。
>
> 我们租给外地人来做客栈，提前就说好了一定要保护好。楼上我们就不租给外地人，因为楼上都是（供）祖先的，他们租的话就会弄成客房，那些我们不准搞的，宁愿钱少一点也不租给外地人。
>
> 这个老房子如果真来的人多了，也不会容易坏的。

部分村民认为应该由国家对村落进行保护，对目前的管理不满意：

> 我觉得应该由上面来保护就比较好，很多东西上级不知道，只是拨款。②

村民对改善居住条件的诉求强烈：

> 大多数村民基本上住在祖屋里面。有些家里弟兄多了，住不下，搬出去在自己地里面重新建房子。③
>
> "我这个老房子它要倒了，也不能建新房子。娃娃都大了，要成家，我也是没办法的。④

村民认同保护老房子的重要性，但对政府实施的保护措施有不同意见，认为并未尊重传统，影响了自己的生活和造成破坏。在涉及老房子维

---

① 笔者根据 2016 年 8 月 14 日访谈笔记整理。
② 笔者根据 2016 年 8 月 15 日访谈笔记整理。
③ 笔者根据 2016 年 8 月 14 日访谈笔记整理。
④ 笔者根据 2016 年 8 月 14 日访谈笔记整理。

第三章 个案一：山地千年白族村——诺邓古村

修、新建房子、修路、保护树木等问题上村民与管理者的矛盾较大，对保护资金使用不透明、分配不公等意见最多。村民反映道：

> （修房子）请人做，我们自己也做，有时也请本地人来帮忙。反正祖祖辈辈都是用土木结构嘛，会的人比较多。一定要用原来的样子，政府也要求，但他们其实不懂怎么修，按他们的方法确实是很难弄，还要求快。①
>
> 这些路修了七八年了，原来老祖先留下来的路都是石头路，能走马，但是后面政府修就往上再铺一层，且偷工减料，下雨天水进到我屋子里。②

（2）管理者的价值诉求及与其他群体的矛盾

管理者普遍认为现在诺邓旅游发展还不够好，主张开发旅游产品，包括传统民居建筑、民间文物的展示与保护、传统制盐工艺展示与体验、道教文化展示、诺邓火腿为主的名特食品加工业、传统的乡村集市、"盐马古道"旅游项目、利用盐井古戏台组建洞经古乐队、恢复诺邓传统的种桑养蚕业，以及恢复诺邓村二十四景。管理者认同村民在诺邓古村文化传承、保护中的主体角色：

> 要传承文化还是要依靠我们本地的这些老百姓，我们也找过一些投资公司，他们就希望把老百姓搬迁出去，然后他们来搞旅游赚钱，那样保护不好。③

同时，管理者认识到保护与发展之间的矛盾长期存在，提出通过搬迁、建立经济实体外联及内部利益协调等保护建议：

> 原来的支柱产业衰败以后，老百姓短段时间内找不到一个新产业替代它，因为忙于去找生计，建筑得以保留下来。到他想要改造建筑

---

① 笔者根据 2016 年 8 月 14 日访谈笔记整理。
② 笔者根据 2016 年 8 月 14 日访谈笔记整理。
③ 笔者根据 2016 年 8 月 15 日访谈录音整理。

的时候，我们已经搞游开发了，强制性地进行保护，这样就有了矛盾。一个院落有几户人在里面生活，一方面你看到它的和谐；但另一方面发展受到限制，一旦小孩要结婚、成家，村民不得不私自改造、加建建筑，给保护造成很大压力。最起码有两个不能改变，整个的体量和结构不能改变。

如果原地保护不了，就搬迁保护。所以我们就在牛舌坪搞了一个旅游新村，给村里面需要建房的老百姓一个建房的地方，这边就保留下来。所以，政府总是要起到主导作用的，要给村民或经营者一个示范，要给他一个出路。

下一步我们考虑就是整个村能不能组建一个经济实体，村民以资源入股对外进行合作，到时候每一年的收益里面百分之几给参与的人补助，他就会觉得守住房子是有贡献的，有价值感，就解决了与外面市场主体协调的问题。①

管理者诉说了古村保护与基础设施建设之间的矛盾：

现在我们在建排污管道，垃圾处理是采取分户收集，定点投放，定期清运。主要的一个问题就是定期清运不及时，焚烧垃圾的现象屡禁不止。消防工程、电网改造我们也做了。现在的麻烦就是"三线"入地的工程，因为诺邓古村在坡地上面，不好弄，并且铺不同线时没有规划，你去挖一次我去挖一次，不是同时施工。②

管理者认为，经济发展尤其是旅游发展对诺邓非物质文化的冲击主要是服装和语言汉化，传说、故事也少了。

（3）当地专家与管理者、村民的意见分歧

当地专家认为管理者的保护工作做得不好，村民自身也有问题：

很多部门不踏实，不负责，给了那么多牌子，县里不主动争取文

---

① 笔者根据2016年8月15日访谈录音整理。
② 笔者根据2016年8月15日访谈笔记整理。

化遗产保护资金。村里有几间煮盐的灶房,最近也遭到破坏了,遗址多,要搞旅游得恢复。村组公路不能乱挖,应该有个整体的管理。[①]

央视播出火了之后,群众出了问题,商业化,不顾大局,修建扩建(民居)。老百姓自己抽卤水腌制的火腿才是诺邓火腿,但现在大部分人买的都是假诺邓火腿。[②]

第六节 小结

运用价值认知框架解读、归纳出诺邓古村作为中国西南山地"盐"文化景观典型代表乡村的四个价值主题:

(1)"因'盐'而聚"——解释了诺邓古村形成过程、族群围绕自然资源及其所在的环境建立的物质利用、聚居生存的价值关系,以及对这种关系的认知和精神升华。该价值主题的景观载体包括:盐井、住屋及其与山地环境的格局关系、村名和地名等。

(2)"'盐'主兴衰"——呈现了历史上中原王朝治理西南边疆的政治、经济措施对这一地区社会群体、经济发展模式等的巨大影响;乡村在被迫与外部更大范围的政治圈、经济圈发生关联互动的过程中被重构。景观载体包括:盐井、住屋建筑与格局、盐业管理及交易的公共建筑与场所、以古道为代表的交通景观,以及这些景观构成要素共同构成的空间结构及其象征意义。

(3)"微'盐'大义"——阐释了当地族群与"盐"建立的精神联系,以及伴随外部政治、经济因素而发生的文化碰撞、交流所建构的一系列物质与非物质景观。景观载体包括:体现村落格局象征意义的景观要素,盐井、水、植物以及桥、路等人工构筑物;承载乡村多元精神信仰体系的仪式活动及其场所;日常生活习俗。

(4)"携'盐'逐流"——揭示了当下各利益相关群体的价值认知可归纳为在"信仰习俗与景观构建""盐文化与乡村景观""各群体认同乡村居住环境""政策影响下的乡村景观格局"四个方面,与运用预设框架

[①] 笔者根据 2017 年 1 月 15 日访谈笔记整理。
[②] 笔者根据 2016 年 8 月 15 日访谈笔记整理。

解读的价值主题基本一致。

各群体对诺邓古村拥有的文化品牌标签及其价值和载体的看法存在差异。管理者、村民和当地专家都认同品牌称号给乡村带了发展机会，管理者和当地专家对整体保护乡村价值认知清晰，村民更关心能否给自身带来实际好处。在更具体层面，村民认可与自身生活密切相关的古院落、古树、良好的生态环境和乡土人情；管理者和当地专家更看重古建筑等物质遗存；游客除感知到古村的风景、历史建筑外，还认可淳朴的民风和古村生活方式。村民对利用古村发展改善生活的诉求最多，希望发展旅游脱贫致富，与管理者在保护方式、资金分配等方面存在较多冲突。管理者的目标是既能保护乡村又能发展经济，如何协调二者是其面临的主要困境。当地专家保护乡村的诉求最强烈，对当下管理者和村民有诸多不满，认为这些群体的许多观念和行为都不利于保护。

第四章　个案二：高原平坝桃花源——凤翔村

第一节　背景与村落概况

一　镇域背景

凤翔村是云南省大理白族自治州洱源县凤羽镇下辖的行政村，距县城18公里，是凤羽镇镇政府驻地。

"凤羽"地名源于三种传说：凤凰飞过此地遗留羽毛说、"凤殁于此，百鸟集吊，羽化而成"鸟吊山的得名说和罗坪山"岗条数十支东下，如凤之羽，故名凤羽"说。①"当地白语称凤羽为'舞英宵'，汉译'舞'即凤凰，'英宵'为乡村，合起来便是'凤凰之乡'之意。"（杜德林，2014）这些传说与凤羽社会历史相互塑造，混溶难分。

凤羽镇有三千多年历史，最早见载于西晋《广志》"叶榆县西北有吊鸟山"，西汉至隋朝均属于叶榆县地。②"吊鸟山"即今天凤羽镇西侧罗坪山群峰之一的"鸟吊山"，山名描述了每年农历七八月，来自青海的候鸟群经四川西北部沿滇西横断山脉到达缅甸、泰国、印度等国迁徙过冬的自然现象，当地"夜燃火取鸟"的习俗一直保持到1980年代中期。在明代《徐霞客游记》《南诏野史》、清代《浪穹县志》等文献记载中，则多称其为"凤羽山"。（李东红，2012：46）凤羽自唐南诏始设治，南诏晚期设凤羽县，县治所就在今凤羽村。大理国后期，因经济、军事的重要地位，凤羽被划入"首邑之地"，改为凤羽郡。（李东红，2012：50、239）"明代洪武后十五年

---

① 中国科学院建设部山地城镇与区域研究中心云南省分中心、云南山地城镇区域规划设计研究院：《凤羽历史文化名镇保护规划说明书》，内部资料，2003年，第6页。
② 洱源县民族宗教事务局：《洱源民族宗教志》，云南民族出版社2006年版，第1页。

(1382年）明太祖内地建制划分云南的府、州、县，并从内地大批移民实行军屯、商屯、民屯，采取'羁縻政策'和'土流合治'的办法，凤羽县治被撤销。"（尹明举，2014）"后设凤羽巡检司"（杨茂铨，1985：8），清代更名为七里乡；民国时期改设凤起（今凤翔）、清源、云鹤三乡。中华人民共和国成立后，凤羽的行政区划不断变更，但都隶属洱源县。①

凤羽镇位于凤羽坝。"凤羽坝子是大理苍山和剑川老君山系的罗坪山南北相抱、东西环绕形成的山间盆地，地势西北高、东南低。"（赵敏、廖迪生，2015：74）"凤羽镇海拔2100—3910米，境内水资源十分丰富，属澜沧江水系，是洱海的重要水源地。发源于西部罗坪山脉的兰林河、黑龙河、白石江、青石江、大涧河和东部天马山的三爷河、清源沟等众多水系和溪流常年不枯，清澈透底，水质良好，汇流至坝子中央的凤羽河。"② 凤羽镇境内的水流方向与县内其他各镇相反，主河道由南向北，从东北角穿龙门峡谷，绕洱源县东侧至海口村东，入茈碧湖，成为洱海的主要源头之一。

凤羽镇属亚热带高原山地气候，镇年平均气温13℃③，风力较大，雨量充沛，是云南省农业综合开发重点中型灌区——洱源灌区的有机组成部分之一。④"土壤有亚高山草甸土、棕壤、红壤、冲积土、水稻土五类。"⑤凤羽镇地质、水文、气候、土壤等孕育了其丰富的生物多样性，森林覆盖率达50%，现有100多平方公里森林。罗坪山至点苍山一线及西部广大山区是候鸟南迁必经之地，镇西鸟吊山自然景观久负盛名，镇南打雀山也是百鸟翔集地之一。途经鸟吊山迁徙的鸟类已知有一百三十余种，其中有四十多科为中日候鸟保护协定保护对象。⑥根据最新的《洱源县林地保护利用规划》，凤羽镇被划为滇西区东南部生物多样性保护功能区组成部分。

---

① 洱源县人民政府：《云南省洱源县地名志》，内部资料，1988年，第60页。
② 凤羽镇申报中国历史文化名镇领导组：《凤羽镇申报中国历史文化名镇文本》，内部资料，2009年，第5页。
③ 洱源县人民政府：《云南省洱源县地名志》，第60页。
④ 凤羽镇申报中国历史文化名镇领导组：《凤羽镇申报中国历史文化名镇文本》，第5页。
⑤ 洱源县人民政府：《云南省洱源县地名志》，第60页。
⑥ 中国科学院建设部山地城镇与区域研究中心云南省分中心、云南山地城镇区域规划设计研究院：《凤羽历史文化名镇保护规划说明书》，第11页。

第四章 个案二：高原平坝桃花源——凤翔村

（段富，2015）凤羽镇是典型的农业镇和洱源县粮食主产区之一[①]，主要作物为水稻、玉米、大豆、白芸豆、小麦、大麦、洋芋等，也是县内茶叶、竹木及油菜集中产地；水稻、油菜、烤烟、大蒜、乳畜五大农业生产基地初具规模。

凤羽镇临近县城，但由于地理原因，交通反而相对闭塞，只有一条县级公路（洱乔公路）穿镇而过，与其他乡镇之间仅由乡道连接（图4.1）；镇内交通较为通畅便利，自然村通路率达100%。

凤羽坝山川秀美、气候宜人，自汉代就有族群聚居，有不少自然与人文景观。凤羽镇通行白族语，保留有完整的佛教密宗阿吒力教派组织、僧侣和仪轨，"火把节""本主庙会"等重要节日。历史上，凤羽镇曾是西南亚"丝绸之路"的重要驿站，保留了完整的、具有较高历史文化价值的白族传统建筑和民俗风情，并在与外来文化互动过程中不断建构新的民族文化特性（李东红，2012：44），享有"文墨之乡""滇西三大名乡之一"及"大理州四大乡村集镇之一"等美誉，是"中国第五批历史文化名镇"[②] 和"云南省非物质文化遗产保护区"[③] 类别之一。凤翔村历来是凤羽镇的政治、经济及文化中心，也是今凤羽镇镇政府所在地和镇核心区。

二 族源与族群变迁

李东红溯源凤羽文化指出："1990年代初的考古发现，从文化上确定了凤羽'土著人'的根——青铜文化时期的先民，是创造'洱海青铜文化的族群'。"（李东红，2012：44）学术界普遍认为他们是汉晋时期"方人"的先祖。西汉以前，凤羽坝尚处高山湖泊的洪荒年代，当时有以渔猎为生的罗武人居住在凤羽湖西畔。后至汉，有楚将"庄蹻开滇"，原西北高原的部分氐羌族群落居于洱海区域，途经凤羽留下来，定居在凤羽湖东，后逐步强大，打败罗武人，占领湖西。唐代，该区域地质发生变化，

[①] 洱源县统计局：《洱源县统计年鉴（2015年）》，第134页。
[②] 国家文物局：《关于公布第五批中国历史文化名镇（村）的通知》，建规〔2010〕150号，2010年7月22日，住房和城乡建设部官网，http://www.mohurd.gov.cn/wjfb/201102/t20110225_202666.html，2021年1月31日。
[③] 云南省非物质文化遗产保护中心：《凤羽镇白族传统文化保护区》，2015年4月29日，云南省文化和旅游厅—云南省非物质文化遗产保护中心网，http://www.ynich.cn/view-11114-1687.html，2021年1月31日。

湖岸出现裂口，湖水外泄排干形成平坦的凤羽坝和一定规模的村落。外地居民不断迁入定居，乡村规模不断扩大。① "白儿子""白子""僰""白蛮""民家""白人""民家子"等现今白族的别称，都是凤羽土著居民的后代。（李东红，2012：45）

凤羽地区流传着许多"白国"（南诏时期大理国）的故事，洱海周边的一些遗迹世代相传为"白王"遗迹。凤羽不少村落的村名与大理的村落名相同，佐证了大理地区白族人迁入凤羽的历史。在凤羽镇附近的狮子山等山麓发现的大量火葬墓地也是元代时凤羽基本保留着大理国时期传统的见证。明初中原统治者将白族世家大族有计划地迁出大理、昆明，如，土著大姓高氏流迁入凤羽，尹氏土司家族也在这一时期迁来凤羽为官、落籍，变为"土著"，其后人至今仍生活在凤翔村尹土司衙门旧址内，被视作地道的"凤羽人"。（李东红，2012：61-66）同时，江浙、湖广、安徽的汉人带着妻室儿女通过军屯、民屯、商屯等方式移民进入南诏大理国以来的白族聚居区。（李东红，2012：259）"明洪武年间，傣族阿氏阿这的后人有一支迁入凤羽，定居义和村；邓川阿氏四世祖、第四任土司阿昭的后裔中也有一支迁居凤羽北庄（今振兴村）。他们与当地居民通婚，完全融入当地白族社会中。（李东红，2012：65-66）清咸丰年间侯允钦辑《邓川州志》时，已不再将聚居于旧州的阿这族裔列入"摆夷"民类，说明在此之前这一族早已融入"土人"白族中。（杨敬怀，2006：26）明代官商在凤羽坝子西南方清源洞菁口出锡矿的地方经营矿场，工商在此聚集逐渐形成乡村（被称为"屯户村"），村民大多是外地来凤羽"开矿"的汉人移民。（杨敬怀，2006：65）清代中后期，凤羽居民参与杜文秀发起的滇西反清起义，失败后不少凤羽人举家外迁到云龙五井、剑川乔后井、罗坪山以西的"山后"，以及黑惠江—漾濞江两岸的大叶坪、新房、高罗溪、长邑等地。中华民国时期，凤羽处在滇西兵连祸结、土匪横行的位置，为避"匪患"，又有不少凤羽人外迁到"山后"一带。（杨敬怀，2006：89）

相继迁入凤羽坝的各族群移民，逐渐都成了"凤羽人"。现凤羽镇常年居住有白、汉、回等10个民族，白族占总人口的98%，凤羽镇是洱源

---

① 大理白族自治州城乡规划设计研究院：《洱源县凤羽镇现代农业型特色小镇规划·（2011年—2030年）说明书》，内部资料，2011年，第3页。

县白族人口比例最高的镇子①和大理州白族人口最为集中的城镇之一②。

三 凤翔村文化景观范围及概况

凤翔村村域面积 25 平方公里，村庄面积约 1.67 平方公里③。凤翔村坐落在罗坪十六峰下，"南依苍山云弄峰，东壤天马，南翔鹤林，西枕罗坪，北走雪龙，四周高山，林木葱茏"（杨鲲峰，2016：4）；村寨从北向南呈带状，南北长 1800 米，东西宽 800 米，山地、田园、村舍一体（图 4.1）。村内地势西高东低，白石江是自西向东穿过村子的天然水源；村中海拔 2220 米，年平均气温 14.42℃，年降水量 745 毫米。④凤翔村文化景观的有形空间范围即自然乡村及其地理环境，无形的文化范围与凤羽镇、洱源县和大理地区社会文化背景相关联。

图 4.1 凤翔村全景

据 2015 年统计数据，凤翔行政村辖 5 个自然村（中和充、石充、官路充、太和充和元寺充），29 个村民小组；现有 2674 户共 8138 人，其中

---

① 根据洱源县统计局编制的《洱源县国民经济和社会发展统计年鉴（二零一五年度）》(2016.8)，截至 2015 年年末，凤羽镇总人口 34207 人，其中白族居民 33123 人，占比 96.83%。
② 凤羽镇申报中国历史文化名镇领导组：《凤羽镇申报中国历史文化名镇文本》，第 4 页。
③ 数据来源：洱源县凤羽镇人民政府提供的《传统村落调查表——凤翔村》，2014 年，第 1 页。
④ 数据来源：洱源县凤羽镇人民政府提供的《凤翔村委会 2012 年调查表》，2012 年。

89%为农业人口,人均耕地 0.74 亩。村民人均纯收入 9185 元①,主要来源于种植经济作物、出栏肉猪、肉羊、林业、外出务工、劳务输出等。该村主要产业为水稻、油菜,基本都销往本县。主要道路均为柏油、水泥路。村内有垃圾清运及分类收集处理设施,建有污水处理厂一座,基本实现雨污分流。②

凤翔村传统建筑面积占村庄建筑总面积的 52%,全村 40% 的居民住在传统建筑里。凤翔村民居建筑群是白族古代村落布局和民居结构的范本,目前保存的古民居约有一千多座,保存完整的明清院落十多院;经纬有度,主街道南北走向,贯穿全村;古驿道东西走向,石板路面,密布村中心区域;还有门、塔、大照壁等公共建筑。村道旁流水潺潺,绿树成荫,五百年以上的古槐树 5 株。(杨义龙,2011:6)2014 年凤翔村被列入"第三批中国传统村落名录"。③

第二节 高原平坝聚居生存

一 高原坝子的自然特征与选址定居

虽然云南坝子的总面积仅约占云南省总面积的 6.52%(童绍玉、陈永森,2007:1),但由于其相较省内大面积山地和高原更易于人口聚集和开发利用,所以均成为经济、政治及文化中心。对于今天云南及大部分西南山区的人们,坝子不仅是一种多山地区山间平地的地貌,而且是一种社会空间,在历史变迁中与当地的政治、农业、交通、生态环境的关系密切。

凤羽坝的构造成因类型为原上断陷湖盆,按沉积物划分的类型为受流水外营力作用下形成的冲积、洪积坝(童绍玉、陈永森,2007:210),平面为长形,坝内有大河。一般来说,冲积、洪积坝受地壳不断抬升、河流继续下切的影响,以及在流水、洪流和泥石流的堆积作用下,由洪积扇裙

---

① 洱源县地方志编撰委员会:《洱源年鉴 2015》,2016 年,第 354 页。
② 洱源县凤羽镇政府提供的《传统村落调查登记表——凤翔村》,2014 年。
③ 住房和城乡建设部等:《住房城乡建设部等部门关于公布第三批列入中国传统村落名录村落名单的通知》,建村〔2014〕168 号,2014 年 11 月 17 日,http://www.mohurd.gov.cn/wjfb/201412/t20141203_219694.html,2021 年 1 月 31 日。

第四章 个案二：高原平坝桃花源——凤翔村

组成；坝内地面倾斜度和起伏都较大，常有多级阶地存在，主要居民点常建于高阶地面上。凤羽坝因有过积水成湖史而较为平坦。一直以来，对凤羽坝成因的科学解释并不多见，传说中凤羽"古为泽国，水退人进"的空间表述是凤羽人世代相传的集体记忆和认同。《凤羽志》记载了古时凤羽人曾经"避水山居，择高地无一定居地"；清代凤羽文人赵恒昌在《凤羽湖记》中讲述了凤羽坝形成的故事，即观音大士看到居住在凤羽四周山上的人民生活很苦，化身妇人点拨渔夫博巴，排泄凤羽湖水的传说；1958年"大跃进"时期，在凤羽坝心外漆和猪母岭地面两公尺以下掘出划船的木橹，更为远古时凤羽有水提供了物证；现在的雪梨村西侧、凤羽河旁还有一片小水域，据说就是当年凤羽湖的遗迹。（杨茂铨，1985：10）直至今日，每年农历正月、六月，凤羽地区仍有赴鹤林寺朝拜，纪念观音和博巴的庙会活动。凤羽坝上的不少乡村仍保留着与这一传说有关的白语地名，如"甸尾的'包大邑（村）'（汉语意'大波浪'）、凤翔村元士充南边的地名'以漂处'（汉语意'船只出入口'）""以库拘"（汉语意为"船码头"）、"以处孟"（汉语意为"靠船处"）、"果以处"（汉语意为"过船处"）、"撒网登"（汉语意为"撒网的地方"）、"系船村庄"等，新生邑、江登、马甲等几个地势较低的村寨都是后兴起的乡村，也说明与凤羽湖水消退有关。（赵敏，2015：76）传说、地名和考古发现不断强化人们对凤羽聚居地成因的解释，并被奉为一种信仰，维系着地方认同。

"湖退"后，凤羽原始居民由高处或外地逐渐移居至凤羽坝上。凤羽街（今凤翔村所在地）的白语是"房子上方的村子"之意，汉语译为"舍上旁"。可推断，凤羽街兴起之前，已经有可参考方位的房子，后来人们在这些房子上方逐渐发展形成了乡村。依据海拔高度，凤羽坝属于原上中坝的亚类——高中坝（海拔2000—2200米），这类坝子内"气温较低，农业生产为一年两熟或一年一熟，易受寒害"。（童绍玉、陈永森，2007：34-36）位于凤羽坝西部的凤翔村，在乡村选址上综合考虑了山麓和平坝的优点，虽不如完全的平坝型乡村有利，但也具备许多适合定居生活的客观条件：村落位于向阳的山麓缓坡地带，可免受淹涝之灾且视野开阔利于防御；背靠罗坪山可阻挡冬季强风，还可提供建屋修路的石材、涵养水源、保持水土及供应薪柴等；前有农田，周围有河溪流过；凤羽坝上的主要河流（凤羽河、白石江等）虽都不在凤翔村范围内，但源自罗坪山的溪流使凤羽坝子水源丰沛,河网密度高于周边地区,溪流自西向东穿过凤翔村,汇入凤羽河,对村落生产灌溉、生活用水、调节小气候以及丰富景观都颇为有利;坝子边缘的洪积物、坡积物使凤翔村的土层较厚,土壤肥沃,适于发展农耕。凤翔村规模虽受到所处环境空间大小的影响,但地势宽阔,历数千年发展。(张金鹏、寸云激,2002:57-59)高原平坝的地质、水文、气候、生物等综合环境因素,为凤翔村造就了一个有机的生态环境。

二 水旱兼作的高原坝上农耕景观

凤羽坝居民属于秦汉时期平坝湖滨地区定居的农业民族(李东红,2012:45),在唐南诏阁罗凤时期就已拥有先进的耕作技术,建设了许多水利工程,发展了一定规模的灌溉农业。明清以后,大理白族与中原文化长期交融,并受屯田、屯军等影响,农耕技术与水平不断提高。(王冬,2012:108)凤翔村在凤羽坝的中心和罗坪山麓,交通相对闭塞,民众以农耕为本。在长期实践中,凤翔村民摸索出利用凤羽坝海拔高度对发展农耕的机会和限制,将村落建造在居中海拔位置(2220米);在村落以上至海拔2400米之间开辟旱田;2170米以下是水田,主要种植水稻、玉米等。如此,每逢春秋雨季,旱地、水田均种旱作物,水田一季种春粮一季种水稻。土壤类型与田地分布、水系、住屋相适应。这种土地利用方式使凤翔村民可以兼顾旱田、水田,减少劳作之苦,同时也可降低气候因素的农业风险,创造了水旱兼作的高原坝区农耕景观。

定居及灌溉型农耕必然对应一个特定区域,该区域的人们总以村社为生产单位共享水、土地等农耕资源,也共同受这些资源的牵制。(王冬,2012:110)定居凤羽坝的先民充分认识到和利用坝区丰富的水利资源组织农耕生产:开挖沟渠使源自罗坪山的溪水先经过上部旱田入村,顺势而下进入村庄下方的水田,形成"旱田—乡村—水田"立体式生产、生活空间格局;又利用河床坡度和地势落差,在村子附近的河道旁修建水碓、水磨、水碾、油榨坊等简易水利设施。水碓一般建在村边有落差和一定水量且终年不断流的小河旁,碓房后面有一方塘,有水车架于其上;碓房里的碓板顶端装有锥形石杵,正对着地面的石臼,碓板从碓房后墙穿出,正对房后方塘中的水车车轮;油榨坊也常常建盖在离水碓不远而又略为宽敞的

第四章 个案二：高原平坝桃花源——凤翔村

空地上。如今，流量已不大的几条小河仍疲惫地流淌着，但水碓、油榨、水磨以及它们与溪流的"合奏"已不见踪迹，成了凤羽几辈人心中虽远逝却难以忘怀的风景。（杨鲲峰，2016）

尽管水资源丰富、土壤肥沃，田地广大，但凤翔村海拔较高，高原气候明显，气候对农耕生产有制约，加上人口稠密，人均耕地少（不足1亩），生活不易。人们除农耕之外，不得不谋求其他生计方式。据当地专家和管理者分析：

> 因为这个地方海拔比较高，一下雨气温就降下来，就形成一个低温冷，对水稻是有影响的。凤羽这么多这么好的水，但是水稻品质并不是很好，粮食产量很不稳定，气候上对凤羽制约最大的就是这一点。①

> 凤翔（村）的土壤也很好，是湖底淤泥形成的，是整个镇上最好的一块地。但是由于气候制约，地又很少，种水稻的话养活一家七八口人不容易。②

三 与自然和农耕生产相宜的民居营建

凤羽镇的白族民居以凤翔村为代表，其形成和发展都最大限度地顺应自然地理环境与气候特点以及农耕生产、生活方式。

凤翔村附近许多河流在年复一年的山洪冲刷中形成了大量卵石、圆石，为在这片缓坡地上生产、生活的人们提供了价廉物美的建筑材料。史书记载，早期的民居、街巷建造已大量采用石材。（杨大禹、朱良文，2009：117）为满足农耕生活所需，人们就地取材，垒石为屋，建造古老的白族民居"土库房"。用卵石及苍山片麻石砌筑外墙的土库房，形成浅灰色的统一格调。卵石砌墙的具体做法有干砌、夹泥砌和包心砌三种（宾慧中，2011），分别用于建造房屋的不同部位。凤翔村民居墙体底层均以卵石砌筑，门窗过梁均用整块的条石。"一般都是石木结构或土木结构，青瓦屋面、后檐墙、山墙墙裙以上用毛石墙或土基墙。其木大架为古建筑

---

① 笔者根据2016年8月17日访谈笔记整理。
② 笔者根据2016年8月17日访谈笔记整理。

构架结构，屋面硬山形式，有五架梁、七架梁之分，附属部分主要有照壁、大门、彩画、木雕。"① 大门多重用三叠水（一高两低飞檐式），饰以泥塑、木雕、彩绘；照壁以白灰作底，上有壁画，绘以"福""寿"等字及山水淡墨画，题名人诗词。木雕多在格子门，厚插头和窗子及门头上，堂屋门整套格子门有十六幅雕刻画面，每扇门上都雕出四幅不同内容的画面，全面融汇白族人文思想和信仰（图4.2）。

图 4.2　凤翔村民居照壁（来源：张畅）

凤翔村的土库房多与其他建筑组合形成全院。以三开间二层楼的土库房为基本单元（一"坊"），综合考虑基地环境、经济、风水等多方面，灵活布局；加上门楼、围墙等构筑物，就围合形成普通民居。现凤翔村民居形式上以"四合五天井"和"三坊一照壁"等白族合院民居为主，也有二坊对应或一坊独立的布局。民居形式与其历史上位于交通便利的与汉族交往频繁的坝区有关，是在自然资源利用的基础上，伴随政治和文化历史进程发展的带有更多精神的建筑形态，是中原汉文化与大理本土文化结合、演化和再创造的产物（杨大禹、朱良文，2009：117），蕴含着"礼制"道德思想、审美追求和更多意义。

随着经济发展和生活水平的提高，土库房石砌民居逐渐采用了砖、石和瓦屋面。凤翔民居及街巷以石为本的朴实质感与乡村周围的山峰、村内遍布的溪流环境风貌协调统一，房屋依山坡而建，高低错落，轮廓极富韵律感，乡村环境与生活习俗密切交融，共同构成宜居环境的典范（图4.3）。

---

① 凤羽镇申报中国历史文化名镇领导组：《凤羽镇申报中国历史文化名镇文本》，第18—20页。

● 第四章　个案二：高原平坝桃花源——凤翔村 ●

图 4.3　凤翔村与周边环境（来源：张畅）

第三节　融合自然、社会与神灵的乡村结构单元"充"

虽然凤翔村因借自然，契合山水的村落格局形式上较为自由，但它与自然环境、社会秩序、宗族关系及族群关系紧密交织的内在逻辑很强。"充"是构成凤翔村"家—院—充—村"乡村结构最关键的层次和单元。

一　"充"的形成——依托自然水系生成基本格局

凤翔村乡村空间格局依托水系网络生成。凤翔村位于冲积扇坡地上，地下涌泉多，加之西部罗坪山的植被茂密、水源丰沛，村落拥有极为丰富的地上、地下水资源。溪流或暗河顺沿凤翔村西高东低地势流经村子汇入凤羽河，村民们沿溪流脉络建造东西向主要街巷和沟渠。数条东西向街巷与唯一一条贯穿全村与外界相连的南北向主街相接，形成数个十字路口和整体上"卅"字形的乡村空间结构形态（图4.4）。东西向街巷一路下行、坡度较大，住屋亦顺地势和街巷傍溪水而建，西高东低、错落有致，景观丰富。

凤翔村民给这种空间格局一个专有称呼——"充"。"充"，有时又写为同音字"冲"，"在古汉语中，有'交通要道''要冲'的含义，本意是

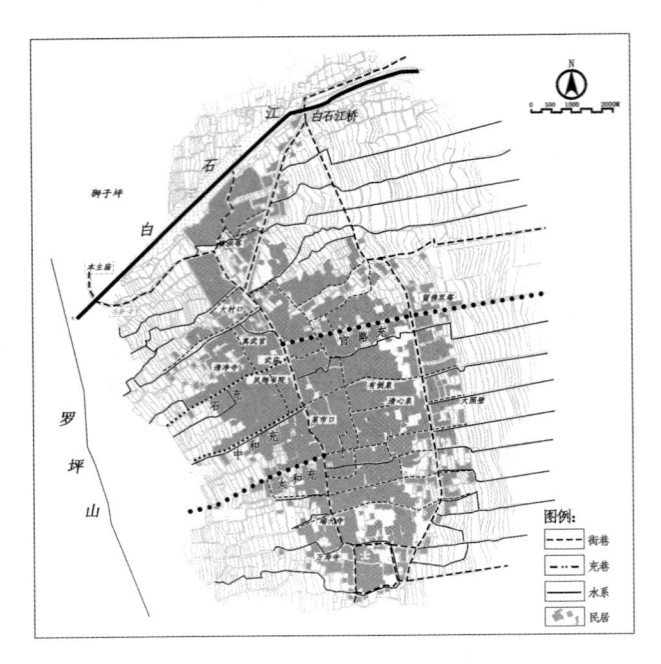

图 4.4　凤翔村水系与"充"巷关系示意图
（来源：笔者团队成员绘制）

山间的平地或两高地之间的'箐'与'沟'，对于凤翔村而言，则是乡村特有的地域空间概念"。（李东红，2012：97-98）充是由一条东西向主要道路构成的空间单元，但不只有道路，还包括道路两侧的空地、住屋和院落，以及关联着住在里面的人与事。凤翔村就是由数个"充"的单元构成：按照全村东西走向八条主要街道，从北至南依次名为后充、前充、（大）官路充、石充、中和头充、中和充、太和充、元士充。行政地理上，按骨干道路划分为官路充、中和充、太和充、元士充、石充五个自然村。（孔红霞，2016）中和充、官路充、中和头充、石充与大街连接的地方，是学堂（文庙）和关圣宫（武庙）所在地；中和充、太和充、中和头充与大街相连接的地方，则是赶街的市场，（李东红，2012：97-98）庙宇和市场就是凤翔村的两大公共中心。

这种独特的聚居空间，在人们头脑中形成有别于其他地方的"上西下东，左北右南"的空间方位意识和以"充"定位自家住屋的观念。（李东红，2012：103）"当地人将西边地势高的巷口一带称为'充头'，东边地

第四章 个案二：高原平坝桃花源——凤翔村

势低的巷口一带称为'充尾'，一头一尾其实就是顺应水流建造村落在头脑中形成的自然意象。"（杨宇亮，2014：183）各充内都有天然水源，证明了各充最早依溪水而建。溪边空地，就是各充通行的道路，当地人称之为"充巷"（李东红，2012：109）；垒石为巷，巷宽3—4米。早期，凤翔村内各充相互独立，充与充之间有大片空地、菜地；渐渐地，各充彼此"双向"拓展，填满充巷空地，形成联系网络。"据村中老人回忆，1932年以前，整个凤翔各街巷的道路，都是利用水沟边天然的土路出行。1930年代，各充巷整修道路，路面铺满了石板、石阶梯。这种格局一直保持到1970年代。"（孔红霞，2016）清澈的溪水穿街绕巷、流墙过屋，不仅方便村民的日常生活，也给整个乡村增添了自然意趣。沟渠一般根据地势情况，沿街巷合理安排。溪边是街道，街旁是建筑，街道中间因为铺有厚厚的青石板，道路不泥泞，也界定了乡村的公共空间。每个充都有其固定地域范围和活动领域。

二 "充"名的自然象征与社会意象

"充"是白语的记音，如表4.1所示，凤翔村各充名称都有其含义和由来，与自然环境和乡村社会形成过程有关。

表4.1 凤翔村充名概览表

汉语名	白语名	语意	由来
元士充	$ta^{21}ti^{21}tshy^{55}$，"蜻蜓巷"①	偏僻之地	历史上村中建过端元寺
太和充	"弯板处"	正街转弯向南的横街，平地充	后村头建了太和宫
中和充	"气板登"	浸水多的，常有地下泉水冒出的平地	地处罗坪山中和峰之下
（大）官路充	"岛刮滔"	大官路	明代凤羽土巡检司尹忠住在这里
石充	"早处"	石头巷	在石头堆上开辟建起来的

（来源：根据《洱源县地名志》，1988年，第61页内容绘制）

---

① 参见李东红，2012：108。

就汉语语义分析，各充名的由来及相互关系是："太和充"的中心位置突出，且与后村头的太和宫相对应；中和充应该是相对"太和"而起的充名，且反映了其有井泉水以及与罗坪山中和峰的位置关系，中和充多冷冽而甘甜的泉水，时至今日能喝上中和充井水仍是当地人眼中的一种幸福；（李东红，2012：106、119）"（大）官路充"的白语即"大官路"之意，又称官道，充名直接体现了其与历史上大理、邓川、凤羽、云龙官道的设置有关（李志新，2016），以及作为村内主干道空间单元的特征。"清代以前，凤羽是洱海北部地区东西、南北交通主干线的交会枢纽之地，官路充即是古道进入凤羽的'官马大道'，称之为'官路'也理所当然；另一方面，在凤羽统治达四百九十多年的凤羽土司尹家，从第一代于明洪武十六年（1383年）任土巡检司起至清同治十二年（1873年），共世袭21代，其官邸衙门就在今（大）官路充西端南侧，官邸前又有两条小充：右为前充，左为后充。'大官路'也即是土司衙门大街之意。"（尹明举，2014）（大）官路充可说是凤翔村历史上政治地位最高的充；石充、元士的白语义显示出二者地处偏僻。李东红推断凤羽街最早的中心地带是太和充，太和、大官路、中和这三个大充，最初应该都是独立兴起，后来彼此向南北两个方向拓展，相连成片后才出现连贯起这三个充的大横充、小横充；中和头充形成后把太和、中和、石充连在一起，对乡村整体发展具有重要意义；石充、元士二充与太和、大官路、中和三充的联系不明显，与村子中心地带的关系也相对松散，可能是独立形成。赵娟则认为凤翔村原来的经济中心是中和充，精神信仰中心是太和充，后来随着经济发展和历史变迁，官路充成为现在的经济中心，精神信仰中心尚未明确指定。（赵娟，2017）充名不仅反映出凤翔村村落格局与周边自然环境的关系，而且其引申出的"先"与"后"、"中心"与"边缘"，社会影响的"大"与"小"等内涵（李东红，2012：213），使充名在自然意象之外又具有了社会关系象征意义；促成人们认同以"充"作为早期村寨结构及社会关系的基本单元，以及进一步分配自然资源、聚居和建立社会关系的依据；并且在此基础上形成了处理各充关系的基本规则，凤翔村乡村格局因而具有了更复杂的社会含义。

三 "充"的认同感——自然、社会与信仰交织

过去,相同血缘的群体总是聚集在一定的充之中,同姓院落相连成片,一充由几个大姓院落组成。如,凤翔村李氏的聚居地分布在太和、中和两充,都是同姓同宗,相连的院落有 11 个(李东红,2012:115,137),充内居民不会随便迁去其他充居住。近年来人口增长和社会发展,住户不断外迁,但迁出户仍保留着对原来居住的充的归属感,以此作为融入社会和参与公共活动的基本身份。就整个凤翔村而言,血缘关系对婚姻有较大制约,成为充与充之间的一种社会关系:"同姓同宗之间不能通婚,充与充、姓与姓之间没有固定的婚姻关系,但实际运作中存在一些潜规则。(如)石充与元土充之间联姻的概率远远高于其他各充,可能与这两个充位于村子的边缘,在乡村发展过程中与位于中心部分的官路充、太和充、中和充联系不明显。"(李东红,2012:153-154)

凤翔村对水、田地等自然资源的分配也以充为单元。村民的日常生活用水与生产用水严格分开,溪水尽管很干净,但仅用于灌溉,在有自来水之前,井水才是饮用水。即便今天,自来水管已接到村内,一些村民还是在家中自建水井,将自来水引流入井,或与水井并用(图 4.5)。每个充都有生产灌溉的特定水源,均来自村子上方罗坪山溪水,如"元土充的水源来自白霜箐和猪脚箐,太和充的水源是大石母溪,中和头充和中和充的水源来自中和峰南侧溪水,大官路充的水源是白石江;水源两侧的田地都属于本充,这一习俗一直保持到 1980 年代以前。每到夏季栽种、灌溉水田的时节,各充用水都遵循由上至下、灌满村子上方和下方所有田地、水源先满足本充的原则。太和充水资源较为充足,一般在本充用水之后,会把水让给中和充或大官路充使用。虽然凤翔村没有关于用水的乡规民约,但人们从未对水源与各充之间的关系提出异议,将用水传统视为习惯法一样神圣"(李东红,2012:120-125),并赋予其宗教神圣感。凤翔村的七座山神庙均建在本充水源地附近的罗坪山山麓,彼此互不干扰;以一种超自然的力量巩固各充共同分配自然资源,强化以充为组织的空间秩序和地位。但 1980 年代国家推行土地承包和 2004 年减免农业税等一系列"农业结构调整"后,凤翔村民千百年来的用水习惯发生了微妙变化。

凤翔村接本主宗教活动的流程体现出各充不同的社会地位。举行盛大

图 4.5 凤翔村民居院落的水井（来源：笔者拍摄）

的本主庙会时，凤翔村各充都会接本主到本充供奉，其中，（大）官路充有优先权。调研了解到，每年二月初一开始接本主，先由官路充供奉八天，中和、太和、元士各一天，石充不能接。约定俗成的安排折射出各充之间的关系和各自在乡村中的社会地位和影响力；其展现的行为与观念，实际上反映了逐步形成的村寨处理各充关系的社会规则。虽然各充在乡村事务中的地位和角色不尽相同，它们之间的关系亦有亲疏远近之分，但各充村民经商致富，获取功名的权利却受到同样保护（张金鹏、寸云激，2002：69-70），充与充之间关系和谐。天然石块铺就的道路、充里的空地或树荫下的空间，容纳同充或不同充的人们，是孩童玩耍、成人聚会、聊天、纳凉的场所。这些场所促进了不同充村民之间的往来和感情交流，邻里之间的人际关系和凤翔村的民族关系。（孔红霞，2016）

充包含自然资源，是居住单位，同时构成了生产单位。千百年来，充作为乡村格局单元与凤翔村村民的生产、生活行为和观念相互建构，已成为凤翔村民最重要的地域认同感、归属感和场所记忆的依托，是承载了精神的、情感的非物质象征的物质空间。村民对充的认同感的变化，也深刻反映了社会生活的变革。"1990年代，随着社会经济的发展，传统农业社会的大环境发生根本改变，乡村格局发生变化，本主信仰也发生变异。老一辈社会成员头脑中的各充等级观念逐渐淡出新一代村民的思维，充作为村民认同的乡村基本单元的角色正在减弱。"（李东红，2012：214-215）

● 第四章　个案二：高原平坝桃花源——凤翔村 ●

第四节　西南边疆经济流通历史变迁的见证

散布在云南高山深谷之间的坝子原本是自成一统和封闭的自然地理单元，但自人类定居坝上，产生翻山越岭与外界来往的需求，坝子与坝子之间的联系随之建立，形成云南省内各重要区域的交通网络。坝子在参与和支撑不同交通网络的过程中，自身成为具有不同政治、经济、文化或宗教地位的中心。凤翔村与外界的往来自汉代就有记载，村落曾是云南西部重要的商贸驿站，与其所在大理地区及云南省与中原地区和国际之间悠久的经济交往历史相关，乡村景观见证了西南边疆经济流通的历史变迁。

一　边疆交通暨经济网络联结中枢的形成与衰落

公元前 4 世纪时，已开通由楚、蜀经云南联系印度及中亚的通道，古称"蜀—身毒道"，于西汉时被汉王朝纳入版图，成为当时最重要的、享誉中外的"南方陆上丝绸之路"。其后，在川、滇、藏之间交易马匹、皮毛、茶叶、食盐、药材、丝绸等物品的商业贸易和文化交流民间通道——茶马古道，也加入这个系统并成为重要的组成部分，共同维系云南社会经济的发展。在南方陆上丝绸之路系统的形成过程中，大理地区因地理位置优越和战略地位重要兴起，成为极其重要的交通枢纽——南方陆上丝绸之路和茶马古道的交会点，一个经济带的咽喉之地，以及最大的货物集散中心。南诏政权后期，从大理辐射出去的商道及其沿线均设立馆驿，维护道路通畅。（杨毅，2005：97-98、114）凤羽当时属宁北（又作剑川）节度管辖区，就是大理与其他中心之间商贸网络中的一个重要联结枢纽。

"早在 1700 多年前，这里就与中原开始交往。"① 南诏晚期设县时，正是大理云龙地区盐业兴盛时期，凤羽是云龙的经济和军事中心及洱海北部产区食盐外运的交通中枢，管辖该区域的重要盐井。"云龙五井"所产食盐都必须经过凤羽凤翔村联结的盐路网络运送到大理各地。洱海北部地区的东进西出线（邓川—凤羽—炼铁—西山—云龙—保山—缅甸）与南来北

---

① 大理白族自治州城乡规划设计研究院：《洱源县凤羽镇现代农业型特色小镇规划·（2011年—2030年）说明书》，第 3 页。

往线（邓川—凤羽—浪穹—沙溪—剑川—西藏）两条古道交会于凤羽。（李东红，2012：10-13）明中期以前，以凤翔村为中心形成的"官道"交通网络（表4.2），联结起洱海以北、澜沧江以东、金沙江以南产盐区和大理"官道"，在当时的交通格局中地位十分重要，也是洱海北部白族人社会、经济生活的大动脉。

表4.2　　　　　　　凤羽—凤翔村联结的交通网络历史沿革表

年代		联结的交通线路		
明代以前	东	大理北部的官道—邓川—狮子山—腊坪哨—凤羽		
	南	凤羽—花甸哨—喜州		
	西	凤羽—马子哨—漾濞		
	北	凤羽—闷江门哨—浪穹		
	西北	凤羽—关坪哨—罗坪山—漾濞江—黑惠江—	（西）—漾濞—云龙	
			（北）—乔后—沙溪—	（西）弥沙—藏区
				（北）剑川—纳西族聚居区
明中期后	北	大理—邓川—右所—下山口—巡检—浪穹—凤羽		
		大理—邓川—右所—下山口—巡检—浪穹—观音山—鹤庆		
		大理—邓川—右所—下山口—巡检—浪穹—观音山—剑川		

（来源：根据李东红，2012：10-13内容整理）

明代以前，大理茶马古道主要分往南的滇藏道和往北的川藏道，且都在主道之外还有不少支路。大理通往西北向的主要交通线就在茶马古道上，正处于滇藏道东西向和南北向两条主道的交会处；东西向的滇藏道经凤羽，北达沙溪寺登街后往西藏，西达云龙诺邓往缅甸，凤羽—凤翔村因此成为西南亚古丝绸之路和茶马古道的重要驿站。

明万历四十三年（1615年）"五井里"割付云龙县，"随着移民卫、所、屯、营的设立，官方开通了大理—邓川—右所—洱源的军屯道路，经凤羽凤翔村向北进入剑川，至鹤庆、丽江的交通重要性再次降低；随后，云龙与大理之间的交通线被更便捷的大理—漾濞—永平—云龙一线替代"。（杨宇亮，2014：181）自此，洱海北部交通格局整体发生重大变迁，以凤羽凤翔村为中心的古代"盐道"交通网络衰退，凤羽凤翔村沦为一个小驿

站，千百年来的开放交通系统以及由此产生的人口流动、经济往来、文化交流等慢慢地归于沉寂。(李东红，2012：249)

二 经济流通历史改变的景观

凤羽凤翔村作为滇西边境经济通道重要驿站的历史，使这个高原平坝小乡村不再是自然地理上的封闭系统，其与外界的联系也不限于交通。虽然后期交通条件发生改变，经济发展变缓，但曾经的辉煌过往沉淀在凤翔村的景观里。

"商道交会的凤翔村曾设名为'文华充'的驿站。达官显贵、巨商大贾常在此下榻。人们便把文华充易名为'大官路'，又称官路充。离大官路不远的十字街有一个'四方街'。明朝以前，这个四方街是当时颇有名气的'古镇夜市'。[注：马栈路程远，抵达凤翔时已为夜市（杨义龙，2011）]。四方街店铺林立、商品繁多、人喊马嘶、通宵达旦，四周长明灯高挂，负责打更报时的人专为长明灯定时添油。长明灯之下，又有数不清的灯笼和马灯挂在店铺内外。盐商、米商、木材商云集于此。众多喜洲、大理人来此经商、务工及杂艺。此时的凤翔村曾是云南省有名的商品集散地之一。后来，许多在凤羽经商的外地人都成了永久的凤翔村人。"（杜德林，2014）

凤羽境内官道名称和道路都完整保存下来，绵延数百里，从邓川（新州、旧州）向西北，翻越天马山，过腊坪哨，就进入凤羽；之后，过江登村、凤羽河，直通凤翔村的大官路。今天它仍是马帮的一条重要通道，直到现在，腊坪哨以及关坪哨之间的来往，依旧需要马匹作为运输工具之一。每逢星期二凤翔村赶集的日子，就会见到许多马匹驮着产自腊坪哨的马铃薯、山萝卜、大豆等蔬菜来到凤翔村，参加集市交易活动。凤翔村的大官路宽6米，经村寨向西，过白石江，上狮子山，直至山顶的关坪哨，约十公里路程都由石板铺就，至今保存完好（图4.6、图4.7）。现凤翔村保留的古道有官路古驿道、中和古道、太和古道和元士古道（表4.3）。2004年用青石板和青石重修了官路古驿道。[①]

[①] 凤羽镇申报中国历史文化名镇领导组：《凤羽镇申报中国历史文化名镇报告》，第45页。

表4.3　　　　　凤翔村古驿道档案表（单位：米、平方米）

名称	地址	年代	全长	宽度	建筑面积	是否挂牌	管理单位	说明
官路古道	官路村	明代	500	4	2500	是	凤翔村村委会	青石板、青石铺砌，2004年7月重修
中和古道	中和村	明代	520	3.5	2050	是		保存完整
太和古道	太和村	明代	510	3.5	2076	是		基本完整
元士古道	元士村	明代	520	3	1560	是		基本完整

（来源：《凤羽镇申报中国历史文化名镇文本》，第45页）

图4.6　凤翔村大官路古驿道今景（来源：笔者拍摄）

图4.7　凤翔村茶马古道遗址（来源：张畅）

● 第四章　个案二：高原平坝桃花源——凤翔村 ●

现大官路古道上还可找到许多古商铺的痕迹，半边石座半边门的店铺很多。临古道的店铺外墙面的窗洞比平常采光、通风的窗洞更宽敞，窗台更低（图4.8）。店铺背后则是"三房一照壁""四合五天井""一进两院""走马转角楼"的院落。许多人家门前至今还有旗杆、石座和上马石遗迹，依稀可见当年商业繁荣、买卖兴隆的景象。（赵寅松，2005：25）

图4.8　凤翔村大官路古商铺遗迹（来源：张畅）

凤翔村现保存较为完整的民居建筑多为明清时期显贵、商贾的宅院，诉说着乡村曾积累的财富。"格子门、斗拱、檐枋、窗子的雕刻堪称艺术品，现1000院民居保存完整，其中14幢年代较久远，造型精致，具较高的历史文化价值"[①]，堪称白族建筑艺术的典范。"以尹文标大院和马锐大院最具有代表性，'四合五天井'套小'三坊'的布局在大理白族民居中绝无仅有。"（图4.9）

曾经的凤翔村虽商宦云集，但社会分层在乡村结构中却并不明显。多数情况下，大型住宅的位置无定规，只要拥有一定社会地位和经济能力，任何人都可将住屋和院落布置得富丽堂皇。凤翔村的几座大宅散布于官路、元士等充巷之中，在一定程度上反映了凤翔村长期稳定的社会、经济状况。

长期的古道运输深深影响了凤翔村民的生产、生活方式及观念。中华人民共和国成立前，凤翔村尚有数十家马帮，"以商养农"成为凤翔村的传统生计。在"无商不富"的观念下，凤翔村民十有八九边种庄稼，边做

[①] 凤羽镇申报中国历史文化名镇领导组：《凤羽镇申报中国历史文化名镇文本》，第18—20页。

图 4.9　凤翔村传统民居——尹文标大院（来源：张畅）

生意，或外出寻找商机。经济流通也为凤翔村与外部文化交流、乡村文化发展和繁荣奠定了物质基础。

第五节　"文墨之乡"——政治介入的文化交流与重构

自南诏、大理国设县和置郡，凤羽地区白族社会发展始终没有脱离中原王朝和白族地方政权的统治，地方文化在政治、社会的影响下不断被重构。"明初时，白族重建国史，大理白族通过与中央意识形态和汉文化互动，辗转进入今天被称为'民族特色'的文化实践之中。"（段银河，2014）在国家与民间两个层面的合力推动作用下，"佛道设教""重佛重道"的白族文化，向"以儒道设教""重儒重孝"的文化模式转变；在两个半世纪里，以凤翔村为核心的凤羽文化，经历了唐代以前的土著文化、南诏大理国时期与佛教文化互动与建构产生浓厚佛教色彩的文化，再到元明清时代的儒学文化的变迁。（李东红，2012：21、27、30-32）凤羽白族人通过科举应试进入国家政治体制中，在明清两代出了许多进士、举人，一时间凤羽被誉为"文墨之乡"；同时，汉人民俗也逐步深入到凤羽人的日常生活中。凤羽在吸纳汉族文化架构的同时，保留了乡土特色和与

第四章 个案二：高原平坝桃花源——凤翔村

汉文化的内在差异性，形成自身独特的地方文化和乡韵。（李东红，2012：238－248）承载凤羽"文墨之乡"特征的景观集中在凤翔村。

一 儒学教育景观

南诏大理国时期，凤羽白族社会中有一定汉文化修养的知识阶层开始使用"白文"，即以汉字记录白语，读白音，解白意，用它记述历史和进行文学创作。由此，汉文化符号元素植入凤羽文化中，为儒学在白族地区传播奠定了基础。明洪武十七年（1384年）诏命云南增设学校、县设书院、乡设乡塾，受浪穹县（今洱源县）、邓川州双重管辖的凤羽地区儒学大发展。白族地区的文庙和文昌阁常兼作书院，今凤翔书院即凤翔文庙原址。明洪武二十四年（1391年），浪穹县始设庙学，地址在城内文庙。凤翔文庙最早建于何时已无确切依据，文庙曾两次毁于火灾，民国年间重修，原来在东西中轴线上建有照壁、棂星门、泮池、石拱桥、过厅、大成殿和后花园等一整套完整的布局，拱桥有"状元桥"的象征意义。现仅存过厅、大成殿等。大成殿共占地面积约三千平方米，大厅可容千人，保存完好；土木结构，重檐歇山式建筑，上下檐均采用四翘九踩龙头斗拱；具有民族特色，各种图案雕刻精致美观，建筑宏伟壮观，是现存古建筑的佼佼者。[①] 自（1940年）大成殿三次复修后，文庙改名"凤翔书院"。今凤翔书院大成殿门前保留着一棵300年的银杏树和一棵150年的柏树、蔷薇和百年金桂[②]，还植有修竹奇花，环境清幽，十分利于学子潜心攻读（图4.10）。

凤翔书院为浪穹七书院之一，其大致经历了社学、书院和小学堂三个变化阶段：社学推广时期，民间12—20岁的农家子弟都要到社学读书；社学之后凤翔文庙成为凤翔书院，给古老的茶马古道带来文墨相传；1911年辛亥革命后，遵照学制改革，凤翔书院变成凤羽小学堂。（杨涛，2014）

凤翔书院曾经给回到凤翔村的士子提供了一个精神寄托场所和致力于建设一个培养凤翔士子求学入仕的正规场所，由此凤翔村儒学教育兴，人

[①] 中国人民政治协商会议云南省洱源县委员会：《洱源县文史资料第六辑》（文物专辑），内部资料，2004年，第74页。
[②] 洱源县凤羽镇人民政府、大理白族自治州城乡规划设计研究院：《凤羽中国历史文化名镇保护详细规划》，第14页。

图 4.10　凤翔村凤翔书院（文庙）（来源：张畅）

文蔚起，科举人才辈出，曾培养出"四进士，十一举人"，考取功名的士子形成凤翔村乡村社会的"士阶层"。明代在滇名宦鸿儒，如杨慎、李元阳等都游历过凤翔村并留下诗文，凤翔村的士阶层和官员与这些代表汉族传统文化精英的状元、进士阶层有频繁的文化交流。"清代孔教盛行时期，凤翔书院大殿正中石台上有孔子塑像一尊，农历八月二十七日孔子诞辰日，书院师生、学生家长及乡间文人名士共同举行盛大祭奠，以强化、推行尊师，这一习俗一直沿袭到解放前夕。"（李东红，2012：236）乡村文化深深烙上儒学印记。在远离城市喧嚣的山乡村野间，凤翔书院具有多重价值和意义：它能够在如今视为偏僻之地的凤翔村设立和发展，是凤翔村曾作为西南边疆交通和经济网络联结中枢、积累了社会经济财富以及在历史发展过程中发生转化的阶段性结果和体现；它是历史上国家政治向西南边疆强制推行汉族主流文化及其在地化的象征；是凤翔村白族文化兼收并蓄、文化重构的符号，承载了"文墨之乡"意象和村民对儒家文化、乡村文化的精神认同；不仅是凤羽教育史上一个重要时期的结果，还在社会变迁中维护了乡村教育延续不断，顺利完成了从旧式乡村教育向新式教育的转轨；它既是传承凤羽古镇传统文化的书院，同时也是教授当地族群一些基本生活技能的不可或缺的日常生活空间。此外，凤翔村的武庙也是儒家忠孝思想的表征物（图 4.11，现为凤翔村完小，原主要建筑现为师生活动舞台）。

　　除了这些物质见证，儒家文化思想在凤翔村的传播还体现在民众具有强烈的耕读意识。"凤翔村民对于耕读传家的民风充满自豪，几乎人人都

第四章 个案二：高原平坝桃花源——凤翔村

图 4.11　凤翔村武庙（来源：张畅）

知道'凤翔四进士'，还能讲出很多有关的故事。"（宋亚欣、赵敏，2017）耕读在凤翔村是一种制式化的无处不在的意识，对村民日常生活有很强引导和规范作用。时至今日，村中白族人家之间不攀比财富多寡，仍以用田间辛劳所得和节衣缩食供子女上学为荣。（寸云激，2010）凤翔村民居建筑的墙壁、望板等处，一般都题有格言或诗、画，家中少儿在日常生活环境中就潜移默化地受到耕读思想的熏陶。村中许多公共建筑也有类似诗画款识，如，大官路口始建于明代的大照壁，"东面横书'凤起蛟腾'，西面直书'中和毓秀'，就是古镇的人文标志；就连水井边上也有刻碑勒石"。（杨盈川，2014）这些表述无不透露着儒家文化气息，激励乡人刻苦读书。儒学思想还对民居建造规制产生影响，管理者就说：

> 凤羽的老协很厉害，一家只能有一个人加入，受儒教影响很大，有很多规矩。比如家里有伤风败俗或犯法的事就要请退（出老协）；有一家建了漂亮的大门，以前的乡绅出来干预，说你们家是赶马发财的，什么（读书人）都没有出过，可以盖大院子，但门不能开口那么大，六重飞檐太夸张。这家人没办法，出去买了功名后才建的大门。①

二　溯源认祖、重构身份认同的宗族景观

凤翔士子在乡村社会中有重要影响力，他们掌握的汉族精英文化也备受村民推崇。在他们的推动下，明清以来，许多世家大族数典追宗，把自

---

① 笔者根据 2016 年 8 月 17 日访谈笔记整理。

己家族的渊源与江南汉人联系起来，形成整个凤翔村社会主动融入汉族大传统的宗族景观。

"明代以前，凤翔村的乡土文化有很深的佛教印记，'白饭王后裔'的佛教祖源传说在村中广为流传。明代之后，凤翔村各大姓氏的祖源叙述发生了重大改变，出现'南京应天府'说。至明代中期，许多墓志碑铭和民居宅院的门楣或照壁上，都有墨书的姓氏相关堂号、宗联或题铭，如，赵、尹两姓人家写'天水堂'，李姓人家写'陇西堂'或'陇西世第''太白遗风'等。这种现象与明代以来国家政治对凤翔村的治理有直接关系，更是儒学教育的结果。凤翔村白族对姓氏源流的追述，是其构建'汉人公民身份'的主要标志之一。"（李东红，2012：243-245）根据凤羽镇文化站提供的信息，凤翔村传统民居题字诠释见表4.4。

民居家中常见四字一组的题铭（图4.12），尤其是照壁题字，代表着主人姓氏，或来自儒家经典，或祖上取得的儒家功名，或汉族历史典故、历史人物等。这些题铭有如数十年老店招牌，对于村民再熟悉不过。"将各姓氏典故在家门上大书特书，除了村民十分明显的显耀意识外，景观表象蕴含的深层意义与明初中原王朝在这一地区采取大规模汉化政策的历史密切相关。"（张金鹏、寸云激，2002：94-95）它们是明代以后当地白族在汉文化影响和与内地交往的需求下，通过攀附汉族大姓模糊民族身份、重构"汉族公民身份"过程的有力物证；也是凤翔村获得"文墨之乡""桃花源"等典型汉族文化场所意象不容忽视的部分。

由不同血缘家族组成的凤翔村有数个宗祠，各姓宗祠始建于什么时代大多已无法考证。"宗祠是凤翔村中维系宗族关系、宣扬儒家伦理道德的重要礼制场所。受白族'人神分离'观念的影响，凤翔村的宗祠多建于村外的西北或东北方向，建筑朝向以坐西朝东为主，大体与村中其他公共建筑一致。宗祠建筑平面格局严整、程式化，是供奉祖先神位、举行祖宗崇祀活动或特别仪式的场所，宗族会议、排解族人纠纷等事务也常在宗祠进行。宗祠最主要的功能是垂教，体现在宗祠内的楹联、碑刻上，如，赵氏宗祠享堂的楹联，讲述赵氏来脉及其迁至凤翔村后家门人才兴旺的过程。宗祠多将科举及第族人姓名刻在祠中，以劝后学。"（张金鹏、寸云激，2002：79-80）

◉ 第四章 个案二：高原平坝桃花源——凤翔村 ◉

表 4.4　　　　　　　　　　凤翔村传统民居题字诠释概览表

题字	姓氏	来源或典故	表意
龍門聲價	李	（李白）"一登龙门，则声价十倍。"清光绪贡生李秉烈后人家	提醒后人以高标准要求自己，体现出高尚品格，为人处世时刻注意维护家族名声
龙门世第		（李白）"一登龙门，则声价十倍"	李氏一族的历史无比绚烂，无论是大唐王朝，还是道家祖师，诗仙太白，耀眼的光环多不胜数
鄴架流香		唐代李泌家藏书万余卷	借以显耀李姓一贯爱收藏书籍，习尚读书
孝廉遺風		清光绪举人李师程后人家	孝和廉是中国古代对人德行的重要考量，尤其这一家出了一位清朝举人，也是官员，更注重这方面的修养
緒衍猶龍			世世代代繁衍生息，生的子孙要如龙般矫健，继承龙的传人的雄壮风骨
耕读传家	施	清道光进士施化理、施寿椿后人家	既学做人，又学谋生
瑞靄石渠，石渠世泽		《孟子·离娄下》："君子之泽，五世而斩。"明吴承恩《挽陈拙翁》诗："龙楼动褒表，世泽正丕丕。"清姚衡《寒秀草堂笔记》卷三："余既识其前后岁月，而慨夫能守世泽之难也"	瑞霭：指祥瑞笼罩，吉祥之云气；世泽：祖先的遗泽。主要指地位、权势、财产等。后代受祖先的遗泽护佑
圣旨旌表、世继孝友	赵	皇上御赐匾。清道光进士赵辉璧后人家	世代都是对父母孝顺、对兄弟姐妹关心，团结和睦的一个家族
琴鹤家声		"琴鹤"是宋神宗侍御史赵抃的心爱之物。赵抃为官刚正不阿，被时人誉为"铁面御史"。平时生活中情趣高洁，家有一张雷氏名琴，还养了一只白龟、一只仙鹤，不论是外出访友，还是走马赴任，他都一并随身带着	情趣高洁、远离世间污浊的心灵是这一家素有的声誉

139

续表

题字	姓氏	来源或典故	表意
田荆再见	张	清雍正进士张绰后代家。南朝梁吴均《续齐谐记·紫荆树》	兄弟之间和睦、互敬互爱
百忍家声		《唐书·孝友传序》：张公艺，九世同居，高宗有事太山，临幸其居，问本末，书"忍"字百余以对，天子为流涕，赐缣帛而去	待人处事，宽宏大量，当忍则忍，忍者有益
清白传家	杨	东汉汉昭帝丞相杨震为官不受贿或谋私利	清白吏的子孙
鳣堂集庆，鳣堂集瑞		《后汉书》卷五十四《杨震列传·杨震》	富贵荣华的福气始终伴随我家中，令子孙过上很好的日子
声附连城		一块牌匾。官路杨其卫后人家，明朝人杨其卫是杨姓来凤羽的第一代，其女婿杨基远为贡生，应召进京，有了这块牌匾	杨家这一脉声名远扬，博学多才；后人不能忘记先祖荣耀，继往开来
雀馆家声			
工部家声	杜	唐代大诗人杜甫后裔	先祖人格高尚，诗艺精湛
水部家声	何	南朝梁著名诗人何逊	能诗能文，才华出众
鹤馆家声	段		
诗书世第	不限		注重诗书培养、文化熏陶的家族
天保九如		《诗经·小雅》连用九个"如"字	福寿延绵不绝、新人感情深厚永恒、事业蓬勃发展繁盛持久
蔚啟人文			深受文化熏陶，人才辈出
庆衍三多		《庄子·天地》、宋陈师道《后山诗话》、清翟灏《通俗编·祝诵》、佛教用语	多福、多寿、多子；为文多看、多做、多商量；学者多读、多立论、多著述；多近善友、多闻法音、多修不净观
京贡进士		明清时期皇帝赐匾	人才辈出
修身齐家		《礼记·大学》	

（来源：根据洱源县凤羽镇文化站提供的信息整理）

凤翔村村民极为看重家族关系，尤爱修家（族）谱。村中李、赵、

第四章 个案二：高原平坝桃花源——凤翔村

图 4.12 凤翔村传统民居题铭（来源：张畅）

杨、张、尹等大姓家谱、族谱追溯的始祖大多起于明洪武年间，清初基本成形，中华民国年间得以强化（李东红，2012：84）。凤翔村各大姓氏都有家谱、族谱（图 4.13），"修家谱是大姓氏家族荣誉感的象征，以及他们确认关系的主要依据。近年来，村里的小姓氏家族也纷纷开始修家谱"（孔红霞，2016）。修家（族）谱增强了同家（族）人们的凝聚力。"重儒重孝"的儒家思想在凤翔村村民的家（族）谱中也得到体现。

图 4.13 凤翔村村民家谱、族谱（来源：笔者拍摄）

第六节　众神庇佑的乡村景观

凤翔村族群的精神信仰呈现自然崇拜、祖先崇拜、本主崇拜、佛道儒教等多元信仰杂糅并存的格局，同时建有地藏寺、本主庙、列圣宫、三教宫、端严寺、文昌宫、文庙、武庙等宗教活动场所，几乎在每个充都有分布。各宗教场所及供奉的对象大体可分为掌管生与死的两大类，其中，财神殿、厕神、三教宫、列圣宫等与生活相关；土地庙、龙王庙、六畜大王、地公地母、送子娘娘等与生产相关；土地庙和地藏寺与死亡相关，共同构成凤翔村多神信仰的二元结构。（赵娟，2017：41）

一　自然崇拜景观

凤翔村保留的自然崇拜大多与本地传说或者生存、生活有关，前者如姑娘们戴的"凤凰帽"、老人腰带上的鱼图案，体现了当地村民对鱼和凤凰鸟的图腾崇拜及其与"凤羽"地名传说的联系；后者如对山、水、风等自然物或自然现象的崇拜。"罗坪山冬季大雪封山，村民被大雪围困山里的情况时有发生；夏季多雨。云雾和山洪也常给村民带来危险。但村民的生活离不了山，所以全都信仰山神。凤翔村共有七座山神庙，各充的山神庙都建在村子上方罗坪山麓和本充的水源旁，也是村民进山的必经路口处；依山面水，石块垒墙，石条或石板盖顶，庙前有石砌平台，庙旁有饮水处。各充的山林范围大体固定，并有从各充巷经山神庙进山的道路。由于罗坪山的水流方向决定了各充的走向、田地范畴及归属，凤翔村的山神不仅管护山林，还照看水源。山神庙连接着山林、水源、田地和充，是充与山、水、田地关系的象征符号，发挥着自然资源配置的重要作用，隐含着凤翔村的传统社会规范。"（李东红，2012：204）

虽然水资源丰富，但高山、低湖、悬河、暴雨等地理条件以及气候特征，使凤羽从古至今都是省内洪涝灾害重灾区之一，历史上曾发生二十多次水灾。[①] 旧志档案中常见河伯、水师、波臣、旱魃、蛟水为虐的记载。

---

① 中国人民政治协商会议云南省洱源县委员会：《洱源文史资料第三辑》，内部资料，1992年，第24、28页。

第四章 个案二：高原平坝桃花源——凤翔村

凤翔村西北角白石江雨季来水较多，古来常有水灾损毁村内良田和民宅，村民便在江边建造了"镇江塔"（图4.14），以镇水患。原建于清代的镇江塔为密檐式实心方形石塔，三级尖顶四方形，底座长宽各1.8米，通高约7米，塔上碑刻于1964年被水文考察队取走。① 凤翔村四周山上的镇水塔、镇风塔、镇蝗塔等都寄托了大众趋利避害的功利追求，是凤羽坝安宁的守护神和凤翔村民自然崇拜的精神载体。

图4.14　凤翔村镇江塔（来源：张畅）

二　本主崇拜与本主庙

凤翔村多元信仰体系中最重要的是本主信仰，既有自然崇拜、图腾崇拜、祖先崇拜、英雄崇拜等原始宗教痕迹，又有佛、道神仙思想和儒家忠孝义士等人为宗教色彩（李东红，1997），是白族文化与汉文化互动并吸纳外来宗教文化的结果。

凤翔村本主源于李文锦三兄弟为父寻药的传说，白族人认同和宣扬汉族儒家文化的"孝悌"精神，将李文锦奉为凤翔村本主，本主庙亦称"孝子祠"。凤翔村本主庙位于村落上方狮子山山麓，坐西朝东，面朝村子，与村中民居方向一致，周边都是墓地群（图4.15）。"本主庙的地点符合白族的'人神分离'的观念，与村民生活区之间的界限清晰，是当地村民区隔鬼神世界和人的世界的重要标志。本主庙一进两院，建筑本身为白色，远看与一般民居无异；庙内主院落右侧是赵公明的塑像，同列神坛的的还有三位子孙娘娘和痘二哥哥。"（赵娟，2017：37）本主庙是凤翔村最

---

① 中国人民政治协商会议云南省洱源县委员会：《洱源县文史资料第六辑》（文物专辑），第54页。

为重要的公共建筑，但"庙内仅塑像色彩比较艳丽，墙壁、屋顶、房梁等都以黑白为主色调，这样的装饰似乎给人一种感觉：本主是神圣的，但同时又和这里的人生活在一起"。（许沃伦，2013：45）

图 4.15　凤翔村本主庙（来源：张畅）

相较而言，位于村民生活区内的三教宫等宗教建筑的外观远胜过本主庙，大多建造精美，并有专门人员负责管理和打扫。但对村民来说，本主庙仍是最重要的。大多数受访村民都向笔者推荐去参观三教宫，而非本主庙，反映出在村民的意识里，本主庙属于村社内部精神信仰场所，三教宫则是对村社外部人员开放的旅游景点。凤翔村村民平日参加的宗教仪式活动非常多，但本主节仍是其中最盛大、最重要的仪式活动，全体村民都参与。村里每家每户经常到本主庙祭祀，村民遇到生活中的难处或有所求时都会到本主庙向本主祈求帮助或庇护，本主祭祀的频率是其他信仰无法企及的，本主庙也就成为凤翔村人来人往最多的地方。村民和管理者都说：

> 本主它是本地最好的神呢。所以读书考取了（学校），或者出去外面不管做什么的，回来都要去那里献本主。另一个是山神，每年过年回来都要祭山神，出去做生意都要依靠山神啊财神啊这些保佑。[1]
>
> 凤翔村所有信佛教的都信本主，这里本主庙的香火旺过任何一个其他寺庙，村民遇到难事就去拜本主。[2]

---

[1]　笔者根据 2016 年 8 月 17 日访谈笔记整理。
[2]　笔者根据 2016 年 8 月 17 日访谈笔记整理。

三 佛道儒与本主信仰融糅的景观

据1990年代凤羽考古发现和地方传说等资料推测，佛教在南诏时期传入凤羽。明代凤羽碑刻中多见"四字名"，即因当地人信佛而在自己的姓氏和名之间加一个一般为两个字的佛号。（李东红，2012：232-233、66-70）凤翔村附近海拔2370米中和峰帝释山麓的古寺建筑群建于元代，是凤翔村佛教及道教圣地。"据传明代高僧担当曾在此讲经说法，徐霞客、杨升庵、李元阳都曾到访过，1992年7月被列为洱源县重点文保单位。"（杜德林，2014）凤翔村大官路充口道路两侧矗立着两座喇嘛式古塔，当地人称"留佛双塔"，塔名源于留住佛母保凤翔四季平安、六畜兴旺和人寿年丰等白族民间传说。双塔是大理地区仅存的两座藏传佛教风格喇嘛式塔，多数研究者认为塔建造于明末清初；塔基为直径3米的多边形须弥座，北塔基座两台，南塔为一台，南北塔分别高5米和6米，双塔塔刹均为3层，塔身由石块垒砌而成呈圆柱体[①]（图4.16）。从留佛双塔的位置和相关传说来看，建在村镇道口和要冲的双塔属于风水塔。1980年代，双塔尚位于村外，双塔之间是宽阔的大道（即官道），塔后侧是大水碓与水磨，是凤翔村主要标志物之一。1980年代后期，乡村规模迅速扩展，民居建筑突破原来的村寨边界，双塔被众多民居包围，昔日古风美景不再。

图4.16 凤翔村留佛双塔（来源：张畅）

[①] 中国人民政治协商会议云南省洱源县委员会：《洱源县文史资料第六辑》（文物专辑），第53、59—60页。

凤翔村历代建造的"镇江塔""镇风塔"等佛塔，建造目的实际上与源于道教的堪舆学说和风水观念有关，说明凤翔村的道教、风水观念借助了佛教建筑的外壳传播。①"白族传统文化中的'佛道设教'于明太祖洪武十五年（1382年）终止，清朝'禁（佛）教'政策更加彻底，经过250多年，儒家思想获得主导地位，支配凤翔村社会生活的佛教信仰让位于儒教。"（李东红，2012：86-88）

道教传入大理时间比佛教更早，其与儒教相融合对凤羽文化的影响集中体现于照壁景观。凤翔村民居院落内外、书院、寺庙、村内等都建有照壁。中和充前有全村最大的，同时也是大理白族自治州现存最大的照壁，照壁上镌刻着"凤起蛟腾（西面）"和"中和毓秀"（东面），以及罗坪山十六峰的简介。②（图4.17）1980年代以前，大照壁拦在中和充大道中间，行人车马到此都得从照壁左右两侧绕行，是凤翔村的地标之一，彰显着中和充在凤翔村的重要地位，也是凤翔村的东面边界。凤翔村文庙建筑群的照壁也是大理州内最古老的照壁之一，造型简朴雄伟。照壁在凤翔村民居建筑中也有着特殊重要性。首先有实用功能，民居院落以西为主房，照壁建在东边院落正中，夕阳西下时从照壁反射的阳光把整个西房和院子照得亮亮堂堂。其次，与中原地区道教鬼神信仰和堪舆思想有关。还蕴含儒家文化内涵和意义。不仅中和充的"大照壁"，民居院落的照壁也是一面面文化屏风。"照壁上诗书画齐备，而且尽量择其善者。特别是照壁正中的四个大字，或写姓氏起源，如'石渠世泽'，或写治家理念，如'耕读传家'，或定家训家规，如'达正强和'等。照壁上还书写许多名言警句和古代诗词，或教育或陶情，不一而足。对外是一张家庭的文化名片，借以表述主人家的文化品格、文化品位；对内是图文并茂的幼学启蒙书。"（赵定甲，2014）凤翔村"文墨之乡"的儒教遗韵与道教避邪之意毫无罅隙地融合体现在照壁上。

最集中体现凤羽地区佛儒道同尊、三教融合的景观是位于中和充的"三教宫"（图4.18）。"三教宫"建于1925年，占地2000平方米，重檐歇山殿阁式建筑，飞檐斗拱，正厅有照壁，具有浓郁白族风格。建筑格局

---

① 中国人民政治协商会议云南省洱源县委员会：《洱源县文史资料第六辑》（文物专辑），第81—82页。

② 凤羽镇申报中国历史文化名镇领导组：《凤羽镇申报中国历史文化名镇文本》，第24页。

● 第四章 个案二：高原平坝桃花源——凤翔村 ●

图 4.17 凤翔村中和充"大照壁"（来源：张畅）

独特：大殿前伸部分为戏台，戏台下有水池，水池三面围着大理石栏杆，两边是月亮门。① 大殿内同龛供奉着释迦牟尼、太上老君和孔子塑像，圣谕堂标示的"忠恕""慈悲""感应"，分别对应儒教、佛教和道教思想。

图 4.18 凤翔村"三教宫"（来源：张畅）

四 乡村生活的信仰活动景观

凤翔村佛道儒与本主杂糅的信仰体系无形地渗透到村民日常生产、生活的方方面面，体现在乡村生活的各种信仰活动景观中。敬神、献神、娱神是节日庆典的主要内容；每家每户设有福台或祖坛，日常祭拜祖宗；村民出门远行、进出山或下田劳作也都要拜一拜各路神灵或祖先。

凤羽白族最重要的传统节日是本主节和火把节；同时，经过明朝二百多年的国家政治介入，儒学及汉族民间文化不断向凤羽白族地区渗透，到

---

① 中国人民政治协商会议云南省洱源县委员会：《洱源县文史资料第六辑》（文物专辑），第77页。

明末崇祯年间,汉族节日已成为凤羽民间的重要节庆,白族传统节日与汉族节日同存共庆,所以凤翔村现今的节庆活动很多(表4.5)。

表4.5 凤翔村节庆活动一览表

时间	节庆	活动主要内容	活动地点	参加的群体
正月	春节	抢春水;拜年、耍狮、鹤舞;起盖新居的人家请人"压地";儿童"尹尹悟"	家中、充巷里	各家、各充及全村
二月	本主节	迎本主、供奉本主、送本主	本主庙、各充祠堂	全村
	农耕礼俗	选好日子播种	田地	全村
四月	清明节	祭祖	家中、山上墓地	各家
	财神会	敬献财神	财神庙	信佛之家
五月	栽秧会	开秧门、栽秧	田地	全村
	田家乐	关秧门、谢水	村中广场	全村
六月	清源洞会	祭祀	清源洞	全镇
	火把节	祭祀火神		全村
七月	文笔塔会	祭文笔塔	山上文笔塔	有子女上学的家长
	中元祭祖节	祭祖	家中、村里	各家
八月	中秋节	家人团圆	家中	各家
九月	重阳节	敬祖先、敬老	家中、村老年活动中心	各家、老年协会会员
十月	祭祖	祭祖	山上墓地	各家
十一月	冬至		各家中	各家

(来源:根据杜德林,2014内容绘制)

农耕生产、生活习俗景观

凤翔村有"抢春水"的习俗,一般在农历大年三十晚上或农历"立春"举行,寓意新春第一天抢到的春水是吉祥之水、幸福之水,用这一天的水灌溉庄稼,庄稼就会长得好。"抢"是象征性的,参加抢春水的人们在欢声笑语中迎接新年。立夏前后的插秧过程也都要举办活动。活动中,同一水系的充选出德高望重的人为"秧官",负责调节供水和分配劳力;"开秧门"时,鳏寡孤独家庭得到村民的照顾,体现出习俗活动对村民的道德教化功能。各

第四章 个案二：高原平坝桃花源——凤翔村

种节庆活动中，全村男女老少身着节日盛装，宰猪杀羊祭祀，开展劳动竞技的逗趣活动，如"田家乐"，村民们扮成秧官、农夫、樵夫等，甚至扮成水牛、黄牛。（赵寅松，2005：70、63）"表演全部用白族语言、服饰、道具、音乐和乐器等，包含丰富的当地农耕文化。"（杨盈川，2014）

常年农耕劳作的凤翔村居民穿着素雅，除领褂色彩较鲜艳外，服饰多为深、浅蓝色和白色等冷色调；仅在袖口、裤腿边有少许花边或布条滚边作装饰，包头帕也是白蓝相间（图4.19）。"服饰整体搭配折射出人与自然和谐的心理，如，刺绣组件图案以花草、小动物最为常见，多为梅花、芍药、莲花、牡丹、石榴花等。参加宗教活动时，整套服饰色彩均为深蓝色，偶尔鞋饰有些艳丽色彩，显示对宗教活动的虔诚。"（杨浩来，2012）生活装与宗教活动服饰都很简洁、淳朴。

图4.19 凤翔村村民日常服饰（来源：笔者拍摄）

宗教活动景观

"凤翔村一般的宗教活动村民自觉有秩序地在各充的范围内进行，本主会、火把节、地藏会等大型会期活动时则不分区域，五个充联合举办，全村人共同参与。"（孔红霞，2016）本主巡游是村里最重大的宗教性节庆活动。现场调研了解到，本主以前是每家每户自费供奉，现在由政府出钱统一接到每个充的老年协会，并在晚上请人来表演，充里人聚在一起吃元宵，唱歌跳舞；也是村民文化娱乐和人际交往的一种形式，娱神亦娱人，增强族群凝聚力。凤翔村的白族村民也和彝族一样过火把节，且日期相近。"火把节是凤翔村和睦邻里，融洽乡情亲情的吉日良宵。现各充分别进行，或以社为单位组织，或临近居住的两个充的人家，或关系密切的几家共同竖一根火把。竖火把的选址也与彝族相同，一般由老年协会决定，将其竖在村口或村正中心位置，也有竖多根的情况。"（孔红霞，2016）

休闲交往场所景观

凤翔书院、武庙、三教宫等宗教崇祀区及其周围环境也是凤翔村最主要的村民聚集、休闲公共空间（图4.20）。"还有一些不是有意设计的自发形成的小型休闲场地，如，避风向阳的巷口，街角小店等都是村民日常交往的地点"（张金鹏、寸云激，2002：76-77），以及赶街的市场。

图 4.20 凤翔村村民在"三教宫"参加活动（来源：张畅）

习俗、婚丧礼仪景观

凤翔村民的岁时风俗与丧葬礼仪中也不乏道教信仰。村里白族人家建房，除看风水外，必安龙奠土；上梁时、房子落成时都必须举行仪式。建房仪式还体现出儒家思想，村民描述：

> 立柱的时候要待客。开始在场地中心挖一块石头，拿根红绳子、一个席子（把石头）包起来，放进去一元钱，包好后把它吊上（梁）去，意思就是压房的那个里面有钱；有的包一条墨，就是说要下一代好好读书上进。老的（规矩）相当重要。整好以后，在新房里吹唢呐。上梁以后要蒸馒头，蒸好后朝不同方向撒，客人们就来抢，抢着馒头就是运气比较好。

"民居大门上的彩画内容也多与道教神仙有关，大门的朝向亦按风水确定。"（李东红，2012：234－235）每逢春节，凤翔街上会有出售木刻的"甲马纸"和画有道家神符的符箓，敬神、祀神，张贴或者焚化以此敬神、通神。

凤翔村民的婚礼也是神人共鉴的大仪式，宗教仪式贯穿整个婚礼过程。婚礼前一天到当天，从祭祀村落的保护神本主仪式开始，到祭祖先、拜亲戚长辈、会亲，由神到人，以神灵、祖先、亲友见证的方式，让新人经历"成人礼"，完成社会角色转换过程，包含了凤翔村的所有社会网络。（李东红，2012：151－182）

第七节 "桃花源"的当下价值认知

明朝崇祯年间，徐霞客来到凤羽，在日记中称赞凤翔村"古之朱陈村、桃花源"。凤翔村今天仍然保留着"桃花源"景象：阡陌纵横，河网如织，只要没有大的自然灾害，水旱无忧，以农为本，没有工矿业污染，也较少现代生活的喧嚣，人们生活在绿树掩映的传统民居中，外界喧嚣很难打破这世外仙境般的沉寂。当下外来文化标签、各利益相关群体对乡村景观变迁的感知和价值认知，共同构成了对"桃花源"意象的新诠释。

一 乡村景观变迁感知

现场调研结果显示，各群体对乡村景观发生重大改变的时期与事件的认识一致，专家和管理者认为：

村子格局改变比较大的就是1951年，包产到户是一个大的变化节点，把村子的历史风貌给改变了。我们小时候，这里还是田埂，两边是田，现在全建了房子，都看不出来了。以前文庙（书院）建筑群规制很完整，照壁、泮池、牌坊、大成殿都有，原来的大街从大官路至中和绕着文庙走。五几年后，街道"裁弯改直"，从文庙（建筑群）中间穿过，（文庙建筑群）被一分为二（图4.21）：大街西边成了凤翔小学，搬到大村口后充和白石江中间；（大街）东边泮池改为合作社，武庙变成了文化室。八几年，村子修了'机耕路'，几乎大了一倍，建了许多房，到九几年，北面白石江那里建了开发区，很多人迁过去了，同宗姓的也不在同一个充了。原来村里的空场（地）都起了商铺或住宅。①

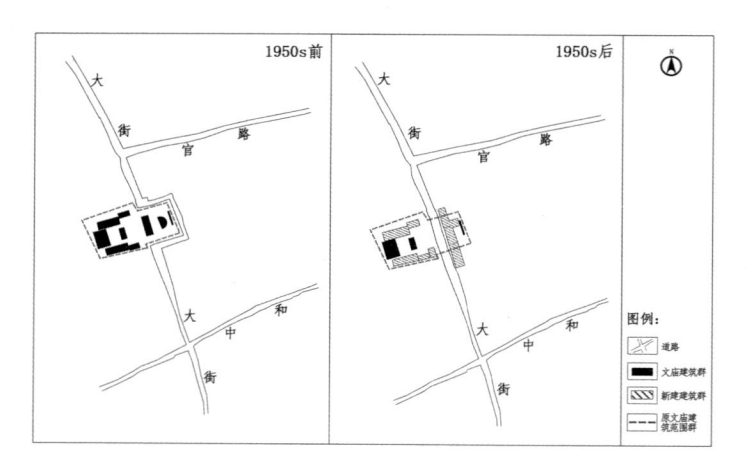

图4.21 凤翔村大街文庙建筑群格局变化示意图
（来源：笔者团队成员绘制）

分田地、打倒地主豪强后，院落里的居民就不同姓同宗了，不说都不认识，但七八家可能有四五个姓，现在院落里住的是本家的都

---

① 笔者根据2016年8月17日访谈笔记整理。

● 第四章 个案二：高原平坝桃花源——凤翔村 ●

很少。①

原来的文庙照壁现在被锁在合作社银行的后院中（图4.22）。"社会变革或市场冲击造成乡村居住空间的重大改变，也改变了人们对充的传统观念，深刻影响了凤翔村的社会关系与人文环境，在根本上改变了当地的文化传统。"（李东红，2012：109）

图4.22 凤翔村文庙照壁及周边环境现状（来源：张畅）

各群体对乡村景观要素变化的感知集中在水资源、古树、气候和道路等与日常生产、生活密切相关的方面：

以前五个充子每个都有水，而且水量都比较大，使用非常方便，村子下面还有好几个水碓，现在少喽，没有那么多的水了。

以前白石江水很大，现在都没有多少了，凤翔村水量全部在减少，地下水也在减少，现在每个充都有几个公共的浅水井，但井水不太好。

槐树，古槐，原来每一个充有好几棵。现在极少，而且都非常老了。我们家大门口那棵树，我印象非常深，小时候几个小朋友就从下面钻在里面玩。官路充现在没有（古槐）了，中和充还有两棵（图4.23）。②

各群体都认为当地气候变化的主要原因是农地利用方式的改变。种田

---

① 笔者根据2017年1月13日访谈笔记整理。
② 笔者根据2016年8月17日访谈笔记整理。

图 4.23　凤翔村中和充古槐树（来源：张畅）

仍是凤翔村民的主要生计方式，但近年来的大面积旱地种植使水田比例大为减少。管理者说：

> 现在旱田多，原来的稻田改种了蓝莓，最好的地给蓝莓公司种蓝莓了。气候变热了，种水稻可以调节气温，水田里以前有小鱼，现在很少。①

> 村民也反映：如果是种水稻，各方面还是好一点，气候也可能也比较好一点，没这么热。而现在都是旱地啦，所以就不适应。②

近年古驿道修复工程很大程度上改变了村内道路景观，但村民和管理者都认为效果并不理想（图 4.24）：③

---

① 笔者根据 2016 年 8 月 17 日访谈笔记整理。
② 笔者根据 2016 年 8 月 17 日访谈笔记整理。
③ 笔者根据 2016 年 8 月 17 日访谈笔记整理。

● 第四章　个案二：高原平坝桃花源——凤翔村 ●

现在规划的都是青石板，以前就是取自然的大的小的石块，只要地面是平整的就铺上去，没有这么讲究，但是经过几代人步履的摩擦，非常光滑，一块一块非常好看。

我们现在做的工程就是把它（古道）恢复，但怎么做也做不出原来那种感觉。（古道）经过几个世纪呀！看得到历史痕迹。

图 4.24　凤翔村古驿道与整修的石板路（来源：张畅）

图 A—图 C 古驿道路面，图 D—图 E 整修路面。

村内的公共空间从过去的古槐树下变成了老年协会。地方专家描述：

以前每一个充有好几棵（槐树）。自然的古槐树下面就放了很大的条石，就是人最集中的地方，就是一个活动场所。老人吃完饭去上面坐一下。小朋友就在那个地方玩。那些石块磨得非常光滑。现在（的活动场所）就是老人协会。①

村民表示村里没什么地方可去，休闲最多是路边坐坐或到老年协会（活动中心）（图 4.25）：②

早晚就是顺着这个官路充的这个道走走。

（这里）就是没有城市里的那个环境，有些老人闲的时候就在老年协会打打麻将啊，也看书啊；有些再老的呢，他只是在路边坐

---

① 笔者根据 2016 年 8 月 17 日访谈笔记整理。
② 笔者根据 2016 年 8 月 17 日访谈笔记整理。

一下。

图 4.25　凤翔村充巷的公共活动空间（来源：笔者拍摄）

村民的服饰也有变化，村民说：

> 年轻人穿（传统服装）不多，我们老的一辈留下来的衣物可惜了，但穿不穿也是个问题，热天穿真的有点热。我们现在的衣服、装饰都是改变了。①

凤羽镇有"中国历史文化名镇"的称号，其核心部分凤翔村2014年被列入"第三批中国传统村落"。对照《云南省洱源县凤羽镇申报中国历史文化名镇报告》，"中国历史文化名镇"称号确认了凤翔村帝释山寺观群、本主庙、文庙、武庙、三教宫、留佛双塔、古驿道、传统民居等文物古迹的文物价值、历史价值、文化价值和地方民族特色。本主庙古桥、凤翔小学内的古银杏树，中和充的槐树、古井，官路充古井，武庙古碑等的价值，以及凤羽传说、白族调、田家乐、板凳戏、吹吹腔、霸王鞭、洞经音乐等地方民俗的非物质文化价值，在中国传统村落称号下得以识别。

二　当下各利益相关群体的价值认知与诉求

凤翔村尚未正式开发旅游，几乎没有游客和旅游经营者。田野调查中访谈了凤翔村的三类利益相关人群，包括管理者两人、当地专家两人和村民六人。

各利益相关群体对村落价值的总体认知

运用Nvivo软件与BlueMC软件分析生成凤翔村访谈数据词云图（图4.26）。

---

① 笔者根据2016年8月17日访谈笔记整理。

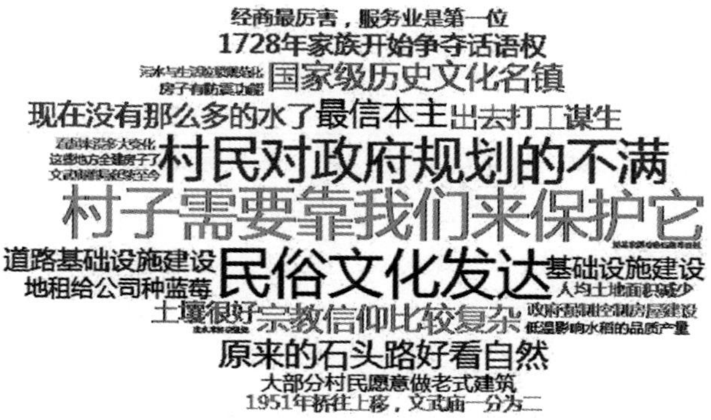

第四章 个案二：高原平坝桃花源——凤翔村

图4.26 凤翔村访谈数据词云分析图（来源：笔者团队成员绘制）

运用Nvivo软件，在开放编码中，从原始语句析出111个初始概念，归纳合并后获得25个范畴（表4.6）；随即在主轴编码中聚类、归纳出"气候限制条件与调适""土壤条件得天独厚""水资源减少与管理措施改进"等11个主范畴（表4.7）；最后，在选择编码过程中，从主范畴中进一步挖掘核心类属，组织、提炼出"自然资源利用与调适""政治动因改变村落空间格局""产业结构转变""传统文化传承"这四个文化景观价值主题，获得各利益相关群体对凤翔村价值认知的总体图景（图4.27）。

表4.6　　　　　　　　凤翔村访谈数据开放编码结果表

范畴	初始概念
A1. 低温气候不利于水稻的生长	a1 海拔比较高，下雨气温降低，对水稻有影响；a2 气候影响水稻的品质；a3 气候影响水稻的产量；a4 租地给蓝莓公司种蓝莓
A2. 土地承租给公司，收租金	a5 年轻人外出打工，老人来不及种地；a6 人均耕地少；a7 气候的制约，种水稻产量不高；a8 土地气候适合种蓝莓；a9 蓝莓公司选走最好的地
A3. 土壤适宜种植	a10 经过上百年的耕种形成一个比较硬的土层；a11 凤翔的地是湖底淤泥形成的；a12 土壤适合种植；a13 油菜花基地，油菜品质是最好的
A4. 水资源充足，但水量在减少	a14 一年四季山上的水源源不断；a15 凤羽有8条以上的河流；a16 每个冲的水量都比较大；a17 当时有3个水碓，水量很大，现在水碓减少了；a18 居住的人多，水量减少了；a19 河流水量全部在减少，地下水也在减少

续表

范畴	初始概念
A5. 建水库，管理水资源	a20 建凤羽水库，灌溉更容易解决；a21 凤羽湖遗址变成人工的凤羽大坝
A6. 污水、生活垃圾规范处理	a22 污水管道的装置；a23 动物粪便收集；a24 生产生活垃圾规范化；a25 检查水质
A7. 地基软影响房屋的牢固性	a26 受气候条件影响，土质松软；a27 土质越往下越软，房屋越不牢固
A8. 修路要因地制宜，顺民意	a28 以前的路好，鹅卵石好看自然；a29 修平整路面，老人不易摔倒；a30 为了便捷，老路被打通；a31 大官路修复工程；a32 邓凤路通车修路；a33 铁甲路开通，穿过罗平山，可以去到云龙、漾濞、帝释山寺庙群，去到邓川；
A9. 民居建筑有防震功能	a34 处在两个断裂带中间，破坏性的地震没有；a35 地震最近这几年多一点；a36 重檐歇山式是梁的建筑形式，建筑有防震功能
A10. 农田面积锐减	a37 房子占用农田面积；a38 外出打工，农田被荒废
A11. 农耕劳动力流失	a39 农耕收入低；a40 年轻人出去打工做生意；a41 人均耕地少，加上气候制约，所以选择租地给蓝莓公司收租金
A12. 人均土地面积减少	a42 人口增多；a43 房子占用农田面积；a44 农田被荒废
A13. 旅游宣传主打"国家级历史文化名镇"的品牌标签	a45 最主要针对散客，希望我们散客自身加入生态旅游、民俗、民宿；a46 凤羽是一个历史文化名村，具有历史价值；a47 去凤羽感受民风民俗、白族传统文化；a48 凤羽在外的文化人士特别多，通过他们对本乡本土一种乡愁来带动他们去做宣传
A14. 商业、服务业等产业迅速发展	a49 我们这个村子传统上就有经商；a50 土地面积太少了，一部分人弃农从商；a51 凤羽经商最厉害，主要是当流通商人；a52 有民营企业，起凤村的凤砚，美食，小吃，小白糖（糯米、苞谷），马铃薯（耗子洋芋）；a53 榨油坊很多；a54 凤翔村农业的比重排到第二位，服务业是第一位，出去主要干餐饮、宾馆，还有其他旅游服务业，还有做买卖，少数的建筑业；a55 凤羽的特色产业迅速发展，如刚刚挂牌的小白糖，菜籽油，砚台
A15. 1728 年文化空间的奠定	a56 在南诏时期文庙已经有了；a57 1729 年重建，改名为凤翔书院，作为学堂学生教室；a58 书院建设以后到 1728 年，出现第一个进士，家族开始通过科举制度争夺话语权；a59 赵辉璧在外地做官，辞官以后对凤羽书院的发展做出了巨大的贡献
A16. 1951 年桥往上移，破坏原本格局	a60 在过去文庙的布局都是有一个拱桥，拱桥在村子的正中；a61 重大的改变在 1951 年，桥往上移，把路打通，就是现在政府前面这一条，就把现在的文武庙一分为二；a62 文庙对于村子的格局改变比较大的话就是 1951 年，历史风貌也改变了，基本格局就形成了

● 第四章 个案二：高原平坝桃花源——凤翔村 ●

续表

范畴	初始概念
A17. 文武庙一分为二的格局延续至今	a63 格局保持不变，建筑局部修复
A18. 政府强制手段控制建筑高度、样式	a64 新建筑统一控制在 8 米；a65 满足规划要求，政府给予经济上补助；a66 执法部门强制保护传统建筑
A19. 对交通等基础设施的投入	a67 修青石路，平整路面；a68 安装路灯
A20. 恢复传统民居的建设	a69 大部分村民愿意做老式的建筑；a70 恢复传统建筑修复，政府给予经济补贴；a71 修复传统建筑，修旧如旧；a72 用强制手段保护传统
A21. 村民对政府规划的诉求	a73 政府工作怠慢，效率低；a74 对老人活动中心的需求；a75 以前的路好，鹅卵石好看自然；a76 发展经济；a77 交通基础设施不完善；a78 公共厕所不够；a79 发展旅游业，多吸引游客来了解凤羽文化；a80 修补房屋政府没有补助；a81 老式建筑与新式建筑的冲突；a82 古槐树减少，没有被保护起来
A22. 多种信仰的宗教结构	a83 本主；a84 佛教；a85 道教；a86 儒教
A23. 对本主的精神寄托与迷信	a87 最信本主；a88 本主是本地最好的神；a89 家家户户都要祭拜本主；a90 外出回来都要拜本主；a91 各充信奉的本主不一样，跟政治地位有关；a92 村民自发建一个山神庙来祭祀；a93 定期做会，拜本主
A24. 建房仪式、做会、照壁题字等习俗传统的延续	a94 建房要立柱，接着请客人到家里，把柱子染红，通席子包住一块钱、纸笔墨、拿红绳系在席子上，席子吊在梁上，笔和墨寓意读书上进；a95 如果院里，还要建一院，要把梁染红，在新房吹唢呐，洒洒上梁，接着蒸馒头，撒馒头，寓意好运气；a96 照壁历史悠久；a97 定期约定俗成；正月的初一到十五，祭祀本主；a98 凤羽的传统艺术：吹吹腔、板凳戏有自己的调，全部用传统凤羽服装，40—50 岁老人组的文艺队，凤羽霸王鞭是整个洱源最古老最原始的，洞泾音乐也有自己的特点；a99 照壁题字基本上姓氏最多，大部分是他的憧憬，希望家里面成为什么样的人，一小部分照壁受到西方传教士的影响；a100 堂屋的楼上供奉祖先；祭祖的仪式就是烧纸盒子，衣裳啊，金银子啊
A25. 民族身份认同感	a101 宗教包容性强；a102 保留古庙、古塔、古戏台，历史价值丰富；a103 传统服饰精美；a104 村子需要村民团结起来，一起保护它；a105 村民很重视家谱族谱的传承；a106 大部分愿意做老式的建筑，他们意识到要与周边的环境一致；a107 强调传统文化传承的重要性；a108 文庙是凤羽文化名片，对于村民来说是很重要；a109 强调自然的保护，如古树的保护和水源的保护；a110 老人协会规范村民纪律；a111 以前的路好，鹅卵石好看自然

（来源：笔者绘制）

表 4.7　　凤翔村访谈数据主轴编码主范畴结果表

范畴	主范畴	主轴编码
A1. 低温气候不利于水稻的生长	气候限制条件与调适	自然资源利用与调适
A2. 土地承租给公司，收租金		
A3. 土壤适宜种植	土壤条件得天独厚	
A4. 水资源充足，但水量在减少	水资源减少与管理措施改进	
A5. 建水库，管理水资源		
A6. 污水、生活垃圾规范处理		
A7. 地基软影响房屋的牢固性	地形地质条件限制与应对	
A8. 修路要因地制宜，顺民意		
A9. 民居建筑有防震功能		
A10. 农田面积锐减	稻作生产作为生计失效	产业结构转变
A11. 农耕劳动力流失		
A12. 人均土地面积减少		
A13. 旅游宣传主打"国家级历史文化名镇"的品牌标签	旅游、服务业等第三产业迅速发展	
A14. 商业、服务业等产业迅速发展		
A15. 1728 年文化空间的奠定	1728 年奠定文化空间基础	政治动因改变村落格局
A16. 1951 年桥往上移，破坏原本格局	1951 年格局破坏并延续至今	
A17. 文武庙一分为二的格局延续至今		
A18. 政府强制手段控制建筑高度、样式	当下《历史文化名镇规划》冲击空间格局	
A19. 对交通等基础设施的投入		
A20. 恢复传统民居的建设		
A21. 村民对政府规划的诉求		
A22. 多种信仰的宗教结构	宗教信仰多元、包容	传统文化传承
A23. 对本主的精神寄托与迷信		
A24. 建房仪式、做会、照壁题字等习俗传统的延续	习俗与文化传统空间保留	
A25. 民族身份认同感		

（来源：笔者绘制）

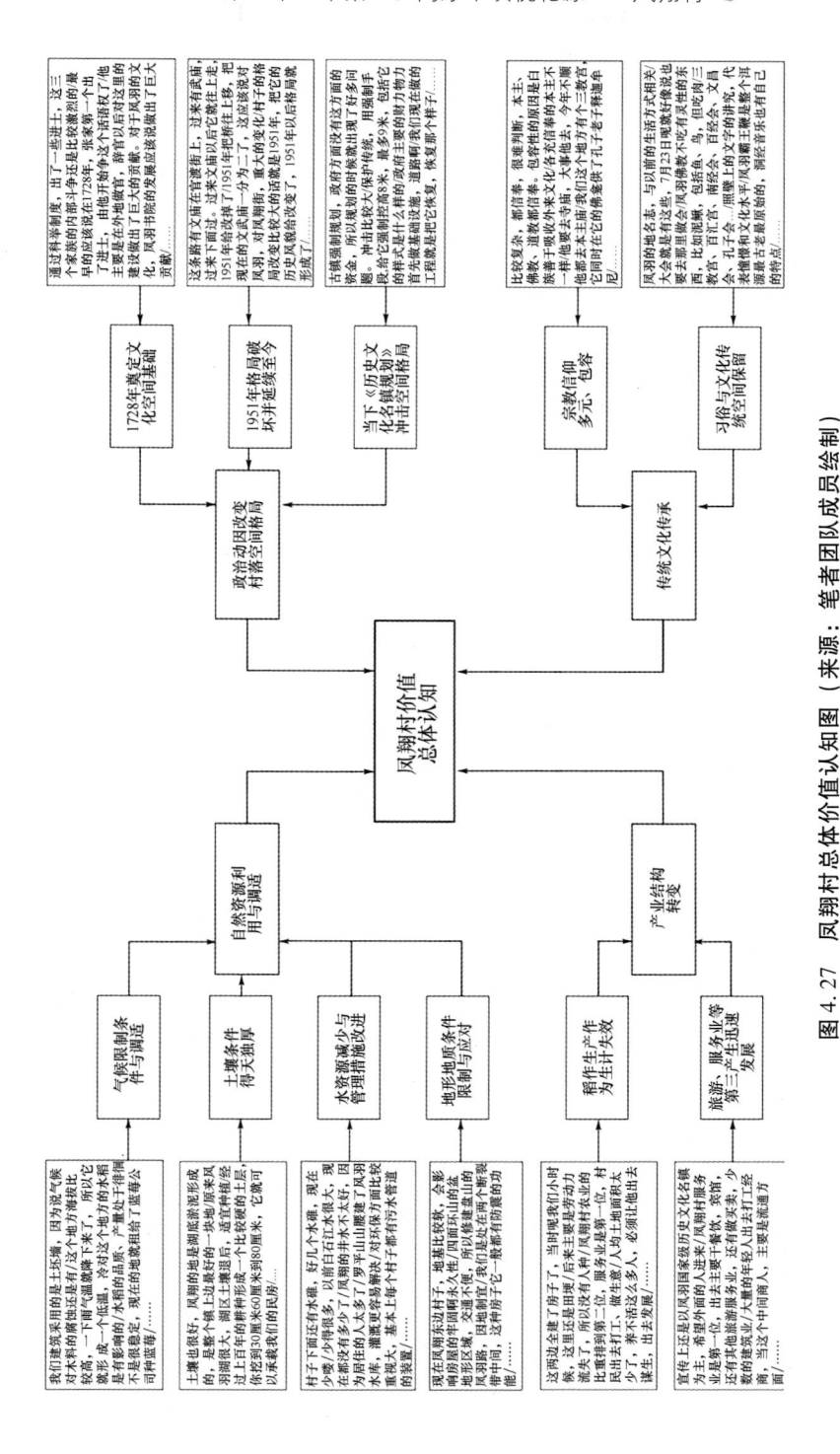

● 第四章 个案二：高原平坝桃花源——凤翔村 ●

图 4.27 凤翔村总体价值认知图（来源：笔者团队成员绘制）

对外来文化标签的价值感知

所有受访者都知道凤羽镇是"中国历史文化名镇",但不同群体对其内涵的理解不同。村民从生活角度认为是指"鱼米之乡":

> 凤羽是鱼米乡。以前我们这个稻田里面有还能小黄鱼,是自然的鱼,很好。可是现在已经没有啦,不然田里面有泥鳅、黄鳝。①

一位管理者认为,凤羽可以通过国家级历史文化名镇的品牌效应吸引更多游客;另一位管理人者认同这一称号是对凤羽有 22 个省级保护单位、三个州级保护单位,以及两个省级非物质文化遗产传承人、五个州级文化传承人以及两个县级文化传承人等物质与非物质遗产价值的肯定。

对凤翔村最突出价值及保护发展重点的认知

受访地方专家对水、道路和古树的感知最强烈;同时,认为宗教、文庙、油菜最具有代表性和突出价值:

> 给我最深印象的一个就是水,第二是它的路,非常好看,有些小巷现在还有,大路经过改造就没有了,第三就是树,古槐树。
>
> 凤翔的宗教应该是最有代表性的,"三教宫"同时供了孔子、老子、释迦牟尼,三教的始祖,这是非常少见的。它并不是几个宗教互相排斥,而是能够包容,(这是与其他地方)最大的区别。
>
> 文庙最重要,因为我们有一个风俗习惯,孩子满月时一定要抱进来(文庙),现在还有。因为这个地方出了很多文人。还有一个情况,在外打工的人回来,都要先进来(文庙)拜一下,带回来朋友也都要向他们展示一下我们有这么好的文庙。这是文化名片。所以这个(对文庙的)情结啊,是要一直传承下去的。
>
> 油菜品质是最好的,是适合这里的土地和气候的。我们带点礼物出去,就是一瓶正宗的凤羽油菜籽榨的油。②

---

① 笔者根据 2016 年 8 月 17 日访谈笔记整理。
② 笔者根据 2016 年 8 月 17 日访谈笔记整理。

第四章　个案二：高原平坝桃花源——凤翔村

受访管理者认为凤翔村的石头路、土地与特色产业、民俗文化、读书和经商的才能等，与其他地区相比有突出价值：

> 庭院里全都是河里、河边捡的石头，只要有一边是平的，大小差不多就可以用了。平的一面在下面，并不断调整它，下面是土，不动不摇的，好处是透水，永远不会积水，也不脏，铺的时候有工艺，不会有土。只要有项目，我们就鼓励这种做法。
>
> 主要是凤翔村的地比较好。村里以前都是油菜，开花时整个坝子黄金灿灿，特别漂亮。榨油是特色产业，刚刚挂牌的有小白糖、菜籽油，砚台。
>
> 读书最厉害，经商也最厉害。①

基于这种价值认知，管理者提出保护发展的重点是凤翔村原汁原味的白族文化、民俗风情以及乡村特色；政府应把财力、物力首先投入到基础设施和交通道路上，并加大媒体宣传力度，吸引更多游客来体验本地民俗。

村民认为民居、石子道路或庭院和以前"充"的格局是好的、有价值的；保护老房子很重要，最好不要改变；在保护和建设的过程中，文庙很重要，不要改变；需要保护路，以及古树、水源等自然环境：

> 以前我们这些路是小石头的，这些老房子或者是鹅卵石的路很好。
>
> 以前我们这个村子是最好的，你看那边两个村子，就只隔了一个村路，一边是充头，一边是充尾。
>
> 老的（房子）这些砖冬暖夏凉，二百多年的。

受访村民都提出乡村发展的重点就是要发展经济，包括基础设施建设和修路。其他重点是发展旅游，让游客进来感受凤翔村文化，以及发展教育，提高年轻人的文化修养。

---

① 笔者根据2017年1月13日访谈笔记整理。

围绕乡村保护与发展的价值诉求和冲突

受访管理者和当地专家都认同,由于气候制约、缺乏劳动力、人口增长过快、人均土地面积少等,凤翔村村民生活不易,帮助村民脱贫致富是政府的重点工作,乡村保护也是工作任务之一,但民生问题第一位。目前,政府部门牵头的乡村保护与发展工作刚起步:

> 这个村子的谋生,第一就是重视子女的教育,因为村子人均生产土地不到 0.5 亩,养活不了这么多的人,所以通过读书出外谋生。第二个(途径)是大量年轻人只能出去打工,第三个就是说村子传统上就有经商,不是那种大的商铺,主要是流通,不是自己加工。
>
> 民生项目朝前,修复项目得放在后面。凤翔景区管理所现在两个人,"古乡村保护办公室" 2016 年 12 月才授牌,具体就是历史建筑、非遗保护这一块。目前还没有对凤翔村的历史建筑进行测绘。团队旅游几乎没有,没有专门作为一条旅游路线上的点,散客也很难估。①

乡村保护发展涉及土地利用、非物质遗产、旅游等方面,目前都受到村经济发展滞后的阻碍:

> (租给外来公司种蓝莓)只能说是暂时没有更好办法下的选择。
>
> 传统手工艺还有用处,但问题是现在机雕比较多,大多数人的经济能力只能达到买机雕这个档次的,手雕工艺的价格是机雕的几倍,能够接受这个价格的毕竟很少。
>
> 凤羽居民多,生产生活都在镇上,很难搬迁。村民可以参与保护,但面积、人口、生产生活密度大,政府财力不够。不搬迁也是可以发展旅游,但需要老百姓有这个意识。凤羽的老百姓思维、思想很开放,包容。②

《凤羽中国历史文化名镇保护详细规划》是管理者工作中现在最主要

---

① 笔者根据 2017 年 1 月 13 日访谈笔记整理。
② 笔者根据 2017 年 1 月 13 日访谈笔记整理。

第四章 个案二：高原平坝桃花源——凤翔村

的和仅有的依据。该规划虽然有传统建筑与景观保护和整治、凤羽镇旅游开发和新居建造等内容，但重点放在保护建（构）筑物和古树。① 管理者和当地专家都认为，制订保护规划很有必要，但现有规划及其实施都存在问题，修复古建筑的资金需求很大，加上村民不了解规划，在规划执行过程中，管理者与村民之间难免产生矛盾。

村民对于乡村保护有两点明确认识，一是要靠村民自己，二是要有经济基础，期盼发展旅游。乡村保护的社会价值和经济价值在村民的诉求中是一体的：

> 都是要靠人来保护它。每个人都好像爱护自己东西一样，那它就不会损坏掉。
>
> 第一点就是发展经济。要修整什么啊，都要需要经济来源的。像我们村建厕所的钱都是凑的。
>
> 希望游客来多一点，不是单单我们一家希望，不是说要钱的问题，而是说游客来了以后，能够把我们这个凤翔村建得更好，对农民各方面都是比较好，（让外面的游客）能够认识一下我们这里。②

村民表示对政府和村干部各方面工作总体满意，尤其是政府对困难户的帮助做得很好。但对于道路、公共厕所等基础设施和公共服务设施的建设，则认为耗时长，效率低，影响了村民的生活：

> 我们门口的这些路已经整了四次啦！
>
> 这个房子有一百多年了，房子上的那些草会对房子不好啊。他们总是不来修，我们也没办法。
>
> 以前我们门口这里栽的花多漂亮啊，现在搞整修，把花拔掉了，所以有时候你修老房子要体谅一点我们，对不对。③

---

① 洱源县凤羽镇人民政府、大理白族自治州城乡规划设计研究院：《凤羽中国历史文化名镇保护详细规划》，第6、15页。
② 笔者根据2016年8月17日访谈笔记整理。
③ 笔者根据2016年8月17日访谈笔记整理。

第八节　小结

本章解读、提炼出凤翔村六个文化景观价值主题及其价值载体。

"高原平坝聚居生存" 主题揭示了凤翔村白族与高原坝子这类地域环境建立的自然资源利用聚居和传统农业生计的价值关系，解释类似地理环境中的普通乡村景观成因及其选址和乡村营造智慧。该价值主题下的景观载体包括村寨与周边环境的空间格局关系、水旱兼作的农田与乡村构成的立体式土地利用模式、住屋样式及建造技术、传说、村名及地名等。

"融合自然、社会与信仰的乡村结构单元'充'" 主题诠释了"充"依托自然资源分布特征形成和伴随乡村社会发展与自然持续互动的过程、赋名的象征意义、与乡村信仰体系之间的相互支撑关系，以及对于村民认同感和归属感的意义。该价值主题下的景观载体包括："充"的结构（包括水系、道路及路旁空地等构成要素），充名，充与田地、山神庙及宗教活动的空间对应关系等。

"西南边疆经济流通历史变迁的见证" 主题解释了凤翔村白族在此地聚居和全面发展时期，作为茶马古道枢纽，与外来经济、文化建立互动关联，并开掘出乡村地域位置经济价值的历史。这一价值主题下的景观载体包括古道、街巷结构、古商铺及住屋形式的对应特征以及村民"以商养农"的传统和风尚等。

"'文墨之乡'——政治介入下的文化交流与重构" 的价值主题解释了伴随与外部经济的交流，凤翔村与外来文化的互动及本土文化重构的过程和结果。充分展示了如凤翔村等白族乡村深受汉族传统精英文化濡染的特点。这一价值主题下的景观载体包括：书院（小学）等教育场所、宗祠家谱与族谱、与姓氏有关的题铭、崇尚读书求学的传统等。

"众神庇佑的乡村景观" 主题解释了凤翔村在吸纳汉族文化架构的同时，在国家和民间两个层面保留自身独特白族民族文化和民俗风情的价值建构。该价值主题下的景观载体包括：佛塔等宗教建构筑物及环境、日常生活中的节庆等习俗活动。

"'桃花源'的当下价值认知" 主题对照运用预设框架解读的价值主题发现，当下各利益相关群体的认知汇聚为"自然资源利用与调适""政治因素改变村落空间格局""经济产业结构转变""当下活态文化"四个价值主题,但缺失对"充"的价值主题认知,反映出村民对充这一社会结构的观念已发生改变;同时,各群体对政治力量对乡村改变的影响感知明显。

  各群体对凤翔村最突出价值及保护重点的认知存在差异,管理者群体最认可民俗文化;当地专家对乡村景观要素如水、路、树、宗教、文化以及产业等有更全面的价值认知;村民最关注与其生产、生活密切相关的自然与文化环境。围绕乡村保护与发展,各群体对发展经济、脱贫致富具有共识。当地专家和管理者坚持依据规划保护发展乡村,但都认为保护发展规划及实施问题很多。村民自身作为保护主体的意识很强,认为保护乡村与发展经济应相辅相成。各群体价值认知与研究识别的价值主题相关,但都有所缺失。

第五章 个案三：红河谷世界遗产地哈尼寨——阿者科村

第一节 背景与村落概况

一 县域背景

阿者科村位于云南省红河哈尼族彝族自治州元阳县红河哈尼梯田世界遗产地内。元阳县地处低纬高原哀牢山地区，境内层峦叠嶂，沟壑纵横，无一平川。"海拔差异明显，地势由西北向东南倾斜，红河、藤条江两干流自西向东逶迤而下，地貌呈中部突起，两侧低下，地形呈'V'形发育。水系密布，山岭之中多溶洞，具有较典型喀斯特地形地貌特征。海拔700米以下是干热河谷区，仅占全县总面积的5%；700—1400米是半山区，约占全县总面积的53%；1400—1800米是上半山区，约占全县总面积的31%；1800米以上的高山区约占全县总面积的11%。土壤随海拔垂直分布。鸟瞰全境，'两山两谷三面坡，一江一河万级田'。"[①] 全境属亚热带山地季风性气候，气候垂直差异突出，"一山分四季，隔里不同天"，显著的立体气候形成了自然生境与生物群落的多样性。"干热河谷区的常年高温使江河之水大量蒸发，水蒸气源源不断层层上升，在高山遇冷气团形成云雾，使如阿者科村所在的上半山区终年被大雾笼罩，年均降雨量高达1397.6毫米，云海景观格外神奇壮丽。"（金子，2014）

旧时红河南岸被称为"江外"，是一个充满神秘传说的化外之地。自明清元阳县得以规模开发，其土地利用、人口和族群分布也与气候分区一

---

① 元阳县旅游局、上海同济城市规划设计研究院：《元阳哈尼梯田旅游发展规划（2013—2030）》，2013年，第4页。

致,具有山区立体分布特征。总体上,高山区是云雾林带,几乎无人居住;海拔1400—1800米之间的上半山区,分布着较广范围的梯田,哈尼族村寨多集中于此,也有苗族和瑶族在这个范围内居住;壮族多居住在下半山;傣族在河谷区定居。([日]安达真平,2010:3-5)目前,元阳县是中国境内哈尼族人口最多的县,境内居住有哈尼族、彝族、汉族、傣族、苗族、瑶族和壮族七个主要族群,少数民族占总人口的88.62%,哈尼族占53.3%。县境内各族群历史悠久,民族风情浓郁,形成具有族群特色的三百多项物质和非物质文化遗产,以及梯田文化、火塘文化、谱牒文化等异彩纷呈的民族传统文化。

元阳县历来是个农业县,县域自然地理和气候特征比较适宜种植水稻。一千多年来,以哈尼族为代表的族群聚集在这里建设村寨、开垦梯田及种植水稻,创造了借助山体坡度灌溉稻田的梯田农耕系统①和奇绝的景观。元阳县曾长期仅有一条省道(S214)与外界连通②,2010年基本形成了以省道、经济干线和县道为主线,乡道为补充,村道为辐射,横连东西、纵贯南北的"三横七纵"公路交通网络,元阳机场正在建设中。但连接各乡镇的道路等级均为较差的四级路,交通区位的重要地位与其道路建设水平反差仍较大。2017年时元阳县仍是国家级贫困县之一。

二　红河哈尼梯田世界遗产概况

2013年6月22日,元阳县境内的红河哈尼梯田以符合世界遗产标准(iii)、(v)登录为世界遗产文化景观,成为全球范围内具有突出普遍价值的且首个以少数民族命名的世界文化遗产(UNESCO,2013)。

红河哈尼梯田遗产区位于"照叶树林带"③稻作文化圈和元阳县境内水稻梯田景观的中心地带,总面积为46104.23公顷,包括遗产区

---

① 国家文物局:《红河哈尼梯田申报世界遗产文本》内部资料,红河哈尼梯田世界遗产管理局提供,2011年,第3页。
② 元阳县旅游局、上海同济城市规划设计研究院:《元阳哈尼梯田旅游发展规划(2013—2030)》,第10页。
③ 指"从亚洲喜马拉雅山南麓东经不丹、印度、缅甸、中国云南南部、东南亚泰国、老挝、越南的北部和中国长江南岸直至日本西部这一广阔地带之内,生长着以青冈栎为主的常绿阔叶林的地理带。'照叶树林带'的山地和森林孕育了不同于其他地理带的独特的以水稻耕种为代表的文化圈"。参见国家文物局《红河哈尼梯田申报世界遗产文本》,第19页。

（16603.22公顷）和缓冲区（29501.01公顷）。遗产区覆盖元阳县下辖的一个镇（新街镇）两个乡（攀枝花乡、牛角寨乡）18个行政村82个村寨。遗产区边界基本上与其所属村镇行政区划界限重合，缓冲区边界是遗产区外围的第一层山脊连线。

"东观音山主体横贯遗产区，阻挡了北方冷空气的南侵和来自热带太平洋和印度洋的两支暖湿气流，形成地形雨。山上的省级自然保护区森林覆盖率达69%，是哈尼梯田重要的水源涵养区，与交叠分布于山体致密岩层中的疏松砂岩体形成的'地下水库'，化作山间常年不息的清泉和溪流，形成'山有多高、水有多高'的独特地理环境。遗产区内土地利用包括水梯田、旱地、林地、草地、园地、水系、村寨、道路等8类，聚居着3.78万哈尼族人，约占总人口数的70%，是耕耘梯田的主体族群。红河哈尼梯田以最具代表性的集中连片分布的水稻梯田为核心，包括梯田所依存的水源林、灌溉系统、民族村寨、与水稻种植有关的传统习俗等所有要素，紧密结合形成一种独特的'四素同构'（森林、村寨、梯田、水系）整体景观（图5.1）。这一景观格局真实、生动地展现了人类在确保和谐状态下对自然的极致利用状态及其演进规律。"①

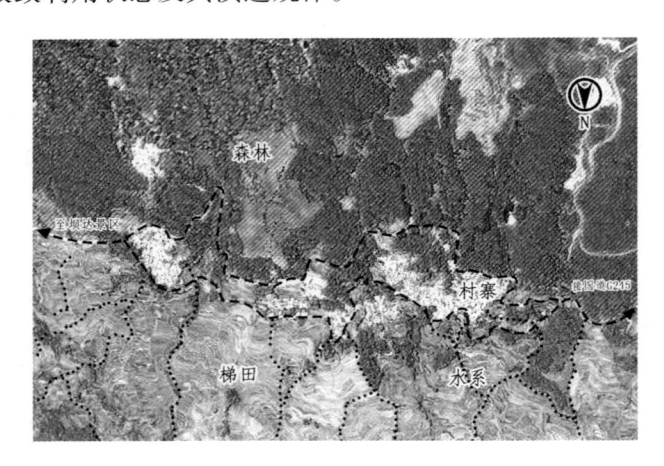

图5.1　红河哈尼梯田世界遗产区景观格局平面示意图（来源：《红河哈尼梯田申报世界遗产文本》，第26页）

---

① 参见国家文物局《红河哈尼梯田申报世界遗产文本》，第22—30页。

● 第五章　个案三：红河谷世界遗产地哈尼寨——阿者科村 ●

"遗产区包含规模最大最集中的三组水稻梯田片区即麻栗寨河，大瓦遮河、阿锰控—戈它河（Amengkong-Geta）流域在内的坝达（菁口）、多依树、勐品（老虎嘴）片区，集中体现了红河哈尼梯田文化景观的突出特征。三个片区分属三个小流域，呈现不同景观特征：坝达片区坡度比较平缓，以秀美景观见长；多依树片区坡度略陡，整体气势壮美；老虎嘴片区最为陡峭，景观以险峻高峭的整体布局为主。阿者科村位于多依树片区。在遗产区内 82 个村寨中，上祖鲁老寨，全福庄中寨，牛倮普村，阿者科村和垭口村最具代表性。"（UNESCO，2013）

"位于遗产区西部的 S214 省道贯穿南北遗产区主要的对外交通要道。遗产区内部依托省道、元绿公路及牛角寨新街连接线，形成一个环状交通网络；以 S214 省道、途径大鱼塘、全福庄、胜村及多依树的县道，攀枝花与多依树连接线形成一旅游环线。由于山地地形原因，通村道路和村庄内部道路多是尽端式；有些村庄坡度太陡，车行道只通到村口，村内为步行道。整体上，遗产区道路体系呈现以环状连接枝状的形式，步行小道与田埂相融，纵横交错，遍布群山。"（高云雯等，2016）

三　阿者科村概况

阿者科村是爱春村委会下辖的自然村，位于新街镇东部，西南与牛倮普村相接，东南毗邻大鱼塘村，距村委会驻地 1 公里，镇政府驻地 28.5 公里，多依树景区 3 公里，最近的集市 10 公里。目前村内尚未通车，仅靠一条南北方向的宽约两米的石板路进村。

"阿者科村域国土面积 1.43 平方公里，村内最高海拔 1880 米，最低 1450 米，较为平缓，海拔 2000 米以上全部为森林覆盖，属多依树梯田片区，梯田沿大瓦遮河由南向北排列。村年平均气温 14℃，年降水量 1370 毫米，气候类型跨中亚热带、北亚热带和南温带"[①]，适宜种植水稻、玉米等农作物。"全村辖 1 个村民小组。2014 年末，全村有 67 户 385 人，全部是农业人口，从事农业人数 203 人；全村有耕地 393 亩，其中水田约占 1/3，旱田约占 2/3；梯田面积 568 亩，森林面积 598 亩，没有经济林果地。2015 年人均纯收入 4263 元，主要来源于种植业和劳务输出。村内有 58 户

---

① 参见国家文物局《红河哈尼梯田申报世界遗产文本》，第 57 页。

村民签订了农业承包合同，土地承包面积373.41亩。常年外出务工的有40人，大多数在省内。村内已通自来水和电。"① 现场调查发现村庄空心化现象比较突出，常住人口约为全村人口的一半。阿者科村现共有62幢传统民居，"挂牌保护的传统民居有51幢，约70%为传统的茅草顶，俗称'蘑菇房'"。(程海帆、朱良文，2016)

阿者科村最早是从邻村大鱼塘寨搬迁过来的。1980年代，从阿者科村分出去的居民搬迁到村寨上方以一条乡道分隔的牛倮普村下寨。阿者科村、牛倮普村都是哈尼梯田世界遗产文化景观核心区重点保护的村落，阿者科村2014年被列入第三批中国传统村落，是元阳县红河地区世界遗产文化景观特征的典型代表之一（图5.2）。

图5.2　阿者科村全景（来源：马智强）

第二节　"四素同构"亚热带山地族群聚居智慧的典范

一　聚居环境选择

"哈尼族社会发展历史中最重要的是迁徙"（王清华：2010：41），历史学界和民族学界一致认为哈尼族源于古羌族，因此其最早的聚集地应在青藏高原附近。"公元前3世纪受到秦朝势力扩张攻击，逐步南迁，期间开始驯养动物和种植作物，半游耕半游猎；后逐渐定居和种植水稻，向

---

① 数据来源于元阳县政府办公室提供的资料《哈尼梯田核心区二十个传统乡村各村基本情况》。

第五章 个案三：红河谷世界遗产地哈尼寨——阿者科村

南方稻作族群转变；也曾在平坝地区定居和发展坝区稻作，但后来由于自然灾害、躲避瘟疫、民族矛盾等众多原因，屡次被迫长途迁徙。总之，哈尼族住过山地和平坝，开发过大田，经历各种各样自然环境的考验，直至近隋唐时期，来到当时被中原人视为蛮荒之地的哀牢山区，定居在红河南岸。"（严火其，2010）

哀牢山的立体气候的环境特征是高山区寒冷潮湿，河谷地炎热且瘴疠流行，对于人的生存都是严峻挑战。在一次次族群迁徙过程中逐渐成熟起来的哈尼族人被迫来到这里后，凭着强烈的生存意志和愿望，选择与族群曾驻留过的平坝类似的小气候定居下来；曾经的平坝稻作生活记忆以及在长期迁徙游耕中积累的农耕经验和技能，使哈尼族先民的生产方式没有停留在初期开发哀牢山时的采集狩猎或原始"刀耕火种"阶段，突破了群山深谷对农耕发展的限制。"哈尼族人选择相对比较平缓的向阳坡地，垦出旱地，待生地变熟，筑台搭埂，变成一块块挂在哀牢山间的台地；又开沟成渠，引山林之水，使这些台地变成水田。"（王清华，2010）最终，将平坝农耕移置并进行适宜性地改造，形成以哈尼梯田奇迹景观为特征的聚居生存空间。

当依赖梯田的长久安居成为现实，被改造的山地自然环境又反过来重塑了哈尼族人聚居环境选择的观念，代言人（摩批）传唱的史诗一代代传承，"从前哈尼爱找平坝，平坝给哈尼带来悲伤，哈尼再不找坝子了，要找厚厚的老林高高的山场；山高林密的凹塘，是哈尼亲亲的爹娘……塔婆出生的孩子里，她最心疼的是哈尼；哈尼生在肚脐眼，祖祖辈辈不受风霜……上头的山包做枕头，下头的山包做歇脚，两边的山包做扶手，寨子就睡在正中央"（朱小和，1986：8、197-198、203）。这种哈尼族聚居环境选择的生存智慧，被称为"惹罗"模式。包括阿者科村，哈尼梯田世界遗产区的所有哈尼族村寨都是"惹罗"模式的实例和具有"四素同构"的景观格局。

二 村寨与"四素同构"的整体景观格局

阿者科村及其环境（图5.3）典型代表了哈尼梯田文化景观"四素同构"的景观格局。

阿者科村海拔自北向南在1870—1910米之间；森林在村寨南面上方

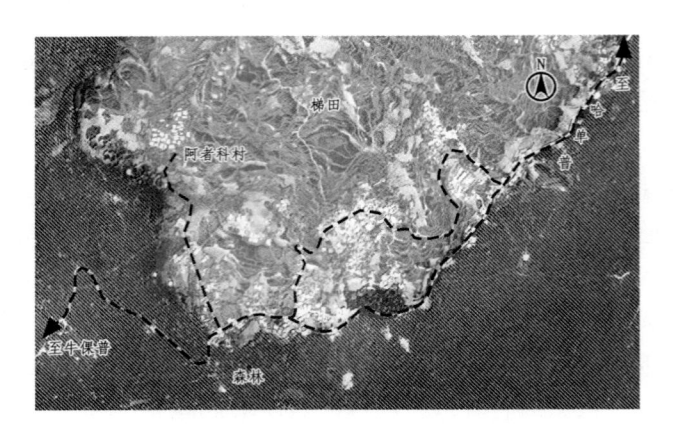

图 5.3　阿者科村及其环境（来源：笔者团队成员绘制）

50 米海拔处；梯田分布在村寨北面海拔 1600—1920 米之间，两者海拔相距 100—200 米左右。森林、村寨和梯田垂直分布的格局，体现了哈尼族对聚落环境及其与村寨人类活动关系的深刻认识和把握：

（1）"高山区常年云雾蒸腾、较为阴冷，不适宜居住。但山上森林可作为村寨天然的、用之不竭的高山水库；森林中丰富的动植物资源为保留着采集、狩猎传统的哈尼族人提供了肉食和菜蔬。哈尼族人很少种植蔬菜，直至今天，森林仍是人们餐桌上菜蔬的重要来源。森林还可为村寨提供建材。"（王清华，2010：89）

（2）村民在紧靠高山森林、气候温和、降水充沛、全年日照达 1630 小时的中半山建寨，既便于村民上山采集、砍柴等，也有利于保护和管理森林的植被和水源。

（3）村寨下方至山脚河谷，气温较高、湿度较大，也不适宜居住，但适合稻谷生长。村民就在村寨下方依山势开辟梯田。哈尼族人充分利用哀牢山区"山有多高，水有多高"的自然环境特点，在山坡上开挖平行于等高线的水沟，利用山势，有组织地引导源自山上森林的山水流经村寨后进入梯田灌溉，最后汇入谷底的江河，创造了一个完善的灌溉和水资源分配、管理体系。又利用水能和人工沟渠，将山水下流携带的冲山养分和村寨粪溏储存的人畜粪便一起运送到村寨下方的梯田，变成梯田的肥料，即俗称"冲肥"的独特农田施肥法。壮观的哈尼梯田景观就是延续这种模式

第五章 个案三：红河谷世界遗产地哈尼寨——阿者科村

经过一千多年所形成。将田地安排在村寨下方，下山种田使人心理上有轻松感，比上山耕种消耗的体力和时间少，也更有利于农业生产和农田水利管理。（王清华，2010）

（4）通过对水系的管理，将从上（南）至下（北）的森林、村寨和梯田三个要素紧密联结成一个完整的"四素同构"景观格局。其中，位于中部的村寨不仅是垂直空间位置上的中间地带，也是"四素同构"系统的核心。正是村寨的哈尼族人对哀牢山坡地进行干预和控制，创造了独特的自然利用模式和景观，养活了祖祖辈辈的哈尼族人。哈尼族人在千百年的梯田稻作中形成了顺应自然、与自然融为一体的世界观、自然观、人生价值观、伦理道德、审美、习俗传统等一整套社会文化体系；"又以这套特有的社会文化体系持续建构、保护和管理着森林、梯田和水系，涵养了一方水土，防止了水土流失、地质灾害和改善了气候条件，在原初自然环境基础上创构了一个独特的生态系统"。（罗德胤、孙娜，2013）这整套系统体现了"四素同构"是典型的人与自然相互作用的文化景观。

三 村寨营建与命名

"在现实意义层面，村寨选址需综合考虑周边是否适宜开垦梯田、村寨人口、可用耕地的规模，以及村寨与梯田之间的合理距离等因素。"（赵云、王晶，2013）同时，哈尼族营建村寨不仅是现实意义的建造，而且是社会文化意义的大事。哈尼族通过古歌和仪轨来指导和规范村寨选址以及房屋建造中的关键活动，以保障先民们用生命和血汗创造的家园能够健康、良好的发展延续。建新寨时，首先要宗教人士摩批、咪古出场，负责选寨址，确定寨神林（阿者科村村民称之为"龙树林"）和山神所在的位置以及水源林和村寨集体山林。水源林和寨神林（同时具备水源林和风景林等功能）主要分布在海拔1900米以上的山顶区。阿者科村的寨神林紧邻村寨后上方，一棵树枝挺拔苍劲多籽的古老常青树是阿者科村寨神的化身，象征圣洁、光明（图5.4）。村寨周围是村寨林，除提供丰富的食物和生产生活用材外，也在村落房屋周边营造了一个优美环境。阿者科村遵循哈尼族先民创立的"惹罗"古规："大寨要安在那高高的凹塘，寨头要栽三排棕树，寨屋要栽三排金竹，吃水要吃欢笑的泉水，住房要住好瞧的蘑菇房。"（朱小和，1986：186-187）阿者科村的村寨林栽种了竹林和棕树，与寨神林一样也是村寨的标志。当地专家介绍：

图 5.4　阿者科村的寨神树（左）和村寨林的棕树（右）（来源：笔者拍摄）

  金竹是我们围（村寨）四周的一种最贵重的竹子。村寨林里面不只单一的一种（树），各种各样的都有，水冬瓜树、其他春竹啊等等都有。立寨时必须种两种树，竹子和棕树。①

  龙树林在村子上方，全都是很老的（树），包括它周边的一草一木都没有人敢动。树种就是常绿树，还要能开花，能结果，象征村落人丁兴旺；然后要笔直的，意思是做人要耿直；要生命力比较强的。万物有灵，牛不准进去（龙树林），人也不准进去，村里开展活动的时候才能进去。哈尼族最干净的水井都建在上方，敬祖先。但是这个水井不能超过龙树林，龙树林是村里最高的位置，保佑村子平安吉祥的。这是阿者科的入口，水井都放在上方，敬祖先（图 5.5）。②

  选定寨址后，还要举行一系列宗教祭祀活动，以驱邪祈福，求得神灵庇佑村寨安宁。同时，在仪式中确定村寨的有形边界，村寨上方的龙树林和下方俯瞰梯田的磨秋场分别是村子的上下边界，也是哈尼族人观念中的

---

①　笔者根据 2016 年 8 月 4 日访谈笔记整理。
②　笔者根据 2016 年 8 月 5 日访谈笔记整理。

● 第五章　个案三：红河谷世界遗产地哈尼寨——阿者科村 ●

图 5.5　阿者科村龙树林与村口水井（来源：笔者拍摄）

人与鬼的界限，组织村民在村寨边种村寨林划分边界，并砍去附近的树木杂草，一般栽种竹子等常绿树，象征吉祥。村寨之间的界限由习俗划定和精神文化维护。当地专家道：

> 要用宗教仪式划边界，先选寨心，再确定边界，鸡蛋落下来能破裂就为寨心，泼洒铁砂子，身强力壮的男子拖着一只狗转一圈，圈内部是人的地盘，外部是鬼神的地方。寨门有有形的和无形的两种。随着人口增长，人口太多了超过了原来划定的边界就要分寨。①

在村寨建成之初设立寨门具有非常神圣的意义，可阻止一切灾难和邪恶。然后，全村寨人一起挖村中的水井，建祭祀的磨秋房、立秋千和制作牛皮大鼓等（王清华，2010：85-87），先建具有村寨共有精神意义的公共设施及场所，然后各家再建住屋。经过这些仪式，村寨选址与营建就具有了神圣的社会文化意义。据当地专家元阳县县志办主任介绍，阿者科村建寨时完全遵循了哈尼族建寨的仪式和程序。

阿者科村的大多数民居保留着哈尼族传统的"蘑菇房"建筑样式（图5.6）。"蘑菇房是南迁的哈尼族把土掌房住屋模式带到年降雨量有较大增加的新地区后，为有利于防雨，对住屋传统新的适应性调整。"（蒋高宸，

---

① 笔者根据 2017 年 1 月 7 日访谈笔记整理。

1997：290、311）"阿者科村的蘑菇房占地规模每户约100—200平方米，房前用石头砌矮墙或利用地形自然高差围合成院。一般多为三层，第一层养家畜，屋外台阶通往第二层的日常起居房间；二层中间是土灶火塘，待客、供神，另一侧用木板隔开作为卧室，二层屋内设有楼梯通往主要用来防火、堆放粮食等农产品的第三层。"（程海帆、朱良文，2016）"一层墙上大量使用石条，因此住屋尺度比其他用夯土墙或土坯墙做维护结构的村寨传统住宅要大一些。"（罗德胤、孙娜，2013）阿者科村70%的蘑菇房为茅草顶，草顶的原材料就是梯田中的长棵稻草。村内民居顺应南高北低的地势而建，大多坐南朝北；村落结构紧密，住屋之间的间距较近，多数住屋从侧面开门，以避免正面开门视野被前面的房子遮挡。

图5.6　阿者科村"蘑菇房"（来源：笔者拍摄）

阿者科村村内道路网络由一条从上（南）至下（北）穿过村子通往磨秋场的主路连接多条东西向的支路构成，串接村内所有住屋；村子东侧和北侧的土路通往梯田，西侧的土路通向林地和耕地（图5.7）。道路全部由山间大小不规则的石块铺砌，道路高低不平。"道路旁边都设置有石砌排水边沟"（李文祎、李莉萍，2017），联系高山森林区和半山区村寨以及下半山梯田的主要道路由水渠、水沟沟堤和梯田田埂构成，纵横交错，遍布群山。"村内交通不便，基本靠徒步行走，至今，物品的运输仍靠人背马驮。"（高云雯等，2016）

阿者科村的公共空间大致有三种：

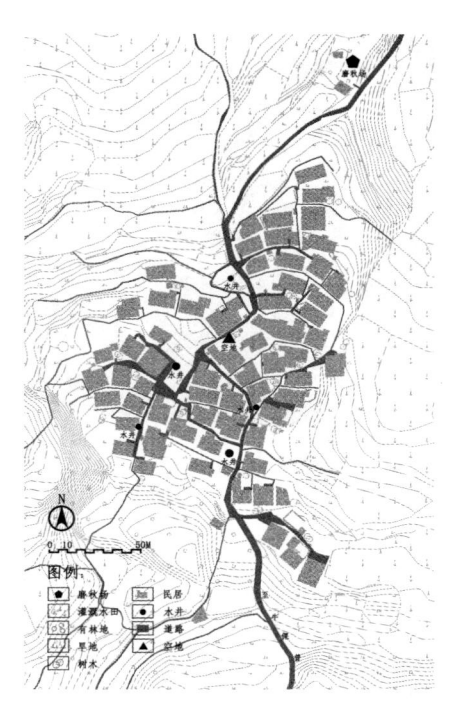

● 第五章　个案三：红河谷世界遗产地哈尼寨——阿者科村 ●

图 5.7　阿者科村平面图（来源：笔者团队成员绘制）

（1）寨门及周边环境。寨门设在村子入口处，借用入口处的大树。

（2）公共水池、水井、水碓房、主路等。村寨住屋分几个小组，每一组都有水井。水井旁有石砌井台，供村民在此冲洗锄具、洗衣择菜；成人在这里一边劳动一边聊天、孩子们在此戏耍，水井是独具哈尼族特色的公共场所。村里现有 5 口水井，分别位于村寨入口和住屋小组中心的主路旁（图 5.8）。

（3）祭祀场所。如，龙树林和磨秋场。阿者科村村民每年在龙树林里举办一次"昂玛突节"，在村寨和梯田之间的磨秋场举办"矻扎扎节"，龙树林和磨秋场就是哈尼寨子最重要的两个公共空间节点。"前者指向村寨上方的森林，后者指向村寨下方的梯田，在空间和精神上将村民与其生存环境联系起来，在聚落结构中扮演了重要角色。"（罗德胤、孙娜，2013）阿者科村的磨秋场是一块约 60 平方米的平地，设有祭祀房，中间有磨秋桩和秋千，场地三面有植物围合（图 5.9），向村寨下方的梯田开

179

图 5.8　阿者科村住屋小组中心水井（来源：笔者拍摄）

敞。这里是农忙时节公共的晒谷场、祭祀以及哈尼人三大节庆（"昂玛突""矻扎扎"和"十月年"）的活动场地。通过定期和反复祭祀龙树林、磨秋场、水井等场所，强化了人们头脑中的村寨公共空间节点。

图 5.9　阿者科村磨秋场（来源：笔者拍摄）

村寨的村名也体现了哈尼族人与自然的互动，包含了自然地理、历史内涵、社会关系、文化特征等丰富内涵。"阿者科村所属的爱春村的村名，在哈尼族语是'磨秋房边建的村子'之意，刻画出磨秋房在哈尼村寨空间格局中的特殊地位。"（郑佳佳，2017）关于阿者科村村名的来源有不同说法，但都与竹子有关。如，"村附近有很多竹子，在哈尼语中'阿者科'是'竹林'（有说'滑竹林'）的意思，指此地在有人居住之前是一大片

● 第五章　个案三：红河谷世界遗产地哈尼寨——阿者科村 ●

（滑）竹林"（王芷淳，2015：30），直观地反映了村寨环境的特点。

第三节　人与自然极致和谐演进的梯田景观

一　人与自然极致和谐的生态系统

"基于1960年代的家族开田资料，结合唐代史籍推测，哈尼梯田最早出现在元阳县境内的时间为唐代或稍前（距今约1500年）。"（侯甬坚，2007）从那时起直至今天，哈尼梯田从河谷延伸到崇山峻岭，表现出令人惊叹的持久旺盛的生命力，"四素同构"的景观是一种人与土地极致和谐的持续演进的农业生态系统。"这个生态系统在垂直空间上由村寨上方的森林生态子系统、村寨子系统和村寨下方的梯田生态子系统组成。该生态系统的物质循环以水流及其携带的土、肥和微生物的水生态过程为主；在水生态过程推动下，物质循环与能量流动从森林生态子系统（源头）开始，向下经过村寨子系统时被加强，后又流入梯田生态子系统，被层层重复利用后，汇入河流。"（角媛梅，2009：51）"景观空间格局支撑和形成了'林养田、田育林'的科学的生态系统物质和能量循环格局。"① 红河哈尼梯田因此得以持续发展，千年生生不息。

阿者科村上方海拔的森林生态子系统由森林生物群落和无机生态环境组成，具有极高的生物多样性。森林中的绿色植物吸收和转化太阳光能，形成可供野生动植物和村寨子系统利用的有机物质和能量（薪柴燃料、建材、菜蔬、肉类和生活用水等）。森林截流了地表水的泥沙，保护了土壤；山水携带森林中的腐殖质，经过村寨和人工沟渠，为梯田带来大量天然肥料。梯田生态子系统是以水稻作物群落为中心的半人工生态子系统，由村寨子系统人为创造和控制：村民种植的水稻等农作物以及长在田边地角的各种野生草本植物转化太阳光能，水梯田里的鱼、螺蛳、泥鳅等水生动物是次级生产者，各种土壤微生物、细菌等是分解者。梯田生态子系统为村寨子系统提供食物和建材，减缓了山地水土流失；还与整个大环境中的气候因素有密切联系，功能十分突出，是整个哈尼梯田生态系统最重要的物

---

① 国家文物局《红河哈尼梯田申报世界遗产文本》，第30页。

质和能量的生产转化系统。①

村寨子系统通过开垦和维护梯田及其形成的耕作体系和稻作技术，与之相适应的居住、饮食、服饰等物质文化和包括宗教、节日、心理等精神文化，干预、控制森林生态子系统和梯田生态子系统，并有效地稳定整体的生态系统。如，通过神化村寨上方的水源林和寨神林以及用祭祀、节庆等活动，强化村民对森林的敬畏，并在日常生活中制定乡规民约保护森林生态子系统。"从因地制宜地开垦梯田、稻种选育栽培、稻鱼共生、水资源管理等方面维护村寨下方的梯田生态子系统。"（王清华，2010：25－26）阿者科村民在房前屋后开挖的池塘，"既是秧田的蓄水池，也是种鱼产卵、鱼苗孵化的场地，池塘水中养鱼，水面养浮萍，浮萍喂猪，猪粪喂鱼，适度开发的池塘是森林生态子系统、村寨文化子系统及梯田生态子系统之间的一些中间过渡环节或者重要连接点"。（马翀炜、王永锋，2012）"田棚也是村寨子系统对梯田生态子系统的食物链和能量循环组织和干预的要素；将牛关进田棚底层，可割田埂青草喂养直到稻谷收割完；梯田里的昆虫、脱落的谷粒、田埂或田边地角的野生植物等都是牛的生态饲料；积存的畜粪，又可在栽秧时节增加梯田土壤的肥力。"（袁爱莉、黄绍文，2011）村民在生活中也建立了一套微循环再利用系统：牛粪晒干后做燃料，燃料用完后可肥料，肥料养育稻谷，稻米供人食用，稻草喂牛，牛粪又成燃料。

从生态学的角度，哈尼梯田属于稻田类型的人工湿地，具有湿地生态系统的属性。但与中国大部分其他地区该类人工湿地不同，"哈尼梯田湿地是利用哀牢山自然环境条件，在山体上创造的湿地，人在该湿地系统中是一个积极的因素。大面积的梯田田埂和沟渠，大幅度地保持了哀牢山的水土；每一块梯田就是一个小蓄水池，既调节了气候，又培育了优质稻种，虽然产量不高，但却有着千年野生基因，能适应不同海拔的生长，稳定性超强，保持和丰富了生物多样性"。（史军超，2004）

二 亚洲传统稻作农业最高模式的知识体系

哈尼族人在上千年艰辛的梯田农耕生产、生活历练中积累了大量技能

---

① 国家文物局《红河哈尼梯田申报世界遗产文本》，第102—108页。

第五章 个案三：红河谷世界遗产地哈尼寨——阿者科村

和经验，形成了一套完整的维续这种农业模式的农业知识技术体系，主要包括梯田开垦及维护、兴修水利及水资源管理、精耕细作、稻种选择与保存、施肥五个方面。

（1）梯田开垦及维护。阿者科村的梯田在近海拔2000米的山地，已达到目前所知稻作区的极低值温度17℃以及土地利用的极限。"依山势在缓坡开垦大田，陡坡开垦小田，有的梯田甚至开在山脚石窝里或沟渠纵横石崖上。在太过干旱的低海拔地带，或高海拔温度太低的地带，或中间海拔坡度太陡的地方，没法开梯田，也一定要种上有利于固土护坡的树木，如此开发的梯田，代表了人类对自然的一种可持续的'极致利用'。"（罗德胤，2014）"梯田田埂为土砌，沿地势自然弯曲，以使压力受匀而不易塌方，普遍较长；田埂高度和厚度随山体坡度自上而下逐渐递减，平均埂厚20—30厘米，埂高1—2米。开挖梯田自下而上，由易到难。有的田埂高达五六米，厚度可二人并行其上，要用大土袋层层垒筑，每垒一层跺牢一层。"① 遗产区年降水量大，梯田建在坡地上，容易滑坡，村民需付出大量劳力，定期彻底铲修和加固田埂，阿者科村村民每年农历七月都要修田埂（路）。

（2）兴修水利、水量分配及管理。"哈尼族人在长期梯田农业实践中建立了一套节约、高效的水资源利用系统，沟渠是最重要和主要的水利设施，包括水源地附近的防洪沟、滞洪塘和沉沙池，跨越多个山梁与村寨的主干沟渠，将水逐级分配到村寨与田块的支沟，以及将田块积水排入谷底河流的排水沟。对水源地附近的自然冲沟稍加梳理修整成防洪沟，并在防洪沟附近顺应山形地势修筑阶地状的滞洪塘和沉沙池，以截流缓冲暴雨山洪，并沉积水流夹带的碎石泥沙；在开挖主干沟渠和支沟时，哈尼族人创造了可最大限度利用自然力及节省人力的'流水开沟法'；大小沟渠的养护多选择山水旺盛的季节，借助流水重力掏除沟底淤泥，修补沟堤。"（赵云、王晶，2013）阿者科村现辖一条5公里的支沟渠。

"为保证最有效、公正地利用有限的水资源，维持生活和生产正常运行，哈尼族逐渐形成了一套约定俗成、代代不逾的用水方式及管理制度。这套制度包括生活用水的减量使用、村寨生活污水再利用灌溉梯田、'木

---

① 国家文物局：《红河哈尼梯田申报世界遗产文本》，第59页。

刻（或石刻）分水''沟口''轮流引水'等。"（赵云、王晶，2013）并设置专门的水管理人员，其中，"'木刻（或石刻）分水'最有实效、历史最长及使用地区最广，其间蕴藏着'水位—流量关系'科学经验。"（蒙可，2014）当地专家介绍：

> 有一个沟长管主要的水沟，他是大家公认人品好的人。分水刻木是以前用水紧张有纠纷时（用），现在是约定俗成了，也不去争。都是按照国家层面的方法去管，协商的，很和谐。[①]

（3）精耕细作及梯田管理。梯田精耕细作"以一年为周期，要进行20道工序，根据自然物候的变化及按照农历种植水稻的工序大致为：一月底撒秧；二月第二次犁田和第一次耙土；三月底插秧，插秧前十天左右第三次犁田，并再一次耙土；四月份插秧并开始田间管理；八月下旬开始收割稻谷；十月份稻谷收割完毕，修整梯田打田埂，犁第一遍田并放田水"[②]。"为适应不同海拔梯田不同的水热条件，采用如'高田密植，低田稀植'的不同耕作时间和栽植技术，以及根据不同海拔气候细致区分稻种应用范围区。秧田管理尤为精细，在秧苗木长出双叶前，每天清晨排水晒苗，夜晚进水保苗，秧苗长到20厘米左右移栽到梯田里和护秋等；在雨季时加强维护田埂；住田棚守护庄稼；收割时，根据不同海拔、不同稻米成熟时间，合理分配劳动力，村民互助；同时，在梯田里养鱼、养鸭，在田埂边种植黄豆、棉花等，促进水田养分物质的循环。"（王清华，2010：25-26、62-65）

（4）稻种选择与保存。哈尼族人培育了数量巨大的水稻品种，已连续种植了上千年的"红米"。"虽然红米米质比较粗糙，产量也比较低，但红米饭很扛饿，非常适应当地远距离的山地农耕生活。"（时潇，2014）目前，阿者科村不同海拔种植的水稻品种均属于红米。"保留着在村寨内部或与其他村寨交换稻种的习俗"（兰梭等，2012），以促进和维护红米品种的基因多样性。

[①] 笔者根据2017年1月7日访谈笔记整理。
[②] 国家文物局：《红河哈尼梯田申报世界遗产文本》，第69—73页。

第五章 个案三：红河谷世界遗产地哈尼寨——阿者科村

（5）施肥方式。遗产地村寨居民有着独特的养田观念与技术，他们认为水就是肥，水在梯田流动而形成独特的"活水种稻"。村寨内的沟渠连着梯田，村民充分利用水流冲山水肥和冲村寨肥塘，解决山地农耕远距离施肥。阿者科村几乎家家都有一个积存人畜粪便的粪溏。"农历二月播种之前，村民堵住一些沟渠的岔口，用力搅拌家门口的粪溏，然后置入沟渠内，借沟渠水冲入梯田，增加土壤肥力。在休耕期，村民在水稻收割完毕便立即翻挖晒田再放水养田，如此反复三次，以保养地力。"（王喆、冯铁宏，2011）"田埂杂草、收割后的稻桩也都会犁入田作为肥料。村民还在秧田和种子田里，施用蒿类植物、紫茎泽兰等绿肥，既可肥田，又可杀虫。"（角媛梅：2009：196）

阿者科村与其他世界遗产地村寨的"梯田传统农业是一种可持续的投入产出比极高的低碳稻作农业景观"[①]。支撑和维续这种人地极致和谐关系的相关知识和技术，通过村中长辈的示范身教、村民人生礼仪中象征性的劳动仪式、村寨节庆习俗等方式传承。

三 有机演进景观的社会结构与制度保障

哈尼村寨社会结构与梯田管理的民间制度，是推动哈尼梯田农业景观及知识技术体系演进的社会动因和制度保障。

梯田开垦不易，能供养的人口有限，"当梯田产出不足以维持增加的人口生存时，通过主动分寨来实现人地均衡、保持人地和谐发展"（袁正等）是使哈尼社会和哈尼梯田系统景观在哀牢山存续、演进千年的社会机制。"阿者科村就是 1867 年从大鱼塘村分寨迁来阿者科"（罗德胤、孙娜，2013），位于阿者科村上方相距约一公里的牛倮普村也是因阿者科村发展空间不足，于 1960 年代由从阿者科村和大鱼塘村分出去的村民逐步形成的寨子。"地名连名制"是分寨机制的制度支撑。哈尼族在其社会发展中保留了以血缘关系为纽带的原始氏族社会结构体系；即使在公元 10 世纪哈尼族社会进入封建土司领主制后，氏族社会机构和政治关系仍然以隐蔽的方式存在着，即以特殊的、血缘为纽带的"地名连名制"社会结构维系着哈尼族社会的平衡与稳定。"地名连名制"是标志子寨与母寨之间内在

---

① 国家文物局：《红河哈尼梯田申报世界遗产文本》，第 59 页。

隶属和血缘关系的外在形式和制度，使分寨在分散环境人口负荷的同时能够维续梯田系统社会关系的长期稳定，是保证梯田系统正常运作和良性循环的社会规则。"（王清华，2010：187－202）"有些新寨寨名与老寨相关，新寨老寨之间虽相隔数里，但血脉相承和有密切社会联系。分寨子同样也必须经过选址仪式等过程使村寨无形的社会文化边界在生活中呈现并不断得到强化。"（马翀炜，2016）

哈尼社会和家庭还盛行父子连名制，对于梯田农业的劳动力承接和复制、梯田农业记忆和各种知识经验的传承极为重要。（王清华，2010：56－58）摩批"师徒连名制"社会结构支撑的宗教信仰体系至今对梯田农业文化传承作用重大，摩批掌握着各种祭祀仪式知识和传统知识，长期以来担当着主持各种宗教信仰活动、指导农耕生产、保存与传播哈尼文化等职责。（王清华，2010：73－79）

哈尼族封建土司领主制建立在与自然生态相吻合的梯田农业基础之上，其形态结构的稳定性与梯田农业的稳定性相辅相成，一直延续至中华人民共和国成立前。哈尼梯田农业在封建土司领主制社会时期发展达到前所未有的高峰和云南亚热带山地农耕的最高水平。"1949年以前，大部分工程量较大的、需要组织大量人力和经济投入的水利建设工程，都是由哈尼族土司组织实施的。"（郑伟林等，2017）水资源是哈尼梯田景观基本的生产要素，"经过长期博弈，水资源的分配最终形成整个村寨的传统权力（家族、宗教等）通过'沟长制'来维护木刻分水制度，沿用到中华人民共和国成立初期；1958—1980年间停用，1981年又恢复了传统的水沟管理制度"（黄绍文、关磊，2011）。木刻分水制度也是哈尼梯田景观持续演进的保障机制。

村中的池塘体现了哈尼梯田景观管理的民间制度。池塘不仅是哈尼族稻鱼混作的农业生态系统的要素之一，也是"联结哈尼社会关系的一种形式。由村社共有和管理的集体鱼塘，其产出往往是支付集体活动中各种开销的来源。村寨开挖多少池塘也会根据保护森林的需要而保持在一定的数量之内，不可无限制地开挖。"（马翀炜、王永锋，2012）村民告诉笔者：

> 村的四周和每家每户都有一个鱼塘。一个是育梯田里插的苗。森林因为海拔高，水很冷，秧苗育不出来，所以不选上面，选村寨的地

● 第五章 个案三：红河谷世界遗产地哈尼寨——阿者科村 ●

方，这里暖和一点，管护方便。这个鱼塘还有个功能，客人来了，从这里抓鱼款待客人。还有一个是我们吃新米节的时候，必须有鱼、鸡、猪这些肉来供奉我们的祖先，也要从这里抓鱼，所以每村每户都有（池塘）。①

哈尼梯田景观系统的自然物质基础与族群社会机制之间建立了高度的整体性，因此具有很强的自我平衡能力，能够有机演进千年。但全球化、城镇化的发展，使哈尼族社会由一个封闭的、自我循环的社会，逐步向外开放（黄绍文、廖国强，2009），内外部多种因素交互作用使哈尼族社会结构和哈尼梯田景观系统的稳定性都面临挑战。

第四节 梯田上构筑的族群文化体系

哈尼族将稻作文化特质融入哈尼族传统文化中，最终形成哈尼族文化的核心——梯田文化。"哈尼族的自然宇宙观、宗教信仰、艺术审美、居住文化、饮食文化、服饰文化，以及节日庆典等各类民俗传统，都是从梯田中生发和与梯田稻作具有内在的逻辑上的派生渊源关系"（黄绍文，1999），哈尼文化体系又对梯田和自然环境的稳定和有机演进发挥着重要作用。

一 原始崇拜与梯田崇拜交织的习俗

由于没有过多受到外来宗教的影响，哈尼族至今仍保留着原始的多神自然崇拜和祖先崇拜。（王清华，2010：21-24）人与自然共生同构是哈尼族人朴实的自然生态观，积淀在哈尼族的文化心理中，就是敬畏自然。而随着定居生活和梯田农业发展，与梯田农业生产有关的原始崇拜，因与农业祭祀活动紧密结合，得以保留下来（表5.1）。哈尼族最重要的节日活动"昂玛突""矻扎扎"和"十月年"，由农耕和自然祭祀活动演化形成，结合梯田农耕时令和以梯田为载体进行。有许多体现原始崇拜与梯田崇拜交织的观念，如"水是田的命根，田是人的命根""水来源于树；大地山川及生物的变化与树有关；农事节令、自然气候与树有关""树是哈

---

① 笔者根据2016年8月4日访谈笔记整理。

尼族连接天神的媒介"等。森林崇拜、梯田崇拜以及对依附自然的神灵的敬畏构成阿者科村村民信仰体系的基石。阿者科村除保留了表中的"昂玛突""矻扎扎""十月年""新米节"等哈尼族重要习俗活动外，还有"普础突"（丰收祭）、"波玛突"（祭山神）等崇拜习俗，以及汉族的春节（胡喝扎）和端午节（梅南南杂）等节庆活动。

表5.1　　　　哈尼族主要原始崇拜与梯田农耕的关系一览表

原始崇拜	祭祀对象		宗教祭仪	祭祀时间	祭祀地点及内容	与梯田农耕的关系
自然崇拜	天神（摩咪）		祭天	冬、夏属羊日	·公祭在寨神林中或旁边、村边路口或村中广场 ·私祭在自家房头	保佑农田水利、村寨人家、六畜兴旺、罚治邪恶
	地神	（咪收）	矻扎扎	农历属羊的六月	·公祭在磨秋场。立磨秋、翻修神房、杀牛祭祀，春粑粑，煮糯米饭，喝焖锅酒，三天内不生产 ·私祭在家中祭祖	春耕栽插结束时，祈望天神保佑禾苗成长
				春、夏吉日	村中广场	感念大地具有的非凡繁殖能力，保佑村寨、田土和人畜安康
		咪收、寨神（昂玛）、祖先、稼禾、水井、农事	昂玛突	农历正月第一个属牛日	寨神林、咪谷家家门前；寨神祭祀、祭献鬼神、农耕仪式、长街宴	一年梯田农耕的起点，保佑粮食丰收、全家安康
	火				寨神林；祈求火神	祈求温暖、驱逐寒冷、梯田丰收
			祭火神	冬末春初	村外山路；驱除火神	祈求村物安然无失
	水		矻扎扎、昂玛突	农历属羊的六月、农历正月第一个属牛日	泉井和泉潭边	梯田的命根子，灌溉

第五章 个案三：红河谷世界遗产地哈尼寨——阿者科村

续表

原始崇拜	祭祀对象		宗教祭仪	祭祀时间	祭祀地点及内容	与梯田农耕的关系
动植物崇拜	动物	牛	纽南南	农历五月初五	各家各户；祭祖，放养牛	梯田农耕主力，财富和农业生产的象征
		狗	新米节	农历七月的属龙日	咪谷家；祭天神、祭祖	梯田农业崇拜和祭祀
		阳雀	鸟收收	农历正月初	森林	带来早春信息，准备播种
		布谷鸟	祭布谷鸟	农历三月属羊日	自家秧田的排水口	报春，春耕及开秧
	植物	总管神林	祭竜	农历六月龙日	神林；祭献竜树	神灵居所、水源地
		寨神林	昂玛突	农历正月第一个属牛日	寨神林；祭山、祭祖、祭社林、祭地、祭五谷	村寨和梯田的命根子
		郎主主波神林		农历二月间	寨子下方丛林中	镇压恶兽，保护农耕
		咪刹刹波神林		夏末秋初	距村寨约半公里的神林	阻拦野鬼，保护村寨
祖先崇拜	共同始祖		矻扎扎、昂玛突、新米节等节日	农历属羊的六月、农历正月第一个属牛日、农历七月的属龙日	磨秋场、寨神林、咪谷家	纪念祖先开创梯田
	自家祖先		扎勒特	常年	家中，阿培侯勾	祖先是梯田农业的保护者

（来源：根据王清华，2010：218-241 内容整理）

森林神圣化。阿者科村村民视村寨上方的森林为衣食父母，敬畏、崇拜棕榈、竹林、杉树林、锥栗等植物，赋予森林（树）生命象征意义；通过口传史诗、古歌、民谣、儿歌、习俗活动等形式，传播和强化村民们对森林的神圣感情和观念。平日禁止村民进入寨神林（龙树林），只有在"昂玛突"节时咪咕带领男性村民才能入内进行祭祀；一年一度的寨神林祭祀仪式极为隆重。在现实中反复践行的祭祀习俗有力地促进了保护森林、保护水源等观念的社会化（王清华，2010：21-24），传承了族群生态智慧。在村寨重要祭祀活动中，还常要跳古老的棕扇舞和木雀舞，"表达通过与树木的连接升登仙界之意"（马莉，2013）。

梯田神圣化。由于梯田在哈尼族的生活中太重要，原本是人改造自然的产物也被赋予了超人间的力量，成为哈尼族神话和传说中神的创造物和农业的保护神，由此形成的梯田崇拜逐渐成为哈尼族人信仰的核心。梯田崇拜贯穿阿者科村"昂玛突""矻扎扎"和"祭秧田"等重大祭祀活动和按农耕周期进行的所有家庭性祭祀。梯田所产的糯米是祭祀中必不可少的祭品，如"用糯米粑粑和汤圆祭祖、祭谷神"（陈敏，2011），染黄色的糯米饭献"矻扎扎"节、祭寨神等。"所有的节日都是梯田农耕秩序转换的节点，既是世俗节日，又是梯田稻作的礼仪，也是人神交流的盛典。"（黄绍文，1999）阿者科村村民的人生重要阶段，如小孩出生取名、婚礼和葬礼，都有在摩批主持下在梯田举行象征仪式的礼仪习俗（贾冬婷，2013；王清华，2010：143-147）。梯田汇集了村民所有的崇拜和虔诚信仰。

阿者科村保留着摩批和咪咕在梯田农耕、村寨文化传承和稳定中的责任和作用，以及由他们主持各种信仰祭祀活动的哈尼族文化传统。村中现在的摩批马建昌（图5.10）和卢文光（村长）享有较高的威望和地位。

图5.10 阿者科村摩批马建昌（左一）及其家中的祭祀用具（来源：笔者拍摄）

原始崇拜和梯田崇拜紧密交织的信仰体系，维持了村落环境生物群落的健康完整,以及人与自然的和谐。相关的宗教性习俗及节庆活动等,尤其是"矻扎扎""昂玛突""十月年"等最隆重的节日祭祀仪式,"唤起人们对哈尼族依靠集体力量共同应对艰苦环境的族群史共同记忆"(罗德胤、孙娜,2013);赋予村寨集体记忆神圣性,不只是族群史的简单唤起,而是包含了一种重构,"具有集体认同、社区整合等复杂功能。同时,以摩批和咪咕从仪式活动中获得'礼物',即一种'经济嵌入社会关系'的隐形方式,维持和延续习俗制度与传统文化"(郑宇、杜朝光,2014)。

二 梯田饮食的象征意义

阿者科村村民的饮食建立在梯田生计及其相关自然生态环境基础之上。主食是梯田稻米,以食红米为主,喜食糯米食品;多食本地野菜,用梯田田埂所种收获的黄豆制作生活中最重要和必不可少的调味品——豆豉;梯田鱼是村民获得高蛋白营养食物的主要来源,在村民饮食文化中占有重要位置,梯田中的其他野生鱼类,如,螺蛳、鳝鱼、泥鳅等也极大改善了哈尼族肉食的不足。

盛大的长街宴蕴含着哈尼梯田农业特征,集中体现了梯田饮食的本土信仰文化和宗教象征意义。长街宴的重要事项包括向村中的神职人员咪谷和摩批表达崇敬之情。长街宴的饮食结构有明确规定性和一系列信仰文化象征意义:所食需皆为梯田所产,如糯米、红米、豆腐、花生,梯田水塘中的鱼、虾等。"大量野生动植物,原始气息浓烈,象征着它们是人类世界与超自然世界之间沟通的重要媒介,与寨神的'野性'特征相吻合,是向寨神献祭的祭品;家畜、家禽类食物的选择也同样符合献祭重要神灵的基本要求和特点;鸟、鱼、青蛙,以及鸡蛋、鹌鹑蛋、咸鸭蛋等是必不可少的食物,它们都具有强烈的促进动植物和人类自身繁殖的象征意义。此外,还有禁止田螺、黄鳝、家养的鸡肉、鸭肉、狗肉、一般的蔬菜等摆上长街宴餐桌的特定禁忌,也具有宗教象征性。"(陈永邺、洪宜婷,2009)

梯田饮食还具有社会象征意义。在物质生活和社会生活中,糯食是各种习俗、祭祀仪式和节庆活动不可缺少的代表性食品和有极为重要意义的食品。糯食的黏性被哈尼族赋予团结和睦、凝聚力的象征,其洁白无瑕的特点和珍贵性使其成为人们相互赠送的礼品和沟通关系、加深感情的媒介物。梯田出产的稻谷,不仅是哈尼族赖以生存的物质财富,而且是加强民族向心力和凝聚力的具有精神意义的物质财富。（王清华，2010：56-58）"长街宴的形态是哈尼族绵延历史悠久的象征；宴席上用芭蕉叶包裹的糯米粑粑、猪肉、鸡肉等是团圆和美的象征"（陈永邺、洪宜婷，2009）。长街宴还被视为哈尼族个人与家庭日常社会生活角色转换和父权制社会等级秩序确立的象征，是经济、社会、象征等相融合不可分割的有机体；"是大型宗教节日活动的重要一环，也是哈尼族村民每年一度的集体欢腾盛宴。通过长街宴食物持续不断地再分配与互惠交换活动，如，关键环节'竜肉'再分配，具有神圣性和强烈的村寨共同体内部的象征性，以及凝聚村寨内部家庭、村寨共同体的潜在社会整合功能。"（郑宇、杜朝光，2014）管理者和村民介绍道：

> 这个是石塘，阿者科村摆长街宴的地方。长街宴（的用地）是公摊的，所有公摊部分包括村民的门口都必须是公用的，这是传承（这个习俗）的龙头，从他家门口摆出来，村里有多少户，就要摆多少张桌子，但是它的尾巴呢必须插在梯田边，这是必需的。①

三 梯田艺术与审美

哈尼梯田景观强烈的形式美是其能够获得世界遗产称号的重要因素之一，虽然哈尼族开垦梯田本质上是为了生存，并不是为了创造大地艺术品。但是，人类在基本需求之外，还有审美需求。哈尼族不只把梯田当作劳作对象，还把它看作族群力量的象征，梯田景观不仅具有生产性，而且具有审美性。"哈尼族既按自然规律，也按美的规律塑造梯田"（高玉玲，2008）。在长期生产实践中，哈尼族为生存付出的伟力与自然相和谐，雕刻出哈尼梯田这一雄奇壮阔的大地艺术。在哈尼人心目中，梯田不仅是物质财富的源泉，而且是精神财富的摇篮；梯田孕育、塑造了哈尼族人的艺术直觉、审美情趣和艺术创造坐标，即梯田就是美的源头、体现和象征。哈尼梯田良性农业生态系统呈现出来人与自然的和谐之美，随四季变换的色彩、线条、韵律和节奏，既有自然成因，但更多是哈尼族人的创造。

"哈尼梯田景区云雾景观的主要类型及成因大多与梯田有关：大面积梯

---

① 笔者根据2016年8月5日访谈笔记整理。

第五章 个案三：红河谷世界遗产地哈尼寨——阿者科村

田常年注满了水，集中了大量水汽，在风速适中的近地面层形成持续时间长的平流雾景观，一天之中可多次形成，以夜间和清晨为多；梯田延展的坡度较大，坡线较长，梯田的水汽上升时，较湿的空气受地形抬升，边界层水汽凝结（凝华），就在整个梯田片区形成从河谷和峡谷向山坡爬升的爬坡雾景观；梯田区域年均降雨多，雾与雨同时出现的情况占到全年的2/3以上的天数，降水与蒸发两种作用使边界层内的空气饱和，形成锋面雾景观；当梯田中的水比地面暖得多时，如有较冷空气流到水面上，强烈的蒸发形成水上的蒸发雾景观。"（李华伟等，2013）"水梯田面积大、分布广，连接度高，就形成了梯田规模美的重要格局；同时，林地与水梯田、村寨与旱地、水梯田、林地的邻接比例都比较高，呈现出林中有田、田中有寨、寨中有林立体分布的和谐人居环境格局，规模与格局共同构成和谐美。"（角媛梅等，2006）"每个村寨及其梯田和森林组成的一个个完整良好的生态系统景观单元，在千余年间被复制在哀牢山的山梁、山谷、缓坡或陡坡地等每一个可能的角落，构成相似中又有变化的韵律美。"① "'四素同构'景观中的龙树林的蓬勃生机和神秘感、蘑菇房的特征，以及梯田的线条、质地、肌理和随季节变化丰富的色彩等呈现出立体的整体和谐的形式美；同时，塑造了族群对构成这种美的具备充足水源和大量易于开垦土地的特定景观结构的民族心理认同，积淀和延续下来成为民族的审美结构，本能地唤起哈尼人的审美心理。"（张敏，2005）在哈尼族的审美文化里，"对梯田农业和人生存有益的事物都是美的"（王清华，2010：266-270）。

哈尼族对梯田所代表的生命韵律的感受和赞叹，使哈尼族的语言丰富多彩、生动活泼，诗歌艺术达到相当规模和很高境界。梯田是哈尼古歌主要的讴歌对象；"梯田和田水飞动婉转流泻的线条韵律、节奏和气氛、变换的色彩等孕育了哈尼族的舞蹈，栽秧舞、竹筒舞等劳动性的舞蹈，民间常见的木雀舞、扇子舞等，以及原为祭祀性的棕扇舞"（陈泰敏，2015），直接来源于对梯田日常生产生活的模仿和再现，形式上再创造而高于生活，具足山野气息和艺术感染力。哈尼族音乐内容丰富，乐曲悠扬，多以民间习俗活动为基准，梯田农耕文化为内容，呈多元化分类。②

---

① 国家文物局：《红河哈尼梯田申报世界遗产文本》，第32页。
② 国家文物局：《红河哈尼梯田申报世界遗产文本》，第80—81页。

"受梯田文化熏陶的哈尼人穿的是艺术，戴的是神话。"（李憾怡，2007）传统哈尼族服饰从原料的栽种、织染、裁剪到款式都来源和适应于梯田农业。从前阿者科村村民大多会在大田埂或田边地角栽种棉花，现在在村里还能见到年长的哈尼妇女，用一套木质的棉花轧花机、纺车和织布机纺纱织布（图5.11）；村民又用田边地角种植的板蓝根发酵做成染料，将所织布染成蓝色和黑色。现在阿者科村村民还在染布，村民穿着的传统服饰仍为这两种颜色。装饰图案多以动植物、自然景观、几何图形为主，不仅为了审美，而且记录和象征着梯田农耕。"梯田图案"是基本装饰图案，如，衣服上绣制的图案和银泡的排列就似层层叠叠的梯田等。（王清华，2010：100-105）

图5.11 阿者科村哈尼族老人织布（来源：笔者拍摄）

梯田是哈尼族艺术创作的不竭源泉，对自然梯田的崇拜和热爱，赋予了哈尼族独特的创作激情和表现方式，形成了哈尼族生命的艺术与艺术的生命。

第五节 "世界遗产"新身份

一 "世界遗产"等文化标签的价值认定

阿者科村所在的红河哈尼梯田目前共拥有"世界遗产文化景观"和"全球重要农业文化遗产"两项世界级别的称号，以及国家及地方授予的其他称号。

第五章 个案三：红河谷世界遗产地哈尼寨——阿者科村

世界遗产中心认定的突出普遍价值

2013 年第 37 届世界遗产大会世界遗产委员会决议将哈尼梯田列为"世界遗产文化景观"（第二子类：自然资源的传统利用方式及其聚落形态，展示了传统聚落文化以及生产作业技术和智慧）；对红河哈尼梯田的突出普遍价值陈述重点如下表所示（表 5.2）。

表 5.2 世界遗产委员会认定的红河哈尼梯田突出普遍价值一览表

突出普遍价值	简述	突出普遍价值载体
标准（iii）（能为已消逝的文明或文化传统提供独特的或至少是特殊的见证）	红河哈尼梯田是一个在长期且独特的社会经济—宗教制度的维续下，由精耕农业、森林和水系构成的杰出体系。梯田主要农作物——红米是在一个复杂的综合农业系统中种植。水稻的种植过程由精心建构的社会经济—宗教系统支撑，通过明确人们对自己的土地及更广泛社区的义务来加强人们与环境的关系，并肯定自然的神圣性。红河哈尼梯田被称为"人神统一的社会体系"，人、神与梯田之间相互依存的关系及梯田的形态表征，见证了云贵高原高山峡谷地区特有的稻作文化生态传统	森林 水系 村寨（蘑菇房）梯田生态系统（红米）土地管理体系、宗教结构等社会文化系统
标准（v）（人类传统的聚居模式或土地利用方式的杰出范例和文化表征）	红河哈尼梯田景观以特殊的方式反映了人与环境之间的相互作用，社会经济—宗教体系支撑的灌溉农业和水资源综合管理系统，是历史和当今最先进的生产、生活循环体系，表达了人与神、人与社会的双重关系。大量的文献档案资料证明，这种模式至少持续了一千年	
完整性	整个遗产范围内包括大面积完整的且具有观赏性的梯田系统，其所有要素，森林、水系、村庄和梯田保存得相当完整，任何关键要素的属性都没有受到威胁，传统农耕体系仍健全并得到很好的保护。遗产缓冲区保护了水源和视觉环境，并且有足够的空间来促进社会和经济的协调发展。梯田对气候变化和干旱具有很强的抵御能力。但由于这些梯田普遍建造在 25% 的山坡上，所以很容易发生山体滑坡。总体上，梯田和森林系统的维续取决于它们在多大程度上能够为当地农民提供足够的生计，从而使人们留在土地上。整个梯田农业系统也容易受到红米价格波动的影响，但已有一些提高有机农产品价格的策略。因为刚开始发展旅游，遗产地尚没有旅游的负面影响。但旅游人数正在迅速增加，应当认识到，为了控制旅游业对村庄造成的破坏性影响，旅游设施和整体旅游管理是遗产地面临的挑战。	

续表

突出普遍价值	简述	突出普遍价值载体
真实性	梯田景观要素保持着传统形式，景观功能延续，景观实践与传统知识得到传承、宗教信仰、仪式及习俗延续等诸多方面均保留了真实性。 真实性的薄弱环节（或可能的）是建造传统民居的传统材料，因为现在难以获得传统建筑材料。使用新的房屋建材，如，混凝土砖替代泥墙，瓦片取代茅草顶，使民居的样式、色彩等都易于被改变，已经开始对村寨整体景观形象产生显著影响。维持传统民居及延续传统建筑材料、技术与满足村民对现代家庭空间的需求之间存在潜在的冲突。近几十年来，外来的建筑样式已进入了村寨，对村寨景观造成了一些负面影响。 总体而言，传统农耕模式也受到农民越来越强烈的对走出山谷外出谋生的期望的冲击，目前尚未形成整体明确的战略确保其可持续发展	
适宜的保护和管理体系	该遗产是中华人民共和国国务院颁布的全国重点文物保护单位，受《中华人民共和国文物保护法》保护。该遗产于2008年被列为元阳县文物保护单位。 该遗产受中华人民共和国文化部颁布的《世界文化遗产保护管理办法》和国务院颁布的最高立法《中华人民共和国宪法》的保护。 当地政府出台了《红河哈尼梯田文化景观村庄民居保护管理办法》和《红河哈尼族传统民居保护修缮和环境治理保护导则》。 每个村寨都由村委会管理。作为哈尼族社会的基本单位，每个哈尼村寨都制定了一系列习惯法，管理自然资源、解决村民内部矛盾和外部乡村争端。 已为该遗产制定了《红河哈尼梯田保护管理规划》，经批准后，将作为保护和管理遗产地的法律技术文件，并纳入红河自治州城镇体系总体规划及相关的当地社会经济发展规划。红河哈尼梯田文化遗产保护与开发管理委员会负责该规划的实施，并涉及红河州多个部门。红河哈尼梯田管理局成立于2007年，有12名工作人员，监督县级日常管理工作，并与当地利益相关者合作。 当地政府正在制定旅游管理和发展的具体规划，预计将于2013年底完成。新街镇正在建设一个信息中心，重点将放在梯田及其社会和宗教结构，将在2020年之前完成。 为了确保对旅游业持续发展以及游客如何支持整体遗产地管理过程有清晰的认识，通过解说体系，使详细的遗产及其缓冲区可持续生态旅游战略成为管理规划的支撑。	

（来源：根据 UNESCO，2013 决议内容整理）

● 第五章 个案三：红河谷世界遗产地哈尼寨——阿者科村 ●

全球重要农业文化遗产（GIAHS）保护项目认定的价值

2010年，哈尼梯田被联合国粮农组织（FAO）正式列入GIAHS保护试点。"GIAHS旨在为全球重要农业文化遗产及其生物多样性、知识体系、食物和生计安全以及文化的国际认同、动态保护和适应性管理提供基础。"（闵庆文等，2012）从该项目的评选标准来看，哈尼梯田对保持水土、村寨安全、维持生态系统的稳定性、提供生计、维续梯田文化体系、促进农业生物多样性科研等价值得到识别。评选标准突出强调了哈尼族在哀牢山地区长期的生产生活与大自然相互作用的和谐、平衡。"全球重要农业文化遗产"与"世界遗产文化景观"第二子类的价值评价的核心都是人与自然长期的动态的协同作用，"整体性、动态及活态性、复合及多功能性和可持续性"（闵庆文，2014）。前者更强调该类遗产对文化和生物多样性的重要意义，更注重哈尼梯田的农业基础价值，以及为人类适应全球变化、保障粮食安全的资源基础的战略性价值；而文化景观更为概括和整体，强调"四素同构"，并将美学价值也纳入价值体系中。

其他称号的价值重点

在获得世界级别的桂冠之前和之后，哈尼梯田及阿者科村还获得了一系列国家级和地方级的称号，这些称号强调的价值重点如下表所示（表5.3）。

二 当下各利益群体的价值认知与诉求

由于阿者科村的旅游刚开发，游客很少停留过夜，2017年村中仅有一家可为少量游客提供服务的接待点。因此，田野调查中深度访谈了阿者科村的四类利益相关人群者共22人，其中政府管理人员10人、地方专家5人和当地村民3人、游客1人，有一位管理人员同时也是村民，3位规划人员。除游客和规划人员，其他受访人员都是哈尼族人。

当下各利益相关群体对总体价值认知状况

运用Nvivo软件与BlueMC软件分析生成的阿者科村访谈数据词云图如下（图5.12）。

表 5.3　　　　　　　阿者科村的称号及其价值重点概况表

级别	称号	命名时间	颁布或主管的单位	价值重点
国家级	第七批全国重点文物保护单位①	2013-05-03	国家文物局	历史的、艺术的、科学的价值②
	国家湿地公园③	2007-11-19	国家林业局	具有显著或特殊生态、文化、美学和生物多样性价值
	中国传统村落（第三批）④	2014-11-17	住房与城乡建设部，文化部，文物局，国土资源部，财政部，农业部，原旅游局	历史的、农耕文化的、科学的、艺术的及社会、经济价值；民族精神、认同、民族文化多样性
县级	第三批县级重点文物保护单位	2008-11	元阳县政府	具备一定的历史、艺术、科学价值

（来源：笔者绘制）

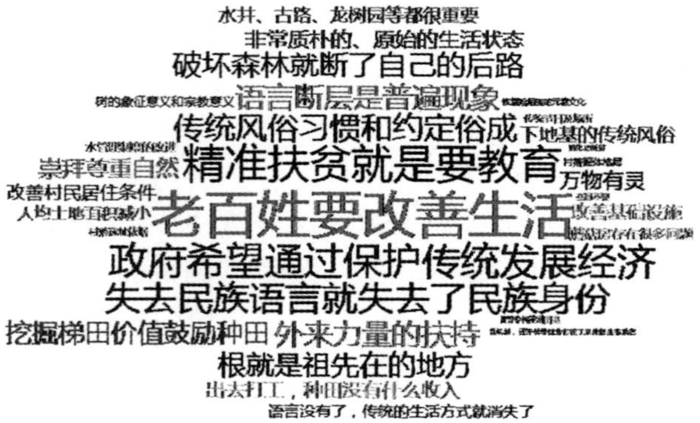

图 5.12　阿者科村访谈数据词云分析图（来源：笔者团队成员绘制）

---

①　国务院：《国务院核定公布第七批全国重点文物保护单位名单》，2013 年 5 月 3 日，国家文物局官网，http：//www. ncha. gov. cn/art/2013/5/3/art_ 722_ 107827. html，2021 年 1 月 31 日。

②　国家文物局：《中华人民共和国文物保护法（2017 年修正本）》，2017 年 11 月 28 日，ht-tp：//www. ncha. gov. cn/art/2017/11/28/art_ 2301_ 42898. html，2021 年 1 月 31 日。

③　国家林业局：《国家林业局关于同意开展吉林磨盘湖国家湿地公园试点工作的通知》，林湿发〔2007〕233 号，2007 年 11 月 15 日，百度文库，https：//wenku. baidu. com/view/c4ee19b958eef8c75fbfc77da26925c52dc59163. html，2021 年 1 月 31 日。

④　住房和城乡建设部等：《住房城乡建设部等部门关于公布第三批列入中国传统村落名录村落名单的通知》，建村〔2014〕168 号，2014 年 11 月 17 日，http：//www. mohurd. gov. cn/wjfb/201412/t20141203_ 219694. html，2021 年 1 月 31 日。

第五章 个案三：红河谷世界遗产地哈尼寨——阿者科村

运用 Nvivo 软件，在开放编码中，从原始语句析出 208 个初始概念，归纳合并获得 31 个范畴（表 5.4）；在主轴编码中聚类、归纳出"森林生态系统遭破坏，保护意识加强""梯田生态系统失衡引起警觉""梯田灌溉方式延续与水管理制度改进"等九个主范畴（表 5.5）；最后，在选择性编码过程中，从主范畴中进一步挖掘核心类属，组织、提炼出"'四素同构'要素变化及应对""语言危机与景观保护""信仰、习俗维护精神景观""政策对景观保护的影响"四个文化景观价值主题，获得各利益相关群体对阿者科村价值认知的总体图景。（图 5.13）

表 5.4　　　　　　　阿者科村访谈数据开放编码结果表

范畴	初始概念
A1. 发展经济，森林生态系统遭受破坏	a1 为了经济种杉树，砍伐灌木林；a2 种杉树吸水，导致梯田灌溉水源不足；a3 修路、修电站砍伐灌溉林，菁口上面的水源林没有了；a4 修建景观，森林被破坏
A2. 认识到森林的重要性以及保护森林的意识强化	a5 森林能涵养水源，破坏森林等于断了自己的后路；a6 减少柴火使用量，电气化，用电器做饭、太阳能、节能沼气；a7 多种树，补植补造、护山育林政策；a8 森林保护的经费、经费的投入和管理的力度等方面加强；a9 加大补助生态林的资金；a10 加大元阳哈尼梯田核心区缓冲区的森林保护的力度；a11 加大护林防火的管理经费；a12 村风民约，不砍神林水源林，村周边的树也不能砍；a13 退耕还林政策把原来的苞谷地变成了榿木；a14 一年一度的祭祀仪式强化保护森林意识
A3. 杂交稻施化肥破坏土壤结构	a15 化肥毒性大；a16 整个元阳县梯田约有三分之二杂交稻；a17 再好的田不施化肥不能生产杂交稻；a18 施化肥田容易板结；a19 施化肥面广
A4. 劳务输出，农耕劳动力流失	a20 外出打工比种田收入高；a21 劳务输出后在外定居；a22 人均耕地面积小，满足不了家庭生存生活；a23 地处山区，不是平原，耕作劳动消耗量大；a24 没有好的产业支撑传统种植业；a25 耕地收入跟不上现代生活发展的需要
A5. 分配到的人均土地面积减小	a26 人口增加；a27 家庭如果男多女少，耕地就不够分配；a28 基础设施建设，占用耕地面积；a29 劳务输出的人回来后，加大土地纠纷
A6. 挖掘梯田价值，鼓舞村民种田	a30 梯田有历史价值和自然景观价值；a31 提高红米价值，吸引村民种田；a32 农户一年中一季稻，大米的营养价值很高；a33 提高老百姓真正到手的梯田价值；a34 把梯田的价值可发展化，不要去变现代化，按传统的方式；a35 挖掘其营养价值，分析微量元素；a36 文化的展示、产品的开发提高梯田综合价值

续表

范畴	初始概念
A7. "冲肥法"的灌溉方式	a37 肥料冲碰到田里；a38 水沟和梯田是一个整体；a39 水沟的源头在山上；a40 肥水冲田仍大部分村子还保留
A8. 沟长制度的沿用、污水处理和水资源管理的改进	a41 装置排污管道；a42 公厕旁边建个化粪池；a43 村里出钱给沟长，沟长负责赶水和打捞、清理沟；a44 沟长是大家公认人品好的本村人；a45 民间自我调解用水纠纷或按照国家层面的方法去管理协商；a46 修建水库管理房
A9. 村落选址的依据	a47 先选寨心，再确定边界，鸡蛋落下来能破裂就为寨心，身强力壮的男子拖着一只狗转一圈，内部为人的地方，外部是鬼神的地方；a48 选村落的时候，要选旁边有又高大又直的树；a49 选址时首先是视觉考察，第二步找水源，再看周边有没有森林
A10. 村落整体的格局	a50 村界有一条水沟，左边有一个石头；a51 村落的上方是龙树园；a52 最干净的水井在村落的上方；a53 龙树园是这个村落里边最高的一个位置，水井不能超过它；a54 寨子比较大时，分小组，基本上每个小组有一个寨门；a55 磨秋场基本都在寨子的脚下
A11. 传统民居蘑菇房面临本地茅草不够、易着火、破损，不耐脏，常需维修的问题	a56 本地茅草不够，需要在外地购买；a57 茅草地变成苞谷地，野生茅草已经很少了；a58 茅草容易着火；a59 茅草顶容易遭老鼠破坏；a60 茅草顶最长的寿命是十二三年，还要年年来维修它，修一次造价很高；a61 风吹日晒下雨以后它就容易脏
A12. 村落由于交通不便利，基本保持原貌	a62 路不通，比较偏远，经济发展缓慢；a63 剩下阿者科和垭口这两个路还不通，现在还能够保住原貌，存在很传统的景观；a64 由于交通不便，山区没有开发采矿
A13. 语言是传统技术和习俗文化传承的基础	a65 语言消失，技艺和技术就很难传承给下一代；a66 语言有了习俗就有了，有习俗就有了传承；a67 技术传承是口传和手授；a68 语言没有了，传统的生活方式就消失了；a69 语言的变化也会引起传统服饰的变化；a70 没有语言就无法懂得尊重祖先农耕文化；a71 古歌记载路怎么走，手艺怎么制作；a72 哈尼古歌记载传承
A14. 语言是民族文化的载体和民族身份认同的主要标志	a73 哈尼族它有支系，每个地域的语言都不一样；a74 城市语言与农村语言不一样；a75 语言没有了，传统的生活方式就消失了；a76 语言消失会影响传统服饰的传承；a77 语言是文化传承的核心力量；a78 山歌、古歌增强民族凝聚力；a79 懂得语言，就懂得尊重祖先遗留的文化；a80 说语言的人是有很强的民族自豪感；a81 古歌记载路怎么走，手艺怎么制作

● 第五章 个案三：红河谷世界遗产地哈尼寨——阿者科村 ●

续表

范畴	初始概念
A15. 语言面临传承危机以及对语言的保护迫在眉睫	a82 小孩在外读书，年轻人外出打工，很少有机会说哈尼语；a83 只有少数人掌握语言；a84 语言无法深度沟通，出现断层化；a85 语言被汉化；a86 其他民族语言的混杂；a87 家庭不够重视对语言的教育；a88 如果不保护语言，就很难传承传统文化；a89 民间有自发保护语言的活动；a90 学校应该加大对语言的重视；a91 在培养语言人才专家；a92 原始的语言录下来，然后计算机化，先保存下来，再去教育下一代
A16. 对自然的崇拜和敬畏	a93 他们靠自然的给予而生活下来；a94 神山是不能被侵犯的；a95 破坏森林就等于断了自己的后路；a96 村风民约，不砍神林水源林，村周边的树也不能砍；a97 寨神林为主的保护森林；a98 一年一度的祭祀仪式强化保护森林意识；a99 与自然有关的万物都有灵；a100 石头不能随便移动，心理有忌讳；a101 与自然和谐关系的教育，大人教育小孩如不能去打燕子、破坏燕子的窝，不然头上会生疮，喜鹊被认为保护寨子的，麻雀虽然吃谷子，但哈尼族麻雀守家，还有布谷鸟、杜鹃，与生产生活有关的，都不能去拿
A17. 万物有灵	a102 森林也好、水也好、树也好、山也好，他们都抱着崇敬的心理来经营它，来尊重它；a103 如果破坏水，将来你生小孩的嘴会"豁"，不能去打燕子、破坏燕子的窝，不然头上会生疮，喜鹊被认为保护寨子的，麻雀虽然吃谷子，但哈尼族麻雀守家，还有布谷鸟、杜鹃，与生产生活有关的，都不能去拿；a104 他认为在他这个生存环境里面有很多鬼神，很多有灵性的东西；a105 灵性的东西，有善也有恶，通过做些祭祀活动把恶的驱赶走，善的来保佑他们的生产生活
A18. 关于树的精神象征和宗教意义	a106 树的生命有多长象征这个圈的生命有多长；a107 龙树园是象征保佑村落平安吉祥，人丁兴旺，周围的一草一木都没有人敢动；a108 常绿树开花结果象征这个村落人丁兴旺；a109 树是笔直的象征做人要耿直；a110 祭祀过节，人死后、小孩一出生都要穿板蓝根制作的衣服，勤劳象征哈尼族继承祖先勤劳致富的象征，希望我们的后代世世代代像祖先一样勤劳憨厚、自力更生；a111 哈尼族必须跳棕扇舞，有宗教意义；a112 去世或出生都要用棕榈做成的席子；a113 竹子也有宗教意义，没有30岁和没有结婚的都不能种竹子
A19. 土地的精神象征（祖先在的地方就是他们的"根"）	a114 村民不愿意去搬迁，搬离原先的地方；a115 老人习惯住在村寨里；a116 祭祀活动只有在村寨里看到；a117 土地是祖辈一直传承的；a118 有个传统的观念是在外面参加工作的到最后还是要回来家里建自己的房子；a119 去世后和祖先葬在一起；a120 人不能离开祖先在的地方；a121 祖先在这个地方，土地就不会被别人占有；a122 土地象征着一个家；a123 在祭祀活动里面，土地耕种出的粮食要贡献给祖先

201

续表

范畴	初始概念
A20. 关于下地基的传统风俗	a124 先下基础后修缮建房；a125 下基础是下 80 分的石墙；a126 可以先把基础下好，然后外出打工有能力后再回来建房；a127 民俗风俗是下一块石头也算是下了基础
A21. 重要的传统节日以及节日场所	a128 磨秋场；a129 矻扎扎节；a130 新米节；a131 长街宴
A22. 传统风俗习惯和约定俗成	a132 生儿育女、成家立业是第一大事，第二大事是建房子，还有第三是养老送终；a133 谁来抢占村界这个地方，谁就不平安不吉祥；a134 哈尼族是最小的要住老房子里，最古老的东西留给最小，其他小孩自备；a135 龙树园非节日的时候，人和动物都不能进去，还要选一个良辰才能开展活动；a136 最干净的水井，放到村落的上方，这样献给祖先才干净；a137 寨子的命名要么是地点，也有是树名；a138 如果破坏水，将来你生小孩的嘴会"豁"，不能去打燕子、破坏燕子的窝，不然头上会生疮，喜鹊被认为保护寨子的，麻雀虽然吃谷子，但哈尼族麻雀守家，还有布谷鸟、杜鹃，与生产生活有关的，都不能去拿；a139 祭祀活动的献奉的水必须是从水井里面；a140 开展龙腾祭祀活动；a141 咪咕是村里集体活动的主持人；a142 祭祀神林时先祭祀水井；a143 村周边的树不能砍；a144 老人过世是从茅草顶升天跑出去的；a145 堵路就是堵财，公共的路不能堵；a146 祭祀过节要穿板蓝根制作的衣服；a147 婚庆节日出生死亡时必须用祖先用的，家传的服饰；a148 原石在建设过程中就不能动；a149 去世或出生都要用棕榈做成的席子；a150 七月份是修路文化
A23. 质朴的生活状态和坚韧的民族性格	a151 不断被赶流走，迁徙过程中，受了很多艰难困苦；a152 村寨给人一种安详感；a153 村民并不感到他有什么不快乐，或者是痛苦，或者面对外面好像我很落后；a154 过着非常慢节奏，非常恬静的一种生活，不会想很多东西；a155 非常吃苦传统的生活；a156 哈尼族很讲骨气自己致富是最光荣的，不依靠别人
A24. 重要的文化精神场所	a157 水井，第一祭祀活动的那个献奉的水必须是从水井里面，第二寨门的旁边，必须有一个干净的，公共的水井，作为迎宾的水井；a158 茅草顶，老人过世是从茅草顶升天跑出去的；a159 生产生活的古路，堵路等于堵财；a160 哈尼族最神圣的、个体为单位的崇拜祖先的地方；a161 谁来抢占村界这个地方，谁就不平安不吉祥；a162 龙树园是象征保佑村落平安吉祥，人丁兴旺，周围的一草一木都没有人敢动；a163 神林，女同志和游客不能进去，农历六月才举办祭祀活动；a163 院落，祖祖辈辈家庭活动的地方
A25. 改善村民居住条件	a164 补植补造，增加绿化；a165 电气化，使用现代的电饭煲、冰箱和电磁炉；a166 使用太阳能、沼气能等；a167 建筑材料用钢筋混凝土，耐用；a168 改造后的民居通风好，而且光线好、耐用不易垮；a169 加固河堤，防止房屋渗水；a170 通自来水，用水方便

● 第五章　个案三：红河谷世界遗产地哈尼寨——阿者科村 ●

续表

范畴	初始概念
A26. 改善交通、卫生等基础设施	a171 铺成青石板路，铺平路面；a172 修建高速公路；a173 修建机场；a174 文物局部门主要是修缮民居、博物馆等文化设施；a175 装置排污管；a176 配置太阳能的路灯；a177 三线入地；a178 水库管理房管理水资源；a179 公厕旁修建化粪池
A27. 外来力量的扶持	a180 帮助政府的规划提供意见；a181 清华学校老师帮忙打造几个村寨保护现场，给村民做示范；a182 外界提供资金支持；a183 把本地小孩带出去提供教育机会；a184 高校老师学生提供智力支持
A28. 世界遗产保护与发展政策带来的景观改变	a185 打造几个村寨保护现场，整改风貌，恢复茅草顶传统建筑；a186 为了保护传统建筑，部分居民被迫搬迁；a187 美丽家园建设，鼓励老百姓拆房建房，提供建房补助；a188 哈尼族文化遗产保护和发展减贫项目，从减贫的角度出发，如修路，建房补贴；a189 建房严格控制不准超过三层；a190 基础设施的建设占用耕地面积；a191 补植补造，增加绿化面积；a192 设立建筑红线，规定什么地方可以建，什么地方不可以建；a193 各部门资金投入，其中文物局部门主要是修缮民居、博物馆等文化设施；a194 成立梯田管理委员会，主要是农产品开发；a195 国家有生态林保护经费，保护森林
A29. 传统建筑面临特色消失威胁，千篇一律	a196 美丽家园建设，鼓励老百姓拆房建房，盖房有补助，保护传统建筑没有任何补贴；a197 政府强调恢复原来的哈尼族的元素文化；a198 恢复茅草顶传统建筑；a199 整改风貌，刷牙洗脸、涂脂抹粉现象比较严重
A30. 现代化生活的追求与传统文化的保护存在冲突	a200 年轻人弃田外出打工；a201 年轻人外出打工后，会被现代化生活吸引；a202 出现自我意识，文化觉醒，主动去保护传统文化；a203 老百姓的生活是第一位，老百姓要改善生活；a204 老百姓不认识传统价值，控制不住他拆除传统建筑，盖新的房子，村民的建房无序发展；a205 遭到外来的汉文化冲击
A31. 教育质量要提高（村民、外来专家、管理者）	a206 村民：①对传统文化的价值认识不够，②接受基础教育的程度不够，只能靠出卖劳动力生活，③劳务输出后不愿回来，民族身份认同感不够，④重视对孩子的传统文化教育； a207 外来专家：①花时间把研究成果落实到老百姓身上，②真心的要为老百姓着想，为民族发展考虑； a208 管理者：①鼓励学校办语言专业，培养语言人才，②不仅是为了政治任务，规划要符合实际情况，③扶持贫困家庭小孩的学费，加大义务教育的落实程度

表 5.5　　　　　　阿者科村访谈数据主轴编码主范畴结果表

范畴	主范畴	主轴编码
A1. 发展经济，森林生态系统遭受破坏	森林生态系统遭破坏，保护意识加强	"四素同构"要素变化及应对
A2. 认识到森林的重要性以及保护森林的意识强化		
A3. 杂交稻施化肥破坏土壤结构	梯田生态系统失衡引起警觉	
A4. 劳务输出，农耕劳动力流失		
A5. 分配到的人均土地面积减小		
A6. 挖掘梯田价值，鼓舞村民种田		
A7. "冲肥法"的灌溉方式	梯田灌溉方式延续与水管理制度改进	
A8. 沟长制度的沿用、污水处理和水资源管理的改进		
A9. 村落选址的依据	乡村选址布局的延续与传统民居蘑菇房有待改进	
A10. 村落整体的格局		
A11. 传统民居蘑菇房面临本地茅草不够、易着火、破损、不耐脏，常需维修的问题		
A12. 村落由于交通不便利，基本保持原貌		
A13. 语言是传统技术和习俗文化传承的基础	语言重要但面临传承危机	语言危机与景观保护
A14. 语言是民族文化的载体和民族身份认同的主要标志		
A15. 语言面临传承危机以及对语言的保护迫在眉睫		
A16. 对自然的崇拜和敬畏	自然崇拜、祭祀、象征意义延续	信仰、习俗维护精神景观
A17. 万物有灵		
A18. 关于树的精神象征和宗教意义		
A19. 土地的精神象征（祖先在的地方就是他们的"根"）		
A20. 关于下地基的传统风俗	民族传统文化丰富	
A21. 重要的传统节日以及节日场所		
A22. 传统风俗习惯和约定俗成		
A23. 质朴的生活状态和坚韧的民族性格		
A24. 重要的文化精神场所		

● 第五章　个案三：红河谷世界遗产地哈尼寨——阿者科村 ●

续表

范畴	主范畴	主轴编码
A25. 改善村民居住条件	人居环境的改善	
A26. 改善交通、卫生等基础设施		
A27. 外来力量的扶持		政策对景观保护的影响
A28. 世界遗产保护与发展政策带来的景观改变		
A29. 传统建筑面临特色消失威胁，千篇一律	保护与发展的冲突明显	
A30. 现代化生活的追求与传统文化的保护存在冲突		
A31. 教育质量要提高（村民、外来专家、管理者）		

（来源：笔者绘制）

对世界遗产价值的理解

大部分受访管理者对红河哈尼世界遗产文化景观内涵及价值的理解与国际认可的遗产价值一致，集中在农业价值和文化价值：

> 第一是农业文化遗产，梯田红米、紫米带有传统身份，不仅是自然景观，没有农民活动，它的价值就不存在了，成了文物；第二是文化价值，语言、歌唱、舞蹈、节庆、祭祀，技术含量之外的冲肥、打谷子，习俗层面，无形也是保护了梯田。①
>
> 人文的梯田，树木、村庄、水系都是人文的，是祖先千年留下的文化遗产。②

管理者的工作体会是村民不了解世界遗产的价值内涵：

> 村民不清楚什么是文化景观。政府扶持他们很受益了，就高兴的，他知道要保护，但文化景观不知道，世界遗产也不知道，他不

---

① 笔者根据 2017 年 1 月 7 日访谈笔记整理。
② 笔者根据 2017 年 1 月 10 日访谈笔记整理。

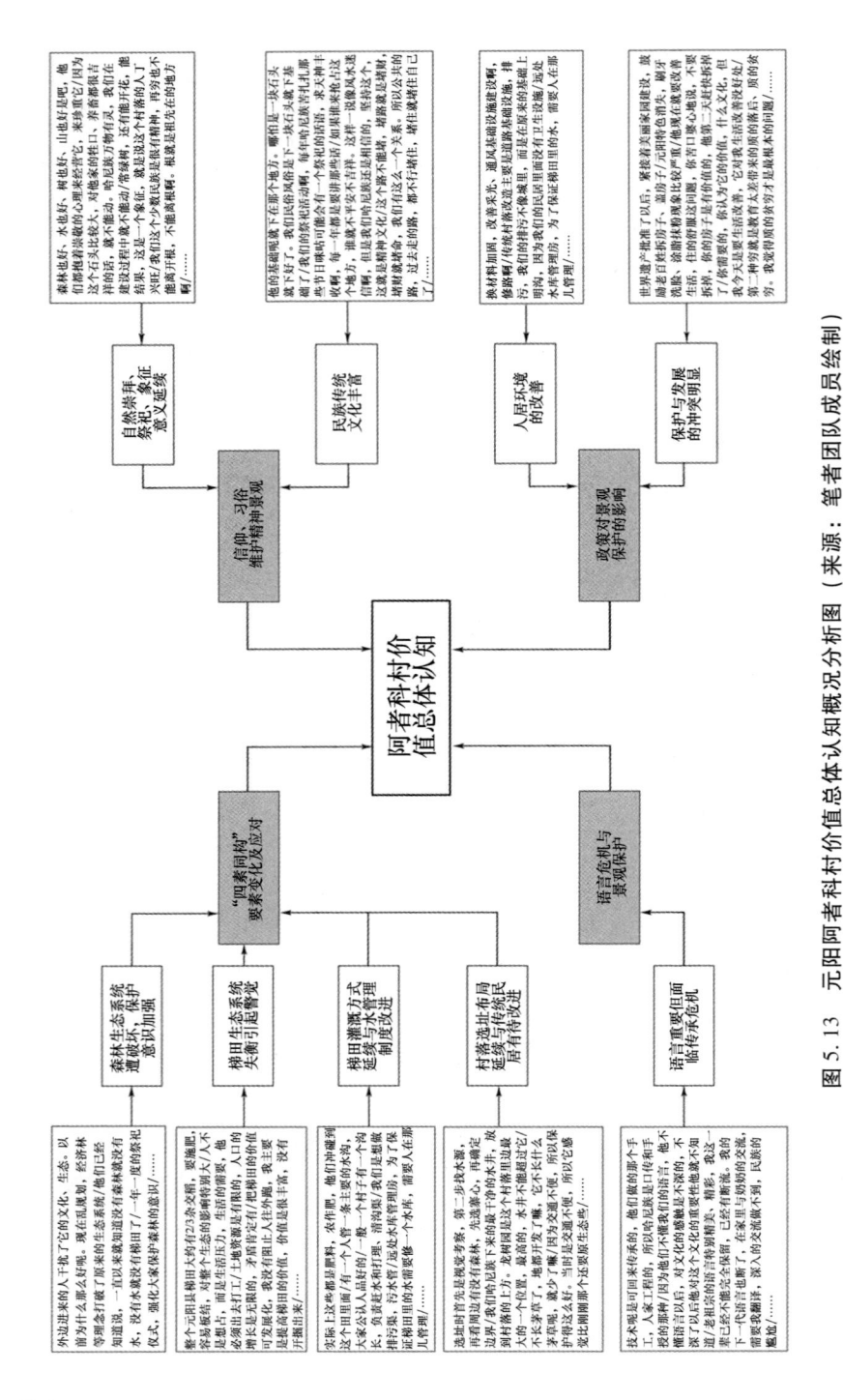

● 西南贫困地区乡村文化景观保护与发展 ●

图 5.13 元阳阿者科村价值总体认知概况分析图(来源：笔者团队成员绘制)

● 第五章　个案三：红河谷世界遗产地哈尼寨——阿者科村 ●

懂。受教育层次低。①

受访当地专家、学者大多是哈尼族人，不少人在村寨里面还有亲戚。他们基于自身经历和多年研究指出，红河哈尼梯田世界遗产的价值就是人与自然之间的和谐，这一认识与文化景观遗产类别的最核心价值高度一致。当地专家和学者认为：

> 哈尼梯田就是和谐！人与自然互相尊重，这是多年工作中各路专家的共识。②

受访村民中，阿者科村村长和一名大学三年级的学生知道哈尼梯田是世界遗产，但并未能说出其作为世界遗产的价值是什么，与前述管理者对村民认知的看法相符。来阿者科村的游客很少，受访游客都是被哈尼梯田的世界遗产名气吸引而来。

对阿者科村及哈尼梯田最突出价值的认知

（1）当地专家、学者对阿者科村及哈尼梯田最突出价值与对世界遗产价值的理解基本一致，即农耕价值、历史价值和属于特定族群的与自然相关的文化价值。值得注意的是，受访当地专家、学者在谈及阿者科村及哈尼梯田保护与发展的重点、难点时，并未直接指向农业，而是突出强调与村寨、村民密切相关的语言、建筑和服装等。认为哈尼语言是哈尼文化和景观的载体，既是保护的重点，也是难点，对其进行抢救保护迫在眉睫；哈尼村寨传统建筑保护最难，民族服装难传承，保持特色最重要以及保护体制等。

> 哈尼语言不仅是工具，还是文化的载体。（哈尼族）没有文字，与汉语完全不一样的传承，工业化、全球化的今天，保护难度特别大。许多动听的古歌古谣到我们这一代就断了，我们不会唱，下一代基本上语言出大问题。我的下一代，如我的女儿就不懂（哈尼）语

---

① 笔者根据 2016 年 8 月 4 日访谈笔记整理。
② 笔者根据 2017 年 1 月 6 日访谈笔记整理。

言，她与她奶奶很亲，但在家里与奶奶交流，需要我翻译，这真是让人哭笑不得。深入的交流做不到，民族的尴尬。①

语言断裂是普遍现象，我家里也是这样，但家里若妈妈是本民族，一般说的是母语。②

他自己愿意说方言的就会觉得那些文化是有价值的，不会去认为外来的才是好的。讲方言说明他对他所处的地区是有自信的。③

除了妇女和女童，平日里村里的男性已经很少穿哈尼服装，只有年长的男性还在穿。外嫁的妇女回村也很少穿民族服装。穿的也不是原来自织的土布做的了，从市场上买成品衣或者买来布料自己做。花纹也没有过去那么多了，过去没有统一的规定，花纹随织布的人不同而异，现在的变得统一起来，就那么几种。④

（2）元阳县各级政府部门对哈尼梯田世界遗产的管理最主要的工作抓手是传统村落保护。哈尼族政府管理人员，元阳县文化和旅游局局长马智强认为，"四素同构"景观中村落最重要，而对村落保护而言，最重要的是语言和文化，并非传统民居。村落、语言、人是阿者科村及哈尼梯田保护的重点和难点，民居保护的难点在于人口增加带来的人地矛盾：

生活就是文化，语言里面有文化，保护文化就要保护语言。实际上有些村只是民居建筑消失，其他农耕文化、祭祀文化、服饰文化、摩批文化、饮食文化都有，95%还在，没有破坏。有语言就有习俗，有习俗就有传承，农耕技能就能传承，危机是再过20年，下一代人语言不通了，你那个文化景观谁来保护呢？⑤

我的小孩听得懂（哈尼语），但深度的东西他理解不了，如果他不懂得这个梯田是怎么挖出来的，就不懂得祖先是那么伟大，不懂得

---

① 笔者根据2017年1月7日访谈笔记整理。
② 笔者根据2017年1月7日访谈笔记整理。
③ 笔者根据2016年8月2日访谈笔记整理。
④ 笔者根据2016年8月2日访谈笔记整理。
⑤ 笔者根据2016年8月4日访谈笔记整理。

● 第五章 个案三：红河谷世界遗产地哈尼寨——阿者科村 ●

尊重、崇拜农耕文化的一些信仰。①

保护梯田、森林、水系组合的这个主体是人。现在没有人引领他们一起怎么做。②

原来的民居那么小，小孩增多，需要分家的人多了，传统民居采光不好，一旦经济条件成熟他（村民）就把它拆掉。③

马智强解释了传统民居院落景观的意义及其重要性，指出，院子里的石头和一草一木都是哈尼族人生活中具有重要文化意义的事物，保护发展工作者必须懂得和尊重。

沟渠是很重要的景观，棕树也是，家门口的、院子里面的也是景观。这个石头有很多故事，石头很大，如果对他家的牲口、养殖都很吉祥的话，就不能动。万物有灵（图5.14）。④——

景观是活态的，有物质的和非物质的，非物质的是动态的。

图5.14 阿者科村院落中的石头（来源：笔者拍摄）

---

① 笔者根据2017年1月7日访谈笔记整理。
② 笔者根据2016年8月4日访谈笔记整理。
③ 笔者根据2016年8月4日访谈笔记整理。
④ 笔者根据2017年1月11日访谈笔记整理。

（3）村民认为阿者科村和哈尼梯田最重要的价值与他们的日常生活分不开，道路、水井、水、鱼塘，以及村寨里有自家的田和屋是最重要的，农耕技术和手工艺是重要的。在村民的表述中，这些景观包含了许多细微、丰富的象征意义和社会意义：

> 重要的是这条古路，很重要，是我们生产生活的路，进村的路如果堵起来村里人的生活都过不了了，人死了以后抬出去也过不了了。
>
> 井是很重要的，村里人洗衣服和洗菜用；寨门旁必须有一个干净的、公共的水井，首先欢迎过路的人，不是本村的人如果挖田、种地回来要过路，身上脏了，可以去洗一下，放了个瓢，人可以打水喝。水有两层用处，一个是灌溉水田，另一个是消防用水，和美丽的梯田不能分开，跟下面的土地是连在一起的。①
>
> 我们祭祀活动献奉的水必须是从水井舀出来，老人去世前要断气的时候，喝的最后一口水必须是从水井来的。②
>
> 我们有一个修路文化，农历七月份就要去修村路和田埂的路，谷物丰收了，如果路不修好，马就过不了。右手边是马路，左手边是牛路，人走中间，牛比马多，所以那边路宽一些（图5.15）。③

图 5.15 阿者科村的道路景观（来源：笔者拍摄）

---

① 笔者根据 2016 年 8 月 4 日访谈笔记整理。
② 笔者根据 2016 年 8 月 4 日访谈笔记整理。
③ 笔者根据 2016 年 8 月 6 日访谈笔记整理。

● 第五章　个案三：红河谷世界遗产地哈尼寨——阿者科村 ●

我们哈尼族的（手编）技术呢古歌里面就有了，我们用这个席子，老人过世的那天必须放在里面，接生的时候也是要用的（图5.16）。①

图 5.16　阿者科村哈尼传统手编草席传承人（来源：笔者拍摄）

虽然现在穿了汉服，服装买的多，但祭祀、节日、婚庆、出生、死亡的时候，还是要穿板蓝根染的布做的衣服。最重要的是，人死了后必须用，小孩一出生也必须为他做一套。如果没有这样穿，别人心里就会暗暗取笑他这家没有规矩。这个是我们哈尼族希望后代像祖先一样勤劳、自力更生，古歌里面就是这样唱的。②

各利益相关群体围绕遗产保护与发展的价值共识和矛盾
政府管理者、当地专家、学者、村民、游客对哈尼梯田遗产保护与发

---

① 笔者根据 2016 年 8 月 5 日访谈笔记整理。
② 笔者根据 2017 年 1 月 11 日访谈笔记整理。

展的价值选择既有共识也有冲突。

（1）村民及其生活是遗产保护与发展基础的共识。受访政府管理者、当地专家、学者一致提出，在当下社会发展背景下，遗产地人民的生活是第一位的，遗产保护与发展首先应考虑人，即"四素同构"中的村寨主体的现实生活状况；理解村民的诉求和生活、解决村民的生计贫困问题是哈尼梯田遗产保护与发展的基础和前提。保护梯田文化景观最重要的是人，只有解决人的贫困问题，才能谈保护。人口增长与耕地有限以及教育落后的矛盾是最突出的问题，需要外界资金和智力的支持，教育是关键。

40岁左右的村民都安于耕种梯田，不断重复祖辈梯田劳作的年长村民并没有对农业劳动有不满，但对于如何提高粮食产量和增加收入束手无策，也不愿意下一代继续耕田。哈尼族有"六十不种田，七十不放牛"的俗语，但实际上，由于村里很多年轻人外出打工，现在不少60岁的老年人还在下田干活，70岁还在放牛的大有人在。昆明理工大学建筑学院80岁高龄的朱良文教授，从申遗至今扎根于哈尼梯田遗产区保护传统村落，自掏二十余万元为阿者科村改造了第一栋传统民居，他指出：

> 文化景观强调人和自然，两者都要照顾，这里面有人的生活问题，你叫他过原始生活是不人道的，他的生活还是要现代化。人天经地义的本能就是要过美好生活，人在自然里面的作用是要有人耕田，没有人耕田不行。①

> 上一代父母不愿意教小孩子怎么挖田了，在这个地方种田没有什么收入，他得首先解决好温饱。②

管理者、地方专家和学者都认为：

> 教育问题是根本性的，让小孩知道自己家乡怎么好，他才愿意待在家乡。这里能够上到中学的小孩很少，大学生很少。最近阿者科有个学生考大学了，今后可能对村寨很起作用。③

---

① 笔者根据2016年8月2日访谈笔记整理。
② 笔者根据2016年8月4日访谈笔记整理。
③ 笔者根据2016年8月2日访谈笔记整理。

● 第五章　个案三：红河谷世界遗产地哈尼寨——阿者科村 ●

　　我认为扶贫扶教育最好，培养出人才，在大城市就业，城市反哺农村。这个是最有效的，但也是最慢的，精准扶贫就是要教育。①

　　我们哈尼族人很讲骨气，不依靠别人，自己致富是最光荣的。村民理解我们是保护，也不是不支持，但是力不从心。村民需要让小孩子有书读，虽然现在学费国家层面免了一些，但生活水平提高后，父母负担重，如果不在外面打工就供不起。②

政府管理人员和当地专家、学者对村民生存、生活及其与遗产保护关系的共识与村民群体自身的发展诉求一致，认为教育的意义在于提高村民作为遗产守护者对遗产价值的认知，培养村民发展遗产的能力，使村民有能力留在城市工作、生活，缓解遗产地人口增长与土地有限的矛盾。

（2）政府管理人员与当地专家、学者对城镇化与哈尼族土地问题关系的认识存在差异，前者认为城镇化能分流出去一部分村民，可减缓人地相争的矛盾；后者则认为城镇化不适宜在本地推广，导致了空心寨的产生。阿者科村1980年代进行土地家庭联产承包责任制改革，梯田、房子基本能够满足村民的居住需要，但随着人口增长和哈尼族家庭内部土地传承等习俗的双重影响，人与田、地之间的矛盾日益突出。管理者分析道：

　　核心的问题是土地问题。包产到户时，如果家里女儿多，男孩少，那么相对来讲土地是稳定的。反过来的话，人均耕地面积就少了。因为女孩嫁出去，土地留在娘家，作为媳妇没有带着土地入户，宅基地也是这样。这是一个习俗和很深层次的问题。还有一个传统观念，村里面必须要守一份田，在外面工作的人三分之二要回村建房子，不管在外面有没有房子，我们民族人多就要分家，土地压力就大。③

　　按城镇化的观念来说，如果有三兄弟，有两个进城，就不存在土地问题。④

---

① 笔者根据2017年1月7日访谈笔记整理。
② 笔者根据2016年8月4日访谈笔记整理。
③ 笔者根据2016年8月4日访谈笔记整理。
④ 笔者根据2016年8月2日访谈笔记整理。

（3）对"谁来保护遗产"及自身在遗产保护中的角色共识与差异。政府管理人员、地方专家、学者都赞同遗产保护关键靠村民（当地人），但目前村民对遗产价值的认知和知识水平有限，保护意识和能力不足：

> 一切最根本的问题还是在老百姓那里，能不能保护得住关键靠他们。他要认识到了就好办，他认识不到你说什么价值也好，怎么宣传也好，都不起作用。①
> 世界遗产必须是民间和政府官方两者都来保护。②

村民认为主要靠自己以及借助各方力量一起保护遗产：

> 遗产是大家一起的，保护要整个村子一起保护，然后也需要政府的一些法律法规（支持），最主要的是整个村子人团结起来，大家一起嘛。③

当地专家、学者对梯田遗产研究及研究者在遗产地保护发展中的角色有深刻的反思：

> 需要研究怎么样把对它的价值认知传递给老百姓，传递给领导，真的让他们能够理解这个保护和怎么保护。④
> 外来的研究者只是为了完成项目，不是真心为族群考虑。⑤
> 起码要有一部分人真心想帮助村落，当地领导也确实想发展，但是你要真正帮助老百姓得到实效。真正的帮助是要花力气、花时间，甚至要说为乡村做一点贡献的，现在社会上还没有形成一股真正的力量。⑥
> 老百姓生活在这个破破烂烂的房子里，现在是要改善居住环境的问题，而不是帮他把这个房子腾空了当成民宿。所以我自己拿钱做，

---

① 笔者根据 2016 年 8 月 2 日访谈笔记整理。
② 笔者根据 2016 年 8 月 4 日访谈笔记整理。
③ 笔者根据 2016 年 8 月 6 日访谈笔记整理。
④ 笔者根据 2016 年 8 月 2 日访谈笔记整理。
⑤ 笔者根据 2017 年 1 月 7 日访谈笔记整理。
⑥ 笔者根据 2016 年 8 月 2 日访谈笔记整理。

第五章 个案三：红河谷世界遗产地哈尼寨——阿者科村

起码改变了村民的一些想法。原来你说一百句也没用的，他又不看你的书，你就是当面跟他说他也不相信。但是我们施工过程中他们天天来看，做出来以后老百姓还是认可了，也阻止了一些破坏势头。①

政府管理人员表示迫切需要真正愿意帮助贫困乡村，并且尊重本土文化的外部关注和力量，并且要能持续下去，当地专家、学者对自身保护角色地位的认知有共识之处。管理者呼吁：

你来这个地方不要带着要发财的理念进来，要用那种义务的、公益心来做。你有钱就投钱，有技术就投技术，有智慧就投智慧，要这种人来关注阿者科。要记着梯田、记着民居、记住这个文化的人来发展。要喜爱你这个民族文化的、关注文化景观遗产的人自愿地组织起来，能待上几年，一个村至少有一个这样的自愿队。像朱良文教授这样的人。②

（4）对"如何保护与发展梯田遗产"的共识与差异

其一，地方专家、学者对政府实施新型城镇化、美丽乡村、退耕还林、推广杂交稻等政策过程中的实际影响提出了不同意见，集中在国家政策是否适宜在遗产地推广、政策方向的连贯性和延续性、规划的合理性等质疑：

哈尼文化景观与传统生产生活围绕农耕，本来以前是聚落围田住，现在城镇化农民工进城是围城转。空心寨不少。（新型城镇化）不能全国一刀切。还有一个问题，最近几年为了经济种杉树，破坏了森林的生态结构，退耕还林是好政策，但看是种什么树，杉树是吸水的，对我们梯田保护有害。③④

哈尼梯田 1980 年代中期引入化肥，政府把外面的杂交稻引进来推

---

① 笔者根据 2016 年 8 月 2 日访谈笔记整理。
② 笔者根据 2016 年 8 月 4 日访谈笔记整理。
③ 笔者根据 2017 年 1 月 7 日访谈笔记整理。
④ 笔者根据 2017 年 1 月 6 日访谈笔记整理。

广后，产量高，省事省劳力，老百姓喜欢种。对整个生态的影响特别大。①

前后政策之间不一致，以及不实事求是的规划都对遗产保护产生了很多负面影响：

> 2013年6月之前，确实是大搞保护，不准老百姓盖房子，因为要评遗产，但世界遗产批准了以后，紧接着就抓"美丽家园"，又鼓励老百姓拆房子、盖房子。盖一栋房子补助三万（元），保护一栋房子一分钱都没有。冒出那么多新房出来。"美丽乡村""美丽家园"等等，国家给钱也不少，地方又拿出钱来，因为需要这个快点改变农村面貌的政绩。②
>
> 原来做的这个（保护）规划，除了大鱼塘这几个点以外，为了保护村寨一律不准搞旅游，不准搞任何旅游设施。他不知道老百姓生活怎么样。它批准了怎么执行啊？不要说老百姓不理你呢。③

一些专家、学者从政治社会制度视角探寻症结。阿者科村是省、国家级贫困县、重点扶贫县中的贫困村之一，在其村寨权力组成结构中，除了作为国家行政组织的村委会、村民小组外，还有家族及与咪咕、摩批等神职人员。但无论是咪古还是摩批，在当地都无社会和经济特权，没有同社会资本、经济资本的直接联系，没有拥有权威性资源（村寨文化记忆）"应有"的社会地位与权威，特别是咪咕，更多只是作为村寨集体记忆的唤起者、保留者，他们对村寨的政治、经济影响力很小。（何明，2009：164-181）阿者科村中没有一个或者几个较为突出的政治权威或文化精英。

当地政府管理人员对遗产地的生态及森林保护、新型城镇化等的影响与专家、学者的看法有不同，认为当地村民的精神信仰力量很强大：

---

① 笔者根据2017年1月7日访谈笔记整理。
② 笔者根据2017年1月7日访谈笔记整理。
③ 笔者根据2017年1月7日访谈笔记整理。

● 第五章　个案三：红河谷世界遗产地哈尼寨——阿者科村 ●

生态有希望保护，因为村民保护寨神林。①

平原地区（的田），可以用机器耕种，我们这边全部都要靠人。村民们对待哈尼梯田像对待生命一样，我们哈尼人的习俗里面，梯田不能给别家，放弃土地就说明这一家交出去一半了，要自家流传下来，这是一个精神的象征，这个精神力量是很重要的。所以梯田一定是可持续的，没问题的。另外一个祭祀活动里，必须要用自己劳动所得的东西献（神灵）。②

传统民居会有人，那个地方是祭祖的，所以我们不担心。③

其二，地方专家、学者、政府管理人员和村民在提高梯田红米经济价值有利于遗产保护上具有共识，但对红米销售及收益分配有不同看法，当地专家和学者提出不同建议：

梯田价值很丰富，没有挖掘出来。"哈尼梯田特产小米"和"世界遗产地红米"完全不是一个概念。以前我们自产自销，没有外销，就像一颗宝石没有打磨出来。我们现在不是提高产量，而是要挖掘其营养价值，宣传出去，文化价值也要介绍出去，10元一斤可卖到100元，让留得下来的人留下来，吸引出去的人回来，甚至外面的人也可以进来，就能保住了。④

一斤红米能卖5元就能赚，农民就值得种。以前卖40元一斤，找老百姓收10元一斤，没人买，是有价无市。我就是喜欢吃家里的米，我和我大哥说你种的卖不出去，我来买，给他补助，他也乐意认为相得益彰，就保护下来了，这是我个人的案例。⑤

大家在包装红米、打造它提升价值，出发点是好的，希望老百姓多赚一点钱，但是这些提升的价值很难到老百姓手里面去，大量的都是被外界媒体炒作之类的消耗掉了，没有解决根本问题。价格也有一

---

① 笔者根据2016年8月4日访谈笔记整理。
② 笔者根据2016年8月4日访谈笔记整理。
③ 笔者根据2016年8月4日访谈笔记整理。
④ 笔者根据2017年1月7日访谈笔记整理。
⑤ 笔者根据2017年1月7日访谈笔记整理。

百多块钱，但到老百姓手里也不过是提高了20%吧。①

其三，政府管理人员与地方专家、学者都重点关注村寨保护，认为目前的保护思路和方式导致了遗产地保护与村民发展诉求之间的冲突不断，一致赞同应重点保护几个核心村寨，给村民生产、生活留下更多的发展空间和机会。

其四，受访政府管理人员认识到自身群体对遗产价值认知和诠释不足，目前仅突出了梯田的审美价值，忽视了其重要的农业价值和生态价值，而且管理上没有形成合力。指出：

> 遗产价值的认知、展示和诠释是片面的，现在局限于景观、审美、风光，总在宣传景，没有深入到文化层面。好多专家和官员一拨拨带人去看，能解决土地的问题能保护梯田吗？哈尼梯田是由生态系统、梯田稻作系统形成的，现在大家关注景，忽略农耕稻作，浮在面上。②

> 国家文物局专项资金每年有几千万，省、州政府都有，一方面是好事情，一方面怎么用好？哈尼梯田有几个品牌，资金上湿地公园找林业局要、文化景观是跟文物局要、农业文化遗产是跟农业部要这样等等。现在的问题是各部门之间散打，思路不统一，效益不好。我们提倡系统保护，需要多部门合作，多学科学者对接，形成合力。③

政府管理人员指出了学者、专家们的研究在文化性、本土性和适宜性等方面的局限：

> 我们的火塘文化是永远不熄的文化。有些专家的文化是表面的，我们是内心的、原始本土的文化。还是需要本土文化。④

> 现在这个地方没有什么规划的，可能在游客看起来很乱，但村民

---

① 笔者根据2016年8月2日访谈笔记整理。
② 笔者根据2017年1月7日访谈笔记整理。
③ 笔者根据2017年1月7日访谈笔记整理。
④ 笔者根据2016年8月4日访谈笔记整理。

● 第五章 个案三：红河谷世界遗产地哈尼寨——阿者科村 ●

生活很舒服，很自然的，和谐幸福就行了。①

其五，政府管理人员认为，本地文化挖掘不足是制约阿者科村及遗产地旅游发展的关键原因，因为不能给游客提供深度的文化体验，所以很难留住游客。他们提供的文化挖掘途径一定程度上反映出与研究者对本土文化的认知差距。

> 我遇见的很多外国客人来这里（阿者科）都说挺满意的，但他们现在来都是住在其他地方，来这里就是参观。一天就可以把这里的梯田看完，看完以后就走了，需要研究把他们留下来的东西。总的来讲，是文化的东西没有挖掘出来。看得到，体验不到，没有意义，要把人留住在这里体验。不仅仅是村寨，要走下梯田里面去体验，跟农民一起体验农耕文化，体验我们民族文化就最好。②

> 村民认为外面的人住自己家不安全，专门开旅馆才行；不是排外，是这个民族觉得自己住在一起才安全。经营理念上要改变他们很难。③

> 寨心、寨门等传统祭祀用的地方对村民在精神上的核心地位与以前一样，没变。对这些地方首先是尊重，不会让游客使用，可以为了他（游客）体验，有意设计一个地方。④

其六，村民对政府的保护发展政策和措施最关注的是资金扶持的多少，在保护面前，将自我生存放在第一位理所当然。

第六节 小结

"红河哈尼梯田是生产世界上最重要农作物大米的活的文化景观。该景观是哈尼族面对艰苦高山环境与自然长期互动的产物，见证了人类的适

---

① 笔者根据 2017 年 1 月 11 日访谈笔记整理。
② 笔者根据 2016 年 8 月 5 日访谈笔记整理。
③ 笔者根据 2017 年 1 月 7 日访谈笔记整理。
④ 笔者根据 2017 年 1 月 9 日访谈笔记整理。

应能力和创造精神,并持续地向世人宣示着原住民坚韧的生存意志、确立并维系着他们共同的价值观和自我认同感。"① 本章运用预设框架解读、提炼出红河哈尼梯田遗产地阿者科村文化景观的四个价值主题:"'四素同构'亚热带山地民族聚居智慧的典范""人与自然极致和谐演进的梯田景观""梯田上构筑的族群文化体系"和"世界遗产的新身份"。各利益相关者群体当下的价值认知汇聚为"'四素同构'的变迁与调试""语言——哈尼族文化的核心与载体""信仰、习俗维护精神景观""政策动因下的景观构建"这四个价值主题。哈尼语言、信仰、习俗与文化景观的关联是预设框架分析与田野调查分析结果的主要差异。在现实中,政府管理人员对红河哈尼世界遗产价值内涵的认知基本与国际一致,但比较忽视其重要的农业价值和生态价值,遗产地村民和游客不清楚其价值;各利益相关群体对哈尼梯田遗产保护与发展的价值共识主要包括村民的生产、生活是首要的遗产保护发展的基础;脱贫、教育是关键;应重点保护语言、村落;保护的主体是当地村民;应给村民生产、生活留下更多发展空间;管理上应形成合力等。分歧主要在于对遗产地保护政策及其影响评价、城镇化与哈尼族人地相争的关系现状与影响、红米的销售与利益、对本土文化价值的挖掘与认知,以及政府对村民的资金扶持力度等。

---

① 国家文物局:《红河哈尼梯田申报世界遗产文本》,第17页。

第六章　社会建构的乡村文化景观价值主题

本章基于前述案例研究，归纳、提炼西南贫困地区乡村这类典型文化景观普遍性的价值主题及其变迁，作为探讨基于价值认知的保护发展策略的基础和依据。

第一节　与自然相依存的乡村营造

这是与乡村文化景观基底价值形成相关的一个历史主题。乡村文化景观的产生源于族群与自然的互动，以内部为主，也会受到外部影响，但都基于自然资源而发生。依赖自然资源聚居生存、人与自然共生是西南贫困地区族群与自然之间建立的最根本的价值关系和主题，呈现出多种模式。

一　基于自然给予的机会或限制选址定居

西南贫困地区乡村文化景观的形成，首先是地方族群综合利用大自然的地质、地貌、水文、气候、生物多样性等条件和资源，使自然具有了于人类而言的原初价值。历史上，西南贫困地区族群大多经历了漫长的迁徙过程，从游牧、狩猎走向定居，在这个过程中，大体上形成了三种选址聚居模式。

第一种模式是选择资源条件较好、适合人类生存的自然环境定居。西南地区最典型的这种环境是散布在广阔高原、山地中的相对平缓低洼的各类坝子，包括山间盆地、小型河谷冲积平原、河谷阶地、河漫滩、冲积洪积扇、起伏缓和的高原面、较大的山谷等各种地貌。从今天人居环境科学角度分析，坝子有几个特点适宜人类聚居：周边常有高地，局部易形成较温和的小气候；内部坡度较缓（一般小于 12 度），便于建造房屋；地质、气候及水文等环境较好，孕育了丰富的生物多样性，为采集、狩猎等生计方式提供了机会；汇集了周边山地的雨水、溪流，以及随流水冲积下来的土壤及养分，具有农耕生产的良好条件。选择坝子定居反映出西南贫困地区族群经过实践摸索和积累经验，认识到坝子于人类而言的宜居价值，并在精神层面发展为一种理想聚居环境的观念和模式。那些没有机会选择这类环境的族群，也会竭力在其他环境中小范围内或局部营造具有类似特点的环境以聚居。

第二种模式是因某种对人类有用的特别的自然资源而聚集。如，诺邓古村的白族先民在澜沧江以东高山地域没有平坝可选择，但因发现了盐井，逐盐而居，形成围绕"云龙八井"的大小村落。又如，已列入我国 2022 年申报世界遗产文化景观预备清单的云南景迈山古茶林聚落，初成于布朗族先祖帕哎冷在南迁途中，认识到茶树叶子对人有药用价值和食用价值，带领族群在芒景茶树多的区域安营扎寨，自此，村落世代与茶树相依存。人类发现和开发出某种自然物于人类的特有价值，围绕该自然物所在地聚居，有时不得不突破原有环境中其他不利条件的制约，对环境进行适宜性改造。这种选址聚居模式体现出西南贫困地区族群来自实践探索的朴素的自然科学认知；族群逐渐积累的资源开发利用经验和知识，构成乡村知识体系的基本内容。西南地区蕴藏着大量丰富的自然资源，给予各族群利用自然资源选址定居的机会，以及激发族群开发、利用自然的智慧与知识。

第三种是为躲避自然灾害，或族群之间的战争，或受外部政治力量逼迫等，一些族群在偏远的、自然环境严峻或原本不适宜人居的地域定居。如，哈尼族先民在哀牢山红河谷地定居；控拜村苗族先民们为躲避战乱和为中原王朝军事驱逐所迫，有意识地避开土地肥沃但不安全的河谷低地，选择地势险峻的雷山山腰建寨，虽然耕地匮乏，但利于防守、撤退。这类乡村选址聚居模式，代表了人类在原本不利于自我生存的环境中，认识自然、适应和改造自然，最终突破自然的限制，并仍与大自然建立和谐共生关系的智慧。

不论哪种模式，西南贫困地区乡村的选址多以乡村周围的山林、山坡、河流等自然物作为边界，充分利用及建立与周边自然环境相协调的整

● 第六章　社会建构的乡村文化景观价值主题 ●

体空间结构，使村落成为自然生态环境的有机组成部分。

二　土地利用与乡村营造

西南贫困地区的乡村大都经历了从采集、狩猎到原始农业，再到传统农业的社会生产方式的一般发展过程，今天正逐步推进发展现代农业。乡村的社会发展与土地利用方式和乡村营造模式演变相对应；至少有半牧半农型、传统农耕型、业缘型等三种土地利用及乡村营造类型。

（1）马边县烟峰社区代表了不久前尚处于游耕的族群聚落的土地利用与乡村营造。明代时受汉族影响，传统彝族小家庭从自然游耕和农牧兼作经济模式向稻作农耕发展，形成家支聚族而居的乡村；构建了"上面宜牧、中间宜居、下面宜农"的垂直分层山地利用空间格局。乡村与其周边环境整体格局叠合了原始血缘社会组织方式和习俗。村寨内部保留着原始聚落以场坝为中心的空间意向，但建筑布局总体上较为分散、自由，住屋建造方式相对简单。乡村营造对自然的干扰程度较低，留有早期族群自我保护及不受外族侵扰的建造痕迹，如围墙、碉楼等。

（2）阿者科村代表了亚洲稻作最高模式的土地利用与乡村营造典范。哈尼族先民早期土地利用模式也是山上采集、狩猎，山坡居住和在山下耕种的"立体三段式"。后来进一步优化创造了"四素同构"的整体农业景观。由于保留了以血缘关系为纽带的原始氏族社会组织结构，村寨格局及营造至今仍沿袭原始农业阶段的模式，如围绕村庄开垦梯田，强调寨心、寨门、磨秋场、寨神林等公共空间；同时，又具有传统农业聚落特征，以家族、家庭为经济单位组织农耕生产，有住屋、院落等村落空间层次。阿者科村这类长期与外界交往较少的民族乡村，土地利用重点考虑协调及有效利用自然资源，保护大自然的自我修复能力。凤翔村、流芳村都是较早进入传统农业阶段的乡村，位于地势略为平缓的低中山地区的流芳村的"坡田—村寨—寨田"格局与高原平坝上凤翔村的"旱田—村寨—水田"水旱兼作式的土地利用，都属于西南山地农耕"立体三段式"的基本模式。无论平坝、低中山地还是高山地，传统西南贫困地区农耕型聚落族群的土地利用模式更密致化，尽可能极致利用，人地关系紧密；乡村营造不断向家庭化和个性化演变，如凤翔村白族住屋从传统土库房发展为"四合五天井"等形制院落，侗族长屋向独栋屋演变等。

（3）诺邓古村代表了自然资源加工生产及交换的土地利用模式与业缘性乡村营造。诺邓古村的盐业经济发展，使乡村内部的群体分化以及社会分工与血缘、地缘族群的相互渗透融合关系投射到乡村营造中，乡村空间出现等级分化。控拜村代表了另一种半农半商的业缘性乡村土地利用与营造模式。控拜村苗民据险而居，不易发展传统农业，不得不开发农耕之外的"活路"和第二条"命根子"——银饰加工手艺，但其"依山建寨，择险而居、聚族而居，成片式布局，自成一体"的选址及建寨传统，仍是典型的山地森林—村寨—梯田农耕景观格局。无论哪种类型乡村，水、树、盐等自然物都是族群生产、生活以及村落住屋组团展开的焦点。阿者科村住屋小组的公共水池和水井、诺邓古村的盐井、流芳村的水塘等等，既是生产、生活中最重要的基础设施，也是公共生活场所。随着乡村的发展，连接村寨与田地及外部的主路以及通往村民各家的小路也逐渐形成村寨内部的线性公共空间和乡村格局的骨架。

依赖自然资源生产、生活的土地利用与乡村营造，改变了乡村环境的地貌、气候和水文等。如，哈尼族村寨开垦和管理的梯田雕刻出哀牢山"四素同构"这种人类与自然高度和谐的新地貌，村寨生活用水与大自然水循环过程合为一体，梯田与沟渠的建造等改变了自然界的原初生态系统；就连笼罩村寨和梯田的云雾景观也是梯田水资源利用与自然气候相互作用的结果，也是人与自然的共同作品。一般来说，在人与自然相互依赖的现实价值观以及无强大外力影响的前提下，西南贫困地区传统农业乡村的发展与其自然环境之间在相当长时期内可保持和谐的有机演进，土地利用和景观具有稳定和鲜明的特征。

三　乡村及其周边环境的圣化

西南贫困地区乡村族群早期敬畏和崇拜自然，在定居和发展传统农业后，对自然的敬畏逐渐转变为与自然共生的观念。族群大都有着原始崇拜，赋予乡村选址和营造以神性。在圣化乡村空间的过程中，与自然相依存情感向地域或民族认同感发展，反过来又使乡村营造模式稳定及成为族群内部特有的传统。乡村空间及其营造的圣化主要有两种类型。

将与具体崇拜对象直接相关的物质空间奉为乡村圣地，包括自然环境和有意建造的场所。如，诺邓古村先民在盐井下建造的龙宫和坑道神坛、在盐井上建造龙王庙和戏台、大树及其附近的空间等受到敬奉和保护；阿者科村的寨神林、磨秋场、寨子下方的丛林、水井、梯田等都被神圣化；流芳村的象征父系血缘家族的鼓楼和母系血缘历史的萨坛附近的空地、与糯稻崇拜有关的节庆活动场所、风雨桥、大树、古树、风水林、古井等都被视为具有神性的空间等。物化、仪式化自然物或建造庙宇等人工构筑物以及安排圣化仪式、路线和场所等，建构起连接村寨族群与自然的乡村最高精神信仰空间，并维护了核心景观和边界。

乡村整体格局圣化，更抽象地体现了族群有意识整体协调自然与村寨营造的精神观念，人与自然的社会性关联与精神性关联互动。如，凤翔村基本格局单元"充"，由对应村落四周山峰的山神庙守护，用精神性关联巩固各充自然资源利用的空间秩序；哈尼族人遵循"惹罗"建寨古规，村寨营造的每个步骤都需仪式确认，景观格局因圣化和神化得以巩固。"乡村空间格局圣化强化了乡村领域，加强了成员维护村寨环境、公用设施的责任意识，族群社会关系得到再塑，乡村景观成为连接内部制度、社会关系和共同记忆的载体。"（王冬，2013：102）

第二节　多元动因持续建构的乡村景观

这是与西南贫困地区乡村文化景观重大改变相关的历史主题，反映西南贫困地区乡村在来自族群内部和外部政治、社会、经济及文化等动因下的景观建构，以及民族史与社会发展史交叠于自然的过程。

一　族群内部协调自然与社会的景观表达

乡村文化景观是族群乡村社会生活与自然相互作用的结果。为了生存与繁衍，族群要整合自然因素与社会因素。从原始血缘氏族村落到农耕村落再到业缘混合的村落，西南贫困地区乡村社会在发展中，通过乡村社会组织结构管控、调节族群与自然之间互动行为的空间秩序和资源及利益分配，使乡村景观成为乡村社会发展的表述载体。

乡村的原初格局在族群社会介入与修正后，形成稳定的表达族群社会结构关系与集体意志的、具有鲜明族群社会特征的乡村格局。如，哈尼村寨格局保留了原始氏族社会组织结构的痕迹；彝族村寨以自然边界和人力开垦的田地作为家支领域边界,以居民点为单元,以祖灵洞、祭祖大典场地、蒙哥公共会议场地等整个家支共有的场地为中心,形成家支组团式乡村格局,定期举行祖灵菁洞、祭场等仪式,以无形的社会力量控制聚落内部的社会生活秩序。又如,侗寨的格局明显受侗族父系血缘社会组织结构和历史遗留的母系氏族社会意识的双重规制,前者体现在乡村平面和竖向空间布局都以象征父系"血缘纽带"的鼓楼为中心,强化其承载了祭祀、击鼓报信、集会、庆典等多种重要社会功能的空间地位;后者体现在乡村的"萨坛"圣地。族群社会对乡村现实生活伦理秩序的组织及景观表达体现在村落传统住屋、公共建筑及环境要素各方面,如,侗族的"长屋"、彝族以"火塘"为中心的住屋、白族院落等,都反映了族群住屋空间结构与家庭结构的同构关系;鼓楼、寨门、围墙、碉楼等公共建筑以及水井、水塘等环境要素都对应着传统乡村社会的重要功能。而当宗族观念随着社会、经济及文化的变迁在日常生活中逐渐淡化,家庭结构走向小型化,乡村格局也相应发生改变。

很早进入传统农业阶段的定居西南山地坝子、河谷的族群,生活稳定,人口不断繁衍,可耕地相对减少,人地矛盾通过族群内部社会制度协调。如,分寨是使哈尼族乡村规模与梯田稻谷产量之间保持协调正比关系、保证梯田系统长期稳定的一种应对策略。阿者科村、流芳村等案例显示,分寨是西南贫困地区乡村普遍存在的一种制度。分寨没有消解族群血缘关系,分出去的村寨的选址和营造都遵循本族群传统模式,促进了西南贫困地区村落与自然镶嵌生长和民族特色突出的乡村景观的建构。

二 外部政治、经济动因改变的景观

农业经济的人地关系除了对大自然的依赖性大,还极易受到政治、经济等社会环境变化的影响。西南贫困地区乡村景观的重大改变与历史上中原王朝对这一地区实施政治、经济干预的整体社会背景紧密相关。

中原王朝自汉代就为了统治西南边疆和获得更大经济利益以及西方国家的物产,在西南地区自然条件较好、经济较发达,交通较方便的地方(如坝子)设立郡县,形成多个政治、社会、经济和文化中心以及连接各中心之间的商品交易网络,如,"南方陆上丝绸之路"及其重要组成部分"茶马古道"。唐初,中央王朝在西南地区建立严密的统治体系,政治统治和

第六章 社会建构的乡村文化景观价值主题

掠取经济资源的商贸之路联结起若干原本普通的乡村,客观上促使这些乡村成为具有经济职能的商品交换场所、货物集散中心或交通枢纽。如凤翔村、诺邓古村等。唐宋时,汉族移民再次大量迁入,元明移民实行军屯、民屯、商屯等,给西南地区带来更多异族群体。外部政治、经济等因素改变了乡村的政治地位和经济发展模式,使族群内部产生群体分化。这些外部力量和群体参与乡村资源的分配和利用,与乡村族群形成共享或竞争自然资源的关系;改变了乡村社会,新的社会秩序规定和制约着不同群体的行为实践。原本封闭的乡村景观在这些外部动因影响下发生重大改变,主要体现在五个方面。

一是乡村早期空间要素发生演化与变异。原始乡村中简单的通道变成运输自然物资的商道;空地被用作一定规模的集市或公共交易场地;出现新的公共建筑类型和标志性建筑,其附属场地成为乡村重要的公共活动及交流空间,如诺邓古村盐局、盐课提举司衙门等;连接交易场所与管理机构以及乡村外部的道路网络形成。体现了国家政治的权力和制度渗透自然资源管理和分配,有组织地重塑了西南贫困地区的乡村景观。

二是乡村格局改变。乡村原有空间要素的变异与新的空间要素融合导致乡村格局改变。乡村用地更加丰富和完善,生产空间、交易空间、交通空间、公共空间的功能、设施得到强化。乡村结构层次更多、更加秩序化,场所与空间的领域感及层次感逐渐增强,如,诺邓古村形成"集市—街坊—巷道—宅院"的空间秩序以及"多心镶嵌"的格局,与周边其他自然乡村明显不同。乡村功能结构与交通组织的关系结合更紧密,道路基本网络化。沿道路建造大量住屋和公共建筑,由道路两侧实体建筑围合的街巷空间界面逐渐成形,其形式、尺度,根据生产、生活的不同需求,以及与自然地形的结合产生了丰富多变的独特性。多样化的建筑类型与公共场所,使乡村景观格局超越了生存、防御的基本物质层面,延伸到政治、经济等社会层面。

三是在外来建造技术、材料、形制、形式及文化等影响下,乡村建造技术水平逐步走向成熟,形成西南贫困地区乡村建筑类型与风格。

四是乡村空间多样化、精致化。乡村群体分化、不同业缘群体和职业的多样化,造成群体之间的经济收入差别,出现贫富分化,乡村空间明显出现等级化和多样化。富裕的村民大兴土木,建造彰显财富的深宅大院。

布置富丽堂皇的宅院与从事农耕生产的普通住屋形成鲜明对比。

五是建筑与场所意义改变，出现世俗化的倾向和多样统一。一些具有原始崇拜神性意义的宗教场所向生产生活、交易等功利性场所转变，如，诺邓古村万寿宫、龙王庙、（龙王的）戏台的附属空地，成为集市空间以及村民日常休闲、交往等世俗活动场所。

外部政治、经济动因使乡村群体多元化，不同群体以各种方式共同作用于乡村，但"与自然生态和谐共存的自然观念、从传统乡村中延续传承下来的礼制、文化规则和乡规民约、村民们作为主人为自己和自己所在社区建造等传统，仍然深深扎根于乡村景观营造的每个环节之中"（王冬，2013：148）。阿者科村、流芳村等地处偏远的乡村与外界交流很少，中原王朝统治力量没有完全触及，直至中华人民共和国成立，还长期保存和稳定地延续了古老的民族传统；族群群体较少分化或变化，社会组织结构在相当长时期内得以延续，族群主要协调人与自然的关系。

三 外部文化动因改变的景观

外来文化伴随外部政治、经济力量介入西南贫困地区乡村，与当地文化碰撞、交流，乡村景观不断被文化动因重构，最突出地体现在儒家宗法礼教思想、文化教育、外来知识和技能、外来宗教等向乡村渗透与融合带来的景观改变，主要有四个方面。

（1）以书院形式为主的儒学教育景观。在诺邓古村、凤翔村这些受中原王朝政治、经济影响较大和汉化程度较深的乡村，"从明代开始，本地文化就向'以儒道设教''重儒重孝'的文化模式转变。明清以来，改土归流使以儒家礼教为主的汉文化在西南地区进一步普及，地方涌现一大批文化人，建造学校成为乡村营造一项非常重要的内容"（王冬，2013）。西南地区基础教育原本薄弱，在此背景下办学与兴学之风更烈。如，在盐业经济的繁荣下，诺邓较早设立文昌宫办义学，科举及第人家兴建的深宅大院一直是乡村景观重要节点和乡村社会中文化和身份地位的象征。诺邓古村的文庙、凤翔村的书院等都是中原王朝国家政治向西南边疆强制推行汉族主流文化及其在地化的象征，曾是乡村最重要的公共建筑。此外，儒家文化思想在向民族村寨传播过程中给当地族群注入了强烈的耕读意识，改变了他们对儒家文化、乡村文化的精神认同，体现在建筑装饰，如楹联、题铭等景观上。

（2）聚族而居的景观清晰、完整。外来移民迁入带来村寨人口增长，民居建筑发展迅速。汉族重视宗亲礼法的宗族思想渗透到西南地区乡村，聚族而居现象更为突出。文庙、家族祠堂等汉文化礼制建筑成为乡村格局中的显著要素，与民居建筑的等级差异明显。汉族家族院落的建筑形式和营造方式也为当地民居吸纳，住屋在乡村格局中呈现更清晰的结构，也拓展了乡村的核心精神空间，形成以祠堂为中心的乡村精神核心和归属感。

（3）本地化的佛教、道教等宗教景观。随汉族移民传入的道教、由滇缅古道传来的佛教等，以建造宗教建构筑物等方式塑造西南地区乡村景观空间的重要节点和宗教信仰载体。这些宗教建筑的选址、布局、形象等本身对乡村的景观格局产生重要影响，常常成为乡村标志性建筑物。此外，外来宗教与本地宗教相融合的建筑和空间场所也成为这一地区宗教文化交融的景观见证。

（4）住屋及乡村景观营造更加精致化，乡村生产、生活功能设施建造有意识地与审美需求结合起来，具有浓厚的中国汉族传统文化审美意向。在有充裕资金和经济投入的乡村，景观呈现出一种"刻意营造"的精致化特点。"门""坊"、跨越河流的"桥"、镇灾患的"塔"、休息的"廊"和"亭"、饮用水源和消防水塘等，都体现出有意识地与乡村环境相协调的审美追求。

第三节　乡村场所精神

这一价值主题与乡村景观动态演变过程中的精神建构相关，考量不同群体对乡村及其周边环境赋予的意义、情感、认同等，在实践中形成的包括对大自然及其与自身关系的看法（自然观与时空观）、乡村景观象征、民族认同感和场所依附（或称"归属感"）等。

一　自然观与时空观

族群的定居、生产实践和社会发展，使人们头脑中关于大自然和宇宙的思想内容日益丰富，自然观与时空观是这些内容发展、升华的精神成果；一旦形成，又反过来指导实践活动方式和行为。案例中，相对封闭地区的或受外来文化影响较小的如阿者科村等乡村，仍较多保留了族群的原始自然观和时空观；而那些在历史上受中原文化深入影响地区的如诺邓古村、凤翔村等乡村，则呈现出本土观念与外来观念的融合；并且当下都不同程度地受到现代观念的影响。自然观与时空观在神话传说、乡村营造、自然圣地、祭祀、节日庆典等形式中都有所表达；观念既可转化为具体的空间实践行为，实践行为又可表达、强化和传承观念。塑造西南贫困地区乡村场所的自然观和时空观主要有以下五种。

（1）大自然是万物和族群的起源，是神圣的和应该敬畏的，不能随意破坏；同时，自然万物都是人的同类，人与自然息息相关，共生同构。这种自然观促使原始自然崇拜向祖先崇拜转化，奠定了族群社会与自然和谐共处的价值观基础；通过一代代讲述、传唱的神话、古歌、民谣等，不断得到巩固，使后代始终保持对自然的敬畏，使对族群生存、生活和发展具有重要影响的森林、古树、水、盐等自然物及乡村自然环境得到保护。

（2）人类（族群）需定期以及借助一定媒介物或形式与自然沟通，以表达对自然的敬畏和崇敬。西南贫困地区乡村各族群都有选择和借助一些自然物作为承载族群自然崇拜的媒介物，在固定时间、场所举行祭祀仪式的习俗，在乡村的现实时空中，将族群的自然观落实到具体对象、场所和行为中。自然祭祀的时间往往与人类生产活动的关键时期相关联，更进一步地使人类生存与自然紧密结合。尽管族群成员大都带着祈求自然神灵保佑个体平安、家族兴旺、田地丰产等功利性的现实诉求，但经年累月重复的活动形式，不断强化族群对大自然的神圣感情和与之相连接的宗教性习俗。祭祀对象、供奉的物品都是自然物或源于自然的人工产物，被注入族群自然观念的祭祀活动特定场所，得到全体族员持续的维护，是乡村中最受重视的人神沟通的神圣场所。

（3）自然可以利用和作为人的生存空间；同时，为了族群的持续生存与繁衍，应有所节制地利用自然。这一观念包含一系列有关族群如何在自然中生存，并与之保持和谐关系的朴素的生态意识、行为准则及习俗等，这种意识指导和规范族群的生产、生活实践与乡村周边的环境长期维持良好的生态平衡。

（4）与西南地区地貌特征一致的"三界协调"的立体世界观。如哈尼族、彝族、侗族等族群有着相似的世界观，即世界由分别属于神的（理想

第六章 社会建构的乡村文化景观价值主题

的)、人(主宰)的和鬼的(人的归宿)三界构成的观念。这种宇宙观反映了族群对西南地区广泛的山地环境的认知以及在生产、生活实践中建立的空间层次感。族群将对理想世界的向往投射到乡村及其周边环境当中,通过乡村及其环境营造和土地利用,以垂直立体的空间格局展开对世界的想象和建构。如,哈尼族"四素同构"的立体景观格局,村寨与山体、地形、水体的关系灵活,但始终保持协调以对应神、人、鬼三界之间的和谐等。

(5)大自然的节律是有神意的,乡村营造也应与之相符,从而令神满意及获得神的许可和护佑。西南贫困地区族群赋予时间神灵的象征意义,与大自然的节律相协调就是敬神。族群将生产、生活及其重要内容——乡村营造的节奏与自然界的时序相谐调,创造出彝族"十月太阳历""梯田农事历法"等,为族群确立了与特定地域空间关联的时间量度,安排农耕生产、建造住屋、祭祀、婚丧嫁娶等。

此外,许多西南贫困地区乡村吸纳和本土化外来移民的自然观,最典型的如本土化的风水观,对乡村营造和景观产生影响,如为"镇"住自然灾害建造塔、将村寨背靠的山脉称为龙脉,龙脉上的古树、森林作为保寨平安的"风水林"等。基于各族群自然观的"自然崇拜信仰与原始宗教是护佑西南贫困地区乡村生态环境的精神保障"。(樊庆元、杨国才,2016)

二 多元宗教信仰融合

历史上中原王朝的文化灌注及各族群频繁迁徙等,使西南贫困地区乡村不同程度地受外来各种宗教信仰的影响,乡村融合、承载着多元宗教信仰。

道教因其多灵多神的观念与西南地区原始宗教信仰易于沟通,最早进入这一地区,在民间传播广泛而深入,影响了乡村族群宗教仪式及祭坛形式;佛教传入后,在内容和形式上吸收、融合了当地族群的原始宗教及巫术;中原王朝政治力量自进入西南地区,就持续输入和推行儒教;元代伊斯兰教传入;近代基督教随帝国主义入侵。这些外来宗教在西南地区的传播都很重视与各族群的信仰、生活方式、心理、当地文化教育及习俗相结合,在内容和形态上做出调适而发展和兴盛起来。(宋蜀华,2005)

在受外来政治、社会经济和文化影响较大的如诺邓古村、凤翔村,当地族群包容、接纳和本地化外来信仰，整合出新的本土宗教文化。（舒瑜，2010：19-21）多元宗教和谐共存体现在各种宗教活动、仪式和乡村空间格局营造中。宗教发展促进了如佛寺、道教宫观建筑群、书院等大量的乡村建造活动，并出现了多种宗教及教派共聚一堂、接受供奉的景观，如凤翔村"三教宫"、诺邓古村"玉皇阁"等，都是集自然崇拜、祖先崇拜、本主崇拜、道教信仰、佛教信仰和儒教等宗教信仰于一体的宗教场所。承载多元宗教信仰的建筑及其周边环境既是神的殿堂，也是乡村文化的殿堂，同时还是乡村世俗生活公共活动及民间艺术的中心。

既包容多元宗教信仰，同时又始终以本土信仰为根基是西南贫困地区乡村精神世界的基本共同点。尽管诺邓古村、凤翔村村民平日参加各种宗教仪式活动，但都仍以本主节最为盛大；除了隆重的祭祀活动外，西南贫困地区乡村一般没有宗教组织和系统的宗教体系、掌教人、宗教财产和职业信徒团队等，宗教仪式也全靠本土通晓本民族历史、文化、经籍和掌握主持宗教法事能力的人，如哈尼族摩批、彝族毕摩等来主持。

世俗性较强是西南贫困地区乡村多元宗教信仰的另一个共同特点，多神信仰"与日常生活的粘连性紧密"（陆群，2006），如阿者科村哈尼族的梯田崇拜、糯稻崇拜等。外来多元宗教都被乡村生产与日常生活的强大力量所吸附，安居乐业是人们信仰不同宗教的共同目的，信仰的民间性超越官方性和宗教性。由于融合的多元宗教信仰与乡村具体环境及现实生活内容交融互通，不同族群和乡村对宗教信仰的解释是含混性的，如，诺邓古村与流芳村对祭桥的解释明显不同。

三　景观象征体系

西南贫困地区乡村景观包含多重象征意义，乡村景观象征体系具有乡村社会内部交流、代际交流以及与外部社会交流等功能。对于外部社会而言，乡村景观象征体系就是一套族群的文化符号，大多通过习俗，以约定俗成的方式世代传承。

西南贫困地区乡村景观最常采用的是隐喻、拟人化、符号等象征形式，如，神话、传说、古歌幻想的超自然形象表达了对世界起源、自然现象及社会生活的理解，它们的象征性在于对作品主题的想象性概括，是一种隐喻象征；各族群的图腾则是符号象征。西南贫困地区乡村景观的象征

● 第六章 社会建构的乡村文化景观价值主题 ●

内容来自现实生活、人们对未来生活的向往和寄托、生殖崇拜，神灵鬼怪信仰或对生活劳动场景及细节的想象等；被赋予象征意义的对象常常也是祭祀的主要对象，如天、地、祖宗等，经过人们的想象和构拟，象征着族群社会群体及角色。西南贫困地区乡村景观象征体系表现在四个方面。

（1）自然或人造物的多类象征。山、水、树、土地、祖宗、传说中的人物等自然物或人造物都可以被赋予意义而成为象征体，象征形式普遍直接、朴素和粗犷，重形似。如，哈尼族、侗族、彝族、苗族等族群都将茂密的龙树林作为蓬勃的生命和家族兴旺的象征、凤翔村白族的凤凰帽和腰带上的鱼图案、哈尼族服饰上象征山水的几何图案及梯田图案等，都是通过一次间接表达和联想就可被理解的意义清晰的简单象征。复杂象征的象征体经过的年代久远，积淀了丰富的社会含义，其象征义需经几经曲折才能得以全部解释。（居阅时、瞿明安，2011：9-11），如，侗族人的糯稻象征繁衍力强，子孙满堂，家族兴旺，以及人生阶段和轮回的生死观等。当复杂象征发展具有了彼此之间没有相互联系的多维含义，又如诺邓古村的盐既象征族群生存之本，又是地方经济地位的象征，以及乡村社会内部身份、地位和人情、道德观念、人生礼仪的象征等，则成为多义象征；再如，侗族的鼓楼等则蕴含了族群文化独有象征意义的个性象征。

（2）聚落格局的象征。哈尼族、彝族等族群的乡村格局，原本就以仿生象物的方式营造，表达了族群对世界和宇宙及其与人类关系的理解。同时，如传统彝族聚落空间格局还是社会制度（私有制和奴隶）及社会组织结构（家支）的象征；凤翔村的"充"是乡村结构单元之间的社会地位以及社会关系规则的象征。

（3）建筑类型、空间、结构、装饰、材料等的象征。如，侗族的鼓楼、萨坛、禾仓等建筑包含族群社会组织结构、信仰等多种象征；彝族的土司建筑群具有地方权利与汉族封建中央政权融合的象征意义。乡村住屋平面布局的象征，如哈尼族"住屋（扭玛）的朝向总是坐西北朝向东南，或力求背山面水或坐高向低，房间中的床位走向也几乎都是头朝西北方，均象征着哈尼族对祖先发祥地的崇敬"（毛佑全，2000）；侗族住屋平面空间要素包括表示家屋成员与祖先关系的堂屋、象征家庭人口繁衍的主屋、象征独立经济能力单位的谷仓，以及象征家庭日常生活中心和滋养全家人的伙房等，平面空间格局象征着家庭成员日常生活中共魂、共食、共居和共财的相互关系,通过神龛、火塘、主床、谷物等表达意义(赵巧艳,2014:236-240)。住屋建筑结构的象征,如"彝族建筑的穿斗搁架式结构表达了族群的'天崇拜''中柱崇拜''祖灵崇拜''火崇拜''福禄神精神空间'等追求;屋顶象征着屋主的社会地位;屋脊交错、错缝处形成采光带的'格霏'结构,象征着'万物格霏'的阴阳哲学观"(温泉、董莉莉,2017)。建筑装饰的象征,如侗族、彝族、哈尼族都用牛等符号作为建筑装饰物或图案,或模仿、简化、抽象自然山水、日月星辰等作装饰图案。建筑材料也被赋予象征意义,如,"侗族只用木质粉红、质地致密、成材后高大笔直的香椿、香樟、梓木和杉木四种树木的木材建造住屋,象征永葆青春、心红正直;同根多株的'带崽木',象征龙脉相承、人丁兴旺、子孙发达;选材来自位于山坡上的树,象征站得高看得远;一般不用自家山林中生长的树,也不能从市场上买,而必须是'偷'或者'换'来的,寓意借助别人的福气充盈自家的新居等等"。(赵巧艳,2015)

(4)宗教性活动及场所蕴含的象征。如,哈尼族长街宴的饮食结构规定、食物再分配与互惠交换以及具有神圣性和象征性的"竜肉"再分配等,构成一系列文化象征意义。进行祭祀活动的场所、祭品、祭器、祭祀礼仪等,也被赋予特定的象征意义。祭祀场所选择有严格的标准,以符合人们头脑中的宇宙模式和阴阳观念决定的神灵角色与祭祀场所配置关系。如,侗族祭祀鼓楼象征祭祀太阳,祭萨则象征祭祀月亮。受汉族道教影响的西南贫困地区乡村在其宗教场所营造过程中运用了大量象征手法,如,诺邓古村的三崇庙建筑群及其周边环境的整体空间序列,就是以自然山林作为背景展开的一个由人而仙的象征性空间结构。

"西南少数民族乡村景观的象征体系还存在着层级,如'博巴'是整个凤羽坝子地方认同的共同象征,是区分地域的一级象征;而像凤翔行政村或其他自然村,都有各自的本主庙与本主神,是区分地域内部不同乡村领域和人群的二级象征。"(赵敏、廖迪生,2015:80)

四 场所认同与场所依恋

国内学界对场所感(Sense of Place)、场所认同(Place Identity)、场所依恋(Place Attachment)、场所精神(Spirit of Place)等场所相关概念的定

第六章　社会建构的乡村文化景观价值主题

义仍存有许多争论。笔者赞同:"场所认同就是一系列意义,与任何特定的文化景观相联系,任何特定个人或群体用来建立其个人或者社会认同。"([英]乔治娅·布蒂娜·沃森、伊恩·本特利,2012:17-18)包含感知、认知与情感等多个方面;场所依恋由场所依恋与场所认同两个维度构成。其中,场所依恋是人与场所之间的一种功能性的依附,是场所的环境景观、公共设施、特殊资源、可达性等能够满足个体或群体特定需求的属性。而场所认同是精神层面的依附,情感因素是第一位的(齐文,2017:16-19);场所特有的信念对应场所认同,情感对应场所依恋(李秋玲、吴建平,2011:328-337)。西南贫困地区乡村由各族群主观建设,充满社会与文化意义,场所认同与场所依恋是乡村文化景观的重要场所精神。本书参考欧文·奥特曼和塞莎·洛提出的人地关系的象征性类型(Irwin Altman and Setha M. Low,1992:3-12),考量西南贫困地区乡村地方认同感和场所情感依附的人地依恋关系,可归纳出以下五种。

(1)通过信仰、宗教或神话表达的自然观、世界观与乡村时空的关联,形成群体记忆的场所认同和场所依恋。本书的案例乡村族群对符合族群自然观和世界观的自然或人工环境产生认同和心理依赖。如,地方神祇和神庙是人群凝聚、集体记忆的载体,族群图腾等促进形成地方认同的象征符号。村民对乡村环境及其象征意义的理解,是外部者不能轻易识别和了解的乡村场所归属感的组成部分。

(2)通过血缘、家族关系建立的人地关联。案例显示,西南民族贫困地区乡村社会中,族群聚集的最初纽带——族员之间的血缘关系并未因传统农耕或商业发展后被地缘或业缘关系完全替代。即使是那些已在外定居的人们,对乡村仍有归属感,说自己的根在乡村,祖先的坟墓在那里,仍有亲人在那里生活。因血缘、家族产生的场所依恋仍然存在。

(3)通过经济权属、政治统治等建立的关联。中原王朝对西南地区乡村的政治、社会经济及文化干预,"使各族群不得不从区别于他者中寻找自我身份认同"(周恩宇,2014:57),乡村景观发生重大改变,在族群的共同记忆中刻下一道道印痕,最终层层叠累在族群的地方认同中。承载经济、政治等象征意义的乡村场所是地方认同的凝结点和标志性空间(图6.1)。

图6.1 控拜村村民迎"索扁富"① 姑妈回娘家揭牌仪式（来源：笔者拍摄）

（4）通过祭祀、节庆等文化事件及习俗行为建立的关联。"祭祀、节庆等仪式活动塑造强烈的文化心理归属感，传统习俗是地方认同的重要内容以及满足人的归属感需要"（刘军宁，2016），如，无论距离有多远，控拜村苗族村民都会回村参加"吃鼓藏"等民族重大节庆活动。祭祀、节庆活动强化仪式场所特有的空间功能，再构历史空间的仪式巩固了村民与乡村公共空间的联系，整个乡村空间被赋予文化精神意义。仪式具有的象征性及其体现的族群群体思维内化为一种社会认同，如，流芳村村民在鼓楼为小孩取名、举办成人礼等，使族群后辈认识到自己已成为族群或家族的一员，在血缘关系上认祖归宗，在心理和情感上与乡村标志性的核心空间要素——鼓楼建立起亲密感情。全体成员参与其中的仪式，祖先生活的历史、村寨领域、家园环境及资源特点、族群生存活动等通过仪式的象征性表达，得到强化和再塑，连接起族群的共同记忆，加强了乡村凝聚力，形成强烈的场所认同感、场所依恋和地域认同。

（5）地名建立的关联。许多乡村的村名用民族语言直接表达村寨与自然环境的关联，如"诺邓""阿者科"。乡村内的其他地名大多是村民用当地环境中具有代表性的动植物来命名。这些地名的来源和含义属于乡村

---

① 控拜村全体村民捐赠建"索扁富"纪念碑，并于2017年12月3日举办迎"1735年九寨抗清遗址'索扁富'姑妈回娘家"揭牌仪式。相关历史参见《雷山县志》第4章"战事"。

● 第六章　社会建构的乡村文化景观价值主题 ●

社会成员之间交流的"内部语言",也是族群成员的乡村认同感的组成部分。

案例研究中,村民对乡村场所都有具体的、地方性的强烈认同,最突出的表现在无论何时身处其中都觉得亲切和舒适。如受访控拜村村民提及,只有回到寨子里,才可以自在地吹芦笙,与亲朋好友畅快地喝酒,感受生活的快乐。这种感受在他们外出打工的城镇,如凯里则没有,因为那里的人们会对这些行为指指点点。村寨场所认同给予村民自由表达的安全感、归属感和领域感等,唤起人们对过去的记忆,能够缓解村民的焦虑和使人放松。乡村场所认同与场所依恋连接起乡村特定空间和象征标志物,构成维系族群的文化根脉。场所承载着民间传说、神话、古歌、地方志、墓志碑刻和族谱等地方性表达形式的记忆,场所的显性空间要素使基于时间维度的非物质信息记忆与基于空间维度的场所物质属性呈现和表达出来,并进一步构成场所叙事。借鉴文化景观的现象学视角,世代生活在村寨里的村民,他们的祖辈与他们自身就是乡村文化景观的"作者",是乡村文化景观中极为重要的组成部分。爱德华·雷夫认为,人们的行为持续建构和再建构了"存在性的"或"活"的空间;个体作为内部者或外来者的不同场所体验形成了对场所不同的认同感,有三种作为内部者的情形:"行为内在"(在场所内活动)、"情感内在"(从感情上融入场所)和"存在性内在"(完全无自我意识的、不假思索的属于一个场所)(Edward Relph,1976:22、49、50)。案例研究显示,在功能层面,村民对乡村有强烈的情感依附,所有村民都表达了对乡村良好的生态、宜人的气候、健康的食物、安全感等宜居环境的喜爱;在体验层面,乡村及其环境蕴含深厚的族群文化、观念、行为模式、精神等,满足了村民的情感需求与文化需求,因此也是人文环境很好的乐居地,人们在乡村场所感到的自在和放松,就是存在性场所依恋的体现。

第四节　地方知识体系、制度及习俗维护景观

一　乡村营造的知识技艺

西南贫困地区乡村营造技术既源自本地族群长期的经验积累,同时也是与外来族群文化交流及本地化的结果,包括三个方面。

（1）自然资源开发利用的知识和技能，与聚落生产、生活密切相关。如，哈尼族人的梯田农耕模式需要掌握大量开发利用山林、山水、气候、土壤等自然资源的相关知识和技能，包括开垦、灌溉、维护和管理梯田的技术和经验手段，施肥方式，低人工干扰的水利系统建造技术，适应不同海拔和利用不同水热条件的精耕细作技术，稻种选育栽培及适应范围分区的经验，以及日常生活中的一套微循环再利用方法等。哈尼族、侗族等族群营造山地人工湿地小环境和"稻、鱼、鸭共生"生态农业模式的经验以及诺邓古村白族先民建造井硐体系开采盐矿的技术等，体现了各族群对土地、水生动植物的特征的认知、利用与整合的创造性智慧。

（2）住屋与乡村公共建筑是居民日常家庭生活和社会生活的基本场所，是乡村营造的主要内容。长期定居使建筑发展区域化、类型化和形制化，又促进了建筑结构、构造技术的成熟化和地方化。乡村里数量最多的住屋建筑形成突出的民族特色。如，诺邓古村住屋与盐业生产、地形坡向及朝向等相适宜，形成与山坡嵌合生长的山地白族院落，并吸收了外来移民（汉）建筑文化技术；流芳村侗族传统住屋在坡地上适应性改造干栏式建筑；侗族公共建筑艺术的集中体现——鼓楼，其结构集塔、亭、阁三位于一体，是在本民族干栏建筑技术基础上吸收佛塔建筑文化的再创造。

（3）乡村传统建筑的平面布局、空间结构体系、材料运用、建筑装饰等丰富多样，即使同一地域的乡村也有所不同。传统住屋的建造材料大都使用当地盛产的、易于获得的或经过长期人工选择的自然资源，如石头、土壤、杉木、茅草、稻草等；但即使同一种材料，也创造出不同施工工艺以合宜用在建筑的不同部位。

相较自然资源开发利用，住屋建造的知识和技能更为复杂和体系化。虽然村民几乎都会建造，也相互可帮工，但乡村里掌握和传承族群建造知识技艺的是从普通村民中分化出来的专门群体，如流芳村的掌墨师傅。他们掌握了建材处理和加工的传统技法，是当地的建造师和能工巧匠，他们遵循传统族群住屋营造模式，并根据现实发展需求灵活调整。由于大部分西南贫困地区的族群没有文字，仅有语言，因此，建造知识和技艺的传承主要靠言传身授。

● 第六章　社会建构的乡村文化景观价值主题 ●

二　维护乡村景观的社会制度

社会制度对西南贫困地区乡村景观的影响主要体现在对土地利用的规制、自然资源使用的规定以及自然资源保护的要求等方面。乡村文化景观蕴含的人与自然共生、族群共生关系都受到制度、法律、道德、风俗习惯、意识形态等的规范或约束，从而维护了乡村文化景观质的稳定性。

"血缘氏族制度对乡村营造有基本的规制、过程和方法"（王冬，2013：101），族人共同建造乡村，乡村景观格局呈现高度的一致性和匀质性。如，哈尼族村寨的营造必须征求各家各户意见，乡村所有的土地、森林、水源等平均分配给每个家庭使用，公共设施建设全村人都要出力和尽义务。"在族群以土地和农耕生产为核心、以家庭和家族为社会单元的乡村，村落营造家庭化显著，家族领域和空间增强，族长、寨老等宗族领导人及宗族组织往往决策、计划和组织乡村居住区域的划分、村寨基础设施建设、修建祠堂庙宇、保护环境和兴修学堂等，规制乡村建筑空间等级和秩序，并制定包含建造规则的乡规民约等，使乡村空间更加系统化和完整"（王冬，2013：121-122）。在中原王朝国家政治统治西南地区时期，国家政治与宗族组织相互渗透，共同治理族群社会，更容易组织族员共同营造乡村。

普遍存在于西南贫困地区乡村的分寨制度、哈尼族创造的木刻分水制度（图6.2）等是协调和保持族群与自然生态体系同构关系的制度保障。"'合款'制度规制了侗寨家族和村社的土地资源领有与使用，以及村寨对土地利用方式的自主权，增强了乡村抵御外部市场风险的能力；通过神圣的'栽岩'仪式和'款词'规定，使每一寸土地各有其主，公共资源由多人按习惯法领有和使用；侗族用命名制度确保乡村的水塘、道路等公益性建设形成有序积累"（罗康智，2016）；如流芳村侗族的稻种保留制度、以成功引进或选育新品种的村名命名稻种的命名制度，以及给予提供优良育种的老人社会经济服务的制度等，都为多种糯稻品种并存及侗乡稻田景观提供了制度支撑。

"制定严格的乡规民约是维护乡村景观的法制保障"（樊庆元、杨国才，2016）。如，哈尼族、白族、侗族、苗族、彝族等族群都有严禁砍伐风水神树的村规民约，传统侗族社会通过"款规款约"规范保护自然的行

图 6.2　红河哈尼梯田遗产区攀枝花乡硐铺一带发现的八格传统
　　　　分水木刻（来源：李咪秋，2018 年 6 月）

为等。这些民间规约，多半是各村各寨自己制定和执行，对破坏自然的行为都有非常严格和具体的处罚措施，从而维护了乡村及周边环境的生态和景观。

三　习俗、宗教与民族艺术交融

习俗是源于族群所在生存环境的传统生活方式及行为策略，包含观念、情感、审美、艺术等内容，"作为实践的产物，与日常生活融为一体"（计琳，2017）。当习俗规定的祖先崇拜义务扩展到对神圣存在的义务，延续敬畏感，就形成了"作为宗教的习俗"和"作为习俗的宗教"。（张巍卓，2017）西南贫困地区乡村族群在长期的社会实践中发展形成诸多习俗，以原始习俗和传统习俗为多，还有一些受外来文化影响的习俗，与宗教和艺术交融，从物质到精神层面回应着族群的需求。同时，习俗"常作为伦理道德共识、道德教育内容及伦理评价的标准"（郑富兴，2016），约束人们与乡村空间环境关联的方式和行为，共同维护乡村景观。

原始习俗。西南贫困地区乡村几乎都保留有与自然崇拜相关的原始习俗痕迹，如，祭拜森林、树、水、图腾动物等。原始习俗通过建立习惯或戒律调节集体实践活动，保护了当地生态环境免遭破坏和维护了生态系统的平衡。

传统农耕文明相关习俗。西南贫困地区传统农业村寨有许多包含知识

● 第六章　社会建构的乡村文化景观价值主题 ●

及经验的生产习俗，以及与自然相和谐的社会习俗，常与族群的生产、生活和原始习俗相融合。如，哈尼族人最重要的节日活动"昂玛突""矻扎扎"和"十月年"等，由梯田和自然祭祀活动演化而来，将农耕时令与礼仪内涵相结合，变成了节日习俗；哈尼族、侗族等族群的交换稻种习俗，既是生产习俗，也是村寨间的社会交往活动。

习俗日常生活。如，民居建造及居住习俗、架桥等公共建筑建造习俗，黔东南侗寨大利村村民不仅协作造新房，老房拆卸搬至新宅基地的重建也由全村男女老少协作完成。"这种营造习俗可以保障乡村整体景观格局风格统一，并将营造变成了乡村社会内部的公共事务和升华为一种精神层面的仪式，促进族员的共同精神与集体意识，本身是乡村族群社会在长期发展过程中与自然生态环境和社会环境不断调适、修正的产物"。（王冬，2013：197）建造过程中的选址、方位、时间、材料等习惯和禁忌，历史悠久。还有主要食物都来自森林、梯田或食用腌制品等饮食习俗。传统习俗的传承离不开哈尼族摩批、彝族毕摩等通晓本民族历史文化和传统知识的群体，他们使习俗在乡村生活实践中传承下来，直接或间接地维护着乡村景观。

受外来文化影响的习俗。如诺邓古村和凤翔村的尊师重教、崇尚读书的汉族儒文化习俗，延续至今。

与习俗、宗教相交织的代表性的西南贫困地区乡村艺术形式主要有四类：一是族群土地利用创造的景观艺术（大地艺术）。最典型的例子就是哈尼梯田，不仅满足了族群的生存需要，而且创造了大地艺术及其审美价值；相关的生产习俗和社会生活习俗，不断滋育着哈尼族的艺术直觉和审美情趣。二是民族文学艺术。西南贫困地区乡村文学艺术形式多元，创作表达的内容有族群起源、迁徙发展、人生哲理、宗教信仰、风俗等。如，在黔东南黎平地区广泛流传的《侗族祖先哪里来》、哈尼族"哈八"古歌。唱歌、作诗等艺术基因和习惯深植于西南地区的许多族群血脉中。三是民族手工艺。西南贫困地区乡村都有源于生活、服务于生活的民族传统手工艺。在类型上，以满足实际生活使用需求的为主，兼具审美艺术功能，如，各民族服饰艺术和生活器具（石器、木器、竹器、金属器具等）；宗教祭祀类的手工艺，如彝族毕摩做法事的绘画、草偶（图6.3）等造型艺术；还有满足审美欣赏需求的，如，建筑装饰（木雕、石雕等）、器具漆绘、刺绣等。传统民族服饰的原材料产自农田，样式适合田间耕作，织绣装饰的花纹图案抽象多来源于天象、山、水、动植物等，色彩多样，富有本民族的特点和生活气息，体现出人们对和谐的自然生态环境的爱护。四是民族音乐、舞蹈、戏曲等，艺术特色鲜明，艺术造诣与艺术价值高。如，侗族大歌与侗戏、哈尼族《四季生产歌》、融合本主与儒释道等多元宗教的白族吹吹腔、哈尼族的木雀舞、棕扇舞等。"彝族宗教仪式中"毕摩"唱经的说唱，充分生动地表达了宗教与音乐结合的原生态艺术"（廖玲，2012），成为融生产劳动、宗教祭祀和日常生活娱乐为一体的艺术风俗。

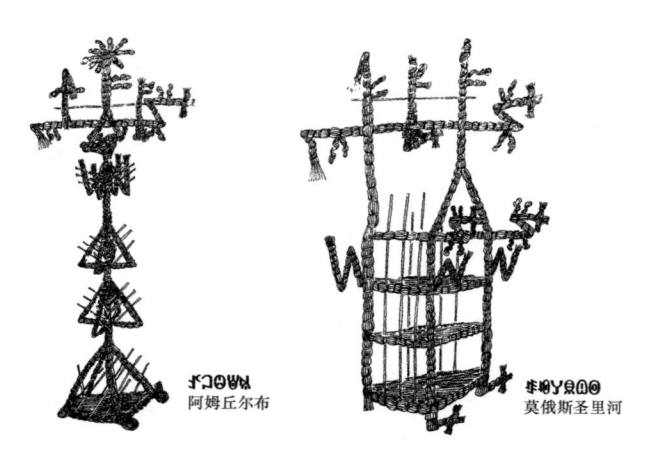

图 6.3　彝族热布（曲比兴义：《神奇热布图》，2013 年，第 57 页）

西南贫困地区乡村习俗与信仰、生产、生活和艺术交融，以整体的人、空间场所和时间一体化的活动形式，对乡村环境生态系统的各个要素和环节产生影响；并为乡村生产、生活提供了血缘伦理、宗教道德关怀等解释，是凝聚乡村社会和形成归属感的纽带。

第五节　社会进程中的乡村文化景观价值主题变迁

本书将西南贫困地区乡村文化景观作为民族族群与自然在社会文化背

● 第六章 社会建构的乡村文化景观价值主题 ●

景中持续的建构,民族文化由族群的传统观念、价值体系及行为构成,表现为具体可观察的社会事实。西南地区乡村社会伴随中国社会历史进程的变迁,是理解该地区乡村文化景观持续演变的主要线索。

一 社会进程对西南地区乡村社会的整体影响

我国现代化进程之前

近代之前,西南地区经历了长期的"内地化"发展阶段,在此阶段,一些族群主动或被动地接受了中原王朝的政治、经济、文化;同时,也在很大程度上保留和传承了本族群的生存方式、发展模式及绚丽多姿的民族文化。(周琼,2010:183-202)

春秋战国至魏晋时期,携带着生产方式、技术和文化进入西南地区的汉族移民,被西南地区的族群融合甚至"夷化"。隋唐至元代,中原王朝的政治、社会、经济和文化势力影响深入和扩大,西南地区的地方统治者主动汉化。元代,中央政权在西南边疆实施土司管理制度,许多族群的聚居区域、生产和生活方式等发生重大改变,或分化或被其他族群融合和族化。明清时期,中央王朝全面治理西南地区的态势更加强劲,对这一地区的生态环境、各族群生活方式、社会发展模式、文化、习俗等均造成极大冲击。"清朝统治者实施土司制度和改土归流,充分利用移民和流民,在西南地区广泛兴修水利、开荒垦殖,在坝区广植水稻,在山区和半山区引种高产农作物等"(周琼,2008),地区的经济得到较快发展,人民生活水平得到较大提高;"'里甲''保甲'等乡里制度成为控制地区乡村社会的最主要工具,形成以寨老、头人、族长、乡绅等地方精英为骨干的乡村社会治理机制,国家权力深入到西南地区乡村社会的阡陌之间"(李良品、李思睿,2015)。同时,"重视乡村社会教化,兴办面向底层民众的各类学校,大大促进了国家主流文化在该地区的普及,地方化的儒家伦理道德维护了地方乡村社会的正常运转"(黄亦君,2014)。另外,"寨老制度以及包括传统文化知识、社会习俗、生产技能等的族群传统教育,也深刻影响着西南地区乡村社会民众的生活方式"(李良品,2015)。

18世纪末至19世纪中期,西南地区经济发展达到历史最高水平,但人口迅速增长也使人地矛盾和社会矛盾日益尖锐,自然生态环境恶化,甚至发生严重的农业危机。"土司的势力及权威并未在清代改土归流后终结,由血缘、地缘、利益与亲属关系缔结的土司家族的历史积淀和经济基础深厚，仍然参与地方事务，通过乡里制度在社会管理、教育、宗教信仰等方面具有重要影响"（莫代山，2017）。当清王朝走向没落，中央政府对地方社会的控制权日益孱弱，在中华人民共和国成立之前基本没有能力去管控或影响西南地区乡村社会的正常运行，乡村社会生产和社会结构长期处于相对稳定的状态。

我国现代化进程之后

中国现代化历程艰难起步于19世纪下半叶（孔德生、齐朝霞，2014；段治文等，2007：57），一些研究者认为，严格意义上讲始于1949年中华人民共和国成立（卞冬梅，2009；周军，2010：24）。改革开放后尤其是21世纪以来，是现代化快速发展时期，对以传统聚落、农业和民族居民为代表的西南地区乡村社会的政治、社会经济及文化等各方面都产生了影响。

（一）国家政权建设对乡村社会传统治理模式的消解与重构

1930年代，在民国政府镇压下，西南地区传统乡村社会组织形式消失，但组织文化遗存仍然以不同形式延续，如侗族"寨老"制度等。中华人民共和国成立后，各族群传统社会组织有的逐步消失，有的仍直接或间接影响乡村治理，有的即使名义上不再存在，但以民间权威的形式产生间接影响。（彭庆军，2015）随着国家现代化进程迅速推进，1950年代开始，西南地区乡村被纳入人民公社体制，"国家政治与行政权力在乡村确立起绝对权威，乡村传统权威在显形层面上从乡村治理结构中隐退，乡村社会普遍失去传统的'自下而上'的自组织能力，以及传统文化多样性的生存土壤"（孙华，2015）。1978年至20世纪末，国家实行"撤社建乡""乡政村治"和推行家庭联产承包责任制等，乡村社会空间和传统组织力量又开始恢复、显现并发挥功能作用。这一时期，那些偏远和较为封闭的西南地区乡村的社会生产和社会结构仍处于相对稳定状态，"以族群和地方化亲族关系为核心的传统治理系统仍在发挥着重要的功能。"（王冬，2013：159-160）1990年代我国开始城镇化，"农民不再束缚于土地"（欧加路、卞开星，2018），游走于城乡之间，"对乡村共同体的归属感与认同感越来越弱。"（张良，2013）"2000年实行税费改革后，乡村社会迅速分化，乡村社会共同体逐渐解体。"（张健，2007）21世纪以来，"'撤乡并村'等诸多制度同时推进，进一步冲击乡村原有的社会网络结构。"（陈杨，2017）目前，西南地区乡村仍然存在着传统社会组织的影响，民族族群对重新恢复和兴旺族群组织充满渴望和期待。"随着国家治理体系与治理能力现代化的推进，大部分乡村传统社会组织面临着组织重构与功能革新的重任。"（彭庆军，2015）

（二）农村经济政策和产业结构调整带来的乡村社会变异

中华人民共和国成立后，"现代化进程通过汲取农村和农业的积累来支持工业发展，乡村社会成为了现代化根本的经济支撑。"（王先明，2013）人民公社时期，乡村家庭生产、生活资料全部集体化、公有化，乡村生产、生活方式以及生态环境等都遭到很大冲击。改革开放实行联产承包责任制后，西南地区乡村产业结构发生一系列转变，包括："传统农业产业结构的调整和现代农业产业的培育；整体上第二产业、第三产业的发展势头大于和快于第一产业，但第一产业占比高的现象还长期存在"；（章立明等，2015）乡镇企业与乡村工业逐渐发展；利用地域特有的自然与文化发展旅游产业、文化创意产业等；"在贫困、边疆地区，农业产业化已具雏形，主要在解决温饱的基础上引导乡村经济向市场化、规模化发展"（王冬，2013：166-167）。生产方式和生活方式相应地发生质的转变，"生产方式上，传统自给自足为主的农业生产逐渐被经济作物、经济林木经营和小手工业所替代，家庭传统养殖让位于中小规模养殖等"（刘安全，2017）；一部分村民走进城市谋求发展机会，收入主要来源于非农业；"一系列服务行业伴随民族手工艺品生产和加工的发展，吸收了大量农村转移的剩余劳动力"（何晓波、马雪韬，2013）；"国家退耕还林政策的实施，使固定耕地面积和人均土地占有量均大幅萎缩，村民们改变原有的粮食、蔬菜的间作、混作方式，引起了病虫害加剧、地力退化和作物歉收等问题"（章立明等，2015）。生活方式上日益物质化、商品化和市场化；"村民交际语言不限于民族语言；消费结构发生重大变化；年轻人的娱乐休闲方式城市化等"（何晓波、马雪韬，2013）。近20年国家推进城镇化，进一步对西南地区乡村社会产生深远影响，包括："乡村劳动力显著向城镇、企业转移，同时，又吸引了一部分城市人口入村开发资源或旅游，乡村常住人口构成的变化解构了传统的从事小农生产的家庭和民族族群内部的链条；乡村社会传统的人地关系、人际关系、村与村之间的关系被改变和突破，在原来的土地、血缘亲情和朴素乡情的基础上更多地加入了经济、生产合作、契约关系以及信息交往等方面的联系"（王冬，2013：168-169）；社会经济结构、家庭结构和人口结构的非农化等变化反映到村庄空间结构上（田莉等，2016：188-189），乡村出现空心化、格局破碎化等现象。

（三）文化价值观变化对乡村传统文化的冲击

中华人民共和国成立至改革开放前的时期，"党和政府主要以政治运动贯彻国家意志，以全新的文化和主流意识形态对乡村社会进行有效整合。在国家和全民性规范的过程，社会现代化的力量撕裂了西南地区乡村的传统文化网络，并直接渗透到基层社会"（张良，2013）。改革开放后，社会现代化进程使社会利益格局、社会关系网络都发生新的调整，"中国农民的文化价值观发生了历史性的转变，呈现出冲突性、务实性和多元性的特征"（林岩，2014）。西南地区乡村族群的传统文化价值观具有地域性特点，族群社会积累的微观文化突出生活导向，"多渠道来源的信息源源不断地带来多样化的意识形态和价值观念，形成主导文化价值与多元价值并存的局面"（周军、田克勤，2013）；随着对现代化的理解不断加深，保护和传承乡村文化、塑造乡村传统特色的理念和意识又随之加强。

我国从 1980 年代开始生态移民实践，经过试点、局部开展和进入 21 世纪后正式推广，与"退耕还林""退耕还草""扶贫搬迁"等多项生态恢复工程、西部大开发、主体功能区规划等国家战略相结合，给生态移民的主要阵地西南贫困地区带来十分明显的文化变迁、文化冲突和文化适应问题。（陈薇，2016；张戈、侯麟，2015：404-409）随着全球化和城乡一体化的影响，"原先因地理分隔导致的文化差异性迅速缩小，西南地区多样化的乡村正逐渐变得单调"（孙华，2015）。近年来，旅游产业和文化创意产业的发展，使政府主导下的科技文化普及与乡村传统民俗文化融合，如历史文化名村（镇）、特色民族村寨、民俗文化村等创建活动，在一定程度上为西南地区乡村的文化传承和创新注入了新的动力。

由于现代化的主体是具体民族，而每一个民族实现现代化的基础不尽相同，因此，"多民族聚居区且有着诸如自然条件极端化、民族文化多元、经济发展相对滞后、周围国家环境复杂等特殊因素的西南地区的现代化必然呈现出复杂性和多样性"（章立明等，2015）。"改革开放以来至今，一方面，这一地区的乡村在经济生产、政治制度、经济制度、国家意识与法

第六章 社会建构的乡村文化景观价值主题

理观念上努力融入当代社会现代化进程;另一方面,在乡村基层治理、合作生产与经营、乡村生活形态、文化重建等方面又融入更多的族群传统"(王冬,2013:178-179)。"从 2000 年开始,中央开始在农村进行税费制度改革,标志着社会现代化发展对乡村社会的重视和价值观念的转变";(吴理财,2018) 2002 年党的十六大首次提出"统筹城乡经济社会发展",2005 年十六届五中全会明确提出的"建设社会主义新农村",2007 年党的十七大又提出和一系列部署建立城乡经济社会发展一体化体制机制,2013 年党的十八大提出走中国特色的新型城镇化道路,2017 年党的十九大提出乡村振兴战略和"建立健全城乡融合发展体制机制",体现了将乡村放到城乡关系和全域发展中以及乡村主位的理念及思考。这些都是我们考量西南贫困地区乡村文化景观的整体背景。

二 人地实践性关联从依存转向疏离

1980 年代至今,大多数农业主导型的西南贫困地区乡村的经济发展较为缓慢,农业生产基本自给,人均收入低下,相对贫困。当下全球化、城镇化等浪潮波及这一地区,乡村群体及其与自然的关系、乡村营造等发生变化。

案例乡村所属乡镇的产业结构都有调整,如,凤羽镇发展砚台、硅藻土生产加工和水电开发等产业、哈尼梯田世界遗产地乡村大力发展遗产旅游等。但如阿者科、诺邓古村、流芳村等乡村仍以第一产业为主要生计,依赖族群社会经济、文化与自然长期调适形成的原始产业循环,传统产业链还未建立起来,如,梯田红米、鸭蛋、流芳有机米等乡村特产还没有实现一体化生产经营,仅有少数示范户;流芳村"有机大米协会"、控拜村"银匠合作社"等村民自发组建的农村合作经济组织尚处于初级发展阶段。尽管不少乡村拥有独特的自然风光和民族文化,具有发展旅游业、文化创意产业的良好基础,但目前完全依靠政府和外来资本投入发展旅游,乡村和村民参与旅游业的程度很低。"梯田好看,但填不饱肚子"是哈尼梯田世界遗产地乡村村民的普遍看法。

人口增长、土地耕种家庭化和农业生产密集化,使许多民族乡村的人地相争矛盾越来越大。依靠土地和传统农业的生计越来越艰难,加上城镇化发展及对外交通条件的改善,外出打工已是西南贫困地区乡村村民的主要生计方式。乡村人口构成明显变化,青壮年离乡打工、有文化知识的人离开农村在城市定居，老年人、女性及儿童留守耕田。"由于城镇化发展尚未解决长久以来的城乡二元结构问题，大部分外出务工的村民没有能力真正在城市立足。尽管乡村族群成员的心理定向、社会活动仍集中在以农业生产为核心的经济活动中，但乡村族群不再完全依赖土地为生。"（王冬，2013：175）一部分乡村族群成员仅在农忙时节回乡照料农田，乡村不再是族群赖以生存的家园，族群成员与自然及土地的实践性关联越来越弱。

只要时间、空间和资金上有可能，村民就会自建住屋，以满足家庭人口增多的实际住房需求和盖房兴旺家庭的心理需求。相较于传统的乡村营造模式，家庭自建房占用更多的自然资源和土地，不再强调与自然相协调和重视生态环境。有些乡村的传统住屋功能结构因生计方式和产业结构的变化而发生改变，如，控拜村村民将住屋底层改为银饰体验工作坊或银饰商店，楼上自住或布置几间客房接待游人等（图6.4）。由于我国长期以来的"两权分离"和"长久不变"土地政策，农村土地权属固化的历史遗留问题使乡村基础设施建设、村民居住条件及乡村人居环境改善举步维艰。

图6.4 控拜村村民住屋底层空间利用现状

（图A、B李荣美家"兴龙银饰专业合作社"；图C—图E龙太阳家"银饰体验工作坊"）

（来源：笔者拍摄）

另外，案例研究显示，族群成员与乡村自然环境及土地的精神性关联仍然很强，如，在外打工的村民都会回乡村参加本民族最重要的节日活动。在精神和情感上，村民仍然认同乡村是他们的根和最后的归处。表面上，平日里这些民族乡村里大多只能见到老人、妇女或儿童，但这些乡村并非一般意义上的"空心村"，村民与乡村环境及乡村社会之间仍有深厚

第六章　社会建构的乡村文化景观价值主题

的精神联系。

在快速城镇化的冲击和外来文化的影响下，西南贫困地区乡村最本底的人与自然和土地的关联、乡村作为聚居生存空间的价值易被忽视；乡村居民社会处于最弱势地位，其价值极易被低估或被抹去或改变；居民对赖以生存的土地的感情、对乡村家园的归属感及认同感等精神价值也易被忽视。此外，那些破旧的，或不具有突出物质形态特征的乡村，被认为没有价值而面临拆迁。支撑"与自然相依存"的文化景观价值主题的内在价值关联，面临自然环境与社会环境变化的双重压力。

三　乡村景观作为政治与资本的关注焦点

在中国社会经济和城镇化快速发展背景下，国家极为关注乡村，将其视为国家粮食安全和国土生态安全的保障，出台了一系列如"新农村建设""美丽乡村""田园综合体"等政策。十九大首次提出"实施乡村振兴战略"之后，乡村人居环境愈加成为政治和经济资本的关注焦点，尤其是那些拥有如"世界遗产""中国传统村落""中国历史文化名村"等世界级或国家级荣誉的乡村。

对于地方政府来说，将景观资源变成旅游商品不仅由经济目的驱使，而且更重要的是政治目的。（Feng Han，2006：151-156）旅游业在地方政府的 GDP 数据统计中发挥着决定性作用，当景观被作为旅游资源，就难免不被短期的政治目的关注和利用。与经济资本合作、把所有景观资源放到市场中去赚取利润的目的，使"世界遗产地""传统村落""历史文化名村"等成为地方、省乃至全国经济发展的资源。近年来，围绕这类资源的管理，地方政府之间不仅在经济上相互竞争，也在文化和意识形态上竞争，开始重视社会和文化问题。这种变化与国家政策的顶层价值导向有关。2016 年新华社发布的《中华人民共和国国民经济和社会发展第十三个五年规划纲要》（2016）（简称"《纲要》"）全文中，重视旅游产业发展的导向十分突出；同时，第四十五章第三节指出，应"加强生态保护修复，丰富公共生态产品，优化生态服务空间配置，提升生态公共服务供给能力"[1]，表明生态文明受

---

[1]《中华人民共和国国民经济和社会发展第十三个五年规划纲要》，新华社北京 2016 年 3 月 17 日电，http://news.xinhuanet.com/politics/2016lh/2016-03/17/c_1118366322.htm，2021 年 1 月 31 日。

到国家的高度重视。《纲要》是地方政府执政的重要风向标之一，《纲要》将生态治理当作保障可持续旅游收入和 GDP 贡献的关键，使地方官员认识到，在中国改革的深化阶段，生态 GDP（GEP）也是政绩考评的指标，保护好自然生态环境在某种程度上意味着为自己的政治前途加分。在此背景下，"生态"理念在一些情况下被利用，如，为了保护遗产地的原生态自然环境，将乡村搬迁到遗产地外；为推进退耕还林，不顾农民耕地减少、生计困难等实际情况等。

十九大报告的第七部分"坚定文化自信，推动社会主义文化繁荣兴盛"和第九部分"加快生态文明体制改革，建设美丽中国"，以及第五部分中的"乡村振兴战略"都在国家层面，为各级政府重视乡村的文化价值、农业价值、生态价值和旅游价值等提供了清晰的指向。目前，政府部门投入资金和组织乡村资源开发利用，改善乡村基础设施、居住环境及农业生产条件等的"自上而下"的模式，往往对乡村景观冲击很大。如，2010 年乐山市启动小凉山综合扶贫，规划建设 70 个"彝家新寨"项目，将烟峰社区作为全县唯一审定申报"四川三州开发资金"、打造"民族新村"的行政村。经过统一规划和实施建设的烟峰社区彝家新寨成为烟峰镇乃至马边县彝族新村建设的示范点。[①] 该规划及实施将村寨居民点集中一处，新寨选址与强调森林、村寨、农田立体层次结构及象征意义的彝族传统模式差别很大；虽耗资巨大，但新寨建筑的功能安排、装饰风格等与彝族传统生活习俗有不合，配套的商业发展比较困难。（图 6.5、图 6.6、图 6.7）。

图 6.5 "彝家新寨"烟峰社区大广场（来源：笔者拍摄）

---

① 马边彝族自治县住房与城乡规划建设局、四川建大规划设计研究院有限责任公司：《马边彝族自治县烟峰镇总体规划（2013—2030）说明书》，2013 年，第 7 页。

第六章 社会建构的乡村文化景观价值主题

图6.6 "彝家新寨"烟峰社区住屋（来源：笔者拍摄）

图6.7 "彝家新寨"烟峰社区商业广场（来源：笔者拍摄）

当城镇化、工业化席卷全中国，城市可开发的旅游资源越来越少，那些搜寻稀有的、优质旅游资源的商业资本盯上了乡村景观。城市中产阶层对乡村"第三空间"的需求促生了一个很大的市场。乡村景观成为旅游消费品和吸引旅游资本的商品，谁拥有这些景观的使用权谁就接近了巨大的资本收益。为获得景观控制权，在乡村上演着重新分配社会财富的激烈竞争。资本为市场打造"乡村旅游"，提供资金给渴望大力发展旅游和提振地方经济的地方政府，当地政府提供资源和土地。资本力量对乡村景观的冲击巨大，可以迅速改变乡村面貌，当旅游资本不断扩张到乡村以及房地产资本虎视眈眈，西南贫困地区乡村正面临着前所未有的资本压力。

四 乡村作为旅游目的地与文化消费品

乡村提供了人类传统的与自然更为接近的聚居体验。西南地区乡村大都与自然和风景融为一体，且具有独特的民族文化风景和淳朴的民风，可以使游客获得比普通乡村更新奇、更丰富的体验，因而成为优质的乡村旅游目的地。大多数西南地区村寨的游客来自城市，这种现象与目前中国追赶发达国家经济发展的社会现状及其引起的生活方式转变密切相关。越来越多在城市工作、身心处于高压状态的人们，来这里旅游逃离压力、放松身心和休息。大多数游客对民族文化不感兴趣。如无数"长枪短炮"对着哈尼梯田拍摄，但少有游客关注梯田农耕文化。在哈尼梯田成为世界遗产之后，旅游开发与哈尼文化割裂的状况更加突出。为了将乡村打造成令游客满意的旅游目的地，一些村寨中出现了有意设计和建造的城市人的理想世界意象景观；改造道路等设施以方便游客舒适地享受自然。作为旅游目的地和发展旅游使乡村群体产生分化，一部分家庭在从事传统农业之余，为游客提供住宿服务和本地新鲜的食物、自制的土特产等商品，他们的生活经济来源逐渐以旅游服务业为主，农耕为辅。

文化本是西南贫困地区乡村最重要的传统价值主题之一，这也是当下各利益相关群体的价值共识，但它今天的意义、内容和形式已发生许多变化。传统的聚居文化已被流行文化取代，文化消费正热火朝天。大多数游客并不关心这些乡村的历史、民族文化、风俗，也不愿去探索当地文化的真实性和意义。即使那些少数以寻访文化为目的的游客，感兴趣的大多是传统建筑、名人故居及轶事传闻等。游客更喜欢与自然风光相结合的传统建筑，但他们对传统建筑的历史、艺术及建造技术等知识兴趣不大，乡村建筑（群）为他们拍摄旅游照片提供了证明特定地域风情的背景。大多数游客慕名传统乡村文化而来，但实际上更喜欢享受有着文化氛围的田园风光，以及那些附会了文化内容的景点，文化成为乡村风景的增味剂，文化消费成为时尚，乡村历史文化正转化为消费商品。

管理者感知到大众对体验民族文化的热情，热衷于迎合游客兴趣，致力于打造"民族文化盛宴"，如，哈尼族村寨在汉族"元旦""春节"期间举办长街宴，供游客参与体验。目前，案例研究乡村的当地文化结构仍保留较为完整，但如哈尼村寨的祭祀仪式、节日等集体活动已经带有了表

● 第六章　社会建构的乡村文化景观价值主题 ●

演性质，村民的日常生活也为适应旅游发展而有所改变。大多数村民对旅游的期许很大，他们已经认识到传统民族文化的商业价值和资本意义。管理者对乡村文化品牌的关注主要是为了在旅游市场上具有竞争力，以及在文化的名义下运作商业，那些难以商品化的真正的文化内容常常得不到适宜的保护。西南贫困地区乡村的文化在城市旅游观光经济和旅游行为方式的冲击下，一方面似乎为挽救、恢复和发扬传统民族文化提供了一个契机；另一方面，又有沦为消费商品的可能。幸运的是，越来越多的利益相关群体感知到"文化盛宴"旅游消费背后的危机。

五　复杂化与竞争性的乡村场所

在政治与资本的关注下，西南贫困地区乡村正成为各利益相关群体、传统的或新生的各种观念、意识形态、信仰、象征等碰撞的场所。

大部分族群保留着传统自然观和对大自然与自身价值关联的认同，以及特定的心理积习和相关行为模式，族群文化的传统精神链条没有断裂，这是乡村环境生态保护的重要保障。但在如国家统一规划等强大的外力作用下，族群的传统自然观及世界观在实践层面难以维续。

乡村景观象征体系的传统意象多有保留，多义象征变化复杂。对自然物的崇拜逐渐淡化，如，诺邓古村的古树即使已经挂牌保护，但仍然不断发生被砍伐和被虫蛀空树干等管理不善的情况。物质载体消失，简单象征失去依凭，有些就变成了非物质的场所记忆。与社会制度相关的乡村格局象征意义随社会变迁与其物质形态分离，但整体格局与自然山水的关系及其表征的象征意义仍得以保留。原来象征族群血缘关系、家庭成员纽带等的住屋空间布局、结构形式以及空间要素意义改变或消失。同时，在城市打工的村民将城市居住文化带进乡村，住屋涵容了更多的经济、财富地位等象征。现代建造材料与自然的关系不再密切，与选材相关的象征也逐渐消失。建筑装饰保留的如图腾等民族文化象征，趋向符号化、抽象化和简单化。神灵作为沟通人与超自然联系的象征意义减弱，如，哈尼族长街宴饮食的神圣属性、社会整合功能及浓烈的文化象征意义，附加上了族群文化符号和旅游商品的意义。但与祖先崇拜相关的仪式，如彝族的"送祖灵"活动、苗族的"吃鼓藏"等仍具有完整的宗教与社会象征意义。乡村场所的多义象征或消失，或转变，或产生了新的意义。

乡村景观作为财富和权力的象征甚于文化象征。当西南贫困地区乡村进入旅游市场和文化消费领域，逐渐具有了城市精英等特定社会阶层的奢侈品和财富的象征意义，意味着昂贵的价格、由市场控制和精英化了。乡村风景不再仅属于村民，而是特权的财富。在一些地区，村民被要求从世代生活的土地上迁走，他们的家园正重建为精英游客们的天堂。村民们世代与之相依存的自然资源被政治、经济力量重新分配给城市精英游客，满足他们的消费方式。当地居民被视为低一等的社会阶层，在生态修复或保护的名义下牺牲他们的传统生活方式。景观作为财富和权力的象征超越当地居民的人权。

　　乡村景观作为山水审美对象。游客对西南贫困地区乡村自然环境具有审美价值有着普遍共识，向往乡村与自然山水环境融为一体的典型的汉族传统文化审美意象。同时，高清晰、多功能手机的普及和不断涌现的各种网络社交平台使游客拍摄及分享山水审美体验更为便利。山水图像进入网络空间，以秒计的速度被迅速分享与传播，由此引发出新的议题，即乡村自然环境被等级化、商品化和同质化。在人们持续追求乡村环境审美的需求刺激下，越来越多的民族乡村被开发，但与传统乡村文化脱离联系的山水风景在游客眼中很容易被同质化，如果新的景区提供了更现代、舒适、便捷的服务设施，那么传统乡村的价值则在竞争中丧失优势或被低估。

　　乡村景观作为文化富裕与经济贫困的混合体。在国家各级政府扶贫攻坚的任务单上，西南贫困地区乡村是扶贫对象、贫困和落后事物的象征。用象征着发展、富裕的整齐划一的乡村规划打造"美丽乡村"新景观是换上脱贫新颜的有效途径。而对于世界遗产及我国各级文化遗产保护部门，许多西南贫困地区乡村是具有突出的历史、文化及审美等价值的宝库，如何保护是这些部门最主要的考量。西南贫困地区乡村承载着贫困和富庶的双重象征。

　　民族认同感符号化，场所依恋感减弱。通过信仰、宗教或神话建立的乡村场所精神关联仍然存在，但通过血缘、家族关系建立的人地关联越来越弱化。到城镇打工或已在城市立足的村民都尽可能让下一代在城市成长和接受教育。他们的后代与乡村和土地较长时间的分离，失去了不断建构乡村场所事件和记忆的机会。通过经济权属、政治统治等建立的新的人地关联，如统一规划的村寨，尚难以使村民产生归属感。祭祀、节庆等文化

● 第六章　社会建构的乡村文化景观价值主题 ●

事件及习俗仍是反复构建场所认同的途径，但旅游开发常常将这些文化表象符号化以满足外来游客的想象，脱离了符号产生的背景和象征意义。蕴含特定历史信息的地名关联的意义，在村民社会内部与记忆认同中保留，与外界交流时为了满足游客需求，可以简化、改变和模糊其原本关联的意义。

六　乡村景观知识体系弱化及异化

传统生计智慧价值被低估。今天，西南贫困地区乡村的山地传统农耕依然辛苦且仅能自足，劳动力投入大，产品品种多但规格小且不齐。以追求效率、规模的现代化标准来衡量，相关的知识经验是落后的，很难吸引年轻人学习传承。而国家行政行为与地方知识体系之间的张力一直存在。如，政府部门在侗族地区推广"糯改籼"以及"糯改杂"，以科技扶贫、农药化肥补贴等方式介入当地农耕事务。但如流芳村村民反映，从市场上购买的杂交稻种及施用化肥存在很多问题。国家行政体系以科技知识贬低地方性知识价值的做法使其传承艰难。此外，民族语言的危机，也影响到族群通过语言传承地方知识和技能。

乡村建筑受外来建造模式影响很大。追求现代建筑的舒适性以及审美观念的变化促使村民拆除或较大程度地改变传统住屋的平面布局、空间结构体系、材料和装饰等，如，为了防火，流芳村、控拜村住屋建筑底层都改用砖砌，新建住屋已具有了相当明显的现代气息，甚至出现了欧式装饰（图6.8）。建造材料大多从市镇购买，请本村熟人或外来工匠按现代标准化、快速的方式建造，虽省时省力且易于维护，但与乡村整体风貌的矛盾越来越突出。

图6.8　民族村寨的新建民居（左图于流芳村，右图于控拜村）（来源：笔者拍摄）

民族建筑的形态特征与其文化含义剥离，仅作为一种符号；如，控拜村出现非苗族的侗族鼓楼式建筑，很大程度上是为了满足外来者的想象。传统建造知识和技术不再受重视，掌握建造技艺的工匠尽管拥有非物质文化遗产传承人的称号，但很难发挥传承作用，精湛的民族工艺和建筑开始衰微。

血缘、宗族等制度仍然维护着乡村营造的秩序和集体性，但在市场经济冲击下，宗族决策、计划和组织让位于村委会。新兴的村民合作社、外来非政府组织（NGO）等逐渐取代传统乡村的宗族管理制度。"村民外出打工，在各地流动，过去封闭的乡村共同体、传统的长幼秩序，以及由此支撑的乡村营造习俗逐步瓦解。"（张巍卓，2017）

所有乡村都保留了与自然崇拜相关的原始习俗，仍对保护当地生态环境起到关键作用；但习俗的宗教性越来越弱，解释含混，更多转向娱乐性和世俗性。原始自然崇拜仪式的意义发生改变，崇拜的神灵减少，仪式简化；虽未偏离念祖、敬祖的本质内涵，但在很多乡村已变成联络村寨友感情、探亲访友或娱乐的活动。一些神圣而外人不可轻见的宗教活动也逐渐对外开放，参与祭祀的群体更为多元化。如，"龙树林"祭祀有时会邀请对乡村有突出贡献的外乡人或是地方精英（如当地乡镇干部）参加，或为获得更多改善民生的政策，邀请地方官员出席，祭祀活动承载了更多群体的价值诉求。传统农业社会内部的生产习俗及社会习俗都悄然发生着变化。集体共同建造的习俗虽仍在延续和重复，但也出现了分化，如诺邓古村、凤翔村、流芳村建造住屋家庭化，只保留着奠基和庆祝仪式请乡邻共贺的习俗。饮食习俗多有保留。人生礼俗改变较大，受城市思潮影响，民族乡村的婚礼出现着传统服装与婚纱混搭的现象。

民族艺术的神性隐退，逐渐商品化和舞台化。民族艺术的表达内容仍以农业文化为主，但在经济利益驱动下，一些乡村传统艺术成为表演内容，与民间生产、生活实践脱节。表演的场地从田间地头，转换到有意设计的表演区、旅游区或游客接待中心，已不是民族艺术的自然表现方式。民族古歌谣、传说等开始失传，电视网络的普及对通过家庭传承口头艺术形成冲击，年轻人已很难感受先辈古老文明的艺术魅力。原生态歌舞仪式娱神的意义被淡化后，取而代之的是娱人的时尚潮流文化。哈尼梯田遗产地新街镇广场上人们的广场舞仍然可见一些当地传统民族舞蹈的痕迹。传

第六章　社会建构的乡村文化景观价值主题

统歌舞特别是能即兴演唱的民间艺人正在减少。传统节庆开始掺杂现代形式的娱乐和商品交易内容。如，增加了举办部分节日的时间，以便与全国统一节假日时间一致，吸引游客参与体验。民族艺术由与自然的存在性同构关系转向异构的艺术表达。

许多族群仍穿着传统服饰，但款式、质料和制作方式都已变化（图 6.9），主要变化是为更高效地适应农耕生活和现代生活，简化传统的花样和服装裁制，选择偏向汉族样式的简便劳动装；色彩、饰品材质变化和常服的礼服化趋势等。

图 6.9　流芳村的儿童服饰
（来源：笔者拍摄）

除了研究者或学生，来乡村旅游的各种群体对乡村自然环境的生态科学价值没有多少兴趣。乡村风景的地质、地貌、水文等相关知识只出现在研究者的文章中，对人地之间的生态智慧的诠释和解说也极为有限。游客体验乡村的田园风光，但不会去探究乡村环境中的动植物等相关知识，更容易将它们与餐桌上的美味联系起来。乡村自然环境的科学价值难以被认知。

第六节　小结

本章归纳、提炼了西南贫困地区乡村具有共性的四个文化景观价值主题领域，"与自然相依存的乡村营造""多元动因持续建构的乡村景观""乡村场所精神""地方知识体系、制度及习俗维护景观"，在本质上属于实践行为、精神和精神产品三个维度，相互交织共同构成一个完整的体系。

中国社会现代化进程从国家政权建设对乡村族群社会的治理、乡村经济经济政策和产业结构调整、文化价值观这三个方面对西南地区乡村社会造成的影响或"冲击",是这一地区乡村文化景观价值主题变迁的整体背景和线索。西南贫困地区乡村文化景观价值主题在内容和实践形式上都呈现出动态的变化,与社会背景深度相关,凸显乡村文化景观的社会建构性本质。改革开放至今的社会现代化进程对西南贫困地区乡村文化景观的影响体现在五个文化景观价值主题的变迁上:

(1) 人地矛盾加剧以及生计方式的改变导致自然资源及土地利用不再是族群生存的唯一依靠,人与土地的实践性关联弱化。

(2) 乡村景观成为政治和经济资本的关注焦点。

(3) 乡村成为旅游目的地和文化消费对象,有意设计、建造的景观增加。

(4) 乡村成为意义碰撞的场所,场所认同和场所精神的传承伴随着新变:大部分传统自然观仍在延续;乡村景观象征体系的传统意象大都保留,多义象征变化复杂,出现了"乡村景观作为财富与权力的象征""乡村景观作为审美对象""文化富裕与经济贫困混合体"等新的象征;场所认同符号化,场所依恋淡化。

(5) 传统生计智慧及地方知识体系传承艰难。习俗的宗教性越来越弱,民族艺术脱离了其产生的源泉,民族艺术的神性隐退、商品化和舞台化。

新出现的文化景观价值主题并非彻底否定传统价值,而是在与传统价值勾连、对抗和转换的过程中逐渐改变形成。所有这些变化都是基于历史、社会环境的变迁,一方面在根本上由西南贫困地区族群自然观及其变化主导;另一方面则离不开社会实践。

第七章　基于价值认知的乡村文化景观保护发展

在当下的社会发展现实中，西南贫困地区乡村文化景观的保护发展面临着突出的复杂性和矛盾性，各利益相关群体对乡村文化景观价值的认知差异纷呈，涌向乡村的各种实践（或称作试验）正在产生前所未有的影响，而聚焦乡村文化景观的各学科理论及方法尚未形成合力。笔者认为，探讨这一地区乡村文化景观的保护发展，可以从以下几个方面展开。

第一节　价值观和目标共识奠定保护发展的根基

任何价值观都是具体的、历史性的并随着时代变迁而变化。一个民族的价值观，是其哲学思想的内核以及传统文化的主干，人们都要按照特定的价值评价来认识和改造世界。西南贫困地区乡村文化景观的保护发展首先应建立价值观和保护发展目标共识，作为保护发展的根基。"新型城镇化""脱贫攻坚""乡村振兴"等国家战略和"乡村文化景观"国际理念等是西南贫困地区乡村文化景观保护发展的宏观政治社会背景，它们的价值观是"自上而下"地确立保护发展的价值导向和目标的关键。

一　"新型城镇化"与乡村文化景观保护发展

习近平同志和李克强同志在 2013 年中央城镇化工作会议上的重要讲话里指出，"新型城镇化要紧紧围绕提高城镇化发展质量，坚持生态文明和高度重视生态安全；要以人为本，推进以人为核心的城镇化，要传承文化,发展有历史记忆、地域特色、民族特点的美丽城镇"①。李克强同志的《2014 政府工作报告》也强调要"坚持走以人为本、四化同步、优化布局、生态文明、传承文化的新型城镇化道路,加大对中西部地区新型城镇化的支持,促进农业转移人口就近从业"。2014 年国务院印发了今后一段时期指导全国城镇化健康发展的《国家新型城镇化规划(2014—2020年)》。国家"新型城镇化"战略的价值观与西南贫困地区乡村文化景观保护发展的密切关联体现在四个方面。

(1)"新型城镇化"的重要目标之一是人的全面发展,指向人与自然共同建构的价值最高层次"人的自由、发展价值"。"以人为本的城镇化"的新型城镇化强调社会公平与正义,使农村人与城里人有平等的发展机会。西南贫困地区乡村村民因各方面原因和条件,更难获得融入城市发展的机会。"新型城镇化"这一价值导向有助于西南贫困地区乡村村民突破地域、经济、民族、文化及语言等限制,争取到更多自身发展机会。

(2)"新型城镇化"要建立城乡之间相辅相成、平衡结构关系的目标,摆脱了城市文明的思维定式,重新认识到乡村作为农耕文明和中国传统文化根基的价值,以及乡土文明的现代价值,使乡村和城市没有价值等级的高下之分。西南贫困地区城镇化率普遍较低,在"新型城镇化"战略指引下,该地区大量村寨的传统价值有机会得到识别和保护,并且有望实现弯道超越工业化,走上绿色、可持续的现代乡村发展道路,实现乡村传统价值向现代价值的转化。

(3)文化是"新型城镇化"的关键词之一,特别强调"弘扬文化"要保护广大农村地区的历史文化及传承乡村文化。在这一价值导向下,乡村文化不再是与城市文化断裂的、受歧视的落后文化。习近平同志提出"望得见山、看得见水、记得住乡愁",就是对乡村文化具有满足人的精神归宿与文化认同需求价值的肯定。大多数西南贫困地区乡村拥有丰富、悠久的民族文化和突出的地域特色,是国家级历史文化名镇名村、中国传统村落和全国重点文物保护单位等保护体系的重要组成部分,典型代表了西南地区文化景观的多样性,其保护发展与"新型城镇化"战略的文化价值

---

① 新华社:《中央城镇化工作会议举行:习近平、李克强作重要讲话》,中央政府门户网站,http://www.gov.cn/ldhd/2013-12/14/content_2547880.htm,2013 年 12 月 14 日。

第七章 基于价值认知的乡村文化景观保护发展

导向一致。

（4）"新型城镇化"指明了人与自然协调的生态的可持续发展路径，认识到乡村与自然共生共荣的关系及其生态价值可促进城市与乡村融合，形成一体化的生活环境。西南贫困地区乡村积淀和传承的传统生计智慧及社会生态智慧具有人与自然共同创造生态文明的价值，其外显即为特色地域文化景观。"新型城镇化"战略的生态价值导向有助于使其得到重视和保护。

总体上，"新型城镇化"战略寄予乡村以优化城乡结构、保障国家粮食安全、生态文明建设、中国传统文化传承等价值诉求；肯定自然的内在价值，又突出了对人的发展价值的尊重；方法论上就是使人与自然共同增值发展，与西南贫困地区乡村文化景观保护发展的核心价值观一致。

同时，我们也应认识到新型城镇化是一个历史范畴的和发展中的概念，与西南贫困地区乡村文化景观保护发展有可能在四个方面存在潜在冲突：一是片面地以城镇化率考核和推进城镇化进程，会对城镇化率差异较大的这一地区富集的民族乡村造成较大冲击；二是在这一地区推广现代农业技术可能水土不服，与"生态的""安全的""与自然相协调的"等乡村文化景观保护发展的价值立场产生冲突；三是"城镇化建设会带来民族族群的生存技能和生活方式的改变，出现文化适应问题"（马伟华，2014），间接导致族群赖以生存的自然生态和文化生态环境恶化；四是推广现代教育与以地方性知识为主的文化景观保护发展相关传统教育区别很大，难免产生冲突。

二 "脱贫攻坚"与乡村文化景观保护发展

2011年国家颁布实施《中国农村扶贫开发纲要（2011—2020年）》，"将扶贫工作提升到片区战略层面，重点放在连片特困地区"（共济，2013：14）。位于西南地区的武陵片区、乌蒙山片区、滇桂黔石漠化片区和滇西边境片区等连片特困地区皆为民族片区（共济，2013：28 - 29）。发展经济、减贫是脱贫攻坚战略的目标，但《"十三五"脱贫攻坚规划》已完全摆脱了单纯强调发展经济而忽略文化价值和生态价值的偏颇思路，考虑到不同区域贫困的背景、原因和区域特点；制定的三片区区域发展与扶贫战略纳入了生态安全、发展民族文化产业、特色民族村寨和古村镇的保护与开发，重视非物质文化遗产的保护开发等规划定位和重点发展方向（表7.1）。

表7.1 　　　　　　　三片区区域发展与扶贫攻坚战略概况表

片区名称	战略定位	片区文化产业发展的规划定位和重点发展方向
乌蒙山片区	扶贫、生态与人口统筹发展创新区；国家重要能源基地；面向西南开放的重要通道；民族团结进步示范区；长江上游重要生态安全屏障	重点发展民族文化产业的片区： 特色民族村寨和古村镇的保护及开发；民间传统节庆活动；民族风情的手工艺品和特色旅游产品；民族团结进步教育培训
滇桂黔石漠化片区	扶贫攻坚与石漠化综合治理相结合重点区；重要能源和矿产资源深加工基地；国际知名喀斯特山水与文化旅游目的地；民族团结进步和边疆繁荣稳定模范区；珠江流域重要生态安全屏障	重点发展民族文化产业的片区： 特色民族村寨和古村镇的保护及开发；侗族大歌等民族歌舞产业；壮族"三月三"、苗族芦笙节、瑶族盘王节等节庆活动；民族民俗文化；坡芽歌书、水族水书等民族文学精品；民族传统手工艺品生产
滇西边境片区	我国面向西南开放重要门户；国家重要清洁能源基地；国际知名旅游目的地；优势特色农产品生产加工基地；我国重要的生物多样性和西南生态安全屏障；边境稳定和民族团结示范区；人力资源开发扶贫示范区	重点发展民族文化产业的片区： 特色民族村寨和古村镇的保护及开发；非物质文化遗产；民族音乐；民族歌舞等资源的开发；影视、大型山水实景演出、原生态歌舞及音乐节目的制作等

（来源：根据共济，2013：45"表3-1"，58-59"表3-2"，118"专栏5-5"，120"专栏5-7"，197"表9-4"整理）

《"十三五"脱贫攻坚规划》体现的价值观与西南贫困地区乡村文化景观保护发展深度关联，二者的目标可以结合起来，互相促进。如：农林产业扶贫在生态退化地区坚持生态优先，发展有利于生态环境恢复的特色作物种植，实现种地养地相结合，推进稻田综合种养工程；鼓励科研机构和企业加强对地方特色动植物资源、优良品种的保护和开发利用；加强贫困地区耕地和永久基本农田保护；开展耕地轮作休耕试点；鼓励在南方贫困地区开发利用冬闲田、秋闲田，种植肥田作物等思路，都体现出对传统农业生态智慧及其价值的认识和肯定，有助于保护发展如阿者科村、流芳村等传统农业民族乡村。又如，旅游扶贫依托贫困地区特色农产品、农事景观及人文景观等资源，积极发展带动贫困人口增收的休闲农业和森林休闲健康养生产业，重点建设一批少数民族特色村寨和民族特色小镇；支持少数民族传统手工艺保护与发展等规划发展方向，都高度符合西南贫困地区乡村文化景观保护发展的基础、条件和现实需求。

"脱贫攻坚"战略需要考虑的与西南贫困地区乡村文化景观保护发展相协调的方面包括：（1）易地搬迁脱贫要求精准识别搬迁对象，但目前列出的识别内容缺失对乡村文化价值的考虑；（2）贫困地区重大基础设施建设工程，如重点农田水利工程，滇西边境山区、滇桂黔石漠化片区、武陵山区等片区的重点山洪沟防洪工程的建设，村级道路建设，贫困村小水电、太阳能、风能等可再生能源开发利用工程等，很可能对西南贫困地区乡村的历史景观造成较大冲击和影响；（3）农村危房改造和城市化的人居环境整治会给乡村文化景观带来较大程度的冲击；（4）乡村旅游扶贫开发吸引各路资本向西南贫困地区乡村聚集，"大规模的开发利用会给当地村民传统生产和生活方式带来巨大冲击，引发或加剧各利益相关群体之间的矛盾"（唐晓梅、杨戴云，2018）。

三 "乡村振兴"与乡村文化景观保护发展

党的十九大报告提出"乡村振兴战略"，2018年"中央一号"文件《中共中央国务院关于实施乡村振兴战略的意见》（简称《意见》）进一步阐述了战略的重大意义、指导思想、总体要求和主要方面的实施意见。中共中央办公厅、国务院办公厅印发了《农村人居环境政治三年行动方案》（简称《行动方案》）。一系列文件体现的价值观与西南贫困地区乡村文化景观保护发展一致之处包括：

（1）乡村振兴战略以"农村贫困人口整体脱贫、农村人居环境明显改善、农村生态环境明显好转"为主要目标，融入了脱贫攻坚、生态文明建设等发展方略。乡村振兴强调"牢固树立和践行绿水青山就是金山银山的理念，落实节约优先、保护优先、自然恢复为主的方针；推进乡村绿色发展，打造人与自然和谐共生发展新格局"[①]，坚持了人与自然共生的价值立场，肯定和尊重自然的内在价值，并推动其向工具性价值转化；促进乡村

---

① 国务院：《中共中央国务院关于实施乡村振兴战略的意见》，2018年1月2日，中央人民政府网站，http://www.gov.cn/gongbao/content/2018/content_5266232.htm，2021年1月31日。

良好自然环境的宜居价值、生态价值等自然资本加快增值,以及文化景观价值的积累,是一种整体、综合的战略。

(2)《意见》中提出"质量兴农""构建农村一二三产业融合发展体系、农业对外开放新格局""促进小农户和现代农业发展有机衔接"等培育乡村发展新动能的策略,切中西南贫困地区乡村发展困境的要害和迫切需求。农业生产是西南贫困地区乡村文化景观有机演进的主要动因,实施这些农业发展战略可为乡村文化景观保护发展奠定坚实基础。

(3)《意见》中"传承发展提升农村优秀传统文化,并创造性转化、发展,不断赋予时代内涵;保护优秀农耕文化遗产及推动合理适度利用,充分发挥其在凝聚人心、教化群众、淳化民风中的等重要作用",体现了对乡村文化动态发展的本质的认识和乡村场所认同感的高度重视。"保护好传统、民族村寨等各类遗产,以及少数民族文化等非物质文化的传承发展"等建议,直面当前少数民族传统村落民俗文化流失严重的问题,"强调乡村里的人与物并重"(廖军华,2018),与乡村文化景观保护发展的价值载体、对象等的重合度很高。

值得注意的是,《意见》和《行动方案》提出的"持续改善农村人居环境,以农村垃圾、污水治理和村容村貌提升为主攻方向,整合各种资源,加快补齐农村人居环境突出短板。地处偏远、经济欠发达等地区,在优先保障农民基本生活条件基础上,实现人居环境干净整洁的基本要求",固然是西南贫困地区乡村需要解决的宜居问题,但这些要求本质上隐含着对城市人居环境"干净""整洁"等特征标准的价值认同。西南贫困地区乡村人居生活的历史、内容、形式及其风俗习惯等都与城市不同,以城市人居环境治理模式改造乡村环境是否符合当地自然环境与社会环境现实,有待精细化考量。

四 国际理念与乡村文化景观保护发展

全球化背景下,国际机构和组织关于乡村景观的理念以及国内研究者对国际理念的理解和运用,都影响着西南贫困地区乡村文化景观保护发展的实践。国际上,乡村景观是人类遗产的重要组成部分,也是有机演进类

第七章 基于价值认知的乡村文化景观保护发展

文化景观①的最主要形式,从区域到国家层面的诸多国际文件都与乡村景观有关(表7.2)。

表7.2 "乡村景观"国际相关文件概况表

颁布机构	颁布时间	文件名称	相关内容
联合国教科文组织(UNESCO)	1976年11月	《关于历史地区的保护及其当代作用的建议》(The protection of historical regions and the suggestions for its contemporary role)	在农村地区,应谨慎地控制所有引起干扰的工程和所有经济、社会结构的变化,以保护自然环境中历史性和乡村社区的完整性
国际古迹遗址理事会(ICOMOS)	1999年10月	《关于乡土建筑遗产的宪章》(Charter on the Built Vernacular Heritage, 1999)	乡土建筑遗产在人类的情感和自豪感中占有重要的地位。它已经被公认为是有特征的和有魅力的社会产物……它是那个时代生活的聚焦点,同时又是社会史的记录。它是人类的作品,也是时代的创造物……它是社区文化及其与地域环境的关系,文化多样性的基本的表达……它是一个连续的过程,包括必要的或为适应社会和环境的限制所做的改变
欧盟(Council of Europe)	2000年	《欧洲景观公约(2000)》(European Landscape Convention)②	认识到景观是世界各地人们生活质量的重要组成部分:在城市和农村,退化地区以及高质量地区,被认为具有卓越美的地区以及日常区域

---

① 世界遗产文化景观包括"有意设计的景观""有机演进的景观""关联性景观"三个子类别。参见:UNESCO World Heritage Committee, *Operation Guidelines for the Implementation of the World Heritage Convention*, World Heritage Committee Document WHC. 16/01, October 26, 2016.

② Council of Europe, *European Landscape Convention*, ETS No.176, Ocotober 20, 2000, https://rm.coe.int/CoERMPublicCommonSearchServices/DisplayDCTMContent? documentId = 0900001680080621.

续表

颁布机构	颁布时间	文件名称	相关内容
欧盟（Council of Europe）	2003 年	《欧洲乡村遗产观察指南》 European Rural Heritage Observation Guide（CEMAT）①	在物质和非物质方面，农村地区是文化，自然和风景遗产的宝库。为了寻求认同现代人利用他的乡村根源在农村寻找身份，这种传统也是发展的引擎，它的保存是根本性的，为我们社会的发展赋予了意义。重新发现、联系这种乡村遗产，承认它的当代潜力，而不是把它囚禁在过去，赞赏并认识到它作为不同类型组成部分的文化的身份。当地人口是乡村文化遗产的核心
联合国教科文组织/联合国大学/世界自然保护联盟（UNESCO/UNU/IUCN）	2005 年	《关于神圣自然遗产地和文化景观在生物和文化多样性保护中的作用的东京宣言》（Conserving Cultural and Biological Diversity：The Role of Sacred Natural Sites and Cultural Landscapes）②	需要加强全球对话，促进和振兴可持续农业和乡村发展（SARD），以及伴随全球重要的农业遗产系统（GIAHS） 农业不仅是促进乡村可持续发展、确保粮食安全的一个问题，也是解决土地退化影响全世界三分之二的农田的问题
国际景观设计师联盟（IFLA）	2012 年	《拉丁美洲景观行动》（LALI）③	保护农村或城市的，自然的或人为的，受干预的、保护的和退化的所有景观；农业活动和农村发展

---

① Council of Europe, *European Rural Heritage Observation Guide-CEMAT*, document adopted by CEMAT's 80th meeting (CEMAT-CHF80), CEMAT, Budapest (Hungary), March 28, 2003. https://rm.coe.int/16806f7cc2

② IUCN, *Conserving Cultural and Biological Diversity：the Role of Sacred Natural Sites and Cultural Landscapes*, IUCN-2006-053, 2006, https://portals.iucn.org/library/node/8997

③ IFLA, "The Latin American LandscapeInitiative (LALI)", *The Latin American：International Federation of Landscape Architects*, 2012, https://www.csla-aapc.ca/sites/csla-aapc.ca/files/IFLA/120910%20LALI_EN-.pdf.

● 第七章 基于价值认知的乡村文化景观保护发展 ●

续表

颁布机构	颁布时间	文件名称	相关内容
世界自然保护联盟和国际古迹遗址理事会（IUCN&ICOMOS）	2016年	《自然—文化之旅夏威夷宣言》（A Statement of Commitments from the Nature-Culture Journey, Hawai）①	自然和文化不管在陆地景观或海洋景观中，都是以相互交织的方式存在的。这些存在方式为包括可持续农业、粮食主权、城市环境福祉在内的许多领域提供了框架
联合国教科文组织（UNESCO）	2016年	《实施保护世界遗产公约的操作指南》（Operational Guidelines for the Implementation of the World Heritage Convention）②	就文化遗产而言，文化景观遗产面临特定情况，并证明迫在眉睫的危险，如：城市、农村空间或自然环境严重恶化
国际古迹遗址理事会（ICOMOS）	2017年	《国际古迹遗址理事会与国际景观设计师联盟关于乡村景观遗产的准则》③	乡村景观代表了地球上人类和环境发展史、生活方式及遗产的重要部分……反映出广阔区域内人类与其他物种间的复杂关系。农业、林业、畜牧业、渔业和水产业、野生动植物资源以及其他资源活动的多样性对全球人类生活未来的适应力和复原力至关重要。

（来源：笔者绘制）

除上表列入的文件外，联合国粮食及农业组织（FAO）《全球重要农业遗产》（GIAHS）项目，确认和保护具有卓越的遗产价值和丰富的全球重要农业生物多样性及知识体系的土地利用系统和景观。IUCN 在其保护

---

① IUCN, "Mālama Honua-to Care for Our Island Earth", *A Statement of Commitments from the Nature-Culture Journey Participants at the IUCN World Conservation Congress*, jointly coordinated by IUCN and ICOMOS, Hololulu, Hawai'I, September 2 – 4, 2016, https://www.iucn.org/sites/dev/files/malama – honua – en.pdf.

② UNESCO World Heritage Committee, *Operation guidelines for the implementation of the World Heritage Convention*, World Heritage Committee Document WHC. 16/01, October 26, 2016.

③ ICOMOS, *ICOMOS-IFLA Principles Concerning Rrural Landscapes as Heritage*, ICOMOS General Assembly Document GA 2017 6 – 3 – 1 – Doctrinal Texts, July 30, 2017, https://www.icomos.org/images/DOCUMENTS/General_ Assemblies/19th_ Delhi_ 2017/Working_ Documents – First_ Batch – August_ 2017/GA2017_ 6 – 3 – 1_ RuralLandscapesPrinciples_ EN_ final20170730.pdf.

地管理体系中设立与乡村景观最为相关的第 V 类（保护的陆地景观和海洋景观）和第 VI 类保护地（资源管理保护区），肯定和保护对人类参与的可持续自然利用价值、人类对于自然生态保护的价值以及自然生态系统对于人类社会的服务价值。IUCN 与 ICOMOS 联合倡议"自然与文化联合实践"（Connecting Practices），认识到人类与自然环境的互动维系了生物—文化多样性（包括农业生物多样性）及其文化和精神的价值，并在操作层面探索协作机制。自 2013 年以来，它们已在全球多个遗产地开展了"联合实践"试点项目，红河哈尼梯田文化景观就是该项目第三期（农业遗产主题的联合行动）试点对象之一。

国际上对乡村景观的概念、人与自然的关系以及人类社会和自然环境价值的认知不断发展。从早期仅关注乡村建筑等物质遗存的，自然与文化相分离的价值观转向重新发现人、精神等要素对于遗产价值的重要性，由此形成了涵盖不同社区、族群、物种等的地球生存环境的理解。虽然始终围绕"人类的发展"，但关注的焦点不断变化，"社区参与"和"以人为本"是当下的热点议题。国际乡村景观理论与实践近几十年的积累促使 2017 年 12 月第 19 届 ICOMOS 大会通过《国际古迹遗址理事会与国际景观设计师联盟关于乡村景观遗产的准则》；大会还通过了 ICOMOS 与 IUCN 共同制定的《文化—自然之旅声明》（Culture-Nature Journey Statement），强调遗产的景观整体性，鼓励继承传统技术，积极利用新技术；打破自然与文化之间的隔阂，社区积极参与，将融合非物质文化的"活态"遗产留给子孙后代等；还提出不同文化族群是民主、共享、自治的一部分；各族群的知识、传说和世界观是现有知识系统的一部分；遗产理念应包括乡村、工匠等生活方式等建议。在不同语境中，国际乡村景观研究的动态和焦点与基于西南贫困地区历史和当下的本土乡村文化景观保护发展方向一致。

五 保护发展目标共识

当下国内外决策层和组织都关注和重视全球乡村地域，形成诸多共识，与强调整体看待人与自然长期相互作用关联的文化景观理念核心一致，最重要的两点是：

（1）"以人为本"的核心价值共识。"新型城镇化"以人的全面发展为目标，"脱贫攻坚"帮助人摆脱生存贫困，"以人为本"更是当下国际

第七章 基于价值认知的乡村文化景观保护发展

遗产保护的焦点。但这里的"以人为本"不是将人的价值诉求放在第一位,而是包含将"以人为本"与自然价值相融合、统一的内涵,认同人的价值与自然的价值共生共荣。

(2)乡村是人与自然相互作用的典型区域,在生态、文化、社会意义等方面具有城市不可替代的价值,是社会与环境发展的关键,乡村社会的发展依托于人与自然相互作用的环境与文化。

基于这些价值观共识,笔者认为,西南贫困地区乡村文化景观保护发展应包括以下三个目标:

(1)全面、深入地认知西南贫困地区乡村文化景观的价值。考虑到所有乡村都具有价值,无论被评估为突出的还是一般的价值,都应得到识别。乡村文化景观包括自然环境、社会经济、文化精神及空间等不同维度,西南贫困地区乡村的自然环境与多元民族文化相互作用产生的多样性,涉及价值载体形态、材质、用途和功能、历史时期及变化等多个方面,是历史的和动态的过程。文化景观视角引导我们应溯源当下价值从何而来、保护基于当下价值变化的判断,以及面向未来延展、提升当下价值和创造新价值。对西南贫困地区乡村文化景观的历史演变、价值积淀和当代价值的解读,不仅是为了当下的保护发展决策,而且面向未来代际之间的价值传承。

(2)促进西南贫困地区乡村文化景观价值的适应性转化与发展。包含一系列子目标:建立适应乡村景观复杂性特征的保护发展体制(包括相关立法和政策框架)、乡村文化景观价值评估体系、编制科学合理的保护发展规划、建立有效的监测和可持续保护发展管理体系,以及乡村文化景观价值的交流、传播路径等。

(3)在尊重、珍视并支持西南贫困地区乡村文化多样性以及不同族群与自然相互作用方式的基础上,促进现代文明和科技惠及乡村,解决生产问题、改善村民生活;激发村民对乡村文化景观保护发展的文化自觉;确保所有利益相关群体参与合作,面向共享建成环境和乡村振兴的保护发展目标。

"在未来中国社会发展中,乡村应成为全体公民可选择的生活空间之一和人们愿意回去建设的地方,是生于斯长于斯的栖居地和保留着我们精神家园的场所"(李松,2014),这也是西南贫困地区乡村文化景观保护发展的理想。

第二节 培育以当地村民为主体的"保护发展共同体"

结合已有研究与实际调研,笔者将西南贫困地区乡村文化景观保护发展的利益相关群体分为九种:各级政府部门、当地村民、外部技术力量(包括研究机构、评审专家、保护发展规划编制部门等)、投资开发者、媒体、非政府组织、社会公众及消费者、当地农林企业及职工和宗教团体。各利益相关群体的角色定位以及相互之间的协调合作是系统、整体的保护发展行动的保障,笔者提出培育乡村文化景观"保护发展共同体";其中,当地村民是主体和主人,政府是守护者、支持者和组织管理者,外来技术力量是助力和引领保护发展路径的创新者,这三个群体是参与乡村文化景观保护发展的核心行动力量;"本地农林企业、媒体、宗教团体等是可预期的参与保护发展群体及行动力量;社会公众与消费者和非政府组织则是潜在的参与群体及行动力量"(高凌霄、刘黎明,2017)。

一 当地村民是"保护发展共同体"的主体

在西南贫困地区乡村文化景观的历史演进中,民族族群一直是乡村营造和维续农业景观的主体,"乡村与'人'同生息、共命运"(谢景连等,2016),当地村民的生产生活本身就是乡村存在的意义,乡村的保护发展最终也要靠当地村民。乡村文化景观保护发展需要激发当地村民的主体意识,"发挥村民'自下而上'的主观能动性,在价值判断上与参与乡村保护发展的不同群体取得共识或差异的动态均衡"(谭刚毅、贾艳飞,2018),可以从五个方面展开。

引导当地村民将"传统村寨共同体向现代保护发展共同体"转变(王冬,2013:195)。延续大多数西南贫困地区村寨传统共同体合作营建乡村的优秀传统,并促使其向现代化组织模式转变。通过建设乡村基础设施和公共服务设施等改善人居环境的具体行动,增强村民对现代保护发展共同体的认同和信任。

探索社区参与乡村文化景观保护发展模式。近年来,"生态博物馆"

第七章　基于价值认知的乡村文化景观保护发展

"社区参与文化景观保护""可持续旅游试点项目"等项目运作推进了西南贫困地区当地社区参与乡村文化景观保护发展的进程。但实践反馈显示,"引入'生态博物馆'等国外经验仍由政府部门主导,当地社区的参与程度、对乡村文化的保护力度及对当地社区的经济功能等都距离其'既保护文化,又发展经济'的目标尚有不少差距"(张成渝,2011)。因此,应加强探索本土实践模式,如,贵州师范大学但文红教授团队从 2008 年开始在黔东南州雷山县控拜村展开的社区参与乡村文化景观保护的研究与实践。在深入社区了解到村民最迫切的需求是修村内入户道路后,该团队召集村民商议修路,许多在外打工的村民都回村参加;村民们经过多次合议,自主协调了内部利益矛盾,就道路选线、用地、分工协作、财务管理办法等达成一致。修路将原本"空心"的寨子重新凝聚起来,一部分村民回村成立了银匠协会,走上了传统手工艺保护与传承的发展道路,并集体为"贵州乡村文化景观保护和可持续利用国际学术研讨会"制作了银饰礼品。"这个研究项目首次在乡村文化景观保护语境下出现,在实施过程中真正验证了社区参与作为文化景观保护有效途径的可行性,改变了政府或市场主导开发的模式,为实现将乡村文化景观保护发展工作融入乡村经济可持续发展的目标提供了新出路"(王玉、周俭,2012)。如今,银饰锻制技艺比赛已成为控拜村传统"吃新节"上必不可少的活动之一,不仅提升了村民对传统技艺的自豪感,还吸引了游客参与体验,促进了控拜村文化景观价值的传承与传播(图 7.1)。

图 7.1　2018 年控拜村"吃新节"上的银饰锻制技艺比赛(来源:https://mp.weixin.qq.com/s/Wii7YN0EDN44yv_hTYnDXw.)

发挥"本土带头人"的作用，提升村民主体参与保护发展的能力和内动力。"本土带头人"指那些在乡村成长、了解民族文化和乡村保护发展主要问题的、对族群传统文化有着深厚归属感和认同感，并且比一般村民受过更多教育或对外交流更多的乡村代言人。掌握地方知识和技艺的村民也属于"本土带头人"，包括摩批、毕摩等地方性知识的传习者，传统工匠、艺人或离开村寨求学有成的知识分子等。他们掌握的知识和技艺，连接着乡村的历史、当下与未来，是诠释乡村文化景观动态演进和对外传播景观价值的重要媒介。几乎每个案例乡村都有"本土带头人"，他们将弘扬和保护发展民族文化作为毕生事业甚至人生使命，不计得失奉献时间和精力的精神深深感动着笔者。政府和外来技术人员应完善相关制度，尊重和支持"本土带头人"，并激励和引导他们带领村民参与保护发展，充分发挥他们的作用。

利用国家战略的发展机会，"通过创新土地流转、产业及经济发展模式等，保障当地村民的生计，使乡村文化景观保护发展主体能够在本土生活无忧，或在城市居住、乡村工作，或反之，以稳固与发展村民与乡村之间的血缘、地缘及业缘关系"（吴亮等，2018）。

制定适宜的、可操作性强的保护发展导则或实施细则，并尽可能与习惯法、习俗等村规民约衔接，有效增强村民现代社会法理意识和契约意识，以及提高村民表达利益诉求和维护自己权益的能力。

近年来，传统乡村吸引了非政府组织、民间社团、艺术家、设计师等投资者，以"文艺乡建""农村金融""社区营造"等"乡建"模式寻找商业机会。尽管真正的大资本尚未进入，但村民的生产生活方式和思想观念等已受到影响。因此，乡村文化景观保护发展更应强调当地村民的主体性和主体意识，"提升村民素质和能力，培养他们的创造力、自信心和荣誉感，能够与外来力量平等、有尊严的交流沟通等"（张尚武等，2014）；"最大限度地激发和调动他们参与保护发展的积极性和主动性"（朱良文，2017）。

二 政府是守护者、主导者和组织管理者

各级政府应是乡村文化景观"保护发展共同体"及保护发展实践的"守护者""主导者"和"组织管理者"。"国家已将传统村落视为中华民

第七章 基于价值认知的乡村文化景观保护发展

族存续与发展的根本,将其上升到文化遗产的层面,各级政府对传统村落负有不可推卸的责任和义务,是保护发展的主导力量。"(万建中,2015)从文化景观视角,各级政府在西南贫困地区乡村文化景观保护发展共同体中应在七个方面发挥作用:

党建固基,坚持乡村文化景观保护发展的价值观、目标共识和原则。以乡村保护和乡村振兴为总抓手,把握西南贫困地区乡村文化景观保护发展的总体方向,坚持走中国特色和地区特色的乡村振兴道路。加强对从事乡村保护发展工作的基层党员干部的教育和宣传,建立促进基层干部达成乡村保护发展共识的机制,通过基层保护管理能力建设,提高基层党组织在群众中的威信。

大力开展西南贫困地区乡村文化景观调查。"政府是村落调查与建档的发起者、主导者和实施者。"(高凌霄、刘黎明,2017)"目前政府承担的这项工作有三个方面的问题有待改进,一是重点针对民居、历史建筑等物质性遗存,虽然通过建立'传统村落档案'纳入了对非物质文化遗产的调查,但乡村的物质与非物质内容之间的关联性价值未得到完整识别;二是忽视记录传统乡村沿革与现状的文献资料;三是建档质量参差不齐,监控不力。"(王萍、满艺,2017)所以,应在已有的传统村落调查基础上完善乡村文化景观调查对象和内容,如,村域环境、乡村历史等;调查应覆盖乡村及其环境以及村落之间的联系空间等各空间层次。"此外,吸收如中国传统村落研究中心等研究机构牵头的传统村落调查和建档成果,以及村民自发或在文化机构资助下建设的传统村落档案成果。"(王萍、满艺,2017)

建立乡村文化景观保护发展制度框架。包括"组织编制法定规划,强调规划的地位并保障其实施;通过对政府管理人员进行培训,促进他们对乡村保护发展规划、传统村落档案建立方法、博物馆管理、遗产风险和公众安全等的了解"(杨辰、周俭,2016),并通过公众教育培训增强其对文化景观价值的认知;乡村文化景观现状的动态清点建档,划定管理区域和制定对应的管理措施,明确管理权限;宣传推广,推动旅游市场的发展等。

政策统筹。"对于目前从中央到地方已出台的各种政策,应突出乡村保护发展政策的针对性,加强政策统筹。"(朱良文,2017)重点梳理土地政策,协调保护用地与村民生产、生活土地利用的关系。

规划协调与管理。政府是乡村文化景观保护发展规划的执行者和保护行为的监督负责人。"政府与其他利益相关群体就当地文化景观保护发展问题协调,达成规划编制与政策决策的基本共识,并通过提供信息、监督管理和制定政策参与保护发展规划。"(高凌霄、刘黎明,2017)政府应促进规划设计人员等外部技术力量共同建设乡村文化景观保护发展共同体,"将规划设计任务委托给保护发展共同体,促进保护发展规划与实施一体化"(朱良文,2017)。

各利益相关群体的协调,"政府角色由'管制'转向'服务'"(郑德,2018)。首先需明确当地村民是乡村文化景观保护发展的主体,"享有主体权利和责任;其次,应在尊重地方传统和习惯的基础上,通过地方立法、制定基本规则,引导形成合理的、灵活的村社参与利益分享的机制"(文永辉,2018)。

资金保障变"输血"为"造血"。对乡村文化景观保护发展的资金缺口,一方面进行制度创新,创造灵活的利益分享机制,盘活乡村资产和多渠道引进社会资金;另一方面,解决资金使用碎片化问题,在不改变资金归口管理的前提下,整合、统筹来源多样的资金,专款专用有时不完全适合具体情况,需要协调与整合,并建立有效的资金使用监管机制。

三 外部技术力量助力路径创新

外部技术力量是乡村文化景观"保护发展共同体"的路径创新引领者。西南贫困地区乡村文化景观保护发展涉及"农业现代化、乡村生态系统、产业发展、空间布局、全域旅游发展以及'美丽乡村'建设等复杂的现实需求,亟待系统化的科研,进行理论升级和实践探索"(吴亮等,2018)。西南贫困地区往往本地人才十分匮乏,更需要外部专业技术力量的大力投入,包括由当地和外部文化精英主导形成第三方监督。外部技术力量应对自身的角色和定位有清晰认识。

外部技术力量需建立正确的保护发展整体观,不能只关注乡村形态特征的生成与演变,或乡村格局、建筑遗存及其自然环境的审美价值;应该更多关注乡村风景中的人(村民)的当代社会生活及需求,如生计、居住、安全卫生等。

外部技术力量介入保护发展的方式应来自本土。西南贫困地区乡村的

第七章 基于价值认知的乡村文化景观保护发展

传统营造具有很强的地方性和功能性，建造模式、方法、材料使用等与乡村日常生产生活联系紧密。因此，这些乡村不能变成外部技术人员的试验场；外部技术力量不应是思想、知识或技术的输入者，而应是乡村营造传统智慧的发掘者、学习者和研究者；应是唤起村民的乡村价值认知与认同感的传播者。同时，"应解释地方性传统知识体系和传统背后的科学规律和文化精神，并加以提升和转换，带领村民探索继承传统并适应当下的新技术，创造新价值，既保护、传承传统中有生命力的生活方式，又保障乡民们享受现代生活的权利并真实地步入现代生活"（王冬，2013：264）。更重要的是运用科学技术对乡村文化景观保护发展中的关键问题与发展变化趋势进行引导，给予帮助（图7.2）；协调政府、投资方、非政府组织等各群体的利益。同济大学建筑与城市规划学院杨贵庆教授团队在浙江黄岩持续六年的实践就是融规划设计、乡村保护与发展振兴等为一体的一系列研究与探索的样本（表7.3）。

表7.3　　黄岩"乡村振兴"工作法内容概览表①

工作方法	理念
文化定桩	● 寻找村民的文化认同点 ● 修复、重建或新建当地村民认同的文化传承点 ● 结合当地风情习俗，规划建设不同层次的文化设施 ● 建设文化礼堂，导入先进文化与时代道德风尚
点穴启动	● 先建一个干净整洁实用的公共厕所 ● 建设村庄公用平台，增强农民集体意识 ● 建设民宿，为村民提供效益样本
柔性规划	● 建立"在地规划工作室" ● 深入了解当地的文化风俗与空间机理 ● 坚持整体规划思想，又动态调整规划细节 ● 让当地村民参与建设施工，不断磨合共识
细化确权	● 推进与保障农村产权的长期稳定 ● 所有权、使用权、经营权、分红权、监督权界定清晰 ● "整体公益性"和"细胞市场化"有机结合 ● 严格财务公开，查处基层腐败

---

① 吴亮、王先知、里雨曦：《黄岩报告：乡村振兴工作法》，《财经国家周刊》2018年第7期。

续表

工作方法	理念
功能注入	• 修复和激活乡村的文化功能，推动文化传统 • 给乡村注入现代化的宜居功能 • 因地制宜培育多样化的产业功能 • 不搞低质"农家乐"和"乡村旅游"
使用技术	• 吸收乡村智慧，注重就地取材 • 提供"宜居"的系统化技术方案 • 研发或引入适合农村的技术产品 • 编织菜单式技术应用与管控标准
培训跟进	• 形成新时代乡村振兴理论体系 • 推出丰富、实用的乡村振兴培训教材 • 接地气，教学和培训点建在乡村 • 注重全球科技在乡村振兴中的转化应用
党建固基	• "三级书记一个群"，形成扁平化工作模型 • 构建推进乡村振兴的"共识机制" • 自治、法治、德治结合，营造乡村治理的"正能量界面" • 层层压实和巩固农村的执政之差
城乡共享	• 推进美丽乡村建设，编小城乡差别 • 在城乡一体化框架内推进资源要素配置 • "互联网+"为依托培育新兴业态和新型就业 • 创新城乡共享的公共政策
话语构建	• 挖掘中国乡村的社会文化价值，增强农民文化自信 • 推出乡村振兴主题的全球学术与按本交流 • 加强理论研究，增强中国乡村发展自信 • 在全球比较中找寻中国乡村振兴的话语权

担当这些角色和责任的外部技术人员应长期驻扎乡村，持续给予乡村多方面的支持，包括传统建造知识的研究与传播、对村民及工匠进行修复建造技术方面的教育和培训等。

四 "保护发展共同体"的运作组织

除上述乡村文化景观保护发展共同体核心行动力量，预期的和潜在的参与群体也对保护发展产生影响或受到影响。"投资开发者主要谋求投资乡村项目获得利润回报。媒体介入乡村主要追求公共利益，一方面可以使一些未受重视的乡村、保护发展的矛盾或非政府组织提出的保护诉求得到社会关注和相关部门重视；另一方面，不实报道和舆论也会误导政府工作

第七章　基于价值认知的乡村文化景观保护发展

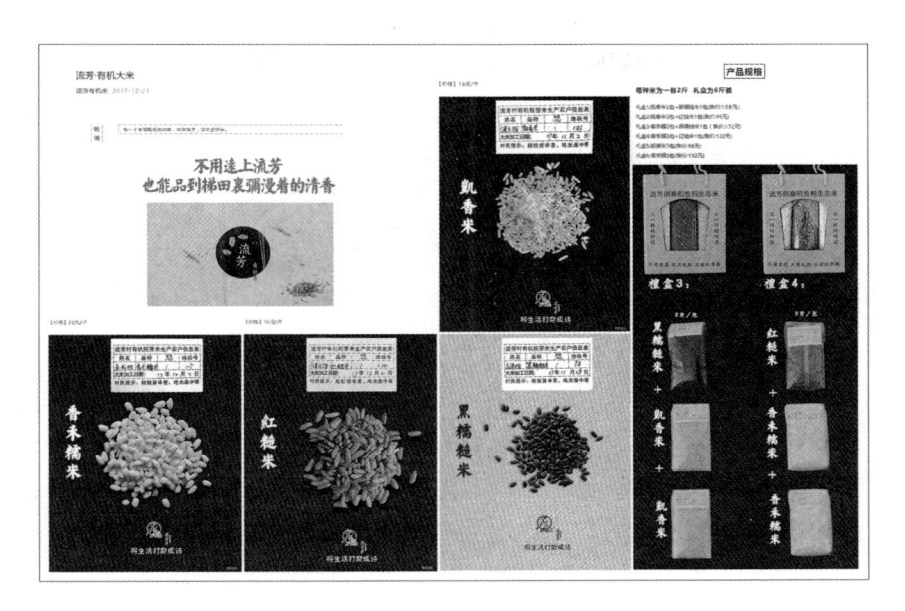

图7.2　笔者团队为流芳村宣传有机大米制作的微信公众号界面

和产生负面的社会影响。当地农林企业经营发展的利益诉求往往受到规划等严格限制。宗教团体既是保护对象，自身有维持发展的诉求，同时又具有一定社会影响力和话语权。社会公众与消费者既是乡村保护的监督者，也是当地旅游开发的消费者和受益者。非政府组织是乡村保护工作中的'帮扶者'和'示范者'，有其自身规律和自主性。在保护发展过程中，各利益相关群体并非一成不变，而是随着时间推进在保护发展不同阶段而动态变化。保护发展过程可分为三个阶段：调查与建档阶段、编制保护发展规划和制定配套政策措施的决策阶段，以及日常保护管理、建设资金投入、定期检测评估等实施阶段。"（高凌霄、刘黎明，2017）乡村文化景观'保护发展共同体'的运作组织即在保护发展的不同阶段，动态组织和协调各利益相关群体。

（1）调查与建档阶段，涉及的主要利益相关群体包括当地村民、政府、外部技术力量（研究机构与专家为主）、媒体和非政府组织。其中，政府是组织调查与建档工作的主导群体；"当地村民以自我发现的眼光描绘村寨的文化图谱，解释和确认自己的文化"（王萍、满艺，2017）；研究机构及专家负责把握乡村文化景观的各项条件、特殊性和重要性，评估景观价值，贡献高质量的调查和建档成果；媒体可以挖掘璞玉、介绍典型，补充调查结果；非政府组织发掘尚未受到社会和政府部门重视的文化景观。"这一阶段的主要利益相关者诉求基本一致，乡村文化景观'保护发展共同体'主要需要协调媒体报道的偏差与政府部门工作的可能冲突"（高凌霄、刘黎明，2017），以及调查工作重视物质、忽视非物质价值以及精英视角等与当地村民地方性视角的可能冲突，应加强允许多种叙事共存的观念意识。

（2）编制保护发展规划和制定配套政策措施阶段，涉及的主要利益相关群体包括外部技术力量（规划设计机构与研究机构专家）、政府、当地村民、宗教团体、本地农林企业、社会公众与消费者、投资开发者。各利益相关群体的诉求是规划编制的重要依据。规划设计机构代表追求社会公正的公众利益诉求，研究机构及专家为规划提供专业意见；政府为规划设计机构提供各方面的有效信息以及监督和管理规划编制工作，并制定规划配套政策措施；当地村民有改善生活、经济收益、传承乡村文化等多方面诉求。"各利益相关群体在这个阶段的冲突最大。规划设计机构应坚持社会公正的价值观，规划编制应重点满足当地村民的利益诉求；重视社会公众与消费者的诉求、考虑当地农林企业的观点和诉求、慎重处理宗教团体的意见和建议，将投资开发的经济利益诉求向积极方向引导。"（高凌霄、刘黎明，2017）

（3）实施阶段，涉及的主要利益相关者包括政府、当地村民、投资开发商、当地农林企业、宗教团体、媒体和非政府组织。"政府负责监督保护发展规划实施以及日常管理；当地村民既具体实施保护发展，同时也受到规划的约束和管理，为保护发展主动或被迫投入各种经济成本和社会成本，与改善自身生活条件和经济状况的利益诉求产生一定冲突；投资开发者是实施过程的建设主体，追求自身经济利益最大化，与自然环境和文化遗产保护、当地村民公共利益诉求等存在冲突；媒体在这个阶段起到重要的规划实施监督作用；非政府组织则是保护规划实施的社会推动者；本地农林企业和宗教团体是保护规划的限制对象。"（高凌霄、刘黎明，2017）此阶段乡村文化景观"保护发展共同体"需重点协调当地村民和投资开发者之间的冲突，应给予当地村民合理补偿或权益；"引导投资开发者在获取投资回报的同时，兼顾乡村基础设施的改善、居住环境质量的综合提高、失地农民的生活保障、乡村及村民利益分配等事项"（王冬，2013：212）。

总的来说，乡村文化景观"保护发展共同体"是具有开放性、动态性和一定整合度的组织，同时也是一种机制或体制。通过建设这一共同体，培育当地村民文化景观保护发展的主体意识与合作精神，优化政府的组织管理职能，借助外部其他力量，从根本上改变由外力助推的单一保护发展模式，逐步形成以内力为主导、外部为辅助的乡村文化景观保护发展动力机制。

第三节　微观层面的保护发展重点

认知和识别乡村文化景观价值，在微观层面挖掘乡村价值资源，是实现精细化和活化利用西南贫困地区乡村文化景观的基础以及为更大的区域范围和层面上的文化景观保护发展提供参考，价值认知和评价也是编制保护发展规划和制定决策的最重要依据。笔者提出，在微观层面运用文化景观价值主题认知框架工具，基于西南贫困地区乡村价值识别，西南贫困地区乡村文化景观保护发展有四个重点。

一　尊重传统生存智慧

保护乡村地脉特征。乡村地脉特征体现了"在乡村环境的地形、地貌及气候条件等制约下，乡村族群与自然共同形成了合理合情、物我相生的环境性格及结构关系"（常青，2005）；能够清晰表达西南贫困地区乡村族群社会在发展过程中积累的整体性的适应环境的经验和传统生存智慧。西南贫困地区乡村地脉特征的保护重在延续村寨与其周边自然环境之间的整体关系格局，"保护契合山势水系的村寨道路系统，顺应道路系统的房屋组群布局、肌理、尺度和朝向，以及具有象征意味和心理暗示作用的风水格局等"（常青，2005）。考虑到地脉特征的合理性与合情性是动态发展的，所以应识别那些历经时间考验和最具有可持续价值的部分；同时，正视现状中的变化，判断哪些部分可以做出适宜性的调整。乡村地脉特征保护发展对我们反思和解决城市发展中的生态问题、环境危机等具有积极的启示作用，也是使西南贫困地区乡村作为抵御全球化、同质化以及重构人与自然和谐关系阵地的重要支撑。

保护发展乡村"文化"的核心——生计。乡村文化景观的基底就是族群赖以生存的生计。西南贫困地区乡村的形成和内在结构等差异十分明显，如，传统农耕型、当地特殊资源产品型、古代地方交通/政治/经济中心型等。虽然不同生计方式与乡村环境的关联程度不一，"但生产方式根植于民族文化，与文化环境之间相辅相成"（彭凤，2015）。大多数西南贫困地区乡村依靠传统农业为生，乡村景观是族群一代代持续不断从土地里"培育"出来的，体现族群依赖土地生存和发展的历史；其形成依靠的是族群创造和积累的土地实践智慧——当地的传统生产知识，而不是现代农业科技。传统农业是一种和谐的精细资源利用模式，如，哈尼族、侗族在山区营建的人工湿地生态系统，高效、循环地利用淡水资源创造了"稻、鱼、鸭共作"的生产模式，有效维护了大自然的自我修复能力和支撑了村寨的生存发展，使人的生计与维持自然生态平衡高度和谐，有着强大的内在生命力。案例研究证明，"地方传统农业生产知识在今天仍然具有突出的适应性和不可取代性"（崔海洋，2009），在哈尼族、侗族乡村族群保存的糯稻品种大都是传承千年的"老种子"，携带着经受了自然考验和选择的传统生物基因，在环境污染严重的今天尤为珍贵。在西南山地发展传统农耕较之平原地区更加不易（图7.3），许多族群需要持续投入巨大的精力、劳力和知识储备；"至少目前，适合大型、规模化的现代农业科技在这种传统生计模式中还难以发挥优势，或许将来植入传统生计智慧的机器人可以大显身手，但必然以高昂的经济代价为前提"（罗康智、罗康隆，2009：88-89）。研发轻便、小型、好用的农业机械、修整方便村民上下不同海拔田地的小路，是目前能为西南贫困地区乡村农业发展做的实事。

图7.3 流芳村村民耕种场景（来源：笔者拍摄）

● 第七章 基于价值认知的乡村文化景观保护发展 ●

"稻、鱼、鸭共作"的生态智慧创造了森林、梯田、水塘、沟渠等乡村景观,传统农业乡村景观存续的前提是农业。传统农业产品质优、产量低、品种多、规格不齐,满足不了现代工业化社会的市场需求,在经济全球化的市场运作中,很难得到公正、公平的待遇,转型发展是必然趋势。但我们不能一刀切,用城市发展依靠的科技、效率、规模等标准来否定或贬低传统农业生计的价值。传统生计智慧本身没有落伍于时代,其困境和迫切需要解决的问题是需提升农业价值、建立融合传统农业与第二、第三产业的现代产业体系、流通基础设施及物流设施建设、农产品产销衔接、提供全产业链服务等。现代科技与管理应当为传统生计智慧的延续、提升和发展提供服务和保障,而不是完全替代它。西南贫困地区乡村传统农业关乎国家粮食安全和生态安全,是乡村文化景观保护发展的前提,没有农业,也就没有景观。(图7.4)

图7.4 流芳村传统农业景观(来源:笔者拍摄)

二 "活化"乡村历史景观

形成和改变乡村文化景观的乡村社会内部组织结构和外部政治、社会经济及文化等动因,涉及当前我国乡村保护发展工作的绝大部分重点,包括乡村格局、传统建筑、历史环境要素等乡村历史景观。案例研究揭示了乡村景观及其价值的本质,即在历史中形成,也在历史中流动,始终都在被重构。我们当下所面对的乡村历史景观是承载、传递了某些历史阶段信息的遗留,且正处于一个蕴含着诸多变异、表现多样的社会背景中。西南地区乡村文化景观保护发展应在基于对乡村历史景观形成与变迁线索的梳理,"从保存历史价值、年代价值等静态思维转向动态的'活化'思维,重点探索历史景观价值在当代的延续与新生"(常青,2018)。

地处偏僻以及受外界影响较小的西南贫困地区乡村的传统社会组织结构一般相对稳定,仍发挥着维系族员之间及村寨之间血缘和地缘关系的作用。如,阿者科村、流芳村等本民族传统文化和乡村格局保留较为完整;鼓楼在流芳村的平面格局和竖向空间上仍占据控制地位;控拜村鼓藏场还是苗寨空间格局的节点,是族群共同记忆、归属感和认同感等精神价值的重要载体,仍是整合乡村社会与空间格局的无形力量(图7.5)。这些乡村历史景观及其环境要素不断积累着历史价值和年代价值,延续着每个历史横断面上的艺术价值或使用价值,并在当下交融;历史景观物质载体的保护发展在很大程度上由稳定的乡村族群社会组织结构、延续的传统文化、习俗、信仰等非物质方面决定,外部技术力量的影响有限。

图 7.5 控拜村"鼓藏场"(来源:笔者拍摄)

那些经历了中原王朝政治、社会经济及文化干预的乡村,乡村格局与其构成要素的类型、功能、形态及意义等都发生过重大改变。如,在诺邓古村、凤翔村,当曾塑造景观的政治、社会经济等外因消失后,相关建筑、场地及环境要素的原有功能中断或使用方式发生变化,不再是乡村格局整体功能意义上的节点。它们作为历史见证的价值不断累积,具有清晰的历史价值、年代价值及艺术、文化价值,但当下的功能和使用价值不

● 第七章 基于价值认知的乡村文化景观保护发展 ●

明,因此容易遭到破坏或废弃,如,在今天的乡村基础设施建设中,乡村古道的历史价值、艺术价值让位于提升交通功能的使用价值。这些乡村历史景观的保护发展需要找到新的关联历史建筑及历史环境要素的因素或内在逻辑,探索它们对于当下村民日常生产、生活及乡村发展的价值机会在哪里,如何赋予历史景观以新的功能,与乡村族群社会发展的新需求相关联,使其得到再利用而获得新生。

传统住屋是构成西南贫困地区乡村文化景观整体风貌的基本要素,始终具有满足族群成员最基本的居住需求的使用价值;同时,在当代还具有历史价值、年代价值和类型学、人类学意义上的文化价值和艺术价值等。作为历史景观的传统住屋保护的难度和发展的阻力都更大,面临的挑战主要来自民族族群居住观念、人口、功能需求等方面的变化,以及各利益相关群体的价值诉求矛盾。传统住屋对于村民而言是居住生活空间,村民不理解外部评价所关注的遗产价值、历史文化价值等,只要有条件,就会改造传统住屋,甚至在某些情况下,遗弃老屋(图7.6)。住屋历史景观本身是活的场所,不是文物性古建,其保护发展离不开原住民的使用和看护。因此,传统住屋历史景观的保护发展首先应满足村民的使用价值诉求,需要扎实深入地研究乡村传统住屋的类型、建造技术、建造材料及文化意义的表达方式等,进行设计创新和技术创新;在透彻理解传统住屋价

图7.6 流芳村被遗弃的乡村住屋(来源:笔者拍摄)

值的基础上，用创造性的改造设计理念和面向未来的建造技术，将传统住屋的历史价值、艺术价值转化到新的使用价值中，实现文化价值的创新。

"乡村历史景观保护发展的关键是'其形态生成与建造方式之间的对应关系在历史变迁中得以基本保持，反映了当时的先进技术与文化及建造过程'，并汲取其精髓以融入今天的创造与复兴，与社会发展的方向一致，与今天村民的生活相适宜。"（常青，2018）尊重西南贫困地区乡村的历史和发展趋势，满足乡村社会发展的空间需求，提高乡村社会生活质量，是探索创新"活化"乡村历史景观的再生利用、促进当代发展进程的保护发展路径。

三 乡村场所精神及其载体的保护传承

乡村场所精神及其载体的保护发展应强调三个方面。

传统自然观的保护发展。虽然西南贫困地区乡村族群对自身与大自然的关系的认识和行为实践伴随社会发展而演进，但传统自然观依然是族群文化与社会实践的主导因素，与视自然界为满足挥霍性消费来源的现代工业化社会的自然观有着本质区别。如，流芳村新建蓄水池贮存山泉水，再用自来水管输送到村寨各家各户（图7.7），并结合河道采用更生态的雨、污排放及处理方法，改善村民的生产、生活基础设施。许多民族村寨仍然保留着对森林、水源等的祭祀崇拜和适度利用自然的传统观念。当代的生态危机使人类重新将自然视为家园，重返人与自然共生的整体伦理观，重视在实践中尊重和保护自然，西南贫困地区乡村族群的传统自然观对人类自然观的又一次重大转向具有重要启示。

首先，需要保护族群内部传承自然观的载体形式，如，神话、传说、古歌等，除了搜集、整理和保存等保护工作，应更加重视拓展传承与传播的当代途径。其次，保护自然观相关习俗活动及其场所，如，乡村及周边环境中的自然圣地，融信仰、习俗和艺术为一体的仪式活动，修复或建设活动场所。最后，帮助乡村族群认识本民族传统自然观蕴含的生态价值及科学理性，增强文化自信；挖掘族群自然观表达的生态美学价值，对族群与自然建立的和谐关系予以审美观照，拓展族群传统自然观的价值领域。

保护发展多元、包容的宗教信仰体系。西南贫困地区乡村族群的原始宗教与本土化的外来宗教和谐共处，多元、包容的宗教信仰体系与民间习

● 第七章　基于价值认知的乡村文化景观保护发展 ●

图7.7　流芳村新建的水利设施（来源：笔者拍摄）

俗、民族艺术交融，是民族文化的重要组成部分，也是村民日常生活的主要精神寄托，保护发展各类宗教信仰空间对于村民极为重要。部分宗教信仰客观上维护了乡村生态环境，可从中汲取、提升其对于生态保护的现代价值。改造传统住屋需考虑延续信仰空间；维护（修复、扩建等）本主庙、寺庙、道观等宗教活动正式场所（包括建筑及其周边空地）以及村寨内固定的大型活动场所的质量，应当是与村民自发的宗教性活动的互动过程，使其在现实宗教实践活动中延续和发展，而非传统文物保护的模式。

象征体系保护发展。象征体系是西南贫困地区乡村族群内部的文化符号，其保护发展的重点在于挖掘、整理村民（内部者）对包括乡村格局、环境要素、建筑形式、建筑结构、建筑装饰、地名等象征体的意义诠释，并由村民担当对外诠释和传播的解说员。一方面，可强化村民对乡村象征体系的完整理解，增强族群社会内部的民族认同感和凝聚力；另一方面可促进村民在日常生活中有意识地延续本民族创造和表达象征的传统。在这个过程中应容许象征意义的调整或再创造，融入当代民族文化的发展内容。

乡村场所精神保护发展包括族群自然观、宗教信仰和象征体系等，通过如祭祀、节庆文化活动等与乡村场所建立精神关联。乡村传统大型活动场所（地）是体现和传承乡村场所精神的核心空间，由乡村文化精神与特定活动群体在时空中叠加形成。乡村场所精神的外围是民族文化赖以生存的自然与人文生态环境，相较自然环境，人文环境的变化对乡村场所精神的存在与发展的影响更大。乡村场所精神的保护发展需要重视应对外围环境变化的策略。如，面对民族节庆活动舞台化、商业化，应强调尊重本土文化及空间的传统规定，不迎合外来者对乡村文化的附会想象，引导他们以学习者的身份和态度体验乡村场所。乡村场所精神的保护发展还需要如摩批、毕摩及民间文化传承人等特殊群体的支持，他们对培育乡村文化精英、帮助村民确认固有的民族文化身份和巩固归属感有着极为重要的作用。在这里，保护民族语言的重要性不言而喻。此外，还应从制度上为乡村传统文化活动提供保障，尊重族群的传统重大节日，确立节日的法定地位和设立休假制度，降低在城市打工的各族群成员回村参加活动的机会成本。在原有的传统自然传承基础上，相应增加现代的人为传承。

从文化景观视角来讲，还应保护连接自然圣地或相关仪式活动场所的路径及历史环境要素等，从而整体保护表达和体验乡村场所精神的空间要素。在场所的修复和营造中，应注意与场所历史信息的连接，延续其于现代生活的意义。

四 乡村传统知识体系的传承发展

西南贫困地区乡村保护发展的对象应包含支撑乡村景观形成和发展的传统知识体系，以及其蕴含的可应对变化的恢复能力和创新能力。这里着重阐述乡村营造知识体系和民族艺术的保护发展。

乡村营造知识体系的保护发展包括营造习俗和营造技艺两个方面。许多西南贫困地区乡村至今仍保留的集体合作、共同营造村寨的传统习俗及仪式对现代乡村营造仍具有意义，有可能恢复，但其保护发展现在面临因青壮年多外出打工而参与营造人员不足和大多数村民家庭无经济实力进行大规模建造的问题。共同营造更多出现在政府投资的基础设施或公共设施建造中，或扶助村里老、弱、病、残、贫等弱势群体的住屋建造。这也说明共同营造作为传统可以传承和延续，并有可能面向当代进行自我调适。因此，应重点保护发展乡村营造的合作建造、自主建造和过程建造的传统，重视这些传统蕴含的场所精神价值、技术价值和生态可持续价值等（王冬，2013：190 - 194），并促使乡村文化景观"保护发展共同体"组织营造。乡村营造习俗的保护发展不能与乡村社会整体发展割裂开来，还需要与特定区域的社会经济产业发展结合考虑。

应当认识到，除了很长时期内稳定的气候因素，传统建造技艺会随着

第七章　基于价值认知的乡村文化景观保护发展

资源和技术水平的变化而改变。当下，西南贫困地区乡村的资源环境、现代建造技术等都发生了变化，因此，传统建造技艺与自然环境的适宜性有待提升、转换，以适应当下的资源条件、生产生活方式以及先进技术与文化，实现传统建造技艺价值与精神的发展。传统建造技艺的价值不只存在于物质形态中，还体现在整个建造过程中，如对场地条件的灵活处理、因地制宜地调整和把握建造方法等意识中。目前，西南贫困地区乡村建造技艺的传承与发展主要面临人的问题，经验丰富的工匠和学习传统营造技艺的年轻人少，不少建造技艺的传承仍限于乡村社会内部及家庭，涉及更深的人文和社会条件。

民族艺术的保护发展。从国家到地方各级政府和机构、专家学者积极投入到西南地区民族艺术保护发展事业，大力挖掘、保存和传播民族艺术，创新保护发展的方法。如，学者李元庆带领研究团队，历时半个世纪，记录、整理、改编了20首哈尼族儿童古歌，制作成《梯田之声·中国云南红河哈尼族传统民歌精选之一：阿密策》音乐专辑，2017年正式发行（图7.8）。专辑的发行改变了以往仅录音、记谱、出书的静态保护方法，转化为动态的、活态的传承。应充分鼓励受过较高层次教育的、对本民族文化有强烈的热爱与自豪的一些少数民族文化精英参与这项事业，他们是民族文化自信的代言人，可为保护发展本民族艺术做出更多贡献。

原本服务于生产生活的民族传统手工艺与当下生活的适应关系也需调整。如，马边县文化馆馆长曲比兴义设计改良彝族服装，布料是现代的，也不是传统的刺绣，但保留了传统彝族服饰的精髓和色彩等，克服了传统服装厚重、不适用于夏天穿等问题，因而深受彝族年轻人的喜爱，使更多彝族人在日常生活中穿着本民族服装，并得到当地政府的大力支持（图7.9）。

应当向自发摸索民族手工艺保护发展创新之路的群众学习保护发展的民间智慧。如，控拜村苗族银饰锻造技艺的民间传承人龙太阳，改变不对外传授本民族传统技艺的传统，在自家住屋开办苗族银饰锻造体验馆，让游客全程参与银饰锻造过程。他说："亲手做过以后，就会明白苗族银饰制作的艰难，也会更加深刻地认知苗族银饰品和苗族文化。"他给自己的女儿取名"龙传艺"，改变了老祖宗定下的"手艺传男不传女"的规矩；

图 7.8 红河哈尼族儿童古歌专辑《阿密策》封面（来源：李咪秋）

图 7.9 马边彝族传统服饰创新（来源：曲比兴义）

在耳濡目染中长大的女儿两岁八个月时已能有模有样地操作焊接（图 7.10）。在银饰设计方面，龙太阳突破苗族银饰传统品种和样式，从日常生活中汲取灵感进行创作。他说自己创作的每一件作品都有一个自己的故事，如果没有故事，那么作品就没有灵性，达不到理想的效果（图 7.11）。他的作品深受游客喜爱，并承接了不少国外订单。龙太阳曾在浙

● 第七章　基于价值认知的乡村文化景观保护发展 ●

江打工 10 年，2006 年为照顾生病的母亲回村，当时留在村里的银匠不到 5 人；他下决心做一名留守银匠，在传承民族手工艺的同时开拓出一条脱贫致富之路。现在，龙太阳的年收入超过 50 万元，并与其他几位村民组成合作社，带动村里的贫困户共同致富。笔者从中感受到西南民族贫困地区乡村族群正在觉醒的文化自觉，"对民族文化的生命力有坚定的信心，对本民族文化价值的充分肯定和积极践行"（段吉方，2018），这是民族文化艺术保护发展最根本的原动力和创新源泉。

图 7.10　控拜村"小银匠"——龙传艺（来源：龙太阳）

图 7.11　控拜村民原创的银饰作品（来源：龙太阳）

目前非物质文化遗产名录和非物质文化遗产传承人等政策制度的实施效果并不理想，主要问题是"只关注了少数的民族传统文化精英，不符合民族传统技艺多靠家庭和社区自主传承的特点，不利于传统技艺在普通少数民族群众中的传承；缺少保障民族传统技艺产权及排他性收益权的制度；少数民族文化符号被滥用等"（墨绍山，2016）。西南贫困地区乡村族群的民族艺术保护发展需要克服这些制度上的不足。

第四节　宏观层面的差异化保护发展模式及策略

在宏观层面上，对西南贫困地区乡村文化景观进行类型划分，有助于针对不同类型提出差异化的保护发展模式。

一　关于传统乡村文化景观分类

目前对传统村落分类的探讨可视为等同于传统乡村文化景观分类研究。在政府出台的关于传统村落的各类文件、标准和要求中，鲜有提及传统村落类型划分，相关研究文献也较少，"总体上，我国目前对传统村落只有纵向的级别分类，而没有统一的横向的分类"（文永辉，2018）。近年来，围绕新时期城乡统筹背景下村落分类发展的讨论越来越多，2018年9月《乡村振兴战略规划（2018—2022年）》印发，2019年1月《关于统筹推进村庄规划工作的意见》出台，"从宏观政策层面要求各地明确县域村庄分类"（陈晓华、姚林，2019）。随着当前乡村摸查广泛开展，越来越多的学者认识到，科学划分传统村落类型是保护的基础手段和制定差异化的具实操性的保护发展决策的前提。传统乡村文化景观分类目前仍面临两个方面的问题。

一是传统乡村文化景观调查摸底及建档成果对分类的支撑不足。科学、严谨的分类必须基于大量的、高质量的乡村摸底调查及建档成果。自2003年至2019年，住房与城乡建设部等部门先后公布了五批6799个中国传统村落，虽然已初步为这些村落建档，但距离分类的要求还很远。我国传统乡村价值的挖掘和整理仍处于初级阶段，需要政府、学术机构和村民等多方力量长期地投入，建立中国传统乡村数据库以及在此基础上实施有效分类保护仍然任重道远。

二是分类标准及方法的困境。中国传统乡村分布面积广，地域、气候、历史、文化传统等差异性很大，依据什么标准对其进行分类是另一个关键问题，目前学界仍未就分类标准及方法达成共识。现有研究多从具体研究需求和研究视角出发划分村落类型，针对性较强。其中，大多数从偏重传统村落保护角度进行分类，包括："参照《传统村落评价认定指标体系（试行）》，划分为物质文化遗产类，非物质文化遗产类、综合类等大类，在此基础上划分小类"（聂湘玉等，2015）；以村落所处的地形特征为主要分类要素（林莉，2015）；参考历史文化村镇类型划分（郭亚茹，2016）。近年来，一些学者转向传统村落发展角度的分类研究，如以"主体—产业—空间"要素组合为判别分类的依据（陶慧等，2019）；依据传统村落现有产业划分类型，基于价值和保护—发展价值关系的分类模型分类（陈晓华、姚林，2019）。也有学者提出借助考古学、文化人类学以及文化生态学的理论，对中国传统聚落景观进行类型整理和区系划分（孙华，2015）。越来越多的学者认识到，深入挖掘各类型传统村落价值，基于价值评价划分传统村落类型是探究传统乡村保护发展的新路径（何睿宇、刘扬，2018；陈晓华、姚林，2019）。

二　面向保护发展的乡村文化景观分类初探

在乡村文化景观价值挖掘和识别基础上，对乡村文化景观展开类型学研究意义重大。本书仅就案例研究，初步提出一种乡村文化景观分类方法。

案例乡村的共性与差异

案例乡村基本信息方面：共同点包括都拥有数百年的历史和丰富的历史文化价值；除少数由工商业发展带动形成，绝大部分乡村的形成都与农业发展条件相辅相成；现状经济基础整体薄弱，基础设施和人居环境条件有待提升；乡村自然与人文环境都面临空心化、老龄化、乡村衰败等威胁；差异主要包括族群、乡村自然环境条件、受城镇化影响的程度以及保护发展的潜力条件等。乡村文化景观价值识别的共同点在于，都包含"与乡村族群的自然时间行为相关的""与乡村族群精神建构相关的"和"与乡村知识体系相关的"三个方面的价值主题；差异体现在选址聚居模式、土地利用及乡村营造方式、影响景观变迁的主要因素以及地方性知识体系等方面。

面向保护发展的乡村文化景观分类框架"T–H–I–S"

基于案例异同点分析，结合本书建构的价值认知框架，笔者认为，西南贫困地区乡村文化景观的分类应考量"保护"与"发展"两方面的多维度价值内容以及保护—发展之间的价值取向关系。本书提出"保护"方面以乡村文化景观价值主题维度"T"为核心；"发展"方面借鉴陶慧等人提出的"H–I–S"维度框架（陶慧等，2019），构成"T–H–I–S"乡村文化景观分类框架。

T维度（Themes，缩写"T"），即乡村文化景观主题纬度，包含民族（Ethnic，简写"e"）、所在地理区域（Geography，简写"g"，如，喀斯特高原、坝子、低中山、河谷等）、气候分区（Climate，简写"c"，如，高寒山区、中温带、南温带等）等乡村基本信息要素（即"Tegc"）；同时，借鉴世界遗产文化景观三个子类别划分，将不同乡村的文化景观价值主题概括为三个基本主题类别：Tegc1（有机演进类），对应传统农耕、自然资源可持续利用等主题；Tegc2（政治/社会/经济类），对应商贸、军事、交通、传统工业等主题；Tegc3（精神关联类）对应信仰、习俗、文化知识体系等主题；具体乡村的文化景观主题可能是Tegc13、Tegc23、Tegc123等组合状态。

H维度（host，简写"H"）指乡村主体（村民）的变迁状态，分为：H1（无人），高度空心化的传统乡村，常驻人口比例低于20%；H2（有人），人口空心化指标低，原住民常驻比例高，且乡村主体保有日常生活的活力，包括乡村出现新旧人口置换的情况（陶慧等，2019）。H维度突出人是保护发展的核心要素。

I维度（industry，简写"I"）指乡村的经济基础，分为：I1（原生产业），乡村仅保持着传统农业、养殖、畜牧和传统乡村商贸活动等；I2（新兴产业），乡村出现旅游观光、休闲农业、文创艺术等新业态（陶慧等，2019）。I维度强调乡村文化景观发展不仅要"以人为本"，同时还需"以业为基"。

S维度（space，简写"S"）主要指乡村格局、建筑物等物质结构和资源环境，可分为：S1（无改造），乡村基本保持原有传统格局；S2（有改造），乡村传统格局变化较大，出现新空间的生长趋势。（陶慧等，2019）

T、H、I、S几个维度之间相互动态制约，人口（H）是文化景观主题

(T）的主体；人口（H）流动会对乡村空间（S）造成冲击，并与乡村产业（I）转型相制约协同；文化景观主题（T）和乡村产业（I）都需以乡村空间（S）为载体和支撑，两者的变化会带来乡村空间（S）功能的多样化与复杂化。"T-H-I-S"以保护—发展之间关键维度的价值协同为依据，综合考虑了城乡关系转型背景、人的生存与发展诉求以及乡村文化景观保护发展潜力。

西南贫困地区乡村文化景观类别

上述"T""H""I"与"S"几个维度有多种变化组合。结合实际，可排除 Tegc13/Tegc23/Tegc123 与 H1I2S1（无人+新产业+原空间）、Tegc13/Tegc23/Tegc123 与 H1I1S2（无人+原产业+新空间）等不合常情的组合。为表达简洁，以 TegcX 代表 Tegc13 或 Tegc23 或 Tegc123 中的任意一种状态。西南民族贫困地区乡村文化景观现实状况的理想类型有以下五种。

（1）遗址化空心型（Tegc23H1I1S1）。乡村现留存有历史价值主题内容。但目前出现空心化，人口流失严重；土地大量闲置，产业多荒废（少量农田耕作、家畜养殖活动）；原有社会组织、家庭结构与传统文化肌理快速削弱。乡村文化景观价值在"无人"的空间中得以沉淀，转型发展的物质基础良好。（陶慧等，2019）

（2）传承内卷型（TegcXH2I1S1）。村民保持着与自然环境物质的、精神的联系，生产、生活模式及生活秩序，但仅限于自给自足的小农经济或随着现代化异化出少许农村集贸活动，几乎无外来投资，无根本性的社会经济变革行为。外来要素的侵扰很少，整体乡村空间结构保持完整，未出现大体量的破败和损害。

（3）传承外延型（TegcXH2I1S2）。乡村延续了传统文化景观主题，村民保持着传统的日常生活方式，乡村保留着较好的历史文化资源；随着乡村拥有如"遗产"等文化标签，衍生出新的文化景观主题；吸引了外部投资，乡村空间成为多方利益博弈的场所，"出现乡村空间向外围拓展的土地利用和空间格局，导致一定程度的空间嵌入和破碎化"（陶慧等，2019）。

（4）变迁融合型（TegcXH2I2S2）。乡村原来的文化景观主题受到新产业影响，村民传统生计方式发生改变，乡村空间格局对应产业发展做出了调整。村民的文化自觉性及对乡村文化的认同感高，乡村结构完整，建筑物保存完好，乡村环境优美。同时，村民有发展意愿和技术能力，人口趋向于合理流动；乡村文化景观资源、区位、交通匹配程度好，具备产业转型的基础，市场认可度较高。

（5）重构型（TegcXH2I2S2）。以新乡村绅士（艺术投资者、旅游投资者等）为代表的外部群体与乡村原住民人口对流，引起乡村资源与空间价值重构，土地变更、地租上涨等现象突出。乡村文化景观受城市化影响较大，主体、环境及价值主题都发生了新变。"休闲消费模式改变了原来的经济结构，带动了以观光、休闲、度假等为主的第三产业发展。乡村原有空间格局一定程度上受到现代化景观嵌入，建筑得以修缮或者改造，衰败的空间逐渐被艺术重塑或文创式开发。"（陶慧等，2019）

上述分类没有细分 T 维度包含的乡村基本信息（egc），且很难有普适性的分类符合所有乡村，这里仅是一个初步探索。"后续仍需进一步精确划分，并构建相应的数据库，以便有针对性进行管理保护。"（李伯华等，2019）

三 乡村文化景观分类保护发展模式及策略

基于上述分类，进一步提出针对不同类型的西南贫困地区乡村文化景观保护发展模式及策略。以下指代各保护发展模式的符号里，"＋"表示该维度位于优势条件，"－"表示该维度位于劣势条件，"—"表示该维度发生改变。

整合发展（T＋H＋I＋S＋）

整合发展模式对应于具有全优初始条件的变迁融合型乡村（TegcXH2I2S2），是传统乡村文化景观保护发展"最高理想类型"（陶慧等，2019）。其策略包括：（1）围绕人与自然长期和谐互动的核心，以文化景观价值保护融合新要素，再构新生态乡村生产生活空间和文化空间，文化景观资源产业化或加强对外合作；（2）重点协调政府、当地村民及其他利益相关群体之间的竞争，强调政策引导、资金投入与市场行为的规范；（3）充分挖掘乡村文化景观价值，按照"顶层设计、系统规划、统筹实施"的路径，"一方面促进乡村文化景观资源与市场化运营和城市服务及需求对接，另一方面推动市民、资金及技术下乡以及各项生产要素向乡村汇聚；在保障村民获得财产性收益的基础上，使乡村文化景观保护成为带动乡村发展的持续内动力，实现城乡空间格局、景观格局的双融合。"（陈晓华、姚林，2019）

社区营造（T＋H＋I－S＋）

对应于传承内卷型乡村（TegcXH2I1S1），社区营造模式致力于使西南贫困地区乡村文化景观价值获得现代社会的肯定和再生。其策略是：（1）以维续乡村文化景观有机演进为核心，使这类乡村文化景观价值（生态价值、人文价值、美学价值等）的现代性、独特性和稀缺性在当下社会背景中得以凸显；（2）以"互联网＋"等现代技术平台助力村民创新传播和增殖乡村文化景观价值的新业态；（3）以乡村族群的认同感、自豪感为基础，促进村民形成现代社区共识，自主参与乡村文化景观"保护发展共同体"和社区建设；（4）提升乡村公共空间和日常生活空间品质，以空间为载体凝聚人气，焕活传统乡村的生命力。

空间联动（T—H＋I＋S－）

对应于传承外延式乡村（TegcXH2I1S2），空间联动模式的策略是：（1）将乡村整体空间划分为原乡村空间与外围延展空间，二者构成互为补充的整体；（2）以原乡村空间为文化景观价值载体，整理原乡村空间与外围的空间层次，以主体活动为主线形成层次递进的空间格局，构成物质空间在"村—景—镇"转换中的秩序界限与融合；（3）发挥市场作用，推动乡村外围的配套与商业活动，为发展特色小镇创造条件；（4）原乡村空间与外围的衍生空间在长期交互发展中，保持各自的风格和秩序（陶慧等，2019），并在产业、文化与生态等多个系统中实现文化景观保护发展的良性协同。

博物馆化（T—H＋I＋S＋；T－H－I－S－）

博物馆化模式对应于遗址化空心型乡村（Tegc23H1I1S1），根据乡村现况，其策略有两种情况：（1）生态博物馆（T—H＋I＋S＋），对一部分有望恢复民族传统产业和村民回流的空心村，在政策、土地、税收等方面给予重振传统产业的带头村民优惠，发挥他们在原住民中的影响力，逐步吸引村民回流；并通过改造乡村周边的基础配套设施，革除空心村普遍存在的短板问题，如交通、水、电和公厕环境等；在不影响乡村遗产保护与传承的前提下，把文化资源转化为产品；（2）展示保护（T－H－I－S－），对大部分原住民已搬迁到异地且基本上不可能回流的、保护价值和发展都有明显制约的空心村，逐步减少公共服务设施投入，护育生态本底环境；对评价有较高价值的传统建筑及建筑材料、遗址场所等，或就地进行保护和展示，或迁入博物馆内保护，为科学研究提供支持。

文化植入再造（T—H‑I+S‑）

文化植入再造模式（或称"文创集聚模式"），对应于重构型乡村（TegcXH2I2S2）以及那些具有区位交通优势或旅游开发条件等较好的遗址化空心村（Tegc23H1I1S1），"其策略是：（1）以文化创意产业为吸引核，对有一定文化景观基底的乡村进行改造；（2）促进消费和业态转型、休闲产业链延伸与泛旅游产业聚集，形成复合多元化的产业格局；（3）促进城市基础与公共设施、行政管理配套等的全方位建设"（陶慧等，2019）。

第五节 整合保护发展的规划工具方法

在一系列国家重大战略导向下，解决治理现代城市工业化和城镇化进程中市场失效问题的城市规划工具被引入乡村，变成"城乡规划"，各种乡村规划作为落实国家行动纲领的必要手段也日益受到重视。"传统城市规划机制是一种'自上而下'的外部干预，与西南贫困地区乡村传统的'自下而上'的社会自组织特征存在冲突，城市规划干预有可能扼杀传统乡村社会的自然适应性、发展特性及生命力。"（张尚武等，2014）无论政府"自上而下"的资源投入还是乡村"自下而上"的发展都需要规划，西南贫困地区乡村文化景观保护发展也需要针对性的规划引导。

一 相关规划及其适宜性

目前，与乡村文化景观保护发展相关的主要规划有"村庄规划"、"中国历史文化名城名镇名村保护规划"和"传统村落保护发展规划"。我国乡村规划经历了从重规划，到重保护，再到保护发展统一的发展过程。2012年国家住房和城乡建设部颁布《传统村落保护发展规划编制基本要求（试行）》（简称《基本要求》），首次提出"传统村落保护发展规划"[①]；将"保护""发展"整合于一个规划名称中。"'传统村落保护发展规划'兼具村落规划和文化遗产保护规划的属性"（王鑫等，2015），属于乡村规

---

① 住房和城乡建设部：《住房和城乡建设部关于印发〈传统村落保护发展规划编制基本要求（试行）〉的通知》，建村〔2013〕130号，2013年9月18日，http://www.mohurd.gov.cn/wjfb/201309/t20130924_215684.html，2021年1月31日。

第七章 基于价值认知的乡村文化景观保护发展

划范畴,由乡级人民政府负责组织编制和监督实施,是我国城乡规划体系中最基层的规划。"传统村落保护发展规划"与乡村文化景观保护发展的目标体系最接近,笔者以它作为西南贫困地区乡村文化景观保护发展的基本规划工具。

对照相关规划文件(表7.4)可以发现,"传统村落保护发展规划"在规划理念和方法上的突破有:(1)将传统村落本身作为动态演进、综合复杂的对象,保护兼顾发展,尊重传统的活态传承,符合实际和农民主体的原则,明确了保护与发展不可分割的共生关系;(2)首次明确提出注重多专业结合的科学决策,以及广泛征求各方意见;(3)强调村落价值评价与特征分析,提出建立传统村落档案,极大地促进和提升了对传统村落价值及其载体的挖掘和识别。对与村落有较为紧密的视觉或文化关联的周边区域、村域环境、与村落选址和发展关联的地脉信息、文献资料以及纳入传统生产生活方式、掌握地方知识和技艺的人等非物质文化的调查,更加完整地覆盖了传统村落的丰富价值,为价值评价提供了坚实基础;(4)增加了发展规划,如产业发展规划、文化遗产展示利用规划、公共服务设施与公共活动空间规划、旅游规划、非物质文化等。[①]

但是,"传统村落保护发展规划"编制在许多方面仍未突破"村庄规划"和"历史文化名村保护规划",如,其保护内容参照了"历史文化名村保护规划";规划基本内容、成果及深度则与"村庄规划"基本相同;规划成果的基本要求与"历史文化名村保护规划"一致;规划分为保护规划和发展规划两部分,实际上仍未真正将保护与发展结合起来。笔者分析调研收集的规划资料并结合已有研究,总结了"传统村落保护发展规划"存在的六个问题:

(1)规划目标和原则笼统,对涉及的"真实性""完整性"等保护理念认识模糊,解释含混,针对性不强。

(2)规划策略缺少针对性和创新性,基本延续了城市规划的思路。如,"用地分类、抗震防灾规划等在内容和形式上脱离乡村实际情况,大

---

① 住房和城乡建设部:《住房和城乡建设部关于印发〈传统村落保护发展规划编制基本要求(试行)〉的通知》,建村〔2013〕130号,2013年9月18日,http://www.mohurd.gov.cn/wjfb/201309/t20130924_215684.html,2021年1月31日。

表 7.4　相关规划文件事项对照一览表

规划名称 文件事项	村庄规划①②	历史文化名村保护规划③	传统村落保护发展规划④
总则	—	● 规划范围与村庄规划一致 ● 与村庄规划同时编制 ● 保护历史文化遗产及其历史环境，保护和延续传统格局和风貌，继承和弘扬民族与地方优秀传统文化 ● 保护遗产本体及环境的真实性、完整性和利用的可持续性，改善人居环境，促进经济社会协调发展 ● 保护为主，合理利用，有效管理	● 坚持保护为主，兼顾发展，尊重传统、活态传承，符合实际，农民主体的原则 ● 注重多专业结合的科学决策，广泛征求政府、专家和村民的意见，提高规划的实用性和质量 ● 有条件的村落，根据实际需求结合经济发展条件，拓展深化规划的内容和深度 ● 妥善处理改善村民生产生活条件与保持村落整体风貌、延续传统生活的关系

① 住房和城乡建设部：《住房和城乡建设部关于做好 2013 年全国村庄规划试点工作的通知》，建村函 [2013] 35 号，2013 年 2 月 4 日，http://www.gov.cn/zwgk/2013-02/16/content_2332660.htm，2021 年 1 月 31 日。
② 住房和城乡建设部：《住房和城乡建设部关于做好乡村规划改革创新，全面有效推进乡村规划工作的指导意见》，建村 [2015] 187 号，2015 年 11 月 24 日，http://www.mohurd.gov.cn/wjfb/201512/20151203_225842.html，2021 年 1 月 31 日。
③ 住房和城乡建设部、国家文物局：《关于印发〈历史文化名城名镇名村保护规划编制要求〉（试行）的通知》，建规 [2012] 195 号，2012 年 11 月 16 日，http://www.hebjs.gov.cn/zhengcewenjian/tongbaogongshi/201507/20150724_194830.html，2021 年 1 月 31 日。
④ 住房和城乡建设部、文化部、财政部：《住房城乡建设部文化部财政部关于做好 2013 年中国传统村落保护发展工作的通知》，建村 [2013] 102 号，2014 年 7 月 1 日；《关于开展传统村落调查的通知》，2012 年 4 月 24 日，http://www.mohurd.gov.cn/zwgk/2012-04/24/content_2121340.htm，2021 年 1 月 31 日；住房和城乡建设部、文化部、国家文物局等：《关于切实加强中国传统村落保护的指导意见》，建村 [2013] 61 号，2014 年 4 月 25 日，http://www.mohurd.gov.cn/wjfb/201404/20140429_217798.html，2021 年 1 月 31 日。

第七章 基于价值认知的乡村文化景观保护发展

续表

规划名称 文件事项	村庄规划	历史文化名村保护规划	传统村落保护发展规划
规划理念	● 新形势下更加重视乡村规划 ● 建设决策先行 ● 确立县（市）域乡村建设规划先行及主导地位 ● 建立相关部门统筹协调的乡村规划编制机制 ● 建立以村民委员会为主体的村庄规划编制机制；经批准的村庄规划纳入村规民约一同执行 ● 创新乡村规划内容	—	—
主要任务（基本要求）	—	● 提出保护目标 ● 明确保护内容 ● 确定保护重点 ● 划定保护和控制范围 ● 制定保护与人文资源利用的规划措施 ● 自然与人文情况调研与评估 ● 明确文化遗产展示与利用的目标和内容、措施与建议	● 调查村落传统资源 ● 建立传统村落档案 ● 确定保护对象 ● 划定保护范围并制定保护管理规定 ● 提出传统资源保护以及村落人居环境改善的措施 ● 提出规划实施建议 ● 确定保护项目 ● 发展定位分析及建议 ● 人居环境规划
保护内容	—	● 传统格局 ● 历史风貌及其相互依存的自然景观和环境 ● 历史街区或街巷 ● 文物保护单位 ● 历史建筑 ● 传统风貌建筑 ● 历史环境要素 ● 与空间相互依存的非物质文化遗产以及优秀传统文化	● 参照历史文化名村规划

续表

文件事项＼规划名称	村庄规划	历史文化名村保护规划	传统村落保护发展规划
调研与评估内容	—	● 历史沿革 ● 文保单位、历史建筑、其他文物古迹和传统风貌建筑 ● 传统格局和历史风貌 ● 人口、用地性质、建筑物和构筑物等信息 ● 历史环境要素 ● 传统文化及非物质文化遗产 ● 基础设施、公共安全设施和服务设施现状 ● 保护工作现状	● 村落及其周边与村落有较为紧密的视觉、文化关联的区域 ● 村域环境 ● 传统村落选址与格局 ● 传统建筑 ● 历史环境要素 ● 非物质文化 ● 文献资料 ● 保护与发展基础资料（保护管理机构、制度、保护工程实施情况、已有规划成果，人口、用地性质、交通、经济、基础设施和公共服务设施等）
编制方法	● 注重调查 ● 整治为主 ● 问题导向 ● 村民参与 ● 部门协作 ● 总结提炼	—	—

第七章 基于价值认知的乡村文化景观保护发展

续表

规划名称 文件事项	村庄规划	历史文化名村保护规划	传统村落保护发展规划
规划内容	● 坚持简化、管用，抓住主要问题的原则 ● 落实县（市）域乡村建设规划确定的主要内容 ● 村域发展与控制规划 ● 村庄整治规划，以农房建设管理要求和村庄整治项目为主 ● 田园风光及特色风貌保护及规划指引 ● 村民住宅设计及规划指引	● 评估历史文化价值、特色和现状问题 ● 确定保护原则、保护内容与保护策略 ● 提出总体保护措施 ● 提出与名村密切相关的地形地貌、河流水系、农田、乡土景观、自然生态等景观环境的保护措施 ● 确定保护范围（核心保护范围和建设控制地带界线）反保护控制措施 ● 提出保护范围内建筑物、构筑物和历史环境要素的分类保护整治要求 ● 提出保护范围内延续传统文化、保护非物质文化遗产的规划措施 ● 提出改善基础设施、公共服务设施、生产生活环境的规划方案 ● 保护规划分期实施方案 ● 提出规划实施保障措施	● 基本内容首先要符合村庄规划的一般要求 ● 重点做好各类传统资源的特征分析、分级分类确定保护对象和保护范围 ● 根据不同类传统资源的保护需求制定保护要求和保护传承措施 ● 明确保护发展规划的实施机制
规划成果文件和深度	● "一书（规划说明书）一表（主要整治项目表）五图（现状分析图、村域规划图、规划图、主要整治项目分布图、农房建造及改造设计图）" ● 主要整治项目达到修建性详细规划深度	● 规划文本、规划图纸、保护规划说明书 ● 现状资料图、基础资料汇编、规划说明书 ● 深度与村庄规划一致，应能够指导保护与建设	● 规划文本、规划图纸和附件，规划说明书的具体要求参照历史文化名村保护规划 ● 保护发展规划图纸包括现状分析图、保护规划图和发展规划图 ● 深度首先要符合村庄规划的一般要求 ● 反映村落保护价值的重点地段要达到修建性详细规划深度；典型传统建筑的修复整治要达到建筑设计方案深度

续表

规划名称 文件事项	村庄规划	历史文化名村保护规划	传统村落保护发展规划
规划组织	● 制订工作方案 ● 选择规划编制单位 ● 筹集规划编制经费 ● 落实责任分工	—	—
规划管理	● 全面推进乡村建设规划许可管理 ● 大力加强基层规划管理力量 ● 建立健全违法建设查处机制 ● 加强组织领导	—	—

（来源：笔者绘制）

第七章 基于价值认知的乡村文化景观保护发展

多数规划可操作性差,没有实施或难以实施"。(朱良文,2017)

(3) 保护规划方面仍强调对物质类遗产的保护和管控,以技术保护为主;对乡村传统建筑、文保单位等主要采取博物馆式的静态保护方法,忽略了保护要素与乡村里的人及其活动的关系。以精英思维做保护,给当地人带来麻烦或不适应,难以被接受。发展规划的产业定位找不到有效的突破点,大多集中于旅游产业。污水排放、垃圾处理、消防等基础设施规划忽视传统智慧,缺乏针对性的、适合当地的有效规划方法。

(4) 规划调查仍不深入。虽然现状调查范围拓展到村落周边与村落有较为紧密的视觉、文化关联的区域,但没有考虑生态关联区域,不利于保护传统农业乡村与周边自然环境整体的生态系统;非物质文化遗产调查未达到《基本要求》规定,如,缺少对非物质文化遗产活动场所和线路的调查、未能识别非物质文化形式与物质文化空间的关联等。

(5) 价值认知和评价方法不统一,对乡村选址、传统格局、建筑、历史环境等的特征识别没有与生成其的历史背景以及当下村民的生产生活相关联。

(6) 对规划组织和规划管理考虑很少。

此外,西南贫困地区缺乏高水平规划专业技术人员,对传统村落及其价值有深入了解的专业人员很少,外来规划技术团队对当地情况和乡村的复杂性认识不足等,都导致目前西南贫困地区乡村保护发展相关规划的科学性和权威性十分有限。亟须寻求整合乡村自然与文化历史资源、乡村社会发展路径的规划工具。

二 融合文化景观价值主题的乡村价值评价体系

价值识别与评价是编制西南贫困地区乡村保护发展规划最重要的基础。目前,传统村落档案结合《传统乡村评价认定指标体系(试行)》[①]是推荐、评价和认定国家级传统村落的主要依据,可作为评估西南贫困地区乡村价值的一个参考和基础。但是,该体系对于乡村文化景观价值评价仍有三个方面的局限:一是现有评价对象被分为传统建筑、乡村选址和格局、非物质文化遗产三类,具有针对性和易于操作,但割裂了乡村文化景

[①] 住房城乡建设部、文化部、国家文物局、财政部:《关于〈印发传统乡村评价认定指标体系(试行)〉的通知》,建村〔2012〕125 号,2012 年 8 月 22 日,http://www.mohurd.gov.cn/wjfb/201208/t20120831_211267.html,2021 年 1 月 31 日。

观的物质与非物质价值之间的内在整体性。评价对象、评价指标及指标分解也未覆盖完整的乡村价值，如，未包含反映村民自然资源利用的生态价值、乡村土地利用模式特征及社会组织结构等的价值贡献。二是虽然评价指标都包含了定量指标和定性指标，但其中传统建筑的定量指标比重较大，乡村选址和格局评价以定性指标为主，非物质文化遗产评价的定性指标略重；现有20个评价指标中，定量指标占43.1%，定性指标占56.9%，总体上主观性较大。三是缺少支撑传统村落可持续发展的评价指标，没有关注乡村传统产业的价值，忽视了传统乡村产业等社会经济价值对乡村文化景观的贡献和具有可持续发展的潜力。

有效的价值评价需要深入探讨不同民族乡村的文化景观价值主题，笔者将乡村文化景观价值主题考量与现有传统村落评价认定体系相结合，使之适宜评价西南贫困地区乡村（表7.5），主要的调整有两个方面：

表 7.5　　乡村文化景观价值评价指标体系示意表

价值主题（示意）	评价模块	评价指标	指标分解	指标类别
主题1：与自然相依存的乡村营造	传统建筑	久远度	现存最早建筑修建年代；传统建筑群集中修建年代	定量
		稀缺度	文物保护单位等级	
		规模	传统建筑占地面积	
		比例	传统建筑用地面积占全村建设用地面积比例	
		丰富度	建筑功能种类	
		完整性	现存传统建筑（群）及其建筑细部乃至周边环境保存情况	定性
		工艺美术价值	现存传统建筑（群）所具有的建筑造型、结构、材料或装饰等美学价值	
		传统营造工艺传承	至今仍大量应用传统技艺营造日常生活建筑	
		连续性	村民与建筑之间的功能关系、乡村社会组织结构与建筑之间的象征关系等的连续性	

第七章 基于价值认知的乡村文化景观保护发展

续表

价值主题（示意）	评价模块	评价指标	指标分解	指标类别
主题1：与自然相依存的乡村营造	乡村选址和格局	久远度	乡村现有选址形成年代	定量
		丰富度	现存历史环境要素种类	
		生态性	乡村选址和格局与周边环境共同构成的生态系统的完整和稳定	
		格局完整	乡村传统格局保存程度	定性
			传统格局与乡村社会组织结构的关系延续	
		科学文化价值	乡村选址、规划、营造反映的科学、文化、历史、考古价值	
			乡村土地利用反映的科学、文化、历史、考古价值	
		协调性	乡村与周边优美的自然山水环境或传统的田园风光保有和谐共生的关系	
	非物质文化遗产	稀缺度	非物质文化遗产级别	定量
		丰富度	非物质文化遗产种类	
		连续性	至今连续传承时间	
		规模	传承活动规模	
		传承人	是否有明确代表性传承人	
			语言	
		活态性	传承情况	定性
		依存性	非物质文化遗产相关的仪式、传承人、材料、工艺以及其他实践活动等与乡村及其周边环境的依存程度	
	可持续保护发展支撑	乡村传统产业	从事传统产业人数与村民总人数的占比；传统产业收入与乡村整体收入的占比；传统产业的社会影响力；传统生产工艺、工具的流传程度；产品的标识度	定量
		人口聚集	乡村常住人口占在籍人口总数比	
		村民利益保障程度	村民生活质量、收入水平；乡村基础设施完善程度	
		开发程度与和谐度	乡村文化景观资源开发利用程度；乡村旅游开发对村集体经济的贡献率；开发与乡村的和谐度及综合效益	
		认同度	村民对乡村文化景观价值的认同性；村民对乡村文化景观保护的自觉性；公众对乡村文化景观的认可度	定性
		公众参与程度	公众参与的广度、深度和持续性	
		社会支持度	社会影响与关注度、社会支持力度	

续表

价值主题（示意）	评价模块	评价指标	指标分解	指标类别
主题2：政治、经济、文化动因持续建构景观	传统建筑	同主题1	同主题1	定量
		同主题1	同主题1	定性
		连续性	村民与建筑之间的功能关系、乡村社会组织结构与建筑之间的象征关系等的连续性	
	乡村选址和格局	同主题1	同主题1	定量
		生态性	乡村选址和格局与周边环境共同构成的生态系统的完整和稳定	
		同主题1	同主题1	定性
	非物质文化遗产	同主题1	同主题1	定量
		同主题1	同主题1	定性
	可持续保护发展支撑	乡村传统产业	从事传统产业人数与村民总人数的占比；传统产业收入与乡村整体收入的占比；传统产业的社会影响力；传统生产工艺、工具的流传程度；产品的标识度	定量
		人口聚集	乡村常住人口占在籍人口总数比	
		村民利益保障程度	村民生活质量、收入水平；乡村基础设施完善程度	
		开发程度与和谐度	乡村文化景观资源开发利用程度；乡村旅游开发对乡村集体经济的贡献率；开发与乡村的和谐度及综合效益	
		认同度	村民对乡村文化景观价值的认同度；村民对乡村文化景观保护的自觉性；公众对乡村文化景观的认可度	定性
		公众参与程度	公众参与的广度、深度和持续性	
		社会支持度	社会影响与关注度、社会支持力度	
主题3：……	……	……	……	……

（来源：笔者绘制）

（1）在现有三类评价对象指标基础上，增加"可持续保护发展支撑"（韦宝畏等，2019）评价对象及指标，共同构成四个基本的"评价模块"；

● 第七章　基于价值认知的乡村文化景观保护发展 ●

用文化景观价值主题统领和组织评价模块。新增的"可持续保护发展支撑"评价模块由四个定量评价指标和三个定性评价指标构成（详表中底纹显示处），这些评价指标与乡村文化景观类别有所对应。

（2）完善评价模块内部的评价指标。如，增加"连续性"指标以评估村民与传统建筑之间的功能关系、乡村社会组织结构与传统建筑之间的象征关系等是否连续；增加"生态性"定量指标评估乡村选址和格局与乡村周边自然环境构成的生态系统的完整性和稳定性等。表中的文化景观主题仅为示意性主题领域，需根据对具体乡村的价值解读确定阐述。

为提升如"协调性""连续性"等定性指标的科学性，应加强运用新技术，如，借助地理信息系统平台（GIS），采集、录入和管理传统建筑空间信息和属性信息；"运用 VRLM（虚拟现实建模语言）和 SD（语义差别法）探索传统乡村空间特征的体验"（马聪、陈莺，2017）等，促进传统乡村文化景观价值定性评价与定量评价的结合。

上述评价体系用文化景观价值主题将现传统村落评价体系的分类评价指标组合起来，并补充了对景观要素结构关系的评价指标，提高了乡村价值评价的整体性；有助于确认乡村文化景观的突出价值、威胁价值延续的因素及程度，以及基于乡村文化景观特征提出针对性规划性策略。此外，乡村文化景观价值评价还需要通过与较大区域范围（地理区域、文化区域、民族区域）以及邻近区域内的其他乡村进行比较，综合分析乡村文化景观的特征。

三　柔性规划编制与实施方法

本书引入文化景观视角，基于《基本要求》，对西南贫困地区乡村文化景观保护发展规划的编制与实施提出五点建议。

规划原则。将"基于价值"纳入《基本要求》现有原则"保护为主、兼顾发展，尊重传统、活态传承，符合实际、农民主体"[①] 中，强调以乡村文化景观价值作为规划依据的原则；坚持去精英化的"以人为本"，回归乡村日常生活场所的规划。

[①] 住房和城乡建设部：《住房和城乡建设部关于印发〈传统村落保护发展规划编制基本要求（试行）〉的通知》，建村〔2013〕130 号，2013 年 9 月 18 日，http://www.mohurd.gov.cn/wjfb/201309/t20130924_215684.html，2021 年 1 月 31 日。

保护内容。《基本要求》提出的"乡村传统格局及其相互依存的自然景观和环境、文物建筑类、历史环境要素、与空间相互依存的非物质文化遗产以及优秀传统文化"① 等保护内容，都是乡村文化景观价值载体。但还应考虑将村民的生产生活方式、民族语言、民风民俗等对于西南贫困地区乡村文化景观传承至为关键的人与空间不断建构的动态价值及载体纳入保护。

规划任务与内容。《基本要求》全面地覆盖了实现规划目标的六项规划任务，其中，"调查乡村传统资源""建立乡村信息档案"和乡村特征与价值分析是规划的基础和依据；"明确保护对象""划定保护范围并制定保护管理规定"和"提出传统资源保护"是乡村保护规划的基本内容；"提出乡村人居环境改善的措施""提出发展定位与途径的建议和人居环境规划"则是乡村发展规划的基本内容；体现出明显以"保护为主"的规划原则和思想。同时，国家相关管理部门《关于做好中国传统乡村保护发展工作的通知》要求村落保护发展规划基本内容首先要符合村庄规划一般要求的基本内容②，即以乡村建设和整治为主，明显倾向于发展，仅"田园风光及特色风貌保护规划"与保护相关。《基本要求》将规划内容分为保护规划和发展规划两个部分，实际割裂了保护与发展的内在联系。在文化景观视角下，西南贫困地区乡村保护发展规划内容应包括挖掘保护对象潜在的可持续利用及发展价值，提出发展定位与途径；应当贴近乡村生产生活的需要，保护应通过与当下需求结合获得新生和发展；此外，还需从区域整体层面，结合乡村文化景观分类，"理清具体乡村在区域中的定位与发展方向，将规划从纵向的'孤本式'转变为横向网络化的体系规划"（宋敏等，2017）。

规划重点与方法。连接、融合保护与发展的内容是乡村文化景观保护发展的关键，可以通过综合调节、调整乡村空间与土地利用来实现。保护

---

① 住房和城乡建设部：《住房和城乡建设部关于印发〈传统村落保护发展规划编制基本要求（试行）〉的通知》，建村〔2013〕130号，2013年9月18日，http：//www.mohurd.gov.cn/wjfb/201309/t20130924_215684.html，2021年1月31日。

② 住房和城乡建设部：《住房城乡建设部关于改革创新、全面有效推进乡村规划工作的指导意见》，建村〔2015〕187号，2015年11月24日，http：//www.mohurd.gov.cn/wjfb/201512/t20151203_225842.html，2021年1月31日。

第七章 基于价值认知的乡村文化景观保护发展

范围划定，乡村传统文化空间的调整、恢复或新增，乡村空间发展规划及产业引导规划是规划重点，具体来说：

其一，保护范围应包括村寨及其依托的完整的农林生产活动范围；集中体现村寨传统风貌的成片区域划分为"核心保护区"，核心保护区绝不只保护而不考虑发展，也应对保护范围内所有景观要素提出针对性的发展建议。

其二，"重点引导乡村传统文化空间场所功能的恢复、提升或再创造，规划依据就是文化活动的延续、传承需要，或是新的文化实践活动的需求，而非单纯的空间构成"（寇怀云、周俭，2014）。需维护和提升活动场地及活动路线的完整性和质量，并将它们与乡村发展基本内容，如路网规划、交通组织等结合，延续其在乡村中的标志性地位以及继续在村民生产、生活中发挥重要作用。

其三，保护与发展都需要有足够的空间支撑，在城乡关系层面，建设用地的集约利用是必然趋势。因此，应优化配置乡村资源，引导乡村人居空间的"精明收缩"，统筹协调生态、生产、生活用地（赵民等，2015）；可以根据当下村寨的空间发展需求，在核心保护区外，延续传统格局的特征和生长方式，规划建设发展用地。

其四，产业规划对乡村发展的定位需走出传统资源利用的局限，在城镇化的格局中考虑其承担的服务城市的区域职能，找到适宜的产业发展途径。

柔性规划与实施。 乡村保护发展规划要对经济产业、社会关系、自然生态、政策及文化等具体而微的各方面进行综合规划，规划内容的综合性、技术融合性和可操作性等特点决定了规划过程是动态和开放的。在文化景观视角下，乡村本身就是动态的有机演进的事物，土地、空间与其承载的村民的生产生活方式深度融合，乡村演变不断积累价值，要求规划应是因地制宜和面向实施的全程规划，规划实施作为规划过程本身的延伸。"昆明理工大学朱良文教授团队在2015年完成了阿者科村保护发展规划后，在当地领导支持下，驻村义务配合参与了规划实施全过程，有效地促进了规划落实。"（朱良文，2017）2018年元阳县政府邀请中山大学保继刚教授团队为阿者科村编制《阿者科计划》，团队驻村指导村民执行计划已有3年，与当地政府合作，扶贫、遗产保护与旅游可持续发展相结合的保护发展取得显著成效。这些探索采取的渐进式、互动式、参与式地柔性规划和建设方式，能够在深入了解乡村的诉求，动态调整规划细节及达成共识基础上，形成创新与实施结合的规划过程和方法。

第六节　乡村文化景观保护发展的保障

一　立法保障

21 世纪以来，从中央到地方各级机关和部门制定了不少规范传统村落保护及合理开发的政策、法规等（表 7.6），取得了阶段性和区域性的成果。

表 7.6　　　　我国传统村落保护发展相关政策、法规概况表

级别	颁布时间	名称
国家级	2006 年	《关于推进社会主义新农村建设若干意见》
	2008 年	《历史文化名城名镇名村保护条例》
	2011 年	《非物质文化遗产保护法》
	2012 年	《少数民族特色村寨保护与发展规划纲要（2011—2015）》
	2013 年	《中国中央国务院关于加快发展现代农业进一步增强农村发展活力的若干意见》
	2013 年	《关于引发开展中国少数民族特色村寨命名挂牌工作意见的通知》
	2014 年	《关于全面深化农村改革加快推进农业现代化的若干意见》
	2014 年	《关于切实加强中国传统乡村保护的指导意见》
	2015 年	《关于加大改革创新力度和加快农业现代化建设的若干意见》
	2015 年	《关于做好 2015 年中国传统乡村保护工作的通知》
	2015 年	《关于坚决制止异地迁建传统建筑和依法打击倒卖构件行为的紧急通知》
地方级	2008 年	《黔东南苗族侗族自治州民族文化村寨保护条例》（贵州省）
	2015 年	《关于加强传统乡村保护发展的指导意见》（贵州省）
	2016 年	《云南省传统乡村保护发展规划编制细则》（试行）
	2018 年	《古旧建筑修复保护利用指南》（云南省）
	…	…

（来源：笔者绘制）

● 第七章　基于价值认知的乡村文化景观保护发展 ●

但是，我国目前尚没有一部能够完全适应和涵盖传统村落保护与发展的专门性法律，传统村落保护的法律体系尚不完善，不足以为之提供长效的保护机制；上表中的政策、法规存在"法律地位不明、法（政）出多门、层级较低、保护方法和手段有限、保护对象和内容混乱等明显不足"（文永辉，2018）。许多学者都提出应当尽快制定规范传统村落保护的专门法律，同时鼓励地方立法，制定出地方保护的标准。以传统村落为典型代表的乡村文化景观兼具物质与非物质遗产性质，"保护的内容非目前我国保护物质遗产的《文物保护法》和非物质遗产的《非物质文化遗产法》所能覆盖的"（冯骥才，2013），亟须适宜的立法保障。

国家层面的上位法。应在综合协调现有《文物保护法》《历史文化名城名镇名村保护条例》等法规的基础上，尽快出台《传统村落保护发展法》，为传统村落保护发展量身定做一个系统的、整体的、专门的上位法。从文化景观视角，上位法应以整体、永续的乡村价值保护发展为基本目标，"应纳入传统村落周边的自然环境保护"（胡彬彬，2015）；"应明确保护发展的责任主体、机构及相关部门的具体职责；应与省市级立法、县级相关文件以及乡村的村规民约结合起来；构建行政、民事、刑事责任并举的法治模式"（李亮，2018）；"在其法律框架内应纳入对价值评估、规划编制、生态环境建设、产业扶植发展、资金补偿机制、社会公众参与、管理维护资质等相应的制度规定；应充分关注和尊重村民的主体地位、生存权和发展权，管理和收益等权利"（曾钰诚，2018）；"理顺乡村的产权和物权的关系"（冯骥才，2013）。

地方层面的地方法。"发挥地方的积极性和主动性，鼓励具备立法权的省、市（州）及立法机关，针对自身地域文化历史和不断总结乡村保护发展的经验，及时制定地方性政策法规"（刘意识等，2019）。"完善上位法所确定的有效机制，在权威的地方法规规范下，统一协调，确保形成传统乡村保护发展的合力。"（吴建伟，2016）地方法的效力范围应覆盖各民族的乡村，使"民族特色"地方法与上位法互动与协调。（谭洁，2019）地方法要将乡村保护发展工作纳入地方国民经济和社会发展规划、新型城镇化规划、美丽乡村建设规划和生态文明建设发展规划中，并"提高乡村保护发展规划的编制地位，保障规划的科学性和权威性"（程鹏，2016）。"乡规民约也应纳入地方法法律框架之内"（李亮，2018），以及应根据西南贫困地区的地质、气候、传统民居等特点，因地制宜地制定预防地质灾害、火灾等措施。

二 配套制度保障

乡村文化景观保护发展的保障制度主要涉及土地管理制度、产权制度、生态补偿制度、资金制度和公众参与制度等。

土地管理制度。2020 年 1 月 1 日起施行的新《中华人民共和国土地管理法》（简称《土地管理法》），"坚持土地公有制不动摇，坚持农民利益不受损，坚持最严格的耕地保护制度和最严格的节约集约用地制度，在充分总结农村土地制度改革试点成功经验的基础上，做出了多项重大突破"。国家土地管理制度的改革重点为乡村文化景观保护发展提供了极为重要的支持：

（1）破除了集体经营性建设用地进入市场的法律障碍，为推进城乡一体化发展扫清了制度障碍，为乡村文化景观保护发展的空间管理打破了制度桎梏；

（2）"对土地征收的公共利益范围进行明确界定""明确征收补偿的基本原则是保障被征地农民原有生活水平不降低，长远生计有保障""改革土地征收程序"等土地征收制度改革，将是乡村保护发展立法的最有力支持；

（3）完善农村宅基地制度，落实农民宅基地的用益物权，有助于在乡村文化景观保护发展中，利用闲置浪费的农村宅基地来完善乡村公共设施和提升乡村公共空间及环境的质量；

（4）为"多规合一"的国土空间规划预留了法律空间，更有利于在统一、协调的规划体系引导下实施乡村文化景观保护发展；

（5）将基本农田提升为永久基本农田，使传统乡村有机演进的农耕文化景观保护拥有了根本的法律保障。

产权制度。乡村文化景观保护发展的前提和基础是对如传统民居等文化景观载体进行调查和登记确权。国家现已全面开展农村土地确权登记颁证工作和集体土地上的建筑物确权工作，并且，"新《土地管理法》已在探索乡村产权'房、地分离'政策方面有着了重大突破和创新，有助于吸引社会资本按照保护要求参与传统乡村的保护"（邰艳丽，2016）。"下一步应合理安排传统乡村产权关系的顶层设计，在法律上理顺产权人的权利及义务；明确国家和集体所有的遗产资源的代言人和代理人以及二者之间的权利义务关系，代理人与文化企业之间、文化企业与游客之间的关系；可借鉴国外物质文化遗产的双层产权制度确认历史建筑的产权；对非物质文化遗产的产权实行双轨制。"（文永辉，2018）

生态补偿制度。乡村文化景观保护发展与村民的根本利益没有矛盾，但在特定时期和情况下，有可能与部分村民利益发生冲突。因此，"需要建立生态补偿制度调节成本收益的时空、动态关系，惩治破坏传统村落的行为，极力维护传统乡村生态系统的行为。在实践中，坚持社会公平原则，充分考虑西南贫困地区乡村资源禀赋和时空的差异，结合社会发展水平等实际状况，明确乡村生态补偿受偿权利主体和补偿义务主体，建立动态的、开放的和多样化的补偿评估和标准体系，健全完善以政府纵横结合的财政补贴为核心补偿、强化市场配置及运作方式和鼓励社会参与的补偿机制；并建立乡村文化景观动态监测信息系统对保护状况和规划实施进行跟踪监测，对违法破坏行为实施监管"（李军红，2015）。

社区公众参与制度。明确以当地村民为主体的乡村文化景观"保护发展共同体"的权利和责任，加大政府引导，畅通参与利益分享的渠道，创新灵活的机制。

资金制度。作为乡村文化景观保护发展的基础保障，对目前乡村文化景观保护发展的资金缺口，首先"应坚持《文物保护法》及《历史文化名城名镇名村保护条例》等法律明文确立的政府财政资金支持基本制度"（江国华、孙中原，2017）；"建立市、县（区）、镇三级政府专项投入机制，根据经济增长情况，适当调整保护资金投入，确保保护资金来源长期、稳定"（张妹芝，2015）；同时，建立多元化的投融资机制，如，政府通过完善乡村基础设施、公共服务设施以及政策优惠等手段，吸引社会资本参与保护（邬艳丽，2016）。"鼓励有条件的乡村通过配给相应的收益权借助社会力量建立乡村保护发展基金；以给予资金补助或奖励的方式，鼓励支持村民对产权私有的保护对象，按照相关保护或规划设计要求保护、维修、使用、管理、开放、展示等，调动村民参与保护发展的积极性和主动性。"（张妹芝，2015）在资金使用上，应明确保护发展专项资金的来源、使用、配套和管理，保障其有效使用，"应避免保护的范围过宽，使资金过度稀释；在不改变资金归口管理的前提下，对来源多样、涉及多部门的资金进行整合、统筹使用，与保护发展实际需求相匹配"（文永辉，2018）。

三 人力资源保障

西南贫困地区乡村文化景观丰富多样，保护与利用的内容、对象、方式、重点彼此之间差异很大，相关专业人才十分匮乏，尤其是规划管理人员。西南贫困地区乡村文化景观保护发展的人力资源保障，"需要政府一方面通过合理、合法的渠道发挥现有人才的积极性，逐步建设各区域性的专业机构；另一方面，加大培养力度，尽快培养大批相关的专业人才和能工巧匠"（伽红凯、王思明，2017）。

（1）传统乡村管理人员专业化。传统乡村日常维护、修缮及相关保护必须由专业人员或机构操作，应该作为原则性的规定。

（2）建立人才反流机制。需建立城乡人才和财富的流动机制，增强乡村活力；通过重塑乡村权威和提高整体村民素质来重构乡村新秩序。许多西南贫困地区乡村仍存留着本地权威的影响，具有这方面的良好基础。

（3）教育培养本土的乡村保护发展人才。目前，西南贫困地区乡村基础教育以农村经济、社会、文化发展为主要导向，未来应强调引入地方性知识和传统文化教育，使教育在乡村中得到认同，乡村也能从教育中获得活力和维持尊严。"传统乡村保护发展还应对村民进行相关规划、建筑、维护知识的教育和培训，树立村民正确的保护理念和文化自信。"（邻艳丽，2016）

（4）传统乡村是历史上由当地的人、用当地的材料和当地富有地域或民族特色的工艺营造的，是当地族群的生存智慧和文化艺术审美智慧的结晶。现在对已经挂牌保护的传统乡村建筑的修缮，有着极为严格的、按保护等级的"资质等级准入"制度，村民往往因不够级别而不能承担自家住屋的修缮工程，出现外来单位实施国保级别的乡村维修，结果破坏了原来的建筑风貌等情况。因此，对西南贫困地区乡村传统建筑的修缮，"必须打破现行的'资质等级准入'制度，让乡土建筑的修缮回归居住于乡土的人"（胡彬彬，2015）。"涉及地域传统的或濒危工艺时，应协同地方传统工匠队伍结合现代技术共同操作"（江国华、孙中原，2017），真正保护乡村文化景观的营造传统、文化和技艺。

第八章 结语

第一节 西南贫困地区乡村作为
文化景观的考量

在本书中,"人与自然的关系"不是一个笼统和抽象的范畴,而是由具体的族群社会、自然地域和历史时期所构成的现实。西南贫困地区族群社会与区域自然环境长期相互作用营造的乡村,最直接地体现和代表了该地区特有的人地关系;同时,又具有超越地区的人类地球生存发展历史见证的意义。尽管我国已将传统村落视为中华民族存续与发展的根本,西南地区的许多村寨被纳入传统村落保护体系,但对于西南贫困地区乡村,整体缺少全面、深度的价值认知,理论研究明显滞后于实践。本书引入西方文化景观理论视角,但不是直接拿来对应或运用于本土事物;而是在第二章中围绕该理论视角的核心关注"人与自然长期的相互作用关系",从溯源文化景观理论发展中提炼其对景观的诠释及途径,在方法论层面将文化景观理论及实践作为理解西南贫困地区乡村人地关系的借镜;从对西南地区传统自然观的乡村价值建构历史线索的梳理中,明确了西南地区乡村族群传统自然观与实践具有五个特点:(1) 整体的价值建构。传统上,西南地区各族群主要以直觉、体悟的方式与自然建立关联,以"天人合一"意识为主线贯穿对自然价值的理解与实践;(2) 丰富的自然象征体系。西南地区各族群赋予自然万物以生命、神灵、族群等象征意义,开掘了大自然的文化象征意义,与自然建立起精神联系,形成涉及宗教、政治、道德伦理、文化艺术等的象征体系;(3) 西南地区各族群的自然感知超越视觉审美,与宇宙观、生存、生活和信仰等价值最为相关,指向自然的宗教价值;(4) 强调人的主体实践性。西南地区各族群将自然与人生及生活兼容、互融，追求自然于人的生产生活、宗教、艺术等价值，有意营造的景观丰富；（5）物质性与非物质性合一的价值载体。神话、故事传说、风土人情、习俗传统、宗教信仰等非物质文化价值载体，与宗教活动场所、村落环境等有意设计和营造的物质载体，自然与文化凝结为融有形与无形、物质与非物质于一体的乡村。

在关联和比较西方与西南地区对共同的本质议题的认知及实践异同的基础上，形成了贯穿本书的基本思想——西南贫困地区乡村代表了该地区族群与自然之间最普遍的相互依存的关系；西南地域自然环境是乡村"人文"本质的基底和所有价值关系的基础，经过时间的积淀，乡村具有从对超越现世之理想世界的想象到具体景观形象营造等丰富的人文自然价值层次，体现了对自然的内在价值、工具性价值，以及人的价值、人与自然密不可分关系的充分肯定。在这种意义上，西南贫困地区乡村是我国典型的、具有文化与历史厚度的文化景观。

本书通过将外来理论视角转化为扎根本土自然与社会文化背景的方法论，厘清了考量西南贫困地区乡村作为文化景观的路径，建构了乡村文化景观价值认知框架。在第三、四、五章中运用该框架剖析了三个案例乡村的文化景观价值，在第六章中进一步阐述了西南贫困地区乡村普遍涉及的传统价值主题以及它们在当下社会中的延续与新变。本书试图阐明三点：

（1）通过这样的解读方式，西南贫困地区乡村不再只是物质与非物质景观要素的集合，而是一种复杂深刻的文化现象，包含了对自然的文化价值认同和特定的文化心理，同乡村生活实践紧密相连，外化为乡民日常生活中的行为模式；

（2）在社会进程中，乡村文化景观的本质是持续的社会建构，价值主题的产生、延续与变迁对应于族群的乡村营造历史，是乡村从起源至当下的动态变化的文化线索；

（3）西南贫困地区乡村族群对待自然的文化传统绵延至今，并没有断裂，在人们意识不到的潜移默化中显现出强大的生命力，"在当下的社会生活之中，传统主题与新主题的关系并不是历史逻辑的时间关系，而是文化传统与当下生活的意义关系"（胡海波，2015）。

● 第八章 结语 ●

第二节 "文化景观"对西南贫困地区乡村保护发展的启示

乡村文化遗产保护与乡村振兴是当下全球各地区关注的焦点，在保护乡村的历史和走向未来的过程中，文化景观视角使景观成为规划、管理与可持续发展的整合性工具，它对西南贫困地区乡村保护发展有五点启示。

基于文化景观价值的保护发展。西南贫困地区乡村的保护发展应转向和坚持基于文化景观价值的乡村保护发展。在全球化、城市化的背景下，以西南贫困地区乡村为基本对象的西南贫困地区文化景观保护发展面临许多挑战，兼具全球乡村景观遗产保护的普遍性和民族、文化及地域的特殊性。而地方文化和遗产是全球化时代最终将自我与他者区分开来的重要资源。以文化景观价值为基础的保护发展策略，可以使文化遗产的再利用加强当地社区的地方感和身份认同感。

连接自然与文化的保护发展。将传统的乡村文化视野拓展到其自然基底之中，将自然与文化有机地统一起来进行价值评价和管理。建立起自然与文化之间完整的联系，使文化价值落实到自然空间中，最终完整地进入保护发展体系。

协调价值冲突的保护发展。从乡村文化景观的社会建构性角度来讲，乡村的保护发展很大程度上由政治、经济等社会因素主导。西南贫困地区乡村在当下社会动态发展过程中已形成多元价值及价值冲突，因此，管理者应谨慎考虑各利益相关群体的价值立场和价值取向，既需要了解不同社会群体的利益诉求差异；同时，也需要了解各利益相关者之间共同的价值基础。这是解决价值冲突、达成价值共识的出发点和乡村保护发展的关键前提。

多学科协同的保护发展。西南贫困地区乡村文化景观的复杂性和综合性，决定了对西南贫困地区乡村价值的认知、保护和管理，需要来自多学科领域的理论、研究及人才的支持。

乡民为本的保护发展。西南贫困地区乡村文化景观价值来自乡村族群与自然长期相互作用建立的物质与精神联系，是乡民身份认同的基本参考点。和谐的整体的乡村保护发展需要将当地村民放在核心，集体、个人及各相关群体都应从乡村保护发展中受益，应珍视村社的传统生存智慧，对村民当下的生活给予应有的价值考量，在文化层面更深入地理解乡村。在保护实践中，应创新"自下而上"的方法工具，赋予地方权力，使村民有参与和驱动乡村保护发展的机会，促进以乡民为本的乡村保护发展。

第三节 西南贫困地区乡村文化景观后续研究展望

一 本书的创新点与不足

本书的创新之处在于：

（1）本书从跨文化角度切入，针对文化景观理论与实践嵌构问题，对国际与国内研究和实践均存在的差异性进行了多维度内容和方法论上的廓清与界定，在"当地价值诠释"与"国际理念与标准"之间建立了一个结合点；在此基础上，引申出文化景观价值在地化的解读，从价值关系角度，在方法论层面建构了认知西南贫困地区乡村价值的理论框架，是扎根本土文化的学术建构。

（2）对西南地区贫困问题与民族文化多样性、丰富自然资源、历史文化资源与生态智慧、社会形态共生互嵌的深层结构性，以及历史维度上发展的不平衡，甚至对发展支持的滞后性等问题，一直以来缺乏一种整体和系统的观照。本书引入和在地化"文化景观"整体、动态的视野，构建分析模型，从对村落区域、自然资源、社会变迁、场所营造等维度的历史梳理中，用文化景观价值主题将在内部与外部多种动因持续作用下，西南贫困地区乡村族群与自然之间长期深刻互动创造的物质与非物质文化、乡村历史与当下等连接成一个整体；突破了以往割裂自然景观与人文景观之间内在联系的价值评判视野，从而在民族学、社会学、人类学、经济学、历史学等基础学科的融合研究上，拓展出一个新的重要出口。

（3）在实践层面，西南贫困地区政府、市场、社会三者之间的关系在面对扶贫开发、新型城镇化、生态保护与利用、乡村旅游、古村落保护、乡村振兴、区域间平衡可持续性发展等项目制推进时，往往因为缺乏聚合点而出现碎片化、断裂性的项目陷阱。本书通过三个案例的实证研究，以"文化景观价值"的凸显为聚合点，从学理及实践的互动中，深层次揭示了文化景观的包容性、活态性品质，从而为西南地区减贫发展的过去、当下与未来之间，标识出政府、市场、社会共识靶向，也即通过"文化景观的保护发展"这一抓手，达到牵一发而动全身的整体效应。此机理的提炼，具有较现实的应用价值，对西南地区文化景观的保护发展具有指导价值。

本书的局限与不足在于：

（1）跨文化的参照不可避免会伴随着文化意义上的失真，包括：笔者对国际文化景观理论的理解有这个局限；同时，笔者自身是汉族，对丰富多样的西南地区民族文化的认知比较浅；这两个方面都是本书文化深度上的局限。

（2）本书在经济、社会结构分析上涉猎不深，使本书的思想穿透力不足。

（3）西南地区贫困自然村落的资料采集困难，收集到的历史档案等资料不多、不全，相互之间不一致等问题也比较突出；在半结构式深度访谈中，一些村落的村民不懂汉语，通过翻译者转述收集的信息难免有曲解之处；资料收集方面的局限影响了本书的严谨度。

（4）本书深入探究了西南贫困地区文化景观的最基本单元，即自然村落文化景观；但对自然村落文化景观保护发展与行政村、乡镇、县等行政区划体系背景的关联讨论不足。

二　后续研究的基本观点

以乡村价值保护与管理为核心。作为文化景观考量的西南贫困地区乡村研究应紧紧围绕乡村价值保护与管理这一核心来展开：把价值观作为出发点；辨识乡村特有的价值及其载体，作为保护与管理的对象；评估乡村文化景观价值在社会经济压力和气候变化等影响下的脆弱性，并纳入乡村发展框架中，从而建立适宜的地方管理框架。尽管乡村文化景观具有社会建构性的本质，需综合考虑自然、政治、社会经济及文化等背景而与地理学、人类学、政治经济学、生态学等多学科更密切融合，但后续研究还是应把握"乡村价值保护与管理"的核心内容。

从视野和知识介入现实。引入文化景观视野并本土化的目的在于为深入理解西南贫困地区乡村的复杂情况和解决现实问题提供新的方法及工具。能否从社会实际出发是文化景观方法论对于西南贫困地区乡村有无存在意义的基础。因此，后续研究应坚持基于现实问题的发现、剖析和解决，不囿于理论和知识的层面，研究内容不能来自主观臆断，一定要源于西南民族贫困地区乡村的社会现实。

对自然与人的关注并重。 文化景观视野强调人与自然相互作用的价值创造，运用文化景观方法论研究西南贫困地区乡村的目的既是为了保护与管理乡村的自然价值，也是为了满足不同利益相关群体的价值诉求。乡村文化景观的演变反映的是各群体的行为演变及结果，因此，后续研究应关注如何通过给予利益相关者参与、磋商保护发展的机会，就保护与传递给后代的价值以及确定具有这些价值的属性达成共识。

系统和综合的观点。 当前西南贫困地区乡村保护发展面临的复杂性、差异性以及社会快速发展带来的巨大变化等都要求我们必须用整体和综合的策略、方法去探讨乡村的价值问题。文化景观视野及其方法论正是一种整合的见地，有助于系统、综合地推进后续研究。

包容动态变化的价值观。 西南贫困地区乡村文化景观涉及的自然的、人类社会的价值都处于动态变化中。文化景观的动态视野将乡村的"来世、今生"串起来，识别乡村的历史价值和当下价值以及在动态演变过程中发生的量变与质变。后续研究应考虑到价值的解读和评估应是一个开放性的、灵活地随着实践不断发展的评价体系，能够包容价值的时间性和动态变化。

三 后续研究的主要领域与层面

西南贫困地区文化景观后续研究可以在价值认知（解读）、价值评价和价值传播这三个基本领域展开。文化景观广阔的视野与整体性的洞察使西南民族贫困地区乡村历经悠久时间的、覆盖广泛空间的、复杂的、差异的、冲突的价值被看见，其方法论框架可以容纳多元的价值关系。并且，其对整体与局部的考察贯通一气，整体把握与局部探究之间可以流畅地切换，均可延展和深入。笔者认为，后续研究可以包括以下四个层面：

西南贫困地区文化景观研究的学科平台建设。 研究涉及地理学、生态学、历史学、人类学、社会学、建筑学、风景园林学等众多学科领域，以哪些学科为主导，以及学科之间如何相互协同促进乡村文化景观保护发展

第八章 结语

值得深入探究。

各类别乡村价值体系的个案研究以及在此基础上的同类别个案比较研究。从历时性的角度，研究西南贫困地区乡村在历史长河中的起源、发展和演变，挖掘个案乡村的价值精髓和优秀传统；同时，从共时性的横剖面角度，探寻不同个案乡村价值体系的特点及内在核心，为乡村分类保护与管理提供支撑。

西南贫困地区文化景观价值评价体系研究。结合西南民族贫困地区乡村分类研究，构建西南贫困地区文化景观价值评价体系；并可以为评价西南贫困地区乡村文化景观潜在的世界遗产价值以及与世界遗产平台对接提供支撑。

西南贫困地区文化景观要素信息识别、诠释及传播途径等研究。所有层面的研究都基于完整、清晰地识别价值要素及其载体，乡村文化景观管理也需要明确价值管理对象。乡村文化景观要素具有时间与空间、物质与非物质交融一体的特征，不易识别，传统的资源调查方法的局限性越来越突出。管理实践也对非物质文化价值的传播途径提出要求。迫切需要多学科合作，运用多种研究方法和新的技术手段搜集物质性价值要素的完整信息以及解读非物质性价值要素，探索乡村文化景观价值表达、传播的新途径，以及运用监测新技术提高对动态变化的管理等。

西南贫困地区文化景观后续研究有望促进与国际相关研究的对话，找到这一地区文化的全球坐标，构建本土文化话语与传播体系，为全球文化景观体系做出贡献。

参考文献

中文著作

阿洛夫基:《昨天的记忆:彝族民间记忆遗产集成》,四川民族出版社 2011年版。

[日]安达真平:《哀牢山梯田的灌溉多样性及开田过程》,载杨伟兵《明清以来云贵高原的环境与社会》,东方出版中心2010年版。

(清)陈希芳:《云龙州志》(雍正本),政协云龙县文史资料研究委员会、云龙县志编纂委员会1987年版。

崔海洋:《人与稻田:贵州黎平黄岗侗族传统生计研究》,云南人民出版社2009年版。

崔海洋、杨洋:《麻山喀斯特地区石漠化救治与扶贫开发的文化对策》,知识产权出版社2014年版。

董玉明:《中国旅游地理》,青岛出版社1997年版。

段治文等:《中国现代化进程》,浙江大学出版社2007年版。

(唐)樊绰、赵吕甫校释:《云南志校释》,中国社会科学出版社1985年版。

桂榕:《历史·文化·现实 国家认同与社会调适》,云南人民出版社2012年版。

共济:《全国连片特困地区区域发展与扶贫攻坚规划研究》,人民出版社2013年版。

韩锋:《2500年,战争与和平的交响:扬州瘦西湖文化景观的历史断代研究》,东南大学出版社2013年版。

韩锋:《一座世界名城的文明多元化:扬州瘦西湖景观历史演进的文化解

读》，东南大学出版社 2013 年版。

何明：《云南十村》，民族出版社 2009 年版。

黄承伟等：《农村灾害风险管理与减贫概论》，华中师范大学出版社 2013 年版。

蒋高宸：《云南民族住屋文化》，云南大学出版社 1997 年版。

角媛梅：《哈尼梯田自然与文化景观生态研究》，中国环境出版社 2009 年版。

居阅时、瞿明安：《中国象征文化》，上海人民出版社 2011 年版。

孔德生、齐朝霞：《中国现代化历程》，吉林出版集团有限责任公司 2014 年版。

李东红：《乡人说事：凤羽白族村的人类学研究》，知识产权出版社 2012 年版。

李秋玲、吴建平：《场所认同的研究述评》，见吴建平、訾非《环境与人类心理：首届中国环境与生态心理学大会论文集》，中央编译出版社 2011 年版。

李润田、翟忠义、金学良：《中国经济地理》，河南大学出版社 1991 年版。

李文笔、黄金鼎：《千年白族村——诺邓》，云南民族出版社 2004 年版。

李晓斌：《西南边疆民族研究》，云南大学出版社 2007 年版。

李行健：《现代汉语规范词典》，外语教研出版社 2004 年版。

刘安全：《新型城镇化进程中武陵山民族地区乡村文化传承与发展研究》，经济科学出版社 2017 年版。

刘学、黄明：《云南历史文化名城（镇村街）保护体系规划研究》，中国建筑工业出版社 2012 年版。

罗康隆：《文化适应与文化制衡》，民族出版社 2007 年版。

罗康智、罗康隆：《传统文化中的生计策略：以侗族为例案》，民族出版社 2009 年版。

罗康智：《文化生态视阈下的黔东南侗族》，民族出版社 2016 年版。

曲比兴义：《勒俄特依：白话文读本》，中国戏剧出版社 2013 年版。

曲比兴义：《致远方》，中国文联出版社 2013 年版。

任勇：《公民教育与认同序列重构》，中央编译出版社 2015 年版。

洱源县民族宗教事务局：《洱源民族宗教志》，云南民族出版社 2006 年版。

单霁翔：《走进文化景观遗产的世界》，天津大学出版社 2010 版。

（汉）司马迁：《史记·西南夷列传》，载（汉）司马迁、韩兆琦（主译）《史记（文白对照本）》，中华书局 2008（2012 重印），第四册。

四川省统计局、国家统计局四川调查总队：《四川统计年鉴——2013》，中国统计出版社 2013 年版。

舒瑜：《微"盐"大义——云南诺邓盐业的历史人类学考察》，世界图书出版公司 2010 年版。

孙浩然：《云南少数民族宗教文化》，云南大学出版社 2016 年版。

唐晓峰：《阅读与感知：人文地理笔记》，生活·读书·新知三联书店 2013 年版。

田莉、李永浮、沈洁：《城镇化与城乡发展》，中国建筑工业出版社 2016 年版。

童绍玉、陈永森：《云南坝子研究》，云南大学出版社 2007 年版。

汪丁丁：《制度分析基础讲义二：社会思想与制度》，上海人民出版社 2005 年版。

王成如、段玉山：《重读中国地理》，重庆出版社 2006 年版。

王冬：《族群、社群与乡村聚落营造——以云南少数民族村落为例》，中国建筑工业出版社 2013 年版。

王玲：《云南少数民族农村的社会文化变迁：对石林圭山大糯黑村彝族撒尼支系的调查与思考》，中国社会科学出版社 2015 年版。

王清华：《梯田文化论：哈尼族生态农业》，云南人民出版社 2010 年版。

温泉、董莉莉：《西南彝族传统聚落与建筑研究》，科学出版社 2017 年版。

夏可君：《中国山水画的历史与自然化的精神》，载王明贤《城市山水》，文化艺术出版社 2013 年版。

夏征农、陈至立：《辞海》（第一卷），上海辞书出版社 2009 版。

夏征农、陈志立主编：《辞海第六版》，上海辞书出版社 2010 年版。

许沃伦：《凤翔村》，光明日报出版社 2013 年版。

徐杰舜、刘冰清：《乡村人类学》，宁夏人民出版社 2012 年版。

杨大禹、朱良文：《云南民居》，中国建筑工业出版社 2009 年版。

杨敬怀：《洱源民族宗教志》，云南民族出版社 2006 年版。

杨志明等：《云南少数民族传统文化研究》，人民出版社 2009 年版。

参考文献

杨鲲峰：《桃源古韵·凤羽》，云南人民出版社2016年版。

云南省云龙县志编纂委员会：《云龙县志》，农业出版社1992年版。

张金鹏、寸云激：《民居与村落：白族聚居形式的社会人类学研究》，云南美术出版社2002年版。

张胜冰、肖青：《走进民族神秘的世界：中国西南少数民族艺术哲学探究》，民族出版社2004年版。

张晓松：《云南少数民族文化历史传承与变迁》，云南民族出版社2007年版。

赵乐静：《技术解释学：当代云南社会科学百人百部优秀学术著作丛书》，云南大学出版社2011年版。

赵敏：《凤羽坝子地方认同的脉络与结构》，载赵敏、廖迪生《云贵高原的"坝子社会"：历史人类学视野下的西南边疆》，云南大学出版社2015年版。

赵敏、廖迪生：《云贵高原的"坝子社会"：历史人类学视野下的西南边疆》，云南大学出版社2015年版。

赵巧艳：《空间实践与文化表征：侗族传统民居的象征人类学研究》，民族出版社2014年版。

赵世林：《云南少数民族文化传承论纲》，云南人民出版社2011年版。

赵寅松：《茶马古道上的室外桃源——凤羽》，云南民族出版社2005年版。

赵志军：《作为中国古代审美范畴的自然》，中国社会科学出版社2005年版。

中国西南民族研究学会编：《西南民族地区经济概况》，四川省民族研究所1986年版。

中华人民共和国国家统计局：《中国统计年鉴2014》，中国统计出版社2014年版。

中共云龙县委、云龙县人民政府编：《云龙风物志》，德宏民族出版社2008年版。

周海亮：《"地方性知识"与少数民族宗教信仰文化的"地方性"研究》，载宝贵贞《回顾与创新：多元文化视野下的中国少数民族哲学》，中央民族大学出版社2013年版。

周琼：《清代云南内地化生态变迁后果初探——以水利工程为中心的考

察》，载杨伟兵《明清以来云贵高原的环境与社会》，东方出版中心 2010 年版。

朱霞：云南诺邓井盐生产民俗研究，云南人民出版社 2009 年版。

朱小和：《云南省少数民族古籍译丛第 6 辑——哈尼阿培聪坡坡》，云南民族出版社 1986 年版。

中文译著

[美] 霍尔姆斯·罗尔斯顿：《环境伦理学：大自然的价值以及人对大自然的义务》，杨通进译，中国社会科学出版社 2000 年版。

[美] 欧·奥尔特曼、马·切默斯：《文化与环境》，骆林生等译，东方出版社 1991 年版。

[美] R. B. 培里等：《价值和评价——现代英美价值论集粹》，刘继编选，中国人民大学出版社 1989 版。

[法] 朱利安：《山水之神》，载吴欣等《山水之境：中国文化中的风景园林》，生活·读书·新知三联书店 2015 年版。

期刊、报纸

安富海：《论地方性知识的价值》，《当代教育与文化》2010 年第 2 期。

卞冬梅：《社会现代化进程中我国乡土社会的解构与重建》，《内蒙古农业大学学报》（社会科学版）2009 年第 5 期。

宾慧中：《大理白族传统民居结构体系源流探析》，2011 年中国建筑史学学术年会论文，兰州，2011 年 10 月，兰州理工大学学报第 37 卷。

陈传进：《多元信仰下本主信仰的独特地位——以大理市凤羽镇凤翔村为例》，《知音励志》2016 年第 21 期。

陈敏：《哈尼梯田稻作文化中的远古遗风》，《红河学院学报》2011 年第 1 期。

陈倩：《因盐而生的传统山地聚落"诺邓"——"大青树"广场及其场所空间的历史研究》，《建筑学报》2012 年第 S2 期。

陈泰敏：《哈尼族棕扇舞》，《玉溪师范学院学报》2015 年第 11 期。

陈薇：《西南民族地区生态移民特色村寨的构建与文化传承问题研究》，《产业与科技论坛》2016 年第 8 期。

参考文献

陈向明：《扎根理论的思路和方法》，《教育研究与实验》1999年第4期。

陈晓华、姚林：《保护—发展价值关系下传统村落活化路径及策略——基于徽州传统村落的调查分析》，《池州学院学报》2019年第33卷第3期。

陈杨：《现代化进程中的乡村治理问题研究》，《河北青年管理干部学院学报》2017年第6期。

陈永邺、洪宜婷：《哈尼族长街宴象征研究》，《中南民族大学学报》（人文社会科学版）2009年第1期。

陈云华：《云龙诺邓村评为首批"中国景观村落"》，《大理日报》（汉）2007年12月29日第A01版。

常青：《略论传统聚落的风土保护与再生》，《建筑师》2005年第6期。

常青：《过去的未来：关于建成遗产问题的批判性认知与实践》，《建筑学报》2018年第4期。

程海帆、朱良文：《哈尼古村落——元阳阿者科村》，《云南建筑》2016年第5期。

程鹏：《乡村规划发展探索——基于价值取向到地方实践的互动分析框架》，2016中国城市规划年会论文，沈阳，2016年。

寸云激：《白族村落的住居生活》，《大理文化》2010年第7期。

但文红：《重拾村落文化自信"控拜村发展实验"后续》，《中国文化遗产》2013年第6期。

邓运员：《CRM的GIS应用及其对我国传统聚落景观管理的启示》，《衡阳师范学院学报》2006年第3期。

董城：《〈贵阳建议〉为村落文化景观保护探路》，《西部时报》2008年11月11日第9版。

杜德林：《国家级历史文化名镇——凤羽》，《凤羽古郡》（内部发行），2014年第1期。

杜骞、肖东：《黔东南塘都村文化景观的形态特点与演变机理探讨》，《遗产与保护研究》2016年第5期。

杜晓帆：《保持文化遗产在时代变迁中的生命力——村落文化景观的保护与可持续发展》，《今日国土》2006年第9期。

段富：《洱源县林地保护利用规划编制初探》，《内蒙古林业调查设计》2015年第1期。

段吉方：《文化自信的理论内涵与实践指向》，《中国文学批评》2018年第1期。

段银河：《近十年大理古村镇研究述评》，《大理学院学报》2014年第1期。

樊庆元、杨国才：《大理碑刻中伦理道德在民族乡村治理中的功用》，《云南民族大学学报》（哲学社会科学版）2016年第6期。

范长风：《纳浪藏族的生态文化景观重建》，《华东师范大学学报》（哲学社会科学版）2015年第3期。

冯骥才：《传统村落的困境与出路》，《民间文化论坛》2013年第1期。

冯铁宏：《红河哈尼梯田的见证价值》，首届中国民族聚居区建筑文化遗产国际研讨会论文，成都，2010年。

伽红凯、王思明：《分享经济视角下的中国传统村落利用及其保障机制研究》，《中国农史》2017年第6期。

高凯：《红河哈尼梯田文化景观的形与神》，《昆明理工大学学报》（社会科学版）2013年第6期。

高凯、符禾：《生态智慧视野下的红河哈尼梯田文化景观世界遗产价值研究》，《风景园林》2014年第6期。

高凌霄、刘黎明：《村落景观保护的利益相关关系辨析》，《农业现代化研究》2017年第6期。

高玉玲：《哈尼族梯田文化的审美认识》，《思想战线》2008年第6期。

高云雯等：《元阳哈尼梯田遗产区道路交通体系研究》，《价值工程》2016年第33期。

郭亚茹：《河南省传统村落类型研究》，《合作经济与科技》2016年第13期。

韩锋：《世界遗产文化景观及其国际新动向》，《中国园林》2007年第11期。

韩锋：《文化景观——填补自然和文化之间的空白》，《中国园林》2010年第9期。

参考文献

韩锋：《探索前行中的文化景观》，《中国园林》2012 年第 5 期。

何金廖等：《湘中丘陵地区乡村文化景观的演化及其机理分析》，《南京师大学报》（自然科学版）2007 年第 4 期。

何睿宇、刘扬：《价值目标导向的大理市传统村落评价指标体系探讨》，《绿色科技》2018 年第 7 期。

何晓波、马雪韬：《云南民族地区乡村工业社区的社会学研究》，《理论界》2013 年第 2 期。

侯麟科：《农村劳动力大规模转移背景下的中国农村社会分层分析》，《中国农村观察》2010 年第 1 期。

侯甬坚：《红河哈尼梯田形成史调查和推测》，《南开学报》（哲学社会科学版）2007 年第 3 期。

胡彬彬：《立法保护传统村落文化迫在眉睫》，《当代贵州》2013 年第 22 期。

胡彬彬：《中国传统村落保护的立法建议》，《人民论坛》2015 年第 9 期。

胡海波：《中国精神的实践本性与文化传统》，《哲学研究》2015 年第 12 期。

胡蓉等：《移动互联环境下用户跨屏行为整合分析框架——基于扎根理论的探索》，《中国图书馆学报》第 43 卷（232）2017 年 11 月。

胡海胜、唐代剑：《文化景观研究回顾与展望》，《地理与地理信息科学》2006 年第 5 期。

胡最等：《传统聚落景观基因及其研究进展》，《地理科学进展》2012 年第 12 期。

黄绍文：《哈尼梯田——千古不绝农耕文化大乐章》，《民族论坛》1999 年第 4 期。

黄绍文、廖国强：《农村体制变迁对哈尼梯田及生态的影响》，《云南民族大学学报》（哲学社会科学版）2009 年第 1 期。

黄绍文、关磊：《哈尼族梯田灌溉系统中的生态文化》，《红河学院学报》2011 年第 6 期。

黄亦君：《山高皇帝远：1949 年前中国中央政府与西南民族地区的乡村社会》，《中共贵州省委党校学报》2014 年第 5 期。

霍晓卫等：《文化景观中的传统村寨保护研究：以元阳哈尼梯田全福庄村

为例》，转型与重构——2011中国城市规划年会论文，南京，2011年。

戢斗勇：《文化生态学论纲》，《佛山科学技术学院学报》2004年第5期。

计琳：《习俗与人的劳动能力发展——基于马克思主义人学视阈》，《岭南学刊》2017年第6期。

冀晶娟、肖大威：《南坪河上的"九甲"人家——多民族聚居传统村落文化景观形成初探》，《中国园林》2016年第9期。

贾冬婷：《哈尼梯田，景观遗产之外》，《三联生活周刊》2013年第28期。

贾冬婷：《梯田上的哈尼人生》，《科学大观园》2013年第16期。

江国华、孙中原：《古村落法律保护之制度构造》，《邵阳学院学报》（社会科学版）2017年第1期。

角媛梅、程国栋、肖笃宁：《哈尼梯田文化景观及其保护研究》，《地理研究》2002年第6期。

角媛梅等：《哈尼梯田景观空间格局与美学特征分析》，《地理研究》2006年第4期。

金子：《哈尼人的守望：元阳梯田》，《中国集体经济》2014年第23期。

蒋雨婷、郑曦：《浙江富阳县乡土景观演变与空间格局探析》，《中国园林》2015年第12期。

［澳］肯·泰勒：《文化景观与亚洲价值：寻求从国际经验到亚洲框架的转变》，韩锋、田丰译，《中国园林》2007年第11期。

孔红霞：《凤翔村和谐民族关系特点简析》，《科学中国人》2016年第23期。

孔红霞：《浅析白族文化包容性在凤翔村的主要表现形式》，《大众文艺》2016年第9期。

寇怀云、周俭：《文化空间视角的民族村寨保护规划思考》，《上海城市规划》2014年第3期。

邝艳丽：《我国传统村落保护制度的反思与创新》，《现代城市研究》2016年第1期。

兰梭等：《挖好一块田，开好三次花》，《世界遗产》2012年第2期。

李伯华等：《中国传统村落研究的热点动向与文献计量学分析》，《云南地理环境研究》2019年第31卷第1期。

李东红：《白族本主崇拜研究述评——兼谈本主研究的方法论问题》，《思想战线》1997 年第 5 期。

李憾怡：《哈尼族服饰文化解读——访哈尼族文化学者黄绍文》，《中国民族》2007 年第 6 期。

李和平、肖竞：《我国文化景观的类型及其构成要素分析》，《中国园林》2009 年第 2 期。

李华伟等：《红河哈尼梯田雾的特征及成因分析》，《贵州气象》2013 年第 S1 期。

李加林、杨晓平：《中国海洋文化景观分类及其系统构成分析》，《浙江社会科学》2011 年第 4 期。

李军红：《传统村落生态补偿机制研究》，《思想战线》2015 年第 5 期。

李蕾蕾：《从新文化地理学重构人文地理学的研究框架》，《地理研究》2004 年第 1 期。

李蕾蕾：《当代西方新文化地理学知识谱系引论》，《人文地理》2005 年第 2 期。

李良品：《明清时期西南民族地区传统教育述论》，《教育文化论坛》2015 年第 1 期。

李良品、李思睿：《乡里制度：国家权力在西南民族地区乡村社会的深入》，《西南民族大学学报》（人文社科版）2015 年第 7 期。

李亮、但文红：《贵州省村落文化景观空间格局分析——以第一批中国传统村落为例》，《内江师范学院学报》2014 年第 1 期。

李亮：《广西古镇传统村落保护立法研究》，《经济与社会发展》2018 年第 6 期。

李卿：《"中国景观村落"考评组考察千年古村诺邓》，《大理日报》（汉）2007 年 10 月 17 日第 A03 版。

李松：《城镇化进程中乡村文化的保护与变迁》，《民俗研究》2014 年第 1 期。

李文祎、李莉萍：《传统村落公共空间的乡土性延续研究——以红河哈尼梯田遗产区为例》，《城市建筑》2017 年第 2 期。

李永祥：《民族传统知识与防灾减灾——云南少数民族文化中的防灾减灾功能探讨》，《西南民族大学学报》（人文社科版）2015 年第 10 期。

李志新：《丝绸古道白族古镇——凤羽》，《小城镇建设》2016 年第 4 期。

李子贤：《从创世神话到创世史诗——中国西南地区产生创世史诗群落的阐释》，《百色学院学报》2010年第2期。

梁川等：《农业景观变化与少数民族地方制度建设——以云南西双版纳州纳版河地区为例》，《云南社会科学》2012年第3期。

廖军华：《乡村振兴视域的传统村落保护与开发》，《改革》2018年第4期。

廖玲：《羌族"释比"与彝族"毕摩"的比较研究》，《敦煌学辑刊》2012年第1期。

刘奔腾等：《历史村落的文化景观感知研究——基于赤岸实践》，《建筑与文化》2010年第1期。

刘军宁：《民族精神再兴：论民族主义之善与恶（与柏林对谈）》，转引自郑富兴《自然、习俗与道德教育》，《教育研究与实验》2016年第3期。

刘沛林等：《生态博物馆理念及其在少数民族社区景观保护中的作用》，《长江流域资源与环境》2005年第2期。

刘沛林等：《中国传统聚落景观区划及景观基因识别要素研究》，《地理学报》2010年第12期。

刘小蓓、高伟：《制度增权：广东开平碉楼传统村落文化景观保护的社区参与思考》，《中国园林》2016年第1期。

刘意识等：《传统村落法律保护：现状、问题与对策》，《法制与社会》2019年第19期。

刘勇：《中国历史上最早使用的明渠流量计：云南红河哈尼族木刻分水计量制度的研究》，《中国计量》2012年第S1期。

刘宗滨等：《红河哈尼梯田空间分布特征研究》，《西南林业大学学报》2016年第3期。

陆林等：《徽州古村落的景观特征及机理研究》，《地理科学》2004年第24卷第6期。

卢鹏：《红河哈尼梯田的生态问题及其解决措施》，《红河探索》2012年第3期。

卢鹏：《红河哈尼梯田生态问题及其解决措施》，《农业考古》2012年第4期。

陆群：《自然宗教的特质和文化意义——以西南少数民族为例》，《宗教学研究》2006年第2期。

罗德胤等：《一个哈尼族村寨的建成史——以云南省元阳县全福庄中寨的形成和发展为例》，《住区》2011年第3期。

罗德胤、孙娜：《三个哈尼村寨的建筑测绘与分析》，《住区》2013年第1期。

罗德胤：《哈尼梯田·极致景观·极致利用》，《世界遗产》2014年第9期。

林箐、任蓉：《楠溪江流域传统聚落景观研究》，《中国园林》2011第11期。

林庆：《民族文化的生态行与文化生态的失衡——以西南地区民族文化为例》，《云南民族大学学报（哲学社会科学版）》2010年第2期。

林岩：《分化与整合：社会转型下农民价值观变迁及当代重构》，《学术论坛》2014年第11期。

马翀炜、王永锋：《哀牢山区哈尼族鱼塘的生态人类学分析：以元阳县全福庄为例》，《西南边疆民族研究》2012年第1期。

马翀炜：《村寨主义的实证及意义——哈尼族的个案研究》，《开放时代》2016年第1期。

马聪、陈莺：《基于VRML的村落空间特征体验测评——以德宏州芒东村为例》，《西安建筑科技大学学报》（自然科学版）2017年第2期。

马莉：《树与人的相依共存：哈尼族的树崇拜》，《今日民族》2013年第8期。

马伟华：《冲击与整合：城镇化进程中民族社会的变迁与发展——基于民族文化、民族关系、民族权益三个视角》，《西南民族大学学报》（人文社会科学版）2014年第6期。

毛佑全：《哈尼族的南迁与稻作农耕文化》，《云南民族学院学报》（哲学社会科学版）2000年第5期。

蒙可：《四素同构森林、村寨、梯田、水系的生态奇迹》，《世界遗产》2014年第9期。

孟娟：《心理学扎根理论研究方法》，《吉首大学学报》（社会科学版）2008年第3期。

闵庆文等：《中国GIAHS保护试点：价值、问题与对策》，《中国生态农业学报》2012 年第 6 期。

闵庆文：《哈尼梯田农业类遗产的持久保护和持续发展》，《世界遗产》2014 年第 9 期。

莫代山：《改土归流后土家族地区土司权威的遗存与调控》，《中南民族大学学报》（人文社会科学版）2017 年第 6 期。

［日］牧野广义、兰久富：《价值的层次性和历史性》，《学术研究》2009 年第 11 期。

莫尼卡·卢思戈：《文化景观之热点议题》，韩锋、李辰译，《中国园林》2012 年第 5 期。

聂湘玉等：《传统村落类型与价值认定——以河北石家庄市域传统村落为例》，《规划师》2015 年第 2 期。

欧加路、卞开星：《地权变革与乡村治理——从传统到现代的历史演进与模式评价》，《中国不动产法研究》2018 年第 1 期。

彭凤：《生计方式的改变对白族传统村落的影响——以大理沙村为例》，《荆楚学刊》2015 年第 6 期。

彭庆军：《乡村治理现代化视域下民族地区少数民族传统社会组织的功能——以黔东南 L 村侗族"寨老"组织为例》，《西南民族大学学报》（人文社科版）2015 年第 6 期。

彭思涛、但文红：《基于社区参与的村落文化景观遗产保护模式研究——以贵州省雷山县控拜社区为例》，《原生态民族文化学刊》2009 年第 2 期。

秦家华：《西南民族文化史研究刍议》，《西南民族大学学报》（哲学社会科学版）2004 年第 1 期。

阮仪三：《呼吁传统文化村落保护立法》，《人民日报》2016 年 3 月 18 日第 24 版。

单霁翔：《安吉生态博物馆建设的核心理念》，《今日浙江》2011 年第 2 期。

申大魁：《中国地理区域划分的演变研究》，《西南农业大学学报》（社会科学版）2012 年第 7 期。

申秀英等：《景观基因图谱：聚落文化景观区系研究的一种新视角》，《辽宁大学学报》（哲学社会科学版）2006 年第 3 期。

参考文献

沈明伟：《我省将对一批民族村落文化景观实施系统保护》，《贵州民族报》2011 年 11 月 23 日第 A01 版。

时潇：《在森林与梯田间栖居》，《世界遗产》2014 年第 9 期。

史军超：《论"和夷"——兼及哈尼族历史文化渊源》，《云南民族学院学报》（哲学社会科学版）2002 年第 5 期。

史军超：《中国湿地经典——红河哈尼梯田》，《云南民族大学学报》（哲学社会科学版）2004 年第 5 期。

史军超：《红河哈尼梯田：申遗中保护与发展的困惑》，《学术探索》2009 年第 3 期。

斯洪桥：《论西南少数民族的天人观及其现代价值》，《石河子大学学报》（哲学社会科学版）2014 年第 4 期。

宋敏等：《历史文化村落保护与利用的体系规划探析——以浙江省江山市为例》，《城市规划》2017 年第 5 期。

宋蜀华：《论中国的民族文化、生态环境与可持续发展的关系》，《贵州民族研究》2002 年第 4 期。

宋蜀华：《中国西南少数民族的宗教与巫术》，《中央民族大学学报》2005 年第 32 卷 162 期。

宋雪峰：《多样特色筑起共同梦想——云南省少数民族特色村寨保护与发展纪实》，《今日民族》2014 年第 5 期。

宋亚欣、赵敏：《洱源凤翔村家（族）谱探析》，《寻根》2017 年第 1 期。

孙葛：《对丝绸之路（新疆段）遗产廊道文化景观进行视觉建构意义的研究》，《新疆师范大学学报》（哲学社会科学版）2006 年第 2 期。

孙华：《西南少数民族村寨调查》，《中国文化遗产》2007 年第 2 期。

孙华：《传统村落的性质与问题——我国乡村文化景观保护与利用刍议之一》，《中国文化遗产》2015 年第 4 期。

孙华：《传统村落保护的学科与方法——中国乡村文化景观保护与利用刍议之二》，《中国文化遗产》2015 年第 5 期。

谭刚毅、贾艳飞：《历史维度的乡土建成遗产之概念辨析与保护策略》，《建筑遗产》2018 年第 1 期。

谭洁：《民族地区传统村落立法保护实践探析——以恭城瑶族自治县为例》，《广西民族大学学报》（哲学社会科学版）2019 年第 3 期。

汤茂林、金其铭：《文化景观研究的历史和发展趋向》，《人文地理》1998年第2期。

汤茂林：《欧美景观地理学的新进展及其启示》，《地域研究与开发》2005年第4期。

唐晓梅、杨戴云：《黔东南苗族侗族传统村落保护发展对策研究》，《民族学刊》2018年第3期。

陶慧等：《基于H-I-S视角下传统村落分类与发展模式研究——以邯郸市为例》，《旅游学刊》2019年第11期。

童亿勤等：《基因视角的前童传统文化景观研究》，《宁波大学学报》（人文科学版）2015年第4期。

万建中：《传统村落保护的政府作为与成效》，《北京观察》2015年第4期。

王超：《旅游目的地形象感知的影响因素、机理和类型——基于扎根理论的"多彩贵州"案例分析》，《旅游论坛》2018年第4期。

王林：《文化景观遗产及构成要素探析》，《广西民族研究》2009年第1期。

王萍、满艺：《传统村落档案建构模式比较研究》，《档案学研究》2017年第6期。

王清华：《红河哈尼梯田生态及景观的现代修复》，《思想战线》2016年第2期。

王声跃、严舒红：《云南少数民族服饰景观地狱特征探析》，《人文地理》2003年第3期。

王先明：《现代化进程与近代中国的乡村危机述略》，《福建论坛》（人文社会科学版）2013年第9期。

王晓虎、梁健：《红河州哈尼族传统体育文化的变迁》，《体育世界（学术版）》2013年第9期。

王鑫等：《基于环境适应性的北洸传统村落保护发展规划浅析》，《建筑与文化》2015年第4期。

王玉等：《关于"社区参与"参与"村落文化景观保护"的相关探讨》，中国城市规划学会·多元与包容——2012中国城市规划年会论文，昆明，2012年。

参考文献

王云才:《传统地域文化景观之图式语言及其传承》,《中国园林》2009年第10期。

王云才:《基于景观破碎度分析的传统地域文化景观保护模式——以浙江诸暨市直埠镇为例》,《地理研究》2011年第1期。

王喆、冯铁宏:《哈尼族的梯田稻作农业文化传统》,《住区》2011年第3期。

韦宝畏等:《图们江地区朝鲜族传统村落评价体系构建初探》,《建筑与文化》2019年第2期。

文永辉:《新型城镇化建设背景下传统村落的法治化保护探析》,《求实》2018年第1期。

吴建伟:《进一步做好传统村落保护立法工作》,《贵州日报》2016年11月24日第10版。

吴理财:《近一百年来现代化进程中的中国乡村——兼论乡村振兴战略中的"乡村"》,《中国农业大学学报》(社会科学版)2018年第3期。

吴亮等:《黄岩报告:乡村振兴工作法》,《财经国家周刊》2018年第7期。

吴美芬:《元阳县哈尼梯田核心区村寨农村能源建设作用及对策》,《绿色科技》2015年第4期。

向岚麟、吕斌:《新文化地理学视角下的文化景观研究进展》,《人文地理》2010年第6期。

谢景连等:《传统村落保护发展的新理念、新思路、新对策——2016传统村落保护发展论坛会议综述》,《原生态民族文化学刊》2016年第4期。

徐坚等:《云南民族聚落垂直梯度景观格局分析——以白族村诺邓为例》,《华中建筑》2010年第5期。

许斌、周智生:《全球化背景下西南边疆民族地区橡胶文化景观的兴起——以西双版纳地区为例》,《热带地理》2015年第4期。

许斌、周智生:《全球化背景下滇南山地多民族农业文化景观的演变及其民族共生关系响应——以西双版纳傣族自治州为例》,《地域研究与开发》2016年第3期。

谢超峰、王心源:《文化景观视角下的徽州传统聚落文化空间结构认知研究》,《华夏地理》2014年第7期。

徐青、韩锋：《文化景观研究的现象学途径及启示》，《中国园林》2015年第11期。

徐青、韩锋：《西方文化景观理论谱系研究》，《中国园林》2016年第12期。

闫小沛、张雪萍：《城镇化进程中的乡村文化转型：文化变迁与文化重构——基于物质文化、制度文化与精神文化层面》，《华中师范大学研究生学报》2014年第1期。

严火其：《哈尼族农业历史考察——以哈尼族史诗为基础的研究》，《中国农史》2010年第3期。

杨辰、周俭：《乡村文化遗产保护开发的历程、方法与实践——基于中法经验的比较》，《城市规划学刊》2016年第6期。

杨浩来：《大理凤羽白族妇女服饰的特点及其文化意蕴初探》，《金田》（励志）2012年第10期。

杨鲲峰：《凤羽忆旧》，《大理文化》2016年第12期。

杨伦等：《哈尼梯田地区农户粮食作物种植结构及驱动力分析》，《自然资源学报》2017年第1期。

杨义龙：《抚摸凤羽》，《大理文化》2011年第6期。

杨盈川：《悠悠古韵读凤羽》，《大理文化》2014年第7期。

杨宇亮等：《村落文化景观形成机制的时空特征探讨——以诺邓村为例》，《中国园林》2013年第3期。

杨宇亮等：《隐匿的世界：认知地图在村落文化景观研究中的应用》，《规划师》2015年第2期。

叶舒宪：《地方性知识》，《读书》2001年第5期。

俞孔坚：《世界遗产概念挑战中国：第28届世界遗产大会有感》，《中国园林》2004年第11期。

袁爱莉、黄绍文：《云南哈尼族梯田稻禽鱼共生系统与生物多样性调查》，《学术探索》2011年第2期。

袁正等：《支持哈尼梯田存续千年的家庭经济模式》，《中国农业大学学报》（社会科学版）2013年第4期。

曾钰诚：《民族传统村落法律保护的问题与出路——基于贵州黔东南镇远县爱和村田野考察》，《天水行政学院学报》2018年第1期。

张成渝:《村落文化景观保护与可持续发展的两种实践——解读生态博物馆和乡村旅游》,《同济大学学报》(社会科学版) 2011 年第 3 期。

张戈、侯麟:《贵州少数民族生态移民传统文化传承方式变迁》,新常态:传承与变革——2015 中国城市规划年会论文,贵阳,2015 年。

张健:《现代化进程中乡村权威基础的嬗变》,《中国农村观察》2007 年第 3 期。

张利:《"上山下乡"(篇首语)》,《世界建筑》2015 年第 2 期。

张莉、童绍玉:《云南省元阳哈尼族梯田水文化:传统与变迁》,《楚雄师范学院学报》2014 年第 4 期。

张良:《现代化进程中的个体化与乡村社会重建》,《浙江社会科学》2013 年第 3 期。

张林:《美的再发现与共享——西南少数民族村寨调查记》,《中国文化遗产》2013 年第 6 期。

张姝芝:《建立传统村落保护资金投入奖补机制》,《民主》2015 年第 9 期。

张敏:《哈尼族聚落景观的美学思考》,《贵州大学学报》(艺术版) 2005 年第 1 期。

张尚武、李京生、郭继青:《乡村规划与乡村治理》,《城市规划》2014 年第 11 期。

张尚武等:《乡村规划与乡村治理》,《城市规划》2014 年第 11 期。

张巍卓:《习俗的本质与共同体的重生》,《学术交流》2017 年第 1 期。

张永宏:《本土知识概念的界定》,《思想战线》2009 年第 2 期。

张永勋、闵庆文:《稻作梯田农业文化遗产保护研究综述》,《中国生态农业学报》2016 年第 4 期。

张忠伦:《自然价值的伦理精神》,《自然辩证法研究》2006 年第 4 期。

章立明等:《云南民族地区乡村社会的现代转型研究(1950—2010)——以西双版纳傣族自治州为例》,《贵州师范大学学报》(社会科学版) 2015 年第 4 期。

赵定甲:《鸟吊民居话故乡》,《凤羽古郡》(内部发行刊物),2014 年第 1 期。

赵冬梅:《窑洞民居村落文化景观特征研究——以杨家沟村为例》,《中国住宅设施》2016 年第 6 期。
赵娟：《隐身的财神——以大理市凤翔村的财神信仰为例》，《商情》2017 年第 11 期。
赵民等：《论农村人居空间的"精明收缩"导向和规划策略》，《城市规划》2015 年第 7 期。
赵巧艳：《侗族传统民居上梁仪式的田野民族志》，《广西师范大学学报》（哲学社会科学版）2015 年第 2 期。
赵霞：《基于历史性城市景观的浙北运河聚落整体性保护方法——以嘉兴名城保护规划为例》，《城市发展研究》2014 年第 8 期。
赵友年：《试论四川地质景观资源与地质演化的关系》，《四川地质学报》2009 年第 2 期。
赵云、王晶：《世界遗产视野下的哈尼梯田人居环境科学特性研究》，《国际城市规划》2013 年第 1 期。
郑德：《论传统村落保护利用中的五方面力量——以吉林省 J 村为例》，《长春大学学报》2018 年第 3 期。
郑富兴：《自然、习俗与道德教育》，《教育研究与实验》2016 年第 3 期。
郑佳佳：《通往文化空间消费的地名——云南红河哈尼梯田核心区地名标识的人类学考察》，《北方民族大学学报》2017 年第 3 期。
郑文武等：《湘西传统聚落文化景观定量评价与区划》，《人文地理》2016 年第 2 期。
郑伟林等：《哈尼梯田水利研究》，《红河学院学报》2017 年第 1 期。
郑宇、杜朝光：《哈尼族长街宴饮食的人类学阐释：以云南省元阳县哈播村为例》，《西南边疆民族研究》2014 年第 2 期。
周春山、张浩龙：《传统村落文化景观分析初探——以肇庆为例》，《南方建筑》2015 年第 4 期。
周军、田克勤：《中国农村现代化进程中农民文化价值观的变迁及其引导》，《东北师大学报》（哲学社会科学版）2013 年第 3 期。
周琼：《清代云南内地化后果初探——以水利工程为中心的考察》，《江汉论坛》2008 年第 3 期。
周真刚：《贵州苗族山地民居的建筑布局与文化空间——以控拜"银匠村"为例》，《黑龙江民族丛刊》2013 年第 2 期。

周政旭等：《贵州省白水河谷地区布依聚落文化景观特征分析与价值评估》，《风景园林》2016年第5期。

朱良文：《对传统村落研究中一些问题的思考》，《南方建筑》2017年第1期。

宗路平等：《哈尼梯田遗产区乡村聚落景观及其演变——以云南元阳全福庄中寨为例》，《热带地理》2014年第1期。

学位论文

葛荣玲：《一个屯堡村落的旅游开发与社会变迁——景观人类学的视野》，博士学位论文，厦门大学，2011年。

和丽娟：《服务型政府视角下的云南旅游小镇建设研究》，硕士学位论文，云南财经大学，2013年。

洪艳雯：《大理诺邓村文化景观及保护研究》，硕士学位论文，昆明理工大学，2014年。

李琦：《认知实践视野中的地方性知识：基于哈尼族的研究》，博士学位论文，南京农业大学，2012年。

林莉：《浙江传统村落空间分布及类型特征分析》，博士学位论文，浙江大学，2015年。

刘沛林：《中国传统聚落景观基因图谱的构建与应用研究》，博士学位论文，北京大学，2011年。

齐文：《空间，场所与认同——我国20世纪50、60年代的工人新村》，博士学位论文，中国美术学院，2017年。

森文：《基于文化生态观的设计系统与设计实践研究》，博士学位论文，湖南大学，2017年。

王莉莉：《云南民族聚落空间解析》，博士学位论文，武汉大学，2010年。

王芷淳：《元阳世界文化遗产区阿者科和牛倮普传统村落保护与整治方法探讨》，硕士学位论文，昆明理工大学，2015年。

肖竞：《历史村镇文化景观构成与保护研究》，硕士学位论文，重庆大学，2008年

辛福森：《徽州传统村落景观的基本特征和基因识别研究》，硕士学位论文，安徽师范大学，2012年。

杨毅：《云南传统集市场所的建筑人类学分析》，博士学位论文，同济大学，2005年。
杨莹：《传统村落遗迹保护的法律制度研究》，硕士学位论文，重庆大学，2017年。
杨宇亮：《滇西北村落文化景观的时空特征研究》，博士学位论文，清华大学。
尹弘：《云南省乡村生态旅游发展类型研究》，博士学位论文，昆明，2006年。
张晓松：《历史文化视角下的贵州地方性知识考察：以符号和仪式为样本》，博士学位论文，东北师范大学，2011年。
张郢娴《从空间到场所：城市化背景下场所认同的危机与重建策略研究》，博士学位论文，天津大学，2012年。
赵娟：《大理地区财神信仰嬗变研究》，硕士学位论文，大理大学，2017年。
周军：《中国现代化进程中乡村文化的变迁及其建构问题研究》，博士学位论文，吉林大学，2010年。
周恩宇：《道路、发展与权力——中国西南的黔滇古驿道及其功能转变的人类学研究》，博士学位论文，中国农业大学，2014年。

内部资料

大理白族自治州城乡规划设计研究院：《洱源县凤羽镇现代农业型特色小镇规划·（2011年—2030年）说明书》（内部资料），2011年。
国家文物局：《红河哈尼梯田申报世界遗产文本》（内部资料，红河哈尼梯田世界遗产管理局提供），2011年。
洱源县人民政府：《云南省洱源县地名志》（内部资料），1988年。
洱源县凤羽镇人民政府提供的《凤翔村委会2012年调查表》，2012年。
洱源县凤羽镇人民政府提供的《传统村落调查表——凤翔村》，2014年。
洱源县凤羽镇人民政府、大理白族自治州城乡规划设计研究院：《凤羽中国历史文化名镇保护详细规划》（内部资料），2003年。
洱源县统计局：《洱源县统计年鉴2015》。
洱源县地方志编撰委员会：《洱源年鉴2015》，2016年。

参考文献

洱源县凤羽镇现代农业型特色小镇规划（2011年—2030年）说明书。

凤羽镇申报中国历史文化名镇领导组：《凤羽镇申报中国历史文化名镇报告》（内部资料），2009年。

马边彝族自治县住房与城乡规划建设局、四川建大规划设计研究院有限责任公司：《马边彝族自治县烟峰镇总体规划（2013—2030）说明书》，2013年。

杨茂铨：《凤羽志》，《凤羽区文化站》（内部资料），1985年。

杨儒林：《"比苏"即"盐人"之意吗？——与〈古镇宝丰〉一书作者商榷》，载中国人民政治协商会议云南省云龙县委员会文史资料研究委员会《云龙文史资料（第十辑）》，内部印刷出版社2013年版。

杨卓如：《白族与佛教》，载中国人民政治协商会议云南省云龙县委员会《云龙文史资料（第十一辑）》，内部印刷出版社2013年版。

杨浚：《诺邓的由来及其在历史上的贡献》，载中国人民政治协商会议云南省云龙县委员会文史资料研究委员会《云龙文史资料（第九辑）》，内部印刷出版社2013年版。中国人民政治协商会议云南省云龙县委员会文史资料研究委员会：《云龙文史资料（第一辑）》，内部印刷出版社1986年版。

杨涛：《人才摇篮：凤翔书院》，《凤羽古郡》（内部发行刊物）2014年第1期。元阳县旅游局、上海同济城市规划设计研究院：《元阳哈尼梯田旅游发展规划（2013—2030）》，2013年。

尹明举：《凤羽往事》（二则），《凤羽古郡》（内部发行刊物）2014年第1期。

元阳县政府办公室提供的资料：《哈尼梯田核心区二十个传统乡村各村基本情况》。

元阳县林业局提供的《元阳县林业简介》，2016年4月15日。

中国科学院建设部山地城镇与区域研究中心云南省分中心、云南山地城镇区域规划设计研究院：《凤羽历史文化名镇保护规划说明书》（内部资料），2003年。

中国人民政治协商会议云南省云龙县委员会文史资料研究委员会：《云龙文史资料》（第二辑），内部印刷出版社1987年版。

中国人民政治协商会议云南省云龙县委员会文史资料研究委员会：《云龙

文史资料》（第二辑），内部印刷出版社 2013 年版。

中国人民政治协商会议云南省云龙县委员会文史资料研究委员会：《云龙文史资料》（第四辑），内部印刷出版社 2013 年版。

中国人民政治协商会议云南省洱源县委员会：《洱源文史资料》（第三辑）（内部资料），1992 年。

中国人民政治协商会议云南省洱源县委员会：《洱源县文史资料第六辑》（文物专辑）（内部资料），2004 年。

英文文献

Anselm L. Strauss, *Qualitative Analysis for Social Scientists*, Cambridge：Cambridge University Press, 1987.

Barbara Bender, "Chapter 19：Place and Landscape", in Christopher Tilley, Webb Keane, Susanne Küchler, Michael Rowlands and Patrica Spyer, eds., *Handbook of Material Culture*, Spyer：SAGE Publications Ltd., 2006.

Carl O. Sauer, "The morphology of landscape", in Carl O. Sauer, ed., *University of California Publications in Geography*, Vol. 2, No. 2, 1929.

Chris Wilson and Paul Groth, eds., *Everyday America：Cultural Landscape Studies after J. B. Jackson*, Berkeley, Los Angeles, London：University of CaliforniaPress, 2003.

Council of Europe, *European Landscape Convention*, ETS No. 176, October 20, 2000, https：//rm. coe. int/CoERMPublicCommonSearchServices/DisplayDCTMContent? documentId = 0900001680080621.

Council of Europe, "European Rural Heritage Observation Guide-CEMAT", *document adopted by CEMAT 's 80th meeting (CEMAT-CHF80)*, CEMAT, Budapest (Hungary), March 28, 2003. https：//rm. coe. int/16806f7cc2

David Lowenthal, "Past Time, Present Place：Landscape and Memory", *Geographical Review*, Vol. 65, No. 1, January 1975.

David M. Fetterman, *Ethnography：Step by Step* (1ed., Vol. 17), California：SAGE Publications, Inc., 1989.

David M. Fetterman, *Ethnography：Step by Step* (Applied Social Research Methods), California：SAGE Publications, Inc, Thousand Oaks, 2009.

参考文献

Denis E. Cosgrove, *Social Formation and Symbolic Landscape*, Madison: The university of Wisconsin Press, 1984.

Denis Cosgrove, "Prospect, Perspective and the Evoluclon of the Landscape Idea", *Transcation of the Institute of British Geographers NS*, Vol. 10, No. 1, 1985.

Denis Cosgrove and Stephen Daniels, eds., *The Iconography of Landscape*, Cambridge: Cambridge University Press, 1988.

Dolores Hayden, *The Power of Place: Urban Landscape as Public History*, MIT Press: Cambridge, Mass, 1995.

Donald W. Meinig, "Reading the Landscape: An Appreciation of W. G. Hoskins and J. B. Jackson", in Donald W. Meinig ed., *The Interpretation of Ordinary Landscape: Geographical Essays*, Oxford: Oxford University Press, 1979.

David, Copp ed., *The Oxford Handbook of Ethical Theory*, New York: Oxford Universiy Press, Inc., 2006.

Edward Relph, *Place and Placelessness*, London: Pion, 1976.

Edward W. Said, "Jane Austen and Empire", in Terry Eagleton, ed., *Raymond Williams: Critical Perspectives*, Oxford: Polity Press, 1989.

Han, Feng, *The Chinese View of Nature: Tourism in China's Scenic and Historic Interest Areas*, Ph. D. dissertation, Queensland University of Technology, 2006.

Harry F. Wolcott, *Ethonography: A Way of Seeing*, John W. Creswell ed., Qualitative Inquiry and Research Design: Choosing Among Five Approaches, California: SAGE Publications, Inc. Thousand Oaks, 2013.

Helen Armstrong ed., "Report 1: Setting the Theoretical Scene", Sim, Jeannie and Armstrong, Helen and Osborne, Ray and Hart, Victor, eds., *Investigating Queensland's Cultural Landscapes: Contested Terrains Series*, Brisbane: Cultural Landscape Research Unit (QUT), The Queensland Government's Environmental Protection Agency (Cultural Heritage Branch), 2001.

ICOMOS, *ICOMOS-IFLA Principles Concerning Rrural Landscapes as Heritage*, ICOMOS General Assembly Document GA 2017 6 - 3 - 1 - Doctrinal Texts, July 30, 2017, https://www.icomos.org/images/DOCUMENTS/General_ Assemblies/19th_ Delhi_ 2017/Working_ Documents - First_ Batch - August_ 2017/GA2017_ 6 - 3 - 1 _ RuralLandscapesPrinciples_ EN_ final20170730. pdf.

IFLA, *Resolution to Be Put Forward to Rio +20*:*Towardsa UNESCO International Landscape Convention*, 2011 [2012 - 02 - 15]. http: //www. uncsd2012. org/rio20/index. php? page = view&type = 510&nr = 535&menu = 20.

IFLA,"The Latin American Landscape Initiative (LALI)", *The Latin American*: *International Federation of Landscape Architects*, 2012, https: //www. csla - aapc. ca/sites/csla - aapc. ca/files/IFLA/120910%20LALI_ EN - - . pdf.

Irwin Altman and Setha M. Low, *Place Attachment*, New York: Plenum Press, 1992.

IUCN, "Mālama Honua-to Care for Our Island Earth", *A Statement of Commitments from the Nature-Culture Journey Participants at the IUCN World Conservation Congress, jointly coordinated by IUCN and ICOMOS*, Hololulu, Hawai 'I, September 2 - 4, 2016, https: //www. iucn. org/sites/dev/files/malama - honua - en. pdf.

IUCN, *Conserving Cultural and Biological Diversity*: *the Role of Sacred Natural Sites and Cultural Landscapes*, IUCN - 2006 - 053, 2006, https: //portals. iucn. org/library/node/8997.

J. Clyde Mitchell, "Case and Situation Analysis", *Sociological Review*, Vol. 31, Issue 2, 1983, pp. 187 - 211. https: //doi. org/10. 1111/j. 1467 - 954X. 1983. tb00387.

J. W. R. Whitehead ed. , *The Urban Landscape*: *Historical Dimension and Management*, Papers by M. R. G. Conzen, Institute of British Geographers Special Publication No. 13, London: Academic Press, 1981.

James Duncan and Nancy Duncan, "(Re) reading the Landscape", *Environment and Planning D*: *Society and Space*, Vol. 6, No. 2, June 1988.

James Elkins, "Multiple Perspectives in Landscape", John Wylie, *Landscape*, Abingdon: Routledge, 2007.

James S. Duncan, *The City as Text*: *the Politics of Landscape Interpretation in the Kandyan Kingdom*, Cambridge: Cambridge University Press, 1990.

Jocelyn Cornwell, *Hard-earned Lives*: *Accounts of Health London*, London: Tavistock, 1984.

参考文献

Joel J. Kupperman, *Value... and What Follows*, New York: Oxford University Press, 1999.

John B. Jackson, *Discovering the Vernacular Landscape*, New Haven: Yale University Press, 1984.

John B. Jackson, "The Abstract World of the Hot-Rodder", John B. Jackson, Helen L. Horowitz ed., *Landscape in Sight: Looking at America*, New Haven, CT: Yale University Press, 1997.

John R. Stilgoe, *Common Landscape of America: 1580 to 1845*, New Haven: Yale University Press, 1982.

John W. Creswell ed., *Qualitative Inquiry and Research Design: Choosing Among Five Approaches*, California: SAGE Publications, Inc. Thousand Oaks, 2013.

John Wylie, *Landscape*, Abingdon: Routledge, 2007.

Karl Benediktsson, "'Scenophobia', Geography and the Aesthetic Politics of Landscape", *Human Geography*, Vol. 89, No. 3, 2007.

Ken Taylor, "Exploring the Ordinary Sacred", *Landscape Australia*, Vol. 2, 1999.

Ken Taylor, "Cultural Landscapes and Asia: Reconciling International and Southeast Asian Regional Values", *Landscape Research*, Vol. 34, No. 1, Jan 2009.

Ken Taylor, "Landscape and Meaning: Context for a Global Discourse on Cultural Landscapes Values", Ken Taylor and Jane Lennon, eds., *Managing Cultural Landscape*, USA and Canada: Routledge, 2012.

Kenneth R. Olwig, "Recovering the Substantive Nature of Landscape", *Annals of the Association of American Geographers*, Vol. No. 86, No. 4, December 1996.

Kenneth R. Olwig, *Landscape, Nature and the Body Politic*, Madison: University of Wisconsin Press, 2002.

Mark Schroeder, "Value Theory", *The Stanford Encyclopedia of Philosophy* (Fall 2016 Edition), Edward N. Zalta ed., http://plato.stanford.edu/archives/sum2012/entries/value-theory/

Marwyn Samuels, "The Biography of Landscape", Donald W. Meinig ed., *The Interpretation of Ordinary Landscape : Geographical Essays*, Oxford: Oxford University Press, 1979.

Mădălina Paftală-Ciubotărița, "The Contemporary Dilemma of the Cultural Landscape: the Case of IASI Municipality", *Journal of Studies and Research in Human Geography*, Vol. 5, No. 1, 2011.

Nancy Duncan, *Landscape of Privilege: the Politics of the Aesthetic in an American Suburb*, London: Routledge, 2003.

Nicholas Rescher, *Introduction to Value Theory* (Upa Nicholas Rescher Series), Washington, D. C. : University Press of America, Inc. , 1982.

Nora Mitchell, Mechtild Rössler, Pierre-Marie Tricaud, eds. , *World Heritage Cultural Landscapes-A Handbook for Conservation and Management*, UNESCO World Heritage Centre World Heritage Paper Series No. 26, November 2009.

Norman Blaikie, *Designing Social Research*, Cambridge: Polity Press, 2000.

Raymond Williams, "The country and the city", John Wylie, *Landscape*, Abingdon: Routledge, 2007.

Richard H. Schein, "The Place of Landscape A Conceptual Framework for Interpreting an American Scene", *Annals of the Assoclacion of American Geographers*, Vol. 87, No. 4, December 1997.

Robert E. Stake, "Case Studies", Norman K. Denzin and Yvonna S. Lincoln, eds. , *Strategies of Qualitative Inquiry*, London: SAGE Publications, Inc, 2003.

Robert K. Yin, *Case Study Research: Design and Methods*, California: SAGE Publication, Inc. , 2009.

Stephen Daniels, "Marxism, Culture and the Duplicity of Landscape", Richard Peet and Nigel Thrift, eds. , *New Models in Geography*, London: Unwin Hyman. , 1989.

Stephen Daniels, "Field of Vision", Christopher Tilley, Webb Keane, Susanne Küchler, Michael Rowlands and Patrica Spyer, eds. , *Handbook of Material Culture*, Spyer: SAGE Publications Ltd. , 2006.

Ted Honderich ed. , *The Oxford Companion to Philosophy*, New York: Oxford University Press, Inc. , 2005.

The World Bank, *Indigenous Knowledge for Development: A Framework for Action*, Washington, D. C. : World Bank Group, 19060 (November 1998), http://documents.worldbank.org/curated/en/388381468741607213/Indigenous

knowledge – for – development – a – framework – for – action.

Tim Cresswell, "Mobility as Resistance: A Geographical Reading of Kerouac's 'on the Road'", *Transactions of the Institute of British Geographers*, Vol. 18, No. 2, 1993.

Tim Ingold, "The Temporality of the Landscape", Tim Ingold ed., *The Perception of the Environment*, London: Routledge, 2000.

UNESCO World Heritage Committee, *Operation guidelines for the implementation of the World Heritage Convention*, World Heritage Committee Document WHC/2/Revised, March 27, 1992.

UNESCO World Heritage Centre, *Decision: 37 COM 8B.24*, July 5, 2013.

UNESCO World Heritage Committee, *Operation guidelines for the implementation of the World Heritage Convention*, World Heritage Committee Document WHC.16/01, October 26, 2016.

Yi-Fu Tuan, *Topophilia: Study of Environmental Perception*, Attitude and Values, New Jersey: Prentice-Hall, Inc., Englewood Cliffs, 1974.

Yvonna S. Lincoln and Egon G. Guba, "Naturalistic inquiry", John W. Creswell ed., *Qualitative Inquiry and Research Design: Choosing Among Five Approaches*, California: SAGE Publications, Inc. Thousand Oaks, 2013.

附录：田野调查概况

至本书成稿，项目组于2013年12月、2014年8月、2016年1月、8月和2017年1月、9月共进行了六次田野调查。调查内容围绕乡村的自然、社会、精神三个方面展开，包括：

（1）自然：乡村起源的相关自然背景（自然地理、气候、生物多样性等）；乡村营造（乡村格局、建筑、公共空间等）；自然环境变化对乡村的影响等。

（2）社会：生产方式、经济模式及其变化；自然利用的技术及工具；使乡村发生重大改变的社会、历史事件及其物质证据，或文献等非物质证据；与家族、家庭相关的景观；与某一群体密切相关的景观；统一规划的景观；各级政府管理保护与发展的政策；乡规民约、相关习俗、传统等。

（3）精神：与自然崇拜相关的神话、传说、故事等；自然观念；宗教信仰、祭祀及其场所；民族文化、审美、艺术创造；村民的环境感知等。

调研方法包括从当地政府部门收集地方基础资料及文献、半结构式深度访谈和现场观察，以半结构式深度访谈为主。半结构式深度访谈的受访者以村民、在当地居住、工作的管理者群体为主，根据乡村的具体情况增加其他群体，并结合居留时间的长短、日常生活与乡村的实际关联程度，以及对村寨的感情关注或兴趣程度等选择访谈对象；每个主要群体访谈2—3人，共计访谈了65人，受访者接受访谈的时长最短15分钟，最长超过两个小时（见表）。使受访者在放松和没有顾虑的状态下接受访谈，访谈后整理录音和笔记。访谈大纲由"受访者基本信息""受访者对乡村的基本认知""受访者对乡村价值的认知""受访者对乡村保护发展的看法"四个部分构成（见表），每个受访者都要接受三个最关键的开放性提问："你认为乡村最突出的景观是什么？需要重点保

附录：田野调查概况

护、管理的是什么？""对你而言，村寨最重要的（价值）是什么？为什么？""在你看来，应该如何保护发展乡村？"同时，辅助问到如"你指的是什么？""为什么这是重要的？"等典型现象性问题，以获得更准确、完整的信息。

深度访谈大纲

访谈内容	提问大纲
受访者基本信息	1. 您的年龄、职业、受教育程度？ 2. 您及您的家庭的居住情况（在村寨的居住年数、第几代、住屋自有及自建等）？ 3. 您的主要收入来源？（主要靠什么生活、生产方式、生产工具、产品等） 4. 您信仰的宗教？
受访者对乡村的基本认知	1. 您知道乡村有哪些荣誉称号？具体指什么？ 2. 荣誉称号给乡村和村民带来了什么（或与村民有什么关系）？ 3. 有什么神话、传说等？怎么知道的？其他村民知道吗？会讲给小孩听吗？ 4. 有哪些宗教活动（祭祀、供奉、仪式）？活动时间、场地？ 5. 村里主要的集体活动有哪些？在哪里举行？平常村民在哪儿活动？ 6. 有没有村规民约？主要内容是什么？ 7. 有哪些习俗？（建屋、劳作习俗，生产生活禁忌等） 8. 乡村近年来的主要变化是什么？
受访者对乡村价值的认知	1. 您认为村寨最突出的景观是什么？ 2. 日常生活中哪些建筑、场所或环境对您及家人来说是重要的？为什么？ 3. 您会向游客推荐什么？为什么？ 4. 对您而言，村寨最重要的（价值）是什么？为什么？
受访者对乡村保护发展的看法	1. 乡村需要重点保护发展的是什么？ 2. 不能接受的乡村改变是什么？ 3. 您知道哪些乡村保护发展政策？您对政府的保护管理工作的看法？ 4. 您认为村民与乡村保护发展是什么关系？ 5. 在您看来，应该如何保护发展乡村？

访谈工作统计表（所有受访者皆为假名编号）

编号	年龄	所属群体	访谈日期	访谈时间	时长（分钟）	访谈地点
MB-J1	44	居民&NGO	2013/11/28	10：50—11：30	40	马边县文化馆
MB-Q1	35	居民	2013/11/29	09：40—10：20	40	马边县城至烟峰乡途中
MB-Z1/T1/D1/Y1/L1	27-49	管理者&居民（共5人）	2014/08/02	08：50—17：35	525	毕节市对坡镇、林口镇、鸡鸣三省、清水镇、橙满园村
MB-Z1	36	管理者&居民	2014/08/04	09：35—12：10	155	毕节市大屯乡彝族土司庄园、阿市乡苗寨
MB-L2	59	管理者	2014/08/05	11：10—12：30	70	毕节市七星关区旅游局
MB-J1	44	居民&NGO	2016/01/12	11：20—12：14	54	马边县城餐馆
MB-Y1	58	游客	2016/01/12	11：20—11：35	15	马边县城餐馆
MB-L3	22	居民	2016/01/13	10：31—10：59	28	马边县沙腔乡送祖灵仪式屋主家
MB-M1	71	居民	2016/01/13	16：00—16：28	28	马边县三河口乡白岩子村新寨
MB-W1	61	居民	2016/01/14	09：45—10：18	33	马边县荣丁镇
MB-J3	25	居民	2016/01/14	16：50—17：20	30	马边县沙腔乡祭祀活动区域
KM-W1	59	学者	2016/08/01	20：10—21：11	61	昆明理工大学校门口咖啡厅
KM-Z1	82	学者	2016/08/02	15：56—17：24	88	昆明被访者家中
KM-Z2	82	学者	2016/08/02	10：59—11：59	60	昆明理工大学内
YY-W2	45	管理者	2016/08/04	12：10—12：36	26	元阳县志办公室

● 附录：田野调查概况 ●

续表

编号	年龄	所属群体	访谈日期	访谈时间	时长（分钟）	访谈地点
YY-M1	48	居民&管理者	2016/08/04	13：52—15：09	77	去全福庄的路上
YY-J	52	居民	2016/08/04	15：13—17：49	136	全福庄村民家中
YY-M1	48	居民&管理者	2016/08/05	10：30—11：46	76	牛倮普
YY-M1	48	居民&管理者	2016/08/05	10：53—11：17	24	阿者科关注者客栈
YY-J	39	居民&管理者	2016/08/06	20：21—20：50	29	阿者科村长家中
SP-P2	61	管理者	2016/8/7	15：16—15：59	43	云南省石屏县
SP-P1	51	居民	2016/08/10	08：48—10：02	84	石屏哨冲镇莫测甸
ND-L1	63	居民	2016/08/14	19：07—19：35	28	诺邓古村村民家中
ND-H1	30	居民	2016/08/14	15：28—16：45	77	诺邓古村玉皇阁附近
ND-G1		管理者	2016/08/15	09：32—10：15	43	云龙县旅游局办公室
FY-Y1	70	居民	2016/08/17	11：01—12：06	65	凤羽村民家中
FY-Z1	53	居民	2016/08/17	10：58—14：00	180	凤翔书院
HH-Z1	50	管理者&学者	2017/1/6	14：12—15：40	88	红河学院茶室
HH-H1	52	学者	2017/1/7	9：10—10：20 14：49—16：30	170	"哈尼族语言文字的使用与发展研讨会"会场休息厅
YY-Z1	33	管理者&居民	2017/1/9	11：00—11：20	20	元阳县气象局
YY-H1	31	管理者&居民	2017/1/9	11：40—12：20	40	元阳县林业局
YY-M1	48	居民&管理者	2017/1/9	16：42—17：43	61	元阳县县志办
YY-Z2	30	管理者&居民	2017/1/10	8：21—8：50	29	梯田管理局
YY-G2	28	管理者&居民	2017/1/10	14：40—17：20	160	全福庄老寨、中寨、小寨和上寨

续表

编号	年龄	所属群体	访谈日期	访谈时间	时长（分钟）	访谈地点
YY-M1	48	居民&管理者	2017/1/11	07:54—11:20	206	牛俵普村、阿者科村
EY-Z1	56	管理者&居民	2017/1/13	09:13—11:45	152	洱源县政府大楼
EY-L1	35	管理者	2017/1/13	15:50—16:25	35	洱源县旅游局
FY-K1	30	管理者	2017/1/13	18:25—21:20	175	凤羽镇文化站
YL-Y1	62	居民&管理者	2017/1/14	19:57—20:50	53	云龙玉龙湾酒店大堂
ND-Y1	62	居民&管理者	2017/1/15	09:17—11:40	143	诺邓镇政府办公室
ND-Y	23	游客	2017/1/15	14:52—15:10	18	诺邓古村
ND-Y	21	游客	2017/1/15	15:40—15:55	15	诺邓古村
ND-J	68	居民	2017/1/15	16:20—16:50	30	诺邓古村
ND-J	41	居民	2017/1/15	17:15—17:35	20	诺邓古村
ND-J	65	居民&旅游经营者	2017/1/15	17:35—18:10	35	诺邓古村
MB-G	32	管理者	2017/1/17	14:50—15:30	40	马边县文体旅游局
MB-G	36	管理者	2017/1/17	16:00—16:50	50	马边县林业局
MB-J	48	居民&管理者	2017/1/17	19:20—21:30	130	马边金河假日酒店茶座
MB-G	28	管理者	2017/1/18	08:54—11:30	156	马边县烟峰乡彝家新寨
MB-G	55	管理者	2017/1/18	14:52—16:40	108	马边县荍坝古镇、晒谷坝、会步村、石丈空
KB-L1	39	居民&管理者	2017/9/19	15:09—16:12	63	控拜村被访者家中
KB-L2	41	居民	2017/9/19	18:33—17:41	68	控拜村被访者家中

附录：田野调查概况

续表

编号	年龄	所属群体	访谈日期	访谈时间	时长（分钟）	访谈地点
KB-D1	49	游客	2017/9/20	09：41—10：09	28	控拜村
KB-Y1	47	游客	2017/9/20	09：41—10：09	28	控拜村
KB-L2	41	居民	2017/9/20	13：46—14：19	33	控拜村
KB-L3	61	居民	2017/9/20	15：01—15：26	25	控拜村
KB-L1	39	居民＆管理者	2017/9/20	16：10—16：36	26	控拜村
LF-W1	53	居民＆管理者	2017/9/22	10：43—12：19	96	流芳村坡田上
LF-J1	44	居民	2017/09/23	10：50—11：24	34	流芳村
LF-J2	50	居民	2017/09/23	11：25—12：02	37	流芳村
LF-J3	28	居民	2017/9/22	17：30—19：44	134	流芳村
LF-W1	53	居民＆管理者	2017/9/23	06：38—08：52	114	流芳村
LF-N	32	NGO	2017/9/24	07：56—08：25	29	流芳村
LF-W1	53	居民＆管理者	2017/11/11	16：00—17：02	62	微信通话访谈流芳村村民

后　　记

本书承蒙国家社会科学基金一般项目"新型城镇化进程中西南贫困地区民族文化景观保护与发展研究"（项目批准号：14BSH35）资助，以项目结题报告为基础，经修改而成稿，特此致谢。本书主要的研究方法论源于笔者的博士论文，因此，感谢我的博士生导师同济大学建筑与城市规划学院景观学系主任韩锋教授和澳大利亚国立大学人文艺术研究中心肯·泰勒教授对本书思想的启迪。

感谢对项目调研给予大力帮助和支持的地方领导、学者、顾问和朋友们。他们是四川省马边彝族自治县政协孙燕平主席、邱云强副主席、县文联主席阿洛夫基（诗人）、县文化馆馆长曲比兴义（诗人）；云南省红河州元阳县常务副县长王必成、元阳县文化和旅游局局长马智强、世界遗产哈尼梯田元阳管理委员会办公室张红梅主任、红河学院哈尼梯田保护与发展研究中心张红榛研究员、（原）云南省红河州石屏县文化局普仕祥局长；（原）云南省大理州云龙县旅游局古小龙局长、大理州云龙县人民政府旅游与文化工作顾问杨希元先生、大理州旅游开发区规划局赵丹阳主任、大理州洱源县地方志办公室李志诚主任、大理州洱源县地方志办公室杨树星先生、大理州洱源县凤羽镇文化广播电视服务中心旷李珺主任；昆明理工大学建筑城规学院的翟辉教授、朱良文教授、王冬教授；昆明市市规划设计研究院的王晟副院长、杨家本先生、易娜女士；（原）昆明市交通规划研究所唐翀所长；贵州省毕节市七星关区统战部安旺部长、毕节市七星关区致公党周明主委、毕节市七星关区文体广电旅游局刘秀明副局长；贵州师范大学地理与环境科学学院但文红教授；贵州省黔东南自治州黎平县住建局朱德洪主任、黎平县民政局石登鹏先生、黎平县统计局田兴永主任、黎平县茅贡镇有机米协会吴世先会长、贵州省黔东南自治州雷山县控拜村

● 后　　记 ●

妇女主任李荣美女士。在此，向他们对西南民族贫困地区乡村未来发展的责任心、奉献精神和贡献表示深深的敬意！

感谢中国社会科学出版社的刘亚楠编辑，她们为拙稿面世付出了大量的细致入微的编辑工作！

感谢老同学中南民族大学美术学院龙涛先生提供的文献借阅帮助。感谢我所任教的中国地质大学（武汉）艺术与传媒学院的各位领导和同事们。感谢为调研和本书后期工作付出心血的中国地质大学（武汉）艺术与传媒学院环境设计系的研究生们，她（他）们是郝洁、张畅、龙彩婷、刘婧玥、关瑞李阳、贾黛、瞿伊乔、崔懿丹、于文雯、余跃。